Leonore Schumacher
Die Stadt im Feuer

Es mag sein,
daß unter Rußlands Himmel
genug Gestalten
mit dunklen Umrissen wandelten.
Einen schwarzen Himmel
gab es über Rußland nicht.
Nur einen ins österliche
Licht getauchten.

Leonore Schumacher

LEONORE SCHUMACHER

Die Stadt im Feuer

Nachdenken über Rußland

CHRISTIANA-VERLAG
STEIN AM RHEIN

Werdegang der Autorin

Leonore Schumacher, in St. Petersburg/Leningrad geboren, studierte im Baltikum Musik und machte sich einen Namen als Konzertpianistin, vornehmlich als Bach-Interpretin. Nach dem Studium der Slawischen Philologie war sie Lektor für Russisch an deutschen Universitäten, arbeitete aber zugleich auf den Gebieten der ostkirchlichen Theologie und russischen Geschichte. Das vorliegende Buch ist der Niederschlag eines fundierten und vielschichtigen Wissens um Rußland und seine Geschichte.

Bildteil und Herausgeber:
Arnold Guillet

Bildlegenden:

Erste Umschlagseite: Maria Himmelfahrts-Kathedrale in Wladimir am Fluß Kljasma. 12. Jh. Die Fresken stammen von Andrej Rubljow.

S. 208 a: Christus Pantokrator aus dem 19. Jh. Die Ikone zeigt Christus den Allherrscher mit dem aufgeschlagenen Evangelium, die Hand im Segensgestus erhoben.

S. 208 b/c: Die vergoldeten Kuppeln der Terem-Kirchen im Kreml zu Moskau erstrahlen in abendlichem Glanz.

S. 208 d: Ikone „Madonna von Wladimir". Dieses Bild in der Mariä-Entschlafens-Kathedrale wurde zu Beginn des 15. Jahrhunderts im Umkreis Andrej Rubljows geschaffen.

Fotonachweis:
Norbert Kuchinke, D-5463 Unkel: Erste Umschlagseite
Foto Alinari, Florenz: I, II
KNA Frankfurt: III, IV
Foto Marburg: XI, XII, XIII
Fotoarchiv Christiana: Übrige

Farbbildteil:
Pattloch-Verlag Augsburg: 208 a
Desertina-Verlag Disentis: 208 b, c, d

1. Auflage 1989: 1.—5. Tausend

Druck: Ueberreuter, Korneuburg — Printed in Austria

CIP-Titelaufnahme der Deutschen Bibliothek
Schumacher, Leonore:
Stadt im Feuer : Nachdenken über Rußland /
Leonore Schumacher. — Stein am Rhein : Christiana-Verl., 1989
ISBN 3-7171-0926-X

Inhaltsverzeichnis

Einleitung

Der Schicksalsweg Rußlands war von Anfang an tragisch und die Geschichte des russischen Volkes ein Weg des Kreuzes und des Leidens. So ist es bis heute geblieben. Die geschichtliche Entwicklung vollzog sich sprunghaft mit sporadischen Unterbrechungen, im krassen Wechsel unterschiedlicher Staatsformen. Seit dem Ende des 17. Jahrhunderts nahm sie ein absolut anormales Tempo an. Darum fehlt der russischen Geschichte die organische Einheit; darum läßt auch der russische Nationalcharakter eine mehr oder minder einheitliche Mentalität vermissen. Am Anfang stehen die gewaltigen Ausmaße des Raumes, den es zu erschließen und zu besiedeln gilt, sowie eine gewaltige und in ihren Erscheinungen im Zyklus der Jahreszeiten gewalttätige Natur. Groß und erschreckend war auch jahrhundertelang die allgegenwärtige Gefahr des Einbruchs sengender und mordender asiatischer Horden in die bewohnten russischen Gebiete. Diese Bedrohungen und Gefahren wurden in ununterbrochenen, zermürbenden lokalen Kämpfen und Kleinkriegen oder in großen blutigen Schlachten mit der mongolo-tatarischen Übermacht abgewehrt. Das eine wie das andere gehörte zum täglichen Brot des frühmittelalterlichen russischen Menschen und brachte über Volk und Land Verwüstungen, Not und Elend, Verschleppung zu den orientalischen Sklavenmärkten, Mißhandlungen, Untergang und Tod. Dem ersten russischen Staatswesen — dem blühenden Kiewer Großfürstentum am Dnjepr, dessen Reste im Mongolensturm des Jahres 1240 zu Schutt und Asche zusammenfielen — folgten die zersplitterten, zu einem beträchtlichen Teil von Flüchtlingen und Umsiedlern aus den bedrängten Dnjeprgebieten besiedelten Teilfürstentümer im Nordosten Rußlands. Ihr kultureller Mittelpunkt wurde zunächst Wladimir an der Kljasma (deren Demetrius-Kathedrale bis heute als ein an Schönheit und Harmonie kaum zu übertreffendes Baudenkmal gilt). Im 14. Jahrhundert begannen sich diese einander in einem mörderischen Bruderzwist bekriegenden Teilfürstentümer allmählich — und durchaus nicht freiwillig — um das ständig wachsende und erstarkende Fürstentum Moskau zu „sammeln", ein über zweihundert Jahre währender Integrationsprozeß, der ebenfalls im Zeichen grausamer tatarischer Überfälle, bzw. der auf Volk und Land schwer lastenden tatarischen Hegemonie stand. Die

Zeit extremer politischer Zersplitterung und einer äußeren wie inneren Bedrohung brachte einerseits großen sittlichen Verfall, andererseits aber die Hochblüte russischer Heiligkeit, vor allem in der Form der monastischen Askese und ihrer weitreichenden Ausstrahlung auf das Volk mit sich. Leuchtende Vorbilder einer bedingungslosen Nachfolge Christi waren für die Russen immer die große Schule der Nation. Diese Epoche ist auch der Höhepunkt der genialen russischen Ikonographie. Sie endete mit der endgültigen Integrierung der Teilfürstentümer und Freien Städte in das Moskowiterreich, das auf der Schwelle zum 18. Jahrhundert ins petrinische Kaiserreich überging. Dieses in einer beispiellosen machtpolitischen, wirtschaftlichen und kulturellen Entwicklung stehende Imperium fand sein Ende mit Lenins Oktoberrevolution und machte im Jahre 1917 dem bolschewistischen Sowjetstaat Platz.
Rußland und das russische Volk erscheinen stets als etwas Rätselhaftes. Es gibt nur wenige Mittel, diesem Rätsel näherzukommen, doch sollte man die in diese Richtung gehenden Bemühungen nicht aufgeben. Das vorliegende Buch will nichts anderes sein als ein Anstoß, über Rußlands eigenartige Geschicke und seine Rolle in der Weltgeschichte nachzudenken.
Wozu eigentlich, — werden manche fragen. Weil uns jeder Tag tiefer in die Krise hineinführt. Viele glauben, sie habe allein in der östlichen Schreckensmacht ihren Ursprung; diese ist es ja, die unsere Freiheit und unser Leben bedroht, Fragen aufwirft, auf die es keine Antwort gibt. Wir sehen ihre dunklen Schatten auf unserem Dasein. In Wirklichkeit aber begann sich die unheilgeladene Wolke, die drohend am Firmament unseres Planeten steht, schon vor einem halben Jahrtausend — oder noch früher — zusammenzuballen. Von da an nahm die Entwicklung jene Richtung, die 1917 zum Sieg des Bolschewismus in Rußland führte. Wir nennen hier das Kind bei seinem Namen und decken es nicht durch eine Reihe modischer Pseudonyme ab. Die Bezeichnung „Bolschewismus" wies ursprünglich auf das Mehrheitsverhältnis einer Partei hin; deren Doktrin entwickelte sich dann zu einer ganz bestimmten Art zu denken und zu handeln. Von allen Phänomenen unserer Zeit ist dieses zweifellos das bedeutendste. Sowohl als Doktrin, als auch als modus vivendi ist es sehr facettenreich. Bis zum Erscheinen des Archipel Gulag genoß es bei unzähligen Millionen der

westlichen Welt – darunter einer ganzen Generation französischer Philosophen – hohes Ansehen und übte, wie jeder Machtfaktor, eine große Faszination aus. Nach dem Erscheinen des Buches, aber auch nach Solschenizyns Harvard-Rede hat sich die geistige Landschaft vielerorts verändert. Aber natürlich nur dort, wo man diesen Russen gehört oder aufmerksam und unvoreingenommen gelesen hat.

Die Gebiete, die sich der Bolschewismus unterwirft, sind vor allem Philosophie, Geschichte, Religion und Erziehung (die bei den Dreijährigen beginnt), – ferner die Kunst und die Wissenschaft. Sie alle müssen helfen, den neuen Menschen, – den homo sovieticus hervorzubringen. Er allein ist das Ziel aller Anstrengungen. Rohstoffe, Weltmärkte, Hochrüstung und strategische Punkte stehen im Grunde an zweiter Stelle: Sie sind Mittel zum Zweck. Nicht auf jedem Sektor sind die weltweiten Erfolge des Bolschewismus so offenkundig, wie auf denen der äußeren Expansion und der Rüstung, – aber sie sind dennoch sehr bedeutend.

Der Westen hat das Wesen des Phänomens noch nicht ergründet. Die Oberflächlichkeit, mit der er bei dessen Analyse und Bewertung operiert, ist rätselhaft; doch geht diese Blindheit ebenfalls auf jene ferne Epoche zurück, die im europäischen Menschen eine Minderung der Sehschärfe und eine Verflachung der Urteilskraft bewirkt hat. Seit 1917 bediente man sich bei der Fühlungnahme mit dem Phänomen des Bolschewismus rein pragmatischer Gesichtspunkte. Seine Ziele brachte man uns nicht allzu oft in Erinnerung, ließ auch kaum das Bestreben erkennen, seine Wurzeln bloßzulegen, und schon gar nicht darüber nachzudenken, ob es nicht eine Etappe in der Entwicklung der Menschheit sein könnte; ob es ganz auszuschließen sei, daß uns in ihm, wie im Zeitraffer, unsere eigene Zukunft vorgeführt wird. Die Hauptmerkmale des Bolschewismus sind nämlich gar nicht so weit von unserem materialistischen Denken und Handeln entfernt. Zwar pflegen wir uns bei feierlichen Gelegenheiten mit christlichen Attributen zu schmücken und sind nicht gewillt, unsere große christliche Vergangenheit – einen Bestandteil unserer Kultur – auf eine barbarische Weise über den Haufen zu werfen. Doch wird unsere Loslösung von allen christlichen Bindungen und sittlichen Normen von Augenblick zu Augenblick deutlicher erkennbar. Die „Befreiung" von religiösen Postulaten und sittlichen Werten ist aber der Kernpunkt und das in-

nerste Wesen des Bolschewismus. Bei uns im Westen geht der Reifungsprozeß für eine andere Form des Daseins noch immer zügig voran. Und das hat nichts mit Politik zu tun.
Was aber geht im Osten vor sich? Unser Buch erscheint im Jahr des Umbruchs in der Sowjetunion. Die Medien überbieten sich in sensationellen Meldungen über Dinge, von denen niemand weiß, wohin sie führen werden. Pragmatisch gesehen, ist es die ausweglose wirtschaftliche Misere des Landes, das ein Dreivierteljahrhundert seine Bevölkerung nicht zu ernähren vermag. Diese Misere soll mit Hilfe des Westens behoben werden. Zu diesem Zweck bedurfte es einer Kehrtwendung in Richtung Menschenrechte: Der Sowjetbürger braucht nicht mehr zu befürchten, um eines einzigen Wortes willen umgebracht zu werden. Aber viel mehr noch ist es die Auszehrung und der Verfall der Ideologie. Die Sowjetunion ist nicht mehr das Land, das es noch vor wenigen Jahren gewesen ist. Den „Sowjetmenschen" bewegen Fragen, auf die das System keine Antworten weiß. Die abgegriffenen Denkschablonen sind verblaßt. Es will sogar scheinen, daß die in der Masse noch vor kurzem so zahlreichen Repräsentanten des „homo sovieticus" im Aussterben begriffen sind.
Ein echtes Symptom der beginnenden Wende ist die russische Literatur, die zu ihrem angestammten Recht zurückgefunden hat, die Wahrheit zu sagen. Auch wenn die Kritik es selten unterläßt, die Sprengkraft der wahrheitsträchtigen Aussagen ideologisch zu entschärfen, tut sie das mit immer geringerem Erfolg. Das spricht dafür, daß in den Herzen der Menschen die Sehnsucht erwacht ist, das eigene Sein mitzuvollziehen, aus dem Zwiespalt mit sich selbst auszubrechen, den innersten Kern seines Ich zu entdecken. Für die jetzt schon sehr oft umfassend gebildete junge Generation haben System und Ideologie ihre Anziehungskraft verloren. Die ausgebrannten Flächen bedecken sich mit den Schößlingen einer neuen Saat. Doch gleicht alles noch einem „schwebenden Verfahren", in das man sehr vorsichtig oder gar nicht eingreifen sollte. Das Thema dieses Buches kann es nicht sein. Auch wenn unsere Hoffnungen und Gebete für Rußland in Erfüllung gehen sollten, Geschichte bleibt Geschichte. Darum wird der Leser auch solche Kapitel vorfinden, die ihm, vom heutigen Standpunkt aus gesehen, als überholt erscheinen werden. Frau Rastropowitsch würde heute in Moskau Gesprächspartner finden — davon sind wir überzeugt. Aber

ihre Aussagen sind „Momentaufnahmen“, die über siebzig Jahre ihre volle Gültigkeit behielten.
Der Prozeß der Bolschewisierung scheint zum Stillstand gekommen zu sein. Es gibt Grund zum Hoffen, — Grund zur Euphorie gibt es — obwohl manches schon an ein Wunder gemahnt — noch nicht. Eine Hoffnung dürfte aber bleiben: Es ist das Millionenheer der Märtyrer, Bekenner und Blutzeugen Rußlands, das für sein Volk vor dem Thron Gottes mit der Bitte eintritt, daß auch die Schreckensuhren seiner apokalyptischen Prüfungszeit zum Stillstand kommen mögen.[1])

Fiodor Alexeyev (1753—1824), Kathedralen-Bezirk im Kreml zu Moskau um 1800, Ölgemälde, Tretyakov Galerie, Moskau.

Teil I

Tausend Jahre wie ein Tag

Zweierlei habe Ich meinem Sohn Israel vorzuwerfen: Mich, den Quell des Lebendigen Wassers, hat er verlassen und sich einen brüchigen Brunnen gegraben; für Barabbas forderte er Freiheit und schlug Mich, seinen Gott, ans Kreuz.

(Aus dem Karfreitagsoffizium der Ostkirche)

Das Verhängnisvollste ist, daß der Westen die tragisch-didaktischen Erfahrungen Rußlands zu übersehen wünscht.

(Aus einem Brief)

Der Anfang

Die Deutung des pneumatischen Phänomens Rußland sowie Versuche, die übergeschichtliche Idee des russischen Volkes aus dem Gewirr ständig wechselnder historischer Epochen herauszuhalten, waren schon immer schwierige Aufgaben. Vieles blieb und bleibt dabei Stückwerk. Mit kühl abwägendem Verstand allein ist das Land, das so schicksalhaft in die Weltgeschichte eingegriffen hat und dessen Rolle in ihr noch längst nicht ausgespielt ist, nie zu ergründen gewesen. *Eines* aber muß auf jeden Fall im Auge behalten werden: Aus seiner christlich-morgenländischen Tradition herausgelöst kann Rußland überhaupt nicht verstanden werden.

Im Jahre 988 — so lautet das offizielle Datum — nahm das russische Volk in Kiew im mächtigen Flußbett des Dnjepr die Taufe an. Der Einzug des jungen, heidnischen, vielleicht schon damals zu „archaischer Größe in Tugend und Laster" neigenden Volkes in die morgenländische Kirche war eine pneumatische Erschütterung, wie sie sich stärker und nachhaltiger nicht denken läßt. Rußland bekam für die nächsten tausend Jahre sein Ideal: Die *Theosis,* die Transfiguration des Menschenbildes in das Bild Christi. Die Menschwerdung Gottes erfordert die Gott-Werdung des Menschen. Von da an bleibt dieses Ideal für den gläubigen Russen im Grunde das allein Erstrebenswerte, gleich ob es sich um einen Verbrecher, einen Gerechten, einen Sünder oder einen Heiligen handelt. Die Taufe öffnete die Tore zu einer anderen Dimension des Daseins. Und wenn das gelehrte und glanzvolle Byzanz, das mit Bulgarien am Dnjepr Pate stand, in jenem 10. Jahrhundert schon Spuren der Ermüdung, vielleicht gar der Erstarrung zu zeigen beginnt, so wird jetzt die an das junge Rußland weitergegebene *evangelische Perle,* das leuchtende Kleinod der christlich-morgenländischen Tradition, von der russischen Seele mit einer so glühenden, unverbrauchten Inbrunst aufgenommen, wie wir sie bei den anderen Völkern nicht beobachten. Etwa ein Vierteljahrhundert nach der Christianisierung stehen in Kiew bereits vierhundert zum Teil prächtige Kirchen, in denen die erhaben-eintönige Musik der gelesenen Horen, der gesungenen Vesper und Matutin und anderer heiliger Offizien rund um die Uhr erklingt. Vor allem gilt die inbrünstige Teilnahme der Gläubigen dem großen Hauptgottesdienst, der Göttlichen Liturgie

mit ihrer symbolträchtigen, abgrundtiefen mystischen Handlung, die die Heilsgeschichte von der Verkündigung bis zur Ausgießung des Heiligen Geistes umfaßt. Die Schönheit und der Wahrheitsgehalt der Symbole, die sich im Laufe der erhabenen Eucharistiefeier zu pneumatischen Realitäten wandeln, die vergeistigte Welt der Ikonen, die liturgischen Gesänge, der Reichtum der aus dem Erbe der Brüder Kyrill und Method in der slawischen Muttersprache übernommenen biblischen und liturgischen Texte — das alles hat dem Russen für ein Jahrtausend ein unverkennbares Siegel aufgeprägt. Der Same der christlichen Botschaft fiel bei ihm nicht auf einen Boden, der — wie im römischen Kulturkreis — von der Mentalität her zum Pragmatismus neigte, sondern auf ein sehr weiches, ergiebiges, vielleicht von Natur aus *zu* weiches Erdreich. Der leidenschaftlichen und labilen, vom Einbruch des Chaotischen auf natürliche Weise keineswegs geschützten Seele gab die Botschaft die notwendige feste Verankerung, jene Verwurzelung im Absoluten, die hinfort das Merkmal des „Heiligen Rußland" werden sollte. Es wäre sinnlos, diesem Ausdruck mit einem ironischen Lächeln zu begegnen, denn er bezeichnete nie ein Freisein von Sünde, nie Makellosigkeit des Charakters, nie sittliche Untadeligkeit. Das gab es stets nur auf höchster spiritueller Ebene. Er bedeutete nur, daß das höchste *Ideal* des Volkes, das über ein Jahrtausend die nationale Sehnsucht Rußlands verkörperte, eben diese, schon erwähnte *Verklärung* in das Bild Christi war. Aber auch eine zweite Deutung müßte man dem Begriff „Heiliges Rußland" zubilligen: Er weist auf die Besten aus dem Volk, auf die großen Heiligen, deren es so viele hervorgebracht hat und die wie Kelche himmlischer Blumen an allen Enden des Riesenreichs blühten.
Unter den ersten eindrucksvollen „Früchten" des noch ganz jungen, soeben christianisierten Volkes muß man die „Transfiguration" des Fürsten Wladimir erwähnen, jenes Herrschers von Kiew, der 988 die Götzenbilder schleifen und in den Fluten des Dnjepr versenken ließ. Er war es, der das Volk der Taufe zuführte. Wladimir, der Heide, der in blutigen dynastischen Auseinandersetzungen seine Brüder skrupellos ermorden ließ und dessen Grausamkeit und Ausschweifungen im ganzen Land berüchtigt waren, legte mit der Taufe den „alten Menschen" so radikal, so bedingungslos ab, daß er danach kaum noch wiederzuerkennen ist und an die urchristlichen Taufphänomene erinnert.

Wladimir wird zu einem nächtlichen Beter und Büßer, er wird gütig und keusch, barmherzig gegen jedermann, ganz besonders aber gegen Gefangene. Auf die Frage, warum er Verbrecher so lange nicht ihrer wohlverdienten und gerechten Strafe zuführen läßt, antwortet er: „Ich fürchte mich vor Gott." Täglich läßt er Speisen und Getränke für die Armen und Kranken ausfahren, lädt die Siechen und Elenden regelmäßig zur Speisung an die im Hof des fürstlichen Palastes aufgestellten Tische ein. Die innere Wandlung des Fürsten währt bis zum Tod. Wladimir ist in Ost und West als Heiliger anerkannt. Kein einziges Wunder soll sich an seinem Grab vollzogen haben; der ihm geweihte liturgische Text der Ostkirche bekundet aber, daß er selbst ein großes Wunder gewesen ist.

Und noch eine Besonderheit ist auf dem von Rußland betretenen „schmalen Pfad" zum Himmelreich zu verzeichnen: Das freiwillig und ohne Murren auf sich genommene Leiden. Das Leiden und nicht irdisches Glück und Wohlergehen war für den russischen Christen seit eh und je die große Schule der Vollkommenheit, der Transfiguration in eine neue Kreatur. Vom ersten Augenblick an wählt der Christ in Kiew diesen Lehrmeister, lernt das zu lieben, was zum innersten Kern des Evangeliums gehört: Das demütig auf sich genommene Kreuz. Nicht allein, daß durch das Kreuz Sünde gesühnt wird; es bringt Christus nahe. Der römische Begriff der Satisfaktion ist hier nicht gemeint; gerade von ihm weiß die Ostkirche nichts. Gemeint ist Sühne aus Liebe zum leidenden Gottmenschen, das Verlangen nach Tuchfühlung mit Ihm und Seinem Kreuz, die *Kenosis* des Sohnes Gottes. Seine Entäußerung und Erniedrigung bewegt die Herzen und nimmt sie gefangen. Neunhundert Jahre später wird Dostojewski sagen: Im Grunde ist Christus die einzige Liebe des russischen Volkes.

Die blutjungen Fürstensöhne Boris und Gleb — ebenfalls Heilige in Ost und West — sterben so einen freiwilligen Tod, und zwar im Jahre 1015, nur 27 Jahre nach der Christianisierung Rußlands. Sie beschließen, sich gegen ihren sie mit offenkundigen Mordabsichten verfolgenden älteren Bruder nicht zur Wehr zu setzen und ihren Tod Christus als Liebesopfer darzubringen. „Wie ein Lamm" wollen sie für Ihn geschlachtet werden. An den Ufern des Dnjepr wurde die Nachfolge bis in die letzten Konsequenzen vorgelebt. Die Brüder Boris und Gleb bleiben nicht die einzigen „Erdulder", in deren Herzen die Liebe zum

Leiden so tiefe Wurzeln geschlagen hat. Diese besondere Art des Märtyrertums wird ein russisches Spezifikum bleiben, wie es später der „Narr in Christo" werden wird. An den Gräbern der ersten ihrer Art beginnen sich Krankenheilungen zu vollziehen, und sehr früh schon werden beide — unter lautem Protest aus Byzanz — heiliggesprochen.
Im Christentum haben nicht nur existentielle Fragen, sondern auch innere Sehnsüchte der Russen ihre Beantwortung und Befriedigung gefunden; vor allem, wie wir schon sagten, verlieh es dem Leiden einen bis dahin nicht gekannten Sinn. In der persönlichen Erfahrung mit dem Leid und der aus diesem Leid erwachsenden „Hoffnung wider alle Hoffnung" erkannte der russische Mensch den eigentlichen Sinn des Lebens: Als Geschöpf Gottes die Erniedrigung Seines Sohnes mitzuvollziehen, um mit dem Auferstandenen in die österliche Herrlichkeit einzugehen. Von da das überwältigende Ostererlebnis, der mit nichts zu vergleichende Glanz der russischen Osternacht. Man will sich nicht am Leid vorbeidrücken, sondern in der Nachfolge Christi durch das Leid hindurchgehen.
Der Grundton Kiews, der am hohen Dnjepr-Ufer herrlich gelegenen, reich geschmückten und „von Weihrauch umhüllten" Stadt, ist jedoch nicht Trübsal und Schmerz, sondern *Freude.* Freude an der Erlösung, Freude über die Befreiung vom lastenden Joch des Heidentums, von der realen, vielfach am eigenen Leibe erlebten Macht der Dämonen. Man braucht sich nicht mehr der irrationalen, im Dunkel webenden Welt ausgeliefert zu wissen, man braucht sich von ihrem Anspruch nicht durch Magie und Opfer loszukaufen. Auch das im Jahre 1050 vom düsteren, sich in Askese verzehrenden Athosmönch Antonios gegründete, dann aber von seinem heiteren, menschenfreundlichen Mitstreiter und Schüler Feodossij reorganisierte Höhlenkloster, das Rilke neunhundert Jahre später in seinem Stundenbuch besingen wird, ist zwar Hort christlichen Maximalismus, aber zugleich auch Ort des Trostes, der Hilfe und der Freude für jedermann.
Im ostkirchlichen Verständnis ist die Kirche keine straff organisierte und bis ins Letzte durchdachte Heilsorganisation (nach A. Chomjakóv[2]) auch keine „Autorität"), sondern der lebendige, atmende Leib Christi; der von göttlichem Leben erfüllte Weinstock, an dem jeder Getaufte, der an den Sakramenten teilnimmt, eine Rebe bildet. Der Heilige Geist wirkt in der Ostkirche als jene primäre, konstituierende

und erhaltende Kraft, aus welcher der Kirche ihr mystisches Leben zufließt. Er ist die reale Ausstrahlung Gottes in die Welt, die jedes einzelne Glied der Kirche in das Kraftfeld des göttlichen *Logos* einbezieht und zu einem neuen Leben befähigt. Paulus zufolge nimmt der Geist Gottes (Pneuma) im Geist des Menschen Wohnung, durchdringt seine Gefühls- und Gedankenwelt, leitet ihn zur Wahrheit, bestimmt sein Wollen und Handeln, lehrt ihn, Gott „Abba, Vater“ zu rufen. Diese Funktionen des Heiligen Geistes sind im Bewußtsein der Gemeinde sehr lebendig. Das *Seelische*, die Psyche, tritt dabei zurück. Eben deshalb wird in der Ostkirche so genau zwischen Seele und Geist unterschieden: Das „Seelische“ ist Sitz und Quell der „Leidenschaften“, einer zuweilen unter Hochspannung stehenden Emotionalität, einer ungeordneten Einbildungskraft, der Ich-Erweiterung, des beharrlichen sich dem göttlichen Willen Widersetzens. Der Mensch, ein dreidimensionales Geschöpf, besteht aus Leib, Seele und Geist (Pneuma). Nicht nur der Leib ist es, der dem Geist untergeordnet sein muß — es ist in einem noch stärkeren Maß das „Seelenleben“. Seele und Geist (Psyche und Pneuma) sind im ostkirchlichen Verständnis keine harmonische Einheit; der Unterschied zwischen Leib und Seele ist geringer als zwischen Seele und Geist. Denn für den Menschen ist nur seine Christus-Werdung wichtig; dieser aber stellt sich vor allem das „Seelische“ in den Weg.

Was wir hier geschildert haben, ist die höchstmögliche Kulturstufe, die Kultur der radikalen Läuterung des Herzens. Wir möchten sie als sonnenhelle Morgen-Kultur bezeichnen. Aber wir dürfen in Kiew auch die Kultur der „Mitte“ nicht übersehen. Mit der Christianisierung beginnt sich im Kiewer Reich ein reges Kulturleben zu entfalten. Im 11. Jahrhundert steht Kiew bereits auf einer höheren Kulturstufe als der gute Durchschnitt Westeuropas. Unter Jaroslaus dem Weisen, einem Sohn Wladimirs des Heiligen und einem Zeitgenossen des ersten Saliers, erreicht Kiew seine höchste Blüte. Die Prachtentfaltung bekundet sich in einer großartigen Baukunst mit der berühmten Sophienkathedrale, einem der Vorweltlichen Weisheit Gottes geweihten architektonischen Wunder, ferner in einer von den byzantinischen Lehrmeistern übernommenen und weiterentwickelten Ikonographie, in liturgischen Gesängen, die sich durch strengen Wohlklang auszeichnen und in einem noch heute verwendbaren Notensystem fixiert sind, sowie in einer reichhaltigen geistlichen Literatur. Diese wird im Auftrag des Fürsten und der Kirche von kundigen Übersetzern in Jahrzehnte währender Arbeit aus dem Griechischen übertragen oder aus dem slawischen Schrifttum der Bulgaren übernommen. Auch gibt es in Kiew eine schriftlich festgelegte, von der Kirche beeinflußte, humane Rechtskodifizierung. Das umfangreiche zur Verfügung stehende Schrifttum ist hier alles andere als ein toter Schatz; denn sowohl die Kirche als auch der Hof entwickeln eine rege Bildungstätigkeit. Es gibt Schulen, es wird gelesen und geschrieben. In erster Linie ist es die Heilige Schrift, die fleißig studiert und abgeschrieben wird; ihr folgen Werke der Kirchenväter. In der Nestorchronik des Jahres 1037 heißt es: „Wenn du in den Büchern nach Wahrheit suchst, wirst du daraus großen Nutzen für deine Seele ziehen." Zwar dringt die Tätigkeit der Lehrer und Schulen nicht durch alle Volksschichten, doch ist das russische Volk im 11. Jahrhundert alles andere als ein Volk von Analphabeten. Als eine der Töchter Jaroslaus des Weisen, Anna, als Braut des französischen Thronfolgers in Frankreich eintrifft, ist sie die einzige Frau am französischen Hof (und vielleicht in Frankreich), die des Lesens und Schreibens kundig ist und unter ihren Heiratsvertrag anstelle eines Kreuzes ihren Namenszug setzt. Eine russische Prinzessin aus dem — nach westlichen Vorstellungen — barbarischen Osten.

Was aber *nicht* übernommen wurde, ist das antike Erbe der byzantinischen Ahnherren. Die griechische Philosophie und Wissenschaft, auch die große Dichtung, bleiben außer Sicht. Homer, Aischylos, Sophokles und auch Vergil, bei welchem die griechische und die römische Tradition zusammenfließen — sie alle kommen nicht nach Kiew. Es hat nicht viel Sinn, die Schuldfrage zu wälzen und zu fragen, ob die Götterverheißungen im Vergleich zu jenen, die Abraham bekam, den Verantwortlichen zu unbedeutend erschienen. Aber es ging ja nicht nur um Verheißungen. Es ging um die Kultur des Denkens, um die Schulung des Intellekts schlechthin. Die russischen Geschichts- und Religionsphilosophen der Neuzeit — allen voran Fedótov — halten den Wegfall dieses Teils des byzantinischen Erbes für überaus verhängnisvoll, rätselhaft und unbegreiflich. Ein großes, alles andere als begriffsstutziges, ja ein ausgesprochen „helles" Volk *verstummt* für mindestens achthundert Jahre, weil ihm die Kultur des Wortes vorenthalten wurde. Es spricht in dieser Zeit nur — und immer wieder — durch seine genialen Ikonen.

Doch zurück nach Kiew. „Seht die Stadt, die erhabene“, schreibt im Jahre 1050 Bischof Ilarion, „in der die Kirchen wie Blumenkelche stehen, die Stadt, die im Glanz heiliger Ikonen erstrahlt, von Weihrauchwolken umhüllt ist und vom Lobpreis Gottes widerhallt ...“ An dieser europäischen Metropole arbeitet ein ganzes Völkchen von Goldschmieden und feinen Kunsthandwerkern, Architekten, Malern und Holzschnitzern, Webmeistern und Schneidern, Töpfern und Sattlern. Kauffahrteien aus aller Herren Länder geben sich hier ein Stelldichein. Die dynastischen Verbindungen erstrecken sich auf fast alle Höfe.

Die Kirche, die hier in Kiew eine der wenigen in der Geschichte gelungenen „Symphonien“ mit dem Staat vollzieht, ihm also in keiner Weise hörig ist, sondern stets seine Lehrmeisterin und sein Gewissen bleibt, entfaltet, treu das Gebot ihres Herrn befolgend, eine rege Wohltätigkeit. Sie gebraucht zu deren Verwirklichung das, was in der Tradition des russischen Volkes für immer seine Gültigkeit behalten wird: Die Hilfe aus privater Hand. Außer der aufblickenden gibt es auch eine sich in Barmherzigkeit niederbeugende Liebe. Die Bereitschaft zu helfen ist ein Zeichen der Zugehörigkeit zu Christus. Die der Kirche in Kiew zufließenden Mittel helfen, Kranken-, Witwen- und Waisenhäuser zu errichten und Arme zu speisen. Die geistlichen Mittelpunkte bleiben aber die Klöster, allen voran das Höhlenkloster. Es ist das Gewissen der Fürsten und des Volkes, geistliche Beratungsstelle für jung und alt, *Vorbild* für heiligmäßiges Leben und für die Nachfolge des Herrn.[3])

Doch ist die Kultur Kiews damit nicht erschöpft. Es gibt noch eine Nachtkultur. Ein großer Teil der Bevölkerung, obwohl getauft, weiß kaum etwas von der Wiedergeburt durch Wasser und Geist; er lebt nach wie vor in der Vorstellungswelt des Heidentums. Das altrussische Heidentum leistet der Christianisierung keinen Widerstand, tritt kaum in Erscheinung, webt im Untergrund, entzieht sich der Verfolgung, ist nicht greifbar. Darin liegt die von ihm ausgehende immense Bedrohung. Äußerlich „macht es mit“, doch gleitet der Sinn der sich vollziehenden heiligen Mysterien über sein Bewußtsein hinweg. Es bildet sich ein Synkretismus heraus, der in manchen Gegenden Rußlands ein Jahrtausend überdauern wird. Die Zwiegläubigkeit aber wird die leicht ausufernde russische Seele nicht daran hindern, ein Tummelplatz entfesselter Leidenschaften zu sein. Auch kann sie der sittlichen Verwilderung durchaus einen legitimen Status verleihen. So will man im Kiewer „Untergrund“ kein neues Leben in Christus beginnen, man lehnt es ab, den „neuen Menschen anzuziehen“. Das russische Halbheidentum ist weich und emotional, wurzelt tief im „Seelischen“ und „Natürlichen“, ist zugleich entfesselt elementar und lyrisch. Es kann wilde Leidenschaften hervorbringen oder sich im Zarten und Schwärmerischen, in der Welt der Einbildung verlieren. Ein genialer Versuch, bis zum innersten Kern des altrussischen heidnischen Wesens vorzudringen, ist Igor Strawinskis Musik zu „Sacré du Printemps“, eine ebenso bacchantische wie atavistische, elementare und chaotische, klobige und erdige Tonsprache. *So* wird sich manche russische Seele auch noch ein Jahrtausend später zeigen und zwar dann, wenn sie *nicht* vom „sanften Joch“ des Evangeliums in Pflicht genommen worden ist; wenn sie zwischen ihm und dem „Zepter des Tieres“ taumelt. Im freiwillig auf sich genommenen Joch Christi aber findet sie nicht nur ihre wunderbare Festigung und ihren *ruhenden Pol;* alle ihre Eigenschaften erfahren eine Wandlung. Es entsteht jener Typ des „idealen Russen“, des idealen Menschen schlechthin, der den Westen schon immer anzog und bezauberte.

„Alle krankhaften Züge der russischen historischen und kulturellen Entwicklung“, schreibt der Religions- und Kulturhistoriker G. Florowski[4]), „haben ihren Ursprung in der ‚nächtlichen‘ Kultur, die im Untergrund wie kochende Lava brodelt. Sie alle sind auf die ungebändigte Einbildungskraft zurückzuführen, die sich hartnäckig der Kontrolle durch die ‚Vernunft Christi‘ entzieht. Eine reiche Welt der Gefühle wird als das besondere Merkmal der ‚russischen Seele‘ gelten. Wir plädieren keineswegs für Rationalismus; die Zerlegung des ‚Seelischen‘ durch den rationalistischen Verstand würde ja nur bedeuten, daß eine Krankheit durch eine andere ersetzt wird. Wir meinen die Notwendigkeit einer *Pneumatisierung* des Seelischen, dessen Transformierung zum *Geist.* Denn es gibt zweifellos einen Weg von der elementaren Willenlosigkeit zur willensstarken Verantwortung, vom fruchtlosen Kreisen der Ideen und Leidenschaften zur Konzentration des Geistes, von ausladenden Spekulationen zur Integrität des geistlichen Lebens, von der *Psyche* zum *Pneuma.* Das ist ein langer und schwerer Weg, und er erfordert Anstrengung und Verzicht. Das gerade war aber die Aufgabe, die Rußland bei seiner Taufe übernommen hatte. Das geschichtliche Leben eines Volkes erfüllt sich entweder in Entscheidungen vor konkreten Aufgaben oder in zögernder Unschlüssigkeit angesichts solcher Aufgaben. Es ist absolut richtig, im beharrlichen Widerstand gegen den Göttlichen Logos die tiefste Ursache jenes viel zu häufigen Scheiterns, jener Krisen und Rückschläge in der russischen Geschichte und Kulturgeschichte zu sehen, die uns erschrecken und schmerzen und durch ihre Tragik berühren."

Sünde liegt sowohl im Über-Schreiten als auch im Sich-Verweigern. Die Freiheit seiner Entscheidungen wird dem Menschen nicht genommen, doch trägt das Böse seine Früchte in sich. Und obwohl die Sünde in die Verantwortung des einzelnen fällt, war sie noch nie Privatsache. Zwar hat sie ihre Wurzeln auch in den realen Gegebenheiten der Umwelt, aber stärker noch ist ihre verheerende Rückstrahlung auf diese Umwelt. Die Ausstrahlungskraft der vollzogenen Sünde ist groß und reicht weit über den privaten Bereich hinaus. Es gibt Entscheidungen oder Verhaltensweisen, die zu Lasten einer ganzen Generation, mehrerer Generationen und eines ganzen Landes gehen. Von dieser „wechselseitigen Bürgschaft" aller Menschen untereinander, ihrer geheimnisvollen Solidarität im Guten und im Bösen, spricht Starez Sossima in Dostojewskis „Die Brüder Karamásov".

Im Mongolensturm des Jahres 1240 wurde Kiew dem Boden gleichgemacht. Es ging in Rauch und Flammen auf, fiel in Schutt und Asche zusammen.

Wir verzichten auf einen Versuch unseres kleinen Verstandes, sich in anmaßenden Urteilen des Sinnes dieser Katastrophe zu bemächtigen. Über allen Zweifeln steht aber die Tatsache, daß die „Nachtkultur" nicht auf den Untergrund beschränkt blieb, sondern mit fortschreitender Zeit an die Oberfläche trat und mit ihren Fängen nach Menschen und Verhältnissen griff. Wir beobachten im Kiewer Großfürstentum am Dnjepr — der äußere Anlaß mag im unentwirrbaren Knäuel mißlungener dynastischer Erbfolgegesetze liegen — Verrat, Intrigen, Meuchelmorde und blutige Auseinandersetzungen zwischen nächsten Verwandten. Wir beobachten eine zunehmende Mißachtung der Rechte der „geringen Brüder", ihre Unterjochung und Ausbeutung durch die

Reichen und Mächtigen, ihre Überführung in Leibeigenschaft und Sklaverei. Das Gebot der Nächstenliebe in Christus wird sträflich vernachlässigt. Widerstandslosigkeit gegenüber den Zugriffen des offenkundig Bösen führt die Menschen in schuldhafte Verstrickungen. An mahnenden Stimmen und eindringlichen Warnungen, vor allem aus dem Bereich der Kirche, hat es nicht gefehlt. Einmal erhebt das im Folgenden so „stumme" Rußland seine Stimme und hinterläßt der Nachwelt — etwa 125 Jahre vor der Zerstörung Kiews — eines der schönsten Zeugnisse christlich-mittelalterlicher Gesinnung. Es kommt aus der Feder des Fürsten Wladimir Monomachus (1113—1125) und ist in Form einer „Ermahnung" an seine Söhne abgefaßt. „Vergeßt vor allem die Armen nicht ... Erlaubt es den Reichen und Mächtigen nie, einen Mitmenschen zu verderben ... Werdet der Gnade Gottes durch Taten der Liebe teilhaftig ... Steht bei der Versuchung zum Bösen in der Furcht Gottes ... Was ihr auch immer vorhabt und tut, wiederholt in eurem Herzen unentwegt: Kyrie, eleison ... Laßt keinen Verbrecher hinrichten, denn das Leben eines Christen ist geheiligt ... Seid demütige Sachwalter Gottes, steht ständig in Seiner Verantwortung. Sprecht: Wir sind sterblich, und die Macht ist uns nur für eine kleine Weile anvertraut."

So mag der vorgezeichnete Weg Rußlands ausgesehen haben.

Ab 1150 beginnt die Bevölkerung Kiews sich heimlich auf die Flucht zu machen. Die Überfälle der Tataren mehren sich, vor allem aber ist es das schwere Leben unter den Übergriffen der Landbesitzer, das die Bauern zwingt, die engere Heimat zu verlassen. Der Weg führt durch endlose, fast undurchdringliche Wälder in den Nordosten, an die obere Wolga, wo man Ruhe vor den Asiaten und persönliche Freiheit zu finden hofft.

Das Heilige Rußland und seine Nachfolger

Kiew war das dynastische, kirchliche und kulturelle Zentrum des frühmittelalterlichen Rußland gewesen, doch bedeutet das nicht, daß der Nordosten des Landes zum Zeitpunkt der Kiewer Katastrophe als kulturelles Brachland dalag. Auch dort regierten russische Rurikiden in ihren angestammten, ererbten oder mit dem Schwert eroberten Teilfürstentümern und waren ehrgeizig genug, in ihren Residenzen Kiew zu kopieren. Das geschah vor allem durch den Bau schöner, zum Teil sogar prachtvoller Kirchen und durch das Sammeln und Hüten geistlichen Schrifttums und berühmter, wundertätiger Ikonen. Dennoch wurde auch dieser, von Kiew weit entfernte Teil des Landes nach der Zerstörung der Hauptstadt am Dnjepr von einer fast hundert Jahre währenden Lähmung befallen. Für die Flüchtlinge ist hier alles anders, selbst die Natur. Dunkle Wälder beherrschen die Landschaft. Die Teilfürstentümer sind vorwiegend von Bauern besiedelt, leben vom Ackerbau. Reichtümer sind nicht zu erwarten. Und alle, die in dieser Region Zuflucht und Rettung vor den Tataren suchten, sehen sich auch weiterhin grausamen Überfällen der asiatischen Horden ausgeliefert. Die Plünderungen, Verwüstungen, Brände in den Städten und Siedlungen, die Unterwerfung unter die fremdartigen Zwingherren, der Umgang mit ihnen, die erzwungene demutsvolle Haltung ihnen gegenüber bleiben für die russische Volksseele nicht ohne Folgen, lösen innerhalb der tragischen Geschicke eine weitere Tragödie aus: Die Bevölkerung nimmt neue Charakterzüge an: Servilität, Feigheit, Duckmäusertum, Doppelzüngigkeit, ein verhängnisvolles Eskalieren des Selbsterhaltungstriebs. Wie siebenhundert Jahre später unter der Schreckensherrschaft Lenins und Stalins werden diese Eigenschaften nicht nur zur Lebensnotwendigkeit und, wenn man Glück hat, lebenserhaltend, sie bekommen darüber hinaus den Anstrich von Tugenden. Ein Niedergang sittlicher Normen greift um sich. Für die Fürsten der zersplitterten, auf sich selbst angewiesenen Teilfürstentümer sind erniedrigende und höchst gefährliche Reisen ins Reich der Goldenen Horde zu einer Selbstverständlichkeit geworden. Dort müssen sie sich fast immer eine demütigende Behandlung, mitunter auch grausame

Mißhandlungen gefallen lassen. Und mehr als einmal werden solche Reisen mit einem echten, christlichen Märtyrertod besiegelt: dann nämlich, wenn die Fürsten nicht gewillt sind, ihren Glauben dem Spott der Muslime auszusetzen und es vorziehen, eines qualvollen, auf bestialische Weise herbeigeführten Todes zu sterben ... So entsteht eine Reihe von „heiligen Fürsten", die von der Kirche zu verschiedenen Zeiten kanonisiert werden.

Skrupellosigkeit kennzeichnet das im 14. Jahrhundert einsetzende „Wachstum" des kleinen Teilfürstentums Moskau, jenes „Einsammeln" aller anderen, nah und fern gelegenen Teilfürstentümer und Freien Städte. Es wird durch breit angelegte Landkäufe, List, Gewalt und blutige Auseinandersetzungen — gelegentlich auch mit Hilfe der Tataren — durchgeführt. In dieser Welt einer permanenten äußeren Bedrohung und eines unerhörten sittlichen Verfalls ist die wachsende Abhängigkeit der Kirche — zuerst von den Moskauer Großfürsten, dann von den Zaren — ein zusätzliches beunruhigendes Moment. Denn für die rigorose „Sammeltätigkeit" Moskaus ist es absolut unumgänglich, die Unterstützung der Kirche zu gewinnen, ihr hierarchisches *Zentrum* für sich allein zu beanspruchen, folglich den Sitz des Metropoliten, der sich noch immer Metropolit von Kiew nennt, von Wladimir nach Moskau zu verlegen. Für die Kirche ihrerseits ist es wichtig, inmitten des allgemeinen Wirrwarrs und Zerfalls, in einem machtpolitisch zusehends erstarkenden Staatsgebilde — wie dem im Knotenpunkt vieler Handelswege liegenden, aufstrebenden Moskau — für ihr Leben und ihre Tätigkeit den ruhenden Pol zu finden. Obwohl sich diese „Symphonie" sehr wesentlich von der idealen Symphonie in Kiew unterscheidet und für die künftigen Geschicke Rußlands nicht selten verhängnisvoll sein wird, ist sie — wie es die Dialektik der russischen historischen Wege nur zu oft ist — verständlich. Es gilt, in zwölfter Stunde das Zersplitternde und Zerfallende zu retten, seinem Untergang zuvorzukommen, dem Chaos der Minifürstentümer ein Ende zu setzen und somit das Verschwinden einer europäischen Nation zu verhindern. Um dieses Ziel zu erreichen, war es notwendig, die Grundlagen einer staatlichen Ordnung und deren unabdingbare Voraussetzung — eine kirchliche Ordnung — zu schaffen. Die Kirche war es, die durch das Gewicht, das der ständige Sitz des Metropoliten Moskau verlieh, die russische nationale Einheit begründete. Dann aber

sah sie sich gezwungen, Moskaus ideokratische Macht zu unterstützen, eine Synthese von Thron und Altar zu akzeptieren, und wurde — statt das *Gewissen* dieser Macht zu sein und über ihr, wenn nötig, zu *Gericht* zu sitzen — viel zu oft ihr wenn auch nicht gehorsamer, so doch schweigender Vasall.
Wo viel Licht ist, ist auch viel Schatten, sagt das Sprichwort. Das Evangelium sagt etwas anderes: Das Licht leuchtet in der Finsternis. Wenn es je ein über alle Zweifel erhabenes heiliges Rußland gegeben hat, dann gerade in jenem Abschnitt der Geschichte, in jenen Jahrhunderten — dem 14. und 15. —, die die finsterste Zeit der Tatarenhegemonie bezeichnen. Zwar legten die Tataren bei ihren Einfällen Dutzende von Siedlungen in Schutt und Asche, metzelten die Bevölkerung nieder oder entführten sie in eine grauenvolle Gefangenschaft; die kirchliche Tradition Rußlands vermochten sie jedoch nicht auszulöschen. Sie versuchten das auch gar nicht. Der Heilige Geist blieb die Energiequelle der Kirche. Auch war Rußland in jenen Jahrhunderten noch nicht ganz vom lebendigen Blutkreislauf der orthodoxen Ökumene abgeschnitten. Vom Athos kam neues Schrifttum, die mystisch-kontemplativen Werke Isaaks des Syrers, Simeons des Neuen Theologen, Gregor Palamas; es kam die von Kreta zuerst nach dem Berge Athos, dann auch nach Rußland verpflanzte mystische Lehre vom immerwährenden, auch im Schlaf nicht aussetzenden inneren Gebet des Herzens: HERR JESUS CHRISTUS, SOHN GOTTES, ERBARME DICH MEINER, DES SÜNDERS — dem Gebet, das in Rußland für Jahrhunderte zum täglichen Brot nicht nur der Mönche, sondern auch der gläubigen Laien werden sollte. Es ist die Zeit der Hochblüte der russischen monastischen Askese, die Zeit des heiligen Sergius von Radonesch (1314—92), der zusammen mit dem heiligen Seraphim von Saróv (1759—1833) zu den größten Mystikern Rußlands gehört. Er und seine Jünger und Nachfolger — seine ganze Schule — werden für alle Zeiten das goldene Herzstück der russisch-orthodoxen Frömmigkeit und Heiligkeit bleiben. In kleinen klösterlichen Gemeinschaften oder Einsiedeleien, die die Regeln einer freiwillig auf sich genommenen Disziplin befolgen, in tiefen Wäldern verborgen, leben auf einem Fleckchen gerodeter Erde die heiligen Mönche. Sie leben in einer bis an den Rand gefüllten Stille das Leben einer radikalen Selbstverleugnung, die bis zur Selbstaufgabe geht, ein Leben des nie aussetzenden

Gebets und einer völligen Überwindung des Körpers und seiner Bedürfnisse. Zu ihnen gehören der Hunger, die Kälte in den verschneiten, frostklirrenden Wäldern, die Anfechtungen in den endlosen Nächten. Diese Männer, allen voraus Sergius, erreichen die auf Erden höchstmöglichen Tugenden und nicht zuletzt jene engelhafte Demut und Liebe, die den Zugang zur *Theosis* eröffnet. Es ist die Durchdringung des ganzen Menschen vom Licht Christi, das seinen Anfang in der Verklärung auf dem Berge Tabor nimmt. Auf dieser Stufe durchbricht der Mystiker die Schranken zur anderen Welt, gewinnt Einblick in ihre unirdische Wirklichkeit, der gegenüber die irdische unwirklich wird. In der ihn umgebenden, ins Licht getauchten *anderen* Gegenwart sammelt er Erfahrungen jenseits der Grenzen des für den „natürlichen" Menschen Erfahrbaren. Das war und das ist der Weg aller großen Zeugen der Kirche, von den Tagen der Apostel bis in die Gegenwart. Der Sinn der Askese kann somit nicht in der Verleugnung des Menschlichen, nicht in einer feindseligen Haltung ihm gegenüber liegen. Wäre das der Fall, wie sollte dann die Menschwerdung Christi begriffen werden? Würde das nicht deren Negierung, den Verrat an der Orthodoxie und den Übergang zum Monophysitentum bedeuten? So ist nicht die Geringschätzung des Menschlichen die Motivation und der Sinn des monastischen Weges, sondern das Ringen um die Offenlegung des *neuen* Menschen im alten, dessen Durchbruch zur unvergänglichen *Realität,* dem Reich Gottes, das schon hier auf Erden offenbar wird.

Wie von selbst überspringt diese Flamme auf die nahe und ferne Umgebung, und in hellen Scharen strömen die Menschen zum heiligen Abt oder Einsiedler, um bei ihm Trost, Kraft und den Weg zur eigenen Rückbesinnung zu finden. Das war seit eh und je die Praxis der russischen Frömmigkeit. Hier holte sich das Volk — zu Sergius pilgerte es ein halbes Jahrhundert — nicht nur den Mut, die schreckensvollen Zeiten zu überstehen, hier überzeugte es sich davon, daß es noch Heiligkeit auf Erden gibt, eine Heiligkeit, die man mit Händen anfassen kann und demzufolge auch jene Werte, die es selbst schon zu verlieren drohte.

So irren die russischen Patrioten, die die vorrangige Bedeutung des heiligen Sergius im Segen erblicken, den er im Jahre 1380 dem jungen Moskauer Fürsten und Heerführer Dimitrij Donskoi erteilte und dessen Niederschlag der erste, nie erhoffte Sieg über die mongolo-tatarische Übermacht war. Die Soziologen rühmen die gewaltige kolonisatorische, kulturelle und volkswirtschaftliche Bedeutung der unzähligen Klöster, die aus der Schule des Heiligen hervorgingen. Die Hagiographen forschen nach seinen mystischen Schauungen, seinen Wundern. Zweifellos verdankt die russische Welt Sergius auf allen diesen Gebieten Großes — das Entscheidende ist es aber nicht. Dieses liegt in seiner übermächtigen, vom Heiligen Geist gewirkten *Ausstrahlung*, die in die tiefste Finsternis der damaligen Welt und ihre furchtbare Wirklichkeit zu dringen vermochte und sie *veränderte.* Denn das Kloster wird in jener Situation politischer Ausweglosigkeit, äußerster materieller Not und eines drohenden Absinkens in die totale Barbarei zur Achse, um die sich das Leben des gemarterten russischen Volkes zu drehen beginnt. Alles, was seither lebendig ist und Geist bedeutet, ist mit unzerreißbaren Fäden an Sergius gebunden. Der Historiker W. Kljutschewski (†1911) spricht in diesem Zusammenhang vom unverwüstbaren *Goldfonds* des russischen Volkes. Selbst auf die Sprache der Ikonenmalerei — die fast einzige Sprache des jahrhundertelang „in Stummheit verharrenden Rußland" (Fedótov) — erstreckt sich seine Ausstrahlung. Nie hätte ein Andrej Rubljóv die „Heilige Dreifaltigkeit" — das Mysterium der Drei, die *ein* Leben in der Vollkommenheit der Liebe verbindet — in solch einer ontologischen Harmonie schaffen können, wenn es zuvor nicht einen heiligen Sergius gegeben hätte. Und auch den anderen Isographen jener großen Zeit ging die Erkenntnis auf: Der Sinn der Ikone ist nicht, das darzustellen, was Christus *war,* sondern was Er *ist.*

„Brüder", sprach der Abt zu seinen Schülern, „was tun wir, was auch die Dämonen nicht täten? Wir fasten — sie essen gar nichts. Wir schlafen wenig — sie wachen immer. Wir besitzen eine einzige zerschlissene Kutte — sie bedürfen überhaupt keiner Kleidung. Also haben wir uns noch nicht über deren Tugenden erhoben. Denn nur *eines* macht den Unterschied: Satan kann nicht lieben. Darum sei die Liebe zum Schöpfer und seinen Geschöpfen der Anfang, die Mitte und das Endziel unseres Tuns."

Ritterliche Tugenden kannte Altrußland nicht. Selbstbewußtsein, Stolz, Ehrgefühl — Dinge, die im Westen auch in den ritterlich-monastischen Ordensgemeinschaften groß geschrieben wurden und sogar

mit den christlichen Tugenden zu koinzidieren schienen, waren dem russischen Menschen kaum bekannt.
Sie wären auch schwer mit der evangelischen Forderung, „die andere Wange darzubieten“, zu vereinigen. Das Evangelium kennt keinen „edlen Stolz“, nur Hochmut, dessen Vater Satan ist. Es kann kein Zufall sein, daß es von Aljoscha Karamásov, dem „idealen Russen“, bei Dostojewski noch im 19. Jahrhundert heißt, daß er „Kränkungen weder empfand noch bemerkte“ und daß er sich „über nichts wunderte“. Das alles hat mit der Idealisierung des russischen Volkes nichts zu tun. Es sind jene „Sprossen“ der Leiter der Vollkommenheit gemeint, die nicht alle erklimmen. Die *Polarisierung* zwischen dem heiligmäßigen und dem profanen Leben war in Rußland stets besonders groß, und das darf, wenn man sich dem Verständnis dieses Landes und seiner Geschichte nähern will, niemals vergessen werden. Und dennoch: Das Licht leuchtete in der Finsternis. Mehr noch: Es ging für alle Zeiten ins Bewußtsein des Volkes ein, und zwar nicht als Theorie, sondern als erfahrbare und greifbare Realität. Daß die Russen, die um ihr Überleben unter der Mongolenherrschaft im doppelten Sinne des Wortes kämpfen mußten, diese gewaltige Aufgabe bewältigt haben, verdanken sie der Glaubenskraft und dem Charisma ihrer begnadeten monastischen Erzieher. Sie waren es, die den Menschen die Zuversicht zurückgaben, daß Gott sich von ihnen nicht abgewandt hat, daß Er ihnen wieder beistehen wird. Diese Zuversicht machte es möglich, inmitten einer absoluten Hoffnungslosigkeit Hoffnung zu schöpfen, und verhalf dazu, auch äußerlich den Durchbruch zur Freiheit zu erlangen.
Wenn wir uns dem „Moskauer“ Abschnitt der russischen Geschichte zuwenden — er beginnt mit dem 14. Jahrhundert und endet an der Schwelle des 18. —, sehen wir, daß sich in Rußland eine allmähliche Isolierung nicht nur von Westeuropa und der gesamteuropäischen Entwicklung, sondern auch von Byzanz und der griechischen Tradition vollzieht. Auf die Gründe kommen wir noch zurück. Für Moskau ist es die Zeit einer intensiven Rückbesinnung auf das eigene religiöse und nationale Erbe. Der tatarische Einfluß blieb für die russische Kulturtradition, die fast ausschließlich im Bereich des Kirchlichen wurzelte, von geringer Bedeutung. Die Kultur des erstarkenden Moskowiterreichs, das neben den Teilfürstentümern auch die Freien Hansastädte Pskov und Nowgorod in seinen Herrschaftsbereich einbezo-

gen hatte, zeichnet sich durch einen geschlossenen, aber zunehmend erstarrenden Lebensstil aus. In den detailliert ausgearbeiteten, dem großen Jahr der Kirche streng verpflichteten Lebensformen, machte das „Modellieren" am russischen Menschen, die Umformung seines zu Schrankenlosigkeit neigenden dionysischen Wesens, wesentliche Fortschritte. Ihm wurden Zügel angelegt, die Richtlinien zur Lebensführung gaben und mehr Festigkeit verliehen. Die in der morgenländischen Tradition verankerten Auflagen bewährten sich auch als Prophylaxe, und zwar nicht nur gegen die intuitiv gefürchtete äußere und innere Tatarisierung, sondern auch gegen die nicht minder gefürchtete Latinisierung Rußlands, gegen die man eine tiefsitzende Aversion empfand. In der zeitweilig sehr mächtigen polnisch-litauischen Nachbarschaft und ihren (später vom Jesuitenorden dirigierten) „Bekehrungsversuchen" im Südwesten Rußlands sah man nicht ohne Grund eine Gefahr für die Eigenständigkeit der russisch-orthodoxen Welt. Die wissenschaftliche Vorbildung der Russen lag — von Ausnahmen abgesehen — noch immer im argen. Die Kultur des Intellekts wurde — oft zugunsten der Glaubenserfahrung — verschmäht. Für weiterführende, tiefgründige Dispute mit den messerscharf argumentierenden Jesuiten war man nicht gerüstet. Den philosophischen Gedanken, die Schule des Denkens, hatte Rußland von Byzanz nicht übernommen und hielt es über Jahrhunderte hinweg für überflüssig, diese enorme Lücke aufzufüllen. Jeder weiß, daß die germanischen Völker bei ihrer Integrierung in die römische Kultur auch den Zugang zum hellenistischen Erbe fanden. Warum dieses Erbe ausgerechnet Rußland und für nahezu tausend Jahre versagt blieb, ist für die Geschichtsphilosophie bis auf den heutigen Tag ein ungelöstes Rätsel. Die slawische Sprache, in der die Christianisierung stattfand, konnte ja an sich kein Hindernis bei der Erschließung der Welt des Intellekts gewesen sein. Der Apostel Paulus mahnt die Christen, verstandesmäßig nicht als „Kinder" zurückzubleiben. Auch stand Byzanz, Rußlands großer Pate, im 10. und 11. Jahrhundert noch in der Blüte seiner geistigen Kultur. Wie dem auch sei, Rußland blieb die Schule und die Kultur des Denkens, im weiten Sinne auch des *Wortes*, nahezu bis zu Peters I. gewalttätiger Reform verschlossen. Diese historische Tatsache birgt für die Geschicke des russischen Volkes verhängnisvolle, im 17. Jahrhundert katastrophale Momente. Sicherlich dachte man auch im Moskowiterreich über religiöse Probleme nach. Wir wissen, daß die mittelalterlichen Moskowiter ihre Dispute gern an Straßenecken und öffentlichen Plätzen austrugen; vielleicht ging es dabei nicht nur um den Zeitpunkt der Verwandlung der Gestalten, vielleicht wagte man sich auch an Tiefgründigeres heran, z. B. an den geheimnisvollen und unergründlichen Sinn des Glaubensmysteriums schlechthin. Man gab sich sicherlich keine Rechenschaft über die gewaltigen Ausmaße solcher theologischer Probleme und die geringen Möglichkeiten, sie zu lösen. Im Abendland mühte sich mit der Frage der Motivation der Menschwerdung Gottes der geschliffene Intellekt eines Anselm von Canterbury ab. Bei seinem Festlegen auf den Satisfaktionsbegriff, der bis heute die Grundlage der römisch-katholischen Lehre von der Erlösung bildet, hatte er es insofern leichter, als sich in der römischen Kirche das Verhältnis zwischen Gott und Mensch von Anfang an u. a. als ein Rechtsverhältnis darstellte und die Entwicklung sich auch weiter auf dem altvertrauten Boden des Rechtsdenkens fortbewegen konnte. Dem östlichen Christentum dagegen fehlten von Anbeginn alle Momente, die für die Auffassung der Religion als eines Rechtsverhältnisses sprechen konnten. Die johanneische Mystik des Liebesverhältnisses zum Herrn und Seinem Erlösungswerk tut sich schwer mit dem Begriff der Satisfaktion als einer blutigen Genugtuung gegenüber der Gerechtigkeit Gottes. Man muß annehmen, daß dem römischen Bewußtsein diese Theorie weniger Schwierigkeiten bereitete, vielleicht aufgrund seines erdgebundenen Pragmatismus. Den Gemütern der Russen, an deren Ohr sie zum ersten Mal wahrscheinlich nicht früher als im 15. Jahrhundert gelangte, machte sie sicher zu schaffen.

Durch die Heirat des Großfürsten Iwan III. mit der Nichte des letzten Kaisers von Byzanz erfolgte im 15. Jahrhundert die Übernahme des politischen Erbes Ostroms durch Moskau. Vor allem war es die autokratisch-theokratische Idee, die am Fürstenhof heimisch wurde. Aber auch in diesem sich in seiner inneren Struktur rasch wandelnden Staat lebt die Vorstellung vom asketischen Mönchtum als der idealen Lebensform des Christen unbeirrt weiter. Trotz der spektakulären Prachtentfaltung, mit der sich zunächst die Großfürsten, später die Zaren umgeben — der von Zoë in die Ehe eingebrachte byzantinische Doppeladler scheint die bisherigen schlichten Sitten geradezu unmöglich zu machen —, und obwohl die monumentalen, unter der Leitung italienischer Baumeister errichteten sakralen und fürstlichen Bauten miteinander an Prunk und Schönheit wetteifern, ja, obwohl man sich jetzt in einer Welt von Brokat und kostbarem Pelz bewegt, bleibt die Loslösung von der Welt und ihren Verlockungen das wesentliche Merkmal des russischen Volksideals; die zwar nicht immer erstrebte, aber heimlich ersehnte Lebensform. Der Russe litt nicht nur am dionysischen Prinzip seiner „zu weit" angelegten Seele, ahnte nicht nur, daß er jene Festigkeit, die seinem Naturell zu oft versagt blieb, im Absoluten finden könne — nein, er litt ganz einfach an der Sehnsucht nach dem Himmlischen Jerusalem. Die leidenschaftliche Liebe zu dieser „hochgebauten Stadt" erklärt auch die im schlichten Gemüt unbewußte, im „erleuchteten" voll bewußte Geringschätzung des Irdischen. Der Wille zur Entsagung und die Bereitschaft zur Loslösung lebte schon immer in der Seele des frommen Russen. Darum behielt das Kloster — die Schule der Nation — auch in dem sich zur Pracht- und Machtentfaltung fortbewegenden *neuen* Reich seine ungebrochene Anziehungskraft. Man darf dabei nicht übersehen, daß das orthodoxe Kloster — schon seiner ganzen Anlage nach — kein Refugium für Menschen war (und ist), die neben dem Gebet Konzentration für ihre geistige Arbeit suchten, wie das im Westen oft der Fall war, sondern daß es stets der schmale und harte Weg zur Umgestaltung des inneren Menschen blieb.

Der Aufstieg Moskaus, sein politischer Triumph, schließlich seine Idee des „Dritten Rom" — Hybris eines theokratischen Zarentums —, wurde für solche, die die Entwicklung mit wachen Sinnen beobachteten, zum Fanal des spirituellen Niedergangs. Der äußere Anlaß für die Idee war, wie so oft bei der komplexen und tragischen Dialektik der russischen Geschichte, wenn nicht gerechtfertigt, so doch verständlich. Es war der spektakuläre Fall Ostroms — und das will heißen, seine im Jahre 1439 in äußerster Bedrängnis durch die Türken eingegangene Union mit dem Papsttum. Die oströmische Katastrophe wurde für Jahrhunderte zum schicksalsträchtigen Einschnitt im Bewußtsein der Russen, schlug in ihm tiefe Wunden und manifestierte sich im 17. Jahrhundert in der Spaltung der russischen Kirche. Man war es gewohnt, zu Byzanz als dem Bollwerk der apostolischen Tradition aufzuschauen. Noch immer hatte die hohe russische Hierarchie ihre Weihen in Konstantinopel empfangen. Jetzt stand man im wahren und im übertragenen Sinne des Wortes vor einem Trümmerhaufen. Es galt, das „Zweite Rom“ ohne Verzug nach Moskau, der letzten Bastion des unverfälschten, sich auf die sieben Säulen der kirchenväterlichen Konzile stützenden tausendjährigen orthodoxen Glaubens, zu überführen und es hier zum „dritten und letzten“ zu machen. Zweifellos waren zunächst starke eschatologische Momente das Entscheidende: Nach dem Fall Ostroms setzte in Moskau das gespannte Erwarten des Weltuntergangs ein. Erst als sich die apokalyptische Stimmung zu legen begann, wurde der Begriff des Dritten Rom von der Regierung aufgegriffen und zur übersteigerten Idee des autokratischen Herrschertums erhoben. Zu den Lehren der Ostkirche hat sie nie gehört.

Die Verwirklichung des theokratischen Traumes und der Triumph der Autokratie wurden zur Tragödie der Kirche. Schon die endgültige Bezwingung der Mongolen und die völlige Befreiung des Landes von deren Hegemonie gingen Hand in Hand mit einer Versklavung der Kirche und der Degradierung des Klerus und der hohen Hierarchie zum gefügigen Werkzeug der weltlichen Herrscher. Das theokratisch-autokratische Zarentum, dessen erster Ideologe im 16. Jahrhundert kein anderer als Iwan IV., genannt der Schreckliche, werden sollte, erkannte die Autorität der Kirche nur noch der Form nach an; in der Praxis gab es für den Herrscher lediglich eine einzige Entscheidungsgewalt — nämlich die eigene. Bei der in Kiew verwirklichten und vorgelebten Symphonie brachte die Kirche dem Staat ein neues, aus dem Evangelium erwachsendes Verständnis der menschlichen Persönlichkeit bei (erinnern wir uns an das „Vermächtnis“ des Fürsten Wladimir Monomachus) und hielt ihn damit in gebührenden Schranken. Sie selbst verstand sich als das *neue Volk* innerhalb der ethnischen und nationalen Völker und erkannte ihre ureigenste Aufgabe in der einen und einzigen: Dem Menschen zu seiner Transfiguration in das Bild Christi zu verhelfen. Jetzt vergaß man, daß die Kirche, die man innerhalb seiner Grenzen „beherbergte“, eine *anders geartete,* von der Welt ontologisch unabhängige Größe ist, die weder in den staatlichen Absolutismus integriert noch als Instrument einer irdischen Macht mißbraucht werden kann.

Darum wird die Stimme der Moskauer hohen Hierarchie bei den sich mehrenden Übergriffen der Fürsten und Zaren immer leiser. Das tritt am Anfang des 16. Jahrhunderts besonders kraß zutage, als Großfürst

Wassilij (Basilius) III. sich gegen das Gebot der Kirche auflehnt und sich — obwohl es in der Verwandtschaft einen potentiellen Thronfolger gibt — von seiner unfruchtbaren Gemahlin trennt, die verzweifelt widerstrebende junge Frau gewaltsam in ein Kloster sperrt und sich mit einer anderen vermählt: Mit der künftigen Mutter Iwans des Schrecklichen. Ein Omen? Zwar kennt die Ostkirche kein Gesetz, nach dem der schweren Sünde die gerechte Strafe auf den Fersen folgen müßte, doch kennt sie die eiserne Logik, der zufolge die Sünde ihren Fluch in sich selbst trägt. Wie die Krebskrankheit nicht umhin kann, Metastasen zu produzieren, so bringt schwere Schuld Unheil mit sich, zunächst latentes. Sehr oft aber hat Sünde, die alles andere als „Privatsache" ist, raschere Auswirkungen und eine intensive *Strahlung* auf die Umgebung. Für den Christen können Leben und Geschichte keine Abfolge von Fakten und Daten sein; er weiß um die langsamen Prozesse, aber auch um die mitunter schon innerhalb *einer* Generation an die Oberfläche tretenden Wirkungen von längst im Bewußtsein verschütteten Ursachen.
Unter der Machtentfaltung Iwans des Schrecklichen, des selbstherrlichsten und grausamsten aller Potentaten, erreicht die Tragödie der russischen Kirche ihren Höhepunkt. Die ersten Jahre der Regierung des gebildeten, in geschichtsphilosophischen Kategorien denkenden Zaren bringen eine Scheinblüte der Gerechtigkeit und bedeutende Reformen; dann aber, in der Mitte des 16. Jahrhunderts, bricht die schwere pathologische Veranlagung Iwans durch, tritt jene Reaktion ein, die Rußland ins Entsetzen stürzt, in Blut und Tränen ertränkt. In diesen unheilvollen Strom fließt auch das Märtyrerblut des großen Metropoliten Philipp. Sohn vornehmer Bojaren, absolviert er sein Noviziat im fernen Solowetzki-Kloster am Weißen Meer, „höhlt den zu Stein gefrorenen Boden aus, fällt Bäume, schleppt Steine und Viehmist, erduldet Schläge und Spott von den Unvernünftigen". Da sein helles Licht nicht unter dem Scheffel verborgen bleibt, beruft ihn Iwan nach Moskau, wo ihn der schneeweiße Klobuk des Metropoliten und der Dornenkranz des Märtyrers erwarten. Mehr als einmal versucht er im Gespräch mit dem Zaren ihn zur Einsicht zu bringen: „Je mehr Gnade und Macht dir zuteil wurde, umso eifriger mußt du Werke der Barmherzigkeit vollbringen ... Öffne dein Ohr und dein Herz dem namenlosen Leid, unter dem die russische Erde stöhnt, auf daß

auch *du* ein gnädiges Ohr findest für deine Gebete . . . Laß unser Schiff nicht in den Fluten der Willkür versinken, vergib, auf daß auch dir vergeben werde." Schließlich verweigert er — nach einer feierlichen Liturgie in der brechendvollen Hauptkathedrale des Kreml — dem Zaren den Segen und bezichtigt ihn in aller Öffentlichkeit seiner grausamen Verbrechen: „Ich bin nur ein Gast auf dieser Erde . . . Wo bliebe mein Glaube, wenn ich es unterließe, mein Leben für die Wahrheit zu opfern?"

Diese einzige anklagende Stimme, die aus den Reihen der hohen Hierarchie kommt, bleibt für lange Zeit auch die letzte. Nach dem Tode Philipps — er wurde von den Schergen Iwans in seiner Klosterzelle erdrosselt — versinkt alles in Schweigen. Und der vor dem Zaren nach Litauen geflohene gelehrte Fürst Andrej Kurbski, mit dem Iwan eine geschichtsphilosophische Korrespondenz führte, die zu den bemerkenswerten Dokumenten der Weltgeschichte gehört, wird seine Fragen so stellen: „Wo sind bei uns die Propheten, die sich nicht scheuten, Könige ihrer Missetaten zu bezichtigen? Wo bleibt Ambrosius, der den Kaiser Theodosius zur Einsicht zu bringen vermochte, wo Johannes Chrysostomus, der die Kaiserin Eudoxia öffentlich der Goldgier anzuklagen wagte? Wer wird bei uns zum Fürsprecher aller Entrechteten, Verfolgten und Gemarterten sein?"

Die Antwort bleibt aus.

Die Verquickung zwischen Staatsraison und Frömmigkeit, der Bund zwischen Thron und Altar ist ein geschichtlich bedingtes Übel. Es provozierte weder im Mittelalter noch in späteren Zeiten, weder in Rußland noch in Westeuropa eine ins Gewicht fallende Kritik. Dennoch steht Iwans spektakuläre, systematische, ideologisch begründete Ausrottung des uralten Bojarentums auf einem anderen Blatt. Oberflächliche „Kenner" Rußlands gefallen sich heute zunehmend im „Aufzeigen" von Parallelen zwischen Iwan IV. und Stalin, indem sie diese Gestalten aus den „Besonderheiten des russischen Nationalcharakters" zu erklären suchen. Mit diesem Charakter haben jedoch jene Greueltaten, die die Menschheit erschauern ließen, wenig zu tun. Stalin steht keineswegs in der Tradition des „Schrecklichen"; darüber hinaus war er ja überhaupt kein Russe. Nach Gabriel Marcel — und wir müssen ihm recht geben — sind Massengreueltaten stets Früchte einer Ideologie. Ohne Ideologie keine Greueltaten. Die Greueltaten der spani-

schen Inquisition und eines Herzogs von Alba entsprangen jedoch einer anderen Ideologie als die der Jakobiner, und der blutige Krieg, den Iwan, der fanatische Verfechter einer kompromißlosen „Autokratie von Gottes Gnaden" gegen den Hochadel seines Landes führte, einer anderen als die Massenexekutionen eines Hitler oder Stalin. Ernstzunehmende Historiker und Publizisten dürfen die Dinge nicht so leichtfertig in *einen* Topf werfen.
Es gab auch andere Zerreißproben im Moskowiterreich. Schon das letzte Viertel des 15. Jahrhunderts bringt ein gewandeltes Staatsverständnis mit sich, wobei es zum Umbruch der geistigen Landschaft und zur Bewußtseinsänderung der Menschen kommt. Das Heilige Rußland ist aufgefordert, dem orthodoxen Reich Platz zu machen. Immer deutlicher treten die Auswirkungen der geschichtlich bedingten, zum Teil aber auch selbstverschuldeten Isolierung der russischen Kirche und des russischen Lebens an den Tag. Die Trennung von der schöpferischen Tradition der orthodoxen Ökumene und vom Pulsschlag der gesamten Christenheit macht sich auf eine verhängnisvolle Weise bemerkbar. Das kirchliche Leben und die Formen der Frömmigkeit beginnen zu erstarren, legen sich Fesseln einer unbeweglich sakralen, sich zunehmend in Äußerlichkeiten erschöpfenden Ritengläubigkeit an. Man klammert sich an Nebensächlichkeiten, die das — nach dem oströmischen Drama — verschreckte Gewissen der Menschen zu Dogmen zu erheben bereit ist. Der geistige Horizont verengt sich. Man siebt Mücken und verschluckt Kamele. Das Rückgrat und die große Schule Rußlands, die monastische Tradition, bricht in zwei Teile auseinander. Jene Nachfolger des heiligen Sergius — für sie steht jetzt der Name des großen Starez Nil Sorski —, die die mystisch-kontemplative Richtung vertreten (es gab auch eine äußerlich aktivere), und auf deren Panier absolute Armut und das immerwährende innere Gebet als der Weg zur *Theosis* geschrieben sind, werden die ersten Opfer des neuen moskowitischen Lebensverständnisses. Sie werden aus ihren meist jenseits der Wolga gelegenen kleinen Klostergemeinschaften und Einsiedeleien vertrieben, verfolgt, ausgerottet. Der Staat wünscht eine andere monastische Richtung: Aus fürstlichen und bürgerlichen Dotationen und letztwilligen Verfügungen hervorgegangene, mit ausgedehnten Ländereien versehene, wohlgeordnete Klöster, deren besondere Merkmale strengste Zönobitenregel, lange, üppig aus-

gestattete Gottesdienste und vorgeschriebene Gebetsregeln sind. Allerdings auch eine ausgedehnte, im Dienste der Bedürftigen stehende Wohltätigkeit. Diese zwei Richtungen, beide berechtigt, jede in ihrer Art „Schule der Nation", können durch folgende Gegenüberstellungen charakterisiert werden: Dort — verinnerlichtes mystisches Tun auf dem Wege zur Verklärung in das Bild Christi, hier — strenge Befolgung von Riten und Regeln. Dort — völlige Bedürfnislosigkeit und franziskanische Armut, hier — bewußtes Ansammeln von Reichtümern, die sowohl für den Bau und die künstlerische Ausstattung neuer, prächtiger Gotteshäuser als auch für die groß angelegte Betreuung von Armen, Kranken, Witwen und Waisen verwendet werden. Dort — Konzentration auf das „ganz Andere" und infolgedessen ein Streben nach größtmöglicher Abgeschiedenheit, hier — Politik im Dienste des Zarentums und der Festigung des autokratischen Staates. Dort — jene geheimnisvolle Ausstrahlung des Reiches Gottes, das zwar „inwendig" ist, aber die Menschen von nah und fern wie ein Magnet anzieht, hier — Manifestation geistlicher Autorität, die sich auf kirchliche Machtstellung stützt. Die Wolgastarzen treten für die Freiheit und Würde des Menschen ein und gewähren im Namen Christi auch verfolgten Ketzern Asyl; die Vertreter der „Amtskirche" überantworten die Ketzer der irdischen Gerechtigkeit, die sie hart bestraft und sich mit der Idee trägt, eine Inquisition nach spanischem Vorbild einzuführen. Das Testament, das der heilige Nil seinen Schülern hinterläßt und das auf sie — in Lumpen gehüllte Anachoreten — einen erschütternden Eindruck macht, lautet: „Werft meinen Leib in eine wüste Gegend, damit er von wilden Tieren und Vögeln vertilgt werde: Er ist einer Bestattung nicht wert. Ich wünsche Ehrenerweisungen zu entrinnen, wie bei Lebzeiten, so auch im Tode." Wie die Grablegungen der Geistlichen in Moskau, an denen die ganze Stadt teilnahm, aussahen, braucht nicht näher geschildert zu werden.
Um es kurz zu fassen: Die Starzen schätzen die Unabhängigkeit der Kirche von den weltlichen Mächten, die Hierarchen arbeiten an der Aufgabe, die Kirche zunehmend unter den Einfluß des Staates zu stellen. Zumindest aber wehren sie sich nicht gegen diese Tendenz. Daß hier eine echte Synthese möglich gewesen wäre, bezweifeln wir; daß es diese zwei Richtungen gegeben hat, muß man nicht nur hinnehmen, sondern auch gutheißen. Schlimm ist nur, daß die zweite, die „pragma-

tische“, im ungleichen Kampf den absoluten Sieg davongetragen hat, was zu einem guten Teil dem russischen Maximalismus zugeschrieben werden kann, dem das „Sowohl-als-auch“ wesensfremd war.
Für die siegreiche Richtung steht der Name Josef (Iossif) von Wolokolamsk, eines unversöhnlichen Feindes des heiligen Nil. Die Dialektik des russischen Lebens erlaubt indessen nicht, diesen Mann in Bausch und Bogen zu verurteilen. Er wünschte die Schule der Nation nicht barfüßig, zerlumpt oder in zerschlissene Kutten gehüllt zu sehen, nicht „zivilisatorisch verwildert“, oft in Baumhöhlen und Erdlöchern wohnend. Zum Aufbau eines mächtigen autokratischen Staates und als Berater der Fürsten eigneten sie sich sicherlich nicht. Dennoch sollten sich Christen nichts vormachen: Gerade *ihnen,* den Bewohnern von „Höhlen und Felsenklüften“, singt der Hebräerbrief im Kapitel 11,38 ein hohes Lied. Gehören sie vielleicht zu jenen, um derentwillen einst zwei Städte hätten gerettet werden können?
Auch Josef fastet und betet viel, wacht die Nächte hindurch, schont sich in keinem Augenblick seines monastischen Lebens. Er baut Kirchen und sorgt für ihre erlesene künstlerische Ausschmückung; er spendet Unsummen für soziale Belange. Als das Land von Dürre und Hungersnot überfallen wird, speist er allein in dem Kloster, dem er vorsteht, 700 Menschen täglich. Auch er ist heiliggesprochen worden; zu den vom russischen Volk geliebten Gestalten der Kirchengeschichte hat er allerdings nie gehört. Zu eng ist sein Name mit der Verfolgung des Heiligen Rußland und mit der allgemeinen Bewußtseinsänderung im religiösen Bereich verflochten. Das Glaubensleben wurde simplifiziert, seiner mystischen Note beraubt. Es vergröberte. Das früher auch von unzähligen Laien geübte innere *Tun,* das tief im Herzen wiederholte Gebet „HERR JESUS CHRISTUS, SOHN GOTTES, ERBARME DICH MEINER, DES SÜNDERS“ beginnt nun wie Tropfen im heißen Sand zu versickern. An seine Stelle treten Gebetsregeln. Die Ideale des Heiligen Rußland verblassen. Es kommt zum Stillstand des religiösen Lebens, das sich mit schwerfälliger Sakralität bekleidet. Doch sind die Nachfolger des heiligen Nil Sorski jenseits der Wolga nicht völlig ausgerottet; nur führt ihr Weg jetzt noch weiter von den Zentren der Macht weg, in noch ödere und unwegsamere Gebiete, in noch tiefere Wälder, auf noch einsamere Inseln. Aus dieser Richtung wird viel später, im 19. Jahrhundert, der Typ des russischen

Pilgers entstehen, den wir aus den berühmten „Aufrichtigen Erzählungen" kennen und lieben gelernt haben. Hinter dem sakralen Dunkel des zunehmend ritengläubigen, sich nach feststehenden Regeln vor Gott verbeugenden moskowitischen Rußland (das sich übrigens auch sehr gern das Prädikat eines „heiligen" zulegt), dessen einst gottbegnadete Ikonographie jedoch immer mehr zu buntem Stückwerk erstarrt, steht wie eine sonnendurchflutete Wolke ein anderes: Das leichte, lichte, kindlich-demütige, menschenfreundliche, Liebe ausstrahlende, aber keine irdischen Bindungen kennende Rußland. Jenes Heilige Rußland, das auch heute noch im Verborgenen lebt.
Das 17. Jahrhundert ist das letzte vor der petrinischen Reform. Es beginnt mit dem Abenteuer des falschen Demetrius und dem Chaos der „Wirren", eines bürgerkriegähnlichen Gegeneinander aller Schichten der Bevölkerung. Es sind die Nachwehen jener blutigen Kriege, die Iwan IV. gegen sein eigenes Volk geführt hatte: Im Zuge der Ausrottung des alten Bojarentums wurden ganze Städte dem Erdboden gleichgemacht. Diese Zeiten kreisten beim Pöbel noch im Blut. In der Mitte des Jahrhunderts bricht die Kirche in zwei Teile auseinander. Ein tiefgläubiger, sittlich gefestigter Teil des Moskowitervolkes spaltet sich von der „Amtskirche" ab und geht unter der Bezeichnung „Altgläubige", von Hierarchie und Regierung grausam verfolgt, seine eigenen Wege. Den Anlaß bilden nicht so sehr die notwendig gewordenen Korrekturen an den über Jahrhunderte immer wieder von Hand abgeschriebenen gottesdienstlichen Texten, die jetzt mit den (auch voneinander divergierenden) griechischen Texten mühsam verglichen werden. Es sind eher die geringfügigen Änderungen im orthodoxen Ritus, vor allem das plötzlich auf eine andere Weise zu vollziehende Kreuzeszeichen. Der erstarrte Blutkreislauf habe auch solche „Reformen" nicht mehr verkraften können, so lautet das Urteil der älteren Historiographie. Die neuere Geschichtsforschung sieht die Kämpfe, die sich zwischen dem rigoros vorgehenden Reformpatriarchen Nikon und seinem genialen Opponenten Erzpriester Abbakum abspielten, ganz anders. Sie läßt keine Zweifel daran, daß die eigentliche Ursache der katastrophalen Kirchenspaltung des Jahres 1665 im weit zurückliegenden 15. Jahrhundert zu suchen sei, nämlich im Fall Ostroms, der im Bewußtsein der gläubigen Russen nicht aufgehört hatte, wie eine offene Wunde zu klaffen. Die apostolische Tradition war ja in *Moskau,*

dem Dritten Rom, in Reinheit und Unversehrtheit aufbewahrt worden; wie konnte es denn jetzt möglich sein, daß man nach falschen, von zahllosen Fehlern durchsetzten Texten gebetet und zelebriert haben sollte? Und das Kreuzzeichen? *So* und nicht anders hatten es der heilige Sergius und die in seiner Nachfolge stehende Schar der Heiligen vollzogen ... Den Gedanken weiter zu denken, ließ das Blut erstarren. In den anbrechenden apokalyptischen Zeiten konnten demzufolge nur die Feinde Christi am Werke sein. Das genügte, um der Hierarchie der „herrschenden" Kirche, die auf der Seite der Reformen stand, *schwere Ketzerei* vorzuwerfen und somit die blutige Verfolgung auszulösen. Zehntausende (oder waren es viel, viel mehr?) nahmen um des „alten Glaubens" willen Enteignung, Verbannung und Martyrium auf sich; sie wurden gejagt, verbrannt, verbrannten sich selbst, um nicht zur Annahme des „neuen Glaubens" gezwungen zu werden und damit das eigene Seelenheil zu verwirken. Wenn der Dreißigjährige Krieg bekanntlich soziale Hintergründe hatte, so muß man den Kampf dieser so falsch behandelten Menschen als das bezeichnen, was er in Wirklichkeit war: Christliches Bekennertum. Und es gibt in der Geschichtswissenschaft eine Auffassung, derzufolge erst diese Kirchenspaltung die Leninrevolution möglich gemacht hat. So oder so, im 17. Jahrhundert zeigte sich, daß die verhängnisvolle Isolierung Rußlands, sein „Kochen im eigenen Saft", in eine Sackgasse geführt hatten und daß eine konsequente, aber *behutsam* durchgeführte Reform des ganzen Lebens ins Haus stand. Daß diese Reform auf Biegen und Brechen von einer Persönlichkeit wie Peter I. durchgeführt werden mußte, gehört zu den tragischsten Fakten der gesamten russischen Geschichte.

In unserem kurzen, die Probleme in keiner Weise erschöpfenden Abriß der Moskauer Ära mußten wir viele positive Aspekte des damaligen Lebens übergehen, auch auf die Nachzeichnung herausragender Persönlichkeiten verzichten. Das würde den Rahmen unserer Arbeit sprengen. Wenn die Einstellung der Moskowiter zum Westen schon seit dem 13. Jahrhundert schwer belastet war — man hatte die Zerstörung Konstantinopels durch die Kreuzritter nicht vergessen —, so standen spätere „Begegnungen" ebenfalls unter einem unglücklichen Stern. Der Schauplatz dieser Begegnungen war auch Kiew, das einstige goldene Kinderland russischer Frömmigkeit, das im Laufe der geschichtlichen Entwicklung von den katholischen Nachbarländern besetzt worden war. Deren intensiven Latinisierungsbestrebungen hatte man dort zu widerstehen. Der Mangel an fundierten Kenntnissen und einem geschliffenen Denkvermögen wird sich ungünstig ausgewirkt haben: Den auf allen Gebieten beschlagenen, in der Rhetorik geübten, scharf argumentierenden Jüngern Loyolas vermochte man nicht viel mehr als die unverbrüchliche Treue zu seiner Kirche und ihrer uralten Tradition entgegenzustellen. Doch die Bitternis, mehr noch, die Verbitterung gegenüber dem Westen, den man lange mit den „Lateinern" identifizierte, konnte nicht so leicht behoben werden.

Unter dem „stillen" und überaus frommen, an europäischer Zivilisation aufrichtig interessierten Zaren Alexej (1645—76) öffnet sich Moskau allmählich dem „Westen". Obwohl das Leben in dieser beinahe exotischen Stadt „bunt" ist und zu „blühen" scheint, weist es doch die Merkmale einer Scheinblüte auf. Irgend etwas stimmt nicht. Der Verfall der einstigen Volksideale macht sich bemerkbar, ist nicht zu übersehen. Im Land der Heiligen gibt es kaum noch Heilige. Wie seltsam und befremdend eine „statistische Erfassung" von Heiligkeit auch immer sein mag — wagen wir es dennoch, Zahlen anzuführen. Sie können sich zwar nicht auf das reale Vorhandensein heiligmäßiger im Lande im Verborgenen wirkender Menschen beziehen, wohl aber auf die Kanonisierungspraxis der Kirche, die sich stets gleichbleibt. In der ersten Hälfte des 16. Jahrhunderts wurden noch 22 Personen heiliggesprochen, in der zweiten nur 8. Im nächsten Jahrhundert sind es 11 und 2. Dieses letzte moskowitische Jahrhundert bietet, was die abfallende Tendenz betrifft, auch noch folgendes Bild: In 25 Jahre aufgeteilt, sind es 7, 4, 2, 0 Heilige. Die Zeitgenossen Wassilijs III. (1505—33) hatten Gelegenheit, mit Heiligen auf Tuchfühlung zu kommen — Zar Alexej konnte nur noch an ihren Grabstätten beten. Tief bewegend ist das von ihm verfaßte, an den erdrosselten Metropoliten und Wundertäter Philipp gerichtete Gebet, in dem er den Heiligen in seinem eigenen und in seines ganzen Volkes Namen um Vergebung bittet: „Kniefällig und unter Tränen . . ." Es heißt, daß gegen das Ende des 17. Jahrhunderts eine gewisse innere „Tatarisierung" der Menschen beobachtet wurde, eine Tatarisierung der Gesinnungen. Während der zweieinhalb Jahrhunderte tatarischer Besatzungszeit wußte sich Rußland vor solchen Gefahren wirksam zu schützen: Man begnügte sich nicht mit

dem Vollziehen frommer Riten — man hielt einen ständigen, persönlichen *Kontakt* zu den schützenden Mächten, strebte für den inneren Menschen mehr an als die Abwicklung religiöser Pflichtübungen.
Die *Fürstin,* die seit den Tagen der Christianisierung Rußlands stets als *Vorbild,* zumal für die russische Frau, gleich hinter dem asketischen Mönch rangierte und sich dieser Verantwortung voll bewußt war, verläßt ihren angestammten hohen Platz und steigt in die Niederungen des Lebens hinab. Nicht in jene Niederungen der Not und des Elends, in denen sich einst die heilige Elisabeth von Thüringen bewegte, sondern in die Niederungen eines Lebens nach eigenen Gesetzen. Die kluge und tüchtige, westlich orientierte und fein gebildete Halbschwester des jugendlichen Peter, Sophie, die Regentin Rußlands, zieht als erste mit einem Mann zusammen — es ist der Fürst Wassilij Golizyn — und kümmert sich nicht um den Eindruck, den dieser unerhörte Entschluß auf das Volk macht.[5])

Die große Wende

Wir werden uns nicht mit den technischen, militärischen und kulturellen Reformen Peters I. befassen. Sie dürften allgemein bekannt sein. Das berühmte „Fenster zum Westen" war zweifellos schon von seinen Vorgängern aufgestoßen worden, wenn auch nicht sperrangelweit. In der Wendung zu Europa war Peter weder der erste noch der einzige. Der Kern seines gigantischen Werkes ist die radikale, teils mit unmenschlichen, teils mit übermenschlichen — fast dämonischen — Mitteln auf Biegen und Brechen durchgeführte Säkularisierung Rußlands. Peter litt an einem pathologischen Widerspruchsgeist und der krankhaften Leidenschaft, sämtliche Verbindungen zu Rußlands geschichtlicher Tradition und Vergangenheit abzuschneiden, mit ihr auf ewig zu brechen: Nicht nur die Brücken zu sprengen, sondern auch die Brückenköpfe zu zerstören.[6])

Schwere Kindheitserinnerungen mögen dabei — wie bei Iwan IV. — eine wesentliche Rolle gespielt haben. Doch lagen die Wurzeln dieser reformatorischen Tätigkeit tiefer: Peter hatte die Psyche eines Revolutionärs, zum Teil eines Bolschewisten. Seine große Wertschätzung durch die Sowjets ist kein Zufall. Er dachte in diagonalen Widersprüchen zur russischen Vergangenheit und lehrte auch seine Mitarbeiter und sein Volk in Widersprüchen zu denken und zu handeln, verlangte den sofortigen Bruch mit den Traditionen, pflanzte die Psychologie des Umsturzes ein, erzog zur Revolution.

Der von Peter errichtete neue, westlich-absolutistische Staat proklamiert sich als „sich selbst genügend". Von der Kirche wird nichts als Unterwerfung und Gehorsam verlangt. Der Staat tut alles, um sie in sein System einzubeziehen, in seine Ordnung zu integrieren, greift nach ihren eigensten Bereichen, negiert ihre Rechte, vor allem das Recht, das *Gewissen* Rußlands zu sein. Auch wenn sie in der Geschichte von diesem ihrem Ur-Recht nicht immer Gebrauch machte und dort, wo sie ihre Stimme erheben mußte, zu oft schwieg, sprach ihr dieses Recht niemand ab. Jetzt wird es ihr abgesprochen. Der Staat schränkt ihren Wirkungskreis ein, bemächtigt sich einer Vielzahl ihrer Funktionen und maßt sich an, bei den ihr verbliebenen zu bestimmen, wie sie gehandhabt werden sollen. Er bezeichnet die Idee kirchlicher Unabhängigkeit als Papismus. Durch ausgewählte und von ihm protegierte hohe Geistliche unterstützt er die Verbreitung einer weitgehend protestantischen Weltanschauung. In der Einverleibung der öffentlichen und kirchlichen Funktionen durch den Staat kann man mit Recht die Geburtsstunde des russischen Polizeistaates erblicken. Sein politisches Tun dient der Reglementierung des Lebens, sein Ziel und sein *Pathos* — der Glückseligkeit der Untertanen.

Peter ist es, von dem der tiefe Riß zwischen Regierung und Volk, Regierung und Kirche seinen Anfang nimmt. Auch die vielfach krankhafte Spaltung der russischen Seele ist zum großen Teil sein Werk. Diese Seele wird unter ihm gedehnt, gespannt, gestreckt und Zerreißproben ausgesetzt; sie wird zwischen den zwei entscheidenden Lebensbereichen des christlichen Menschen — dem weltlichen und dem geistlichen — erbarmungslos hin und her gerissen. Auf die angeborene Fähigkeit, Gott zu lieben und Ihn auch inmitten von Sünde und Schuld mit glühender Inbrunst zu suchen, wird mit einer keinen Widerspruch duldenden Gewalt der Rationalismus der Aufklärung aufgepfropft. In der Folge werden Atheismus, Positivismus, Freimaurertum, Liberalismus, Nihilismus auftreten — sie alle werden den tiefen Zwiespalt der russischen Seele weiter vertiefen. Denn die Seele kann überfordert werden. Wenn sie sich in Widersprüchen zermürbt und verausgabt hat, stumpft sie ab. Das religiöse Gefühl wird von den Forderungen des Tages überwuchert und zugeschüttet, es dämmert und beunruhigt nur im Unterbewußtsein. So wenig der profane Russe seinem eigenen hohen Ideal und seiner Auffassung von einem christlichen Leben in der täglichen Praxis auch immer entsprechen mochte — das von der Ostkirche in Jahrhunderten anerzogene und in Fleisch und Blut übergegangene *innere Kriterium,* mit dem er sein Leben maß, verließ ihn nicht. Auch nicht im vorpetrinischen Jahrhundert, als die Frömmigkeit zu erstarren drohte und sich bei vielen zur Ritengläubigkeit wandelte. Durch die von Peter in wilder Kompromißlosigkeit durchbrochene „Bresche" nach Europa strömte ungehindert der materialistisch-rationalistische Zeitgeist herein. Viele erlagen ihm. Nicht alle, das versteht sich von selbst. Denn lange genug hatte der russische Mensch unter dem Einfluß der morgenländischen Tradition gestanden, und das will heißen, unter dem Einfluß des Christentums in seiner verinnerlichten, aber auch *fordernden* Form. Man wußte, worum es geht; wußte man es nicht, so hätte man es wissen müssen. Als die Isolierung vom Westen aufgehoben war, wurden zwei Dinge offenbar: 1. Ein großer Teil der orthodoxen Ober- und Mittelschicht zeigte sich als verführbar, war bereit, seine *Erste Liebe* (Offb 2,4) zu verlassen und zu vergessen. 2. Die westliche Welt, die den Russen als Vorbild hingestellt wurde, hatte aufgehört, das zu sein, was sie ihrer ewigen Bestimmung nach hätte sein sollen: Christliches Abendland. Sie saß an den Wassern Babylons.

Die „Wiedervereinigung" mit Europa bedeutete für Rußland in der Form, wie sie Peter I. vollzogen hatte, im Grunde eine Katastrophe. Das ganze 18. Jahrhundert gleichen die Menschen Getriebenen, Irrenden, die die Richtung verloren haben. Rußlands Rückgrat, der Glaube, ist verwässert und ausgelaugt, das Durcheinander in den modisch frisierten und gepuderten Köpfen perfekt. Man huldigt der französischen Lektüre, die — zunächst in Übersetzungen — das Land förmlich überflutet. Väter und Söhne blättern in militärisch-technischen Anleitungen, Mütter und Töchter in frivolen französischen Romanen. Unter dem Zepter Katharinas II. macht die vorwiegend französisch geprägte Bildung bedeutende Fortschritte; jetzt werden auch Voltaire (mit dem die Kaiserin auf freundschaftlichem Fuß korrespondiert) und die Enzyklopädisten gelesen. Katharina — nach außen hin durchaus fromm und kirchlich, denn sie weiß, was sie dem profanen Volk schuldig ist — folgt jedoch in den meisten Punkten ihres Programms treu den Fußstapfen Peters, was sie indirekt, aber für alle Lesekundigen deutlich genug mit der vielsagenden Inschrift auf seinem berühmten Falconet-Denkmal über der Newa bekräftigt: Petro Primo — Catharina Secunda. Man darf nicht vergessen, daß neben den großartigen militärischen Eroberungen und den bedeutenden Erfolgen auf dem Bildungssektor zu ihrem Werk auch die Schließung von 700 Klöstern, die Verbannung vieler tausend Mönche nach Sibirien und das üppige Aufblühen des Freimaurertums in Rußland gehören.

Im übrigen amüsiert man sich in diesem 18. Jahrhundert ausgelassen, tanzt, schwelgt in Genüssen und Luxus. Dazu trägt das von dem (später „ohne ihr Wissen" ermordeten) Ehegatten Katharinas, dem Zaren Peter III. erlassene Edikt bei, das die jahrhundertealte militärische und zivile *Stütze* Rußlands, den Dienstadel, von allen seinen Pflichten gegenüber dem Staat entbindet. Die mächtigen Ländereien, die im Besitz dieses Adels sind, waren aber seit altersher Entlohnung für einen langjährigen, mühsamen und pflichtgetreuen Dienst am Vaterland, vor allem den Militärdienst, der sich von Generation zu Generation fortsetzte. Jetzt war man plötzlich von allen Auflagen befreit, konnte ungehindert auf seinen mit leibeigenen Bauern überreichlich gesegneten Gütern in Saus und Braus leben. Und allzuviele — natürlich, wie immer, nicht alle — taten das, ohne sich Gedanken darüber zu machen, was ihr neuer Status für die künftigen Geschicke Rußlands bedeutete. Ländereien, die dann zur Belohnung für Unterstützung bei Palastrevolutionen (oder auch nur schweigende Zurückhaltung) verliehen wurden, bedeuteten aber nicht minder schicksalsträchtige Einschnitte, wie der Fall von Byzanz, wie die Theorie des Dritten Rom.

Auch das 19. Jahrhundert, das letzte vor dem Kataklysmus, ist auf lange Sicht vom Freimaurertum geprägt. Dieses vermittelt der gebildeten Schicht Rußlands (und eine solche Schicht gibt es zweifellos), die nach der Hunger- und Durststrecke der rationalistischen Aufklärung von Unterernährung gezeichnet ist, neue starke Impulse. Überdies fordert es eine gewisse Askese, und das empfindet man als wohltuend. Selbstverständlich ist das eine Askese, die mit der kirchlichen, in der morgenländisch-orthodoxen Tradition verwurzelten nichts zu tun hat. Von Sünde und Schuld ist nicht die Rede und ebensowenig von Reue und Vergebung. Aber der Begriff der „Unreinheit“ ist vorhanden und wird akzeptiert; sie kann durch gelegentliche „Enthaltsamkeit“ eliminiert werden. Die alexandrinische Epoche bringt auch eine Vielzahl anderer spiritueller Richtungen und Verflechtungen hervor, auch Sekten, von denen manche auf russischem Boden entstehen, die meisten aber aus dem Westen importiert werden. Es sind Quietisten, Pietisten, Herrnhuter, Mennoniten, Methodisten, Böhmische und Mährische Brüder ... Ihre Zirkel und Gruppen finden in Rußland ein ergiebiges Betätigungsfeld. Auch Kaiser Alexander I. hält kaum noch zur Kirche, bekennt sich zu einem Christentum, in dem die verschiedensten Richtungen verflochten sind, und fühlt sich wohl in dieser „Fülle“. Seltsamerweise fördern die neuen religiösen und pseudo-religiösen Aktivitäten gerade jene Eigenschaften der russischen Seele, die die Ostkirche ein Jahrtausend lang bekämpft hatte, indem sie ihr die *heilige Nüchternheit* (tresvénije) entgegenhielt. Es sind die jetzt durch humanistische Bildung verfeinerten Eigenschaften der altrussisch-heidnischen

„Nachtkultur", die wir vom Kiewer Untergrund in Erinnerung haben: Schwärmerisches Wesen, verschwimmende Grenzen zwischen Traum und Wirklichkeit, unbestimmbare Sehnsüchte. Auch in die Zukunft gerichtete mystische, apokalyptische Spannungen und Vorahnungen — alles Ausflüsse einer ohne Kontrolle durch den *Geist* fieberhaft arbeitenden Einbildungskraft. Auch das „einfache", fromme kirchliche Volk bleibt nicht von den Wogen mystischer Schwärmereien und eines neuartigen Sektenwesens verschont. „In dieser Epoche ersetzen überfeinerte Gefühle und ein gesteigerter Ästhetismus viele sittliche Kategorien" (Kljutschewski). Und der Philosoph W. Rosánov vermerkt: „Die verinnerlichte, stets tief bewegte russische Seele beginnt die zauberhafte Welt Westeuropas zu entdecken, zu verehren, zu lieben, zu vergöttern." Diese Seele gleicht immer mehr einer Äolsharfe, deren Saiten bei der leisesten Luftbewegung erklingen.

Die Gegenreaktion wird in der Person der Slawophilen kommen. Doch erschöpfen diese Erscheinungen, das unübersehbare Geflecht geistiger Strömungen der hier beschriebenen Art, den Gehalt der Epoche nicht. Das zeichnet sich schon deutlich gegen das Ende des 18. Jahrhunderts ab, das mit Peters grobschlächtiger „Reformation" der russischen Kirche begann und mit einer glanzvollen Wiedergeburt des kontemplativen Mönchtums endete. Wenn die Zeit Peters durch kompromißlose Eingriffe ins russische Leben und seine Reglementierung sowie durch Technik und ein seltsam anmutendes, gewaltsam aufgestülptes Europäertum gekennzeichnet ist, wenn die Regierung Katharinas durch eine vertiefte Aneignung des säkularisierten europäischen Ideengutes geprägt war und die Zeitgenossen Alexanders I. wie blinde Hühner in allen Ecken nach den verlorenen nährenden Körnern suchten, so erscheint der folgende geschichtliche Abschnitt als das Erwachen des schöpferischen russischen Genies. Das Goldene Zeitalter der russischen Kultur ist im Kommen. Aber auch die sich immer schärfer abzeichnende *Gabelung* des historischen Weges. Die eine Richtung führt zur großen europäisch-russischen Synthese und zur Rückkehr der Elite zu den pneumatischen Quellen und Schätzen der Kirche, die andere zur Herausbildung des revolutionären „Ordens", der nicht bewußt, dafür aber umso konsequenter auf das Jahr 1917 zuschreitet.

Die Synthese

Die Eingliederung Rußlands in die europäische Geisteskultur war im ersten Viertel des 19. Jahrhunderts bereits weit fortgeschritten. Fast zur gleichen Zeit beginnt das Goldene Zeitalter der klassischen russischen Literatur. Zu den einschneidenden Merkmalen dieser zweiten „großen Wende" gehört vor allem der Beginn des geschichts- und religionsphilosophischen Denkens, mit dem die Namen der frühen Slawophilen untrennbar verbunden sind. Die Rede ist nicht mehr von den irrational-diffusen „philosophischen" Strömungen der alexandrinischen Jahre, sondern von der geistigen Elite Rußlands, die auf dem Boden des mächtigen patriotischen Aufbruchs, in den der Vaterländische Krieg und der Sieg über Napoleon alle Schichten der russischen Gesellschaft mitgerissen hatte und jene ideale Synthese zwischen Ost und West verwirklichte, die, wie wir glauben, Europa und Rußland von Anbeginn aufgegeben war. Die frühen Slawophilen, deren Bewegung sowohl aus dem brennenden Interesse für alles Vaterländische und somit auch für die Deutung der russischen Geschichte als auch aus der Rückbesinnung auf die pneumatischen Normen der Ostkirche erwachsen war, spielten dabei eine überragende Rolle. Ihre Richtung setzte ungeheure Kräfte frei.[7])

Diese slawophile Bewegung, für deren Frühzeit wir hier die Namen Alexej Chomjakóv (1804—1860) und Iwan Kirejéwski (1806—1856) stehen lassen, und zwar als Mittelpunkte eines weiten Ausstrahlungskreises, verbindet mit dem tiefgehenden Interesse für Rußlands historischen Werdegang eine wahrhaft europäische Bildung auf höchstem Niveau. Die große Synthese, die diese jungen Menschen in ihrer Person darstellen, bezieht ihre Kraft aus der Verschmelzung der klassischen Antike, den dazugehörenden Sprachen und den Früchten des hochentwickelten europäischen Geistes mit dem Christentum in seiner ursprünglichen, unveränderten Form. In dieser ganz und gar neuartigen Fülle bleibt der gemeinsame Nenner die *zentrale christliche Idee,* wie sie in der Glaubens-Wahrheit und der Glaubens-Erfahrung der Ostkirche lebt, von deren zweitausendjährigem Erbe nie etwas vergeudet oder veruntreut wurde. Die Gegenüberstellung von Europa und Rußland, wie sie sich im Bewußtsein der Slawophilen spiegelte, ist, wie fast alles, was aus dem russischen philosophischen Gedanken auch späterer Jahre hervorging, eine tiefgehende Deutung der dem Menschen gemäßen Grundhaltungen gegenüber Gott und der Welt. Zunächst integrieren sich die jungen Philosophen ganz in Europa, das sie bewundern und als das „Land der heiligen Mirakel" (Chomjakóv) und ihre zweite geistige Heimat verstehen. Trotz dieser tiefen Bewunderung schwebt ihnen als Ideal schon damals ein „Europa der Zukunft" vor, das sie in der geistigen Erneuerung des christlichen Abendlandes sehen, erhoffen und erstreben. Dieser Wunschtraum geht bis zur Vorstellung von einem neuen christlichen Mittelalter. Erst nach der tiefen Enttäuschung, die ihnen aus der bitteren Erkenntnis erwächst, daß Westeuropa unwiderruflich eine andere Richtung eingeschlagen hat, wenden sie sich ganz Rußland zu. In ihrer Zeitschrift, die den bezeichnenden Namen „Der Europäer" trägt, geben sie ihrer Sorge und ihren Befürchtungen für die geistigen Geschicke Europas Ausdruck. Dann aber wenden sie sich der Reflexion zu, *wo* der Platz Rußlands im europäischen Konzert, ja in der Weltgeschichte sei. Dabei verdichten sich Fragen über Fragen zu philosophischen Problemen. „Wir (Russen) können nicht mehr ohne die Philosophie leben", schreibt Kirejéwski, „denn unsere Sinnesart und Beschaffenheit verlangen nach philosophischen Lösungen. Schon bei der Geburt unserer eigenständigen russischen Lyrik suchten wir im Grunde nach nichts anderem als nach philosophischen Aussagen."

Das ständige feine Durchdrungensein von einer latenten philosophischen Unruhe wird das besondere Merkmal der russischen Literatur und Kunst bleiben.

Während der Suche nach dem „Platz" Rußlands in der Welt nimmt die Neuentdeckung der Ostkirche und eine ganz neue Hochschätzung des „russischen Glaubens" allmählich die zentrale Stelle ein. In den vierziger Jahren erfolgt der Bruch zwischen den Slawophilen und der anderen Gruppe russischer Intellektueller, den sogenannten „Westlern", für die der Name Alexander Herzen steht und die das moderne Europa mit seinem Rationalismus akzeptiert und als Vorbild hinstellt. Dieser Bruch hat ausschließlich religiöse Wurzeln: Die Westler sind zum überwiegenden Teil Agnostiker.

Das Glaubensleben in Rußland hat sich seit dem Moskowiterreich und seit Peters Einfall in die Weltanschauung und die kirchliche Eigenständigkeit der Russen stark gewandelt. Wenn die Kirche des

19. Jahrhunderts nicht mehr durchweg die Kirche aller Getauften ist, so ist sie zweifellos die Kirche aller Wiedergeborenen. Sinnentleertes Symbol innerhalb eines säkularisierten Staates konnte sie nicht bleiben; ein lebendiger Organismus erzeugt gegen die ihm injizierten Gifte Gegengifte und erneuert sich von innen. Wieviel mehr gilt das für die Kirche als dem lebendigen, atmenden, vom Heiligen Geist bewohnten Leib Christi! So bleibt sie Hort der Wahrheit in allen reißenden Strömungen der Zeit. Für die elitären geistigen Kreise Rußlands und vor allem Moskaus ist die Religion nicht mehr wie für die Moskowiter des 17. Jahrhunderts Pflichtübung und eine zu erstarren beginnende Tradition, sondern elementares Bedürfnis, leidenschaftlicher Kampf um die Einheit von Glaube und Leben, weitgespannte religiöse Erlebnisdimension, die aber — wie es die ewige Forderung der Ostkirche ist — der heiligen Nüchternheit verpflichtet bleibt. Es gilt, sowohl vom Rationalismus, als auch von einer verschwommenen religiösen Romantik der zurückliegenden Jahre zum Glauben der Kirche zurückzukehren und damit frei zu werden von den wechselnden Impulsen der Zeitströmungen. Das erfordert einen asketischen Akt des Willens, ein Sich-Losreißen von den dem russischen Wesen so vertrauten Sehnsüchten und Tagträumen. Die patristische Tradition, die seit dem 15. Jahrhundert im verhängnisvollen Schwinden begriffen war, kehrt auf ihren angestammten Platz zurück. Durch sie wird die Einbildungskraft einer ständigen Kontrolle unterworfen. Als der Agnostiker Kirejéwski seine junge Frau in die deutsche Philosophie einführen will, erwidert sie ihm prompt, daß deren Ideen für sie alles andere als neu seien; sie habe sie bei den Kirchenvätern des 4. und 5. Jahrhunderts gelesen. Nun wird *sie* die Führerin Kirejéwskis durch die Patristik. Diese Lektüre und die Bekanntschaft mit den Starzen des Óptina-Klosters, mit denen Kirejéwski nach und nach sein Leben verbindet, verhelfen ihm zu entschiedenem Christentum. Mit den Starzen unternimmt und vollendet er das gigantische Werk der Übersetzung der griechischen Kirchenväter in die moderne russische Sprache.

Das berühmte kontemplative Kloster, das im 18. Jahrhundert von Katharina II. aufgelöst wurde, erlebte im 19. Jahrhundert eine ungewöhnliche Wiedergeburt. Gerade das Wiedererstehen kontemplativer Klöster trug Entscheidendes zur Rückkehr der gebildeten Schichten zum Glauben der Kirche bei. In Óptina bildete sich ein Stand charismatischer Seelenführer, den man als Starzentum bezeichnet. Es waren Asketen, die um derjenigen willen, die ihr Ich in Christus finden wollten, auf ihr Klausnertum verzichteten und geistliche Führer dieser Menschen wurden. Das Ziel ihres Wirkens, das ganz im Gravitationsfeld des immerwährenden inneren Gebets, des nie aussetzenden Anrufens des Namens Jesu stand, war das Ergriffensein von der Flamme des Heiligen Geistes; kein Christentum des Mittelmaßes. Dennoch — oder gerade deswegen — waren die Starzen ständig von Menschen umlagert, die den schmalen Pfad des Evangeliums gehen wollten. Zu den Besuchern des Klosters gehörten auch Gogol und Dostojewski. Leo Tolstoi versuchte dort, seine geistliche Hybris zu brechen, doch gelang es ihm nicht. Vor der Tür des Starzen stehend, fand er weder die Kraft noch den Mut anzuklopfen. Er schlich sich wieder davon.

Es leuchtet ein, daß die Philosophie Kirejéwskis unter dem Einfluß der Starzen keine induktive und diskursive Konstruktion werden konnte. Sie erwuchs aus dem Streben nach innerer Schau. Sein Denken scheut vor der Anmaßung eines „eigenmächtigen Festlegens der Begriffe" zurück, ist sich der ungeheuren Verantworung bewußt, geht in die Knie, will ein demütiges, um Erleuchtung ringendes Fragen nach der Wahrheit sein. Dieses Fragen ist unzertrennlich mit dem inneren Gebet verbunden. „Jedes autonom ausgesprochene Wort läuft Gefahr, zur Lüge zu entarten." Diese Aussage stammt von Kirejéwski. Den ständig gefährdeten und darum in der Potenz gefährlichen theologisch-philosophischen Reflexionen des Verstandes, selbst der „höheren Vernunft", setzt er in seiner Gnoseologie den Weg des Gebets und der Sammlung entgegen, wobei er auf diesem Wege notwendigerweise auf die uralte patristische Idee des Gott-Werdens des Menschen in Christo, der Theosis, stößt. Mit der Vertiefung in die unvergänglichen und unerschöpflichen Schätze der Kirchenväter ist für Kirejéwski auch die Frage nach der menschlichen Bildung gelöst. Will diese Bildung echt sein, so kann sie nur in der Bild-Werdung des Menschen nach dem göttlichen Ur-Bild bestehen. So befindet sich für ihn „das Denken der betenden Vernunft" in krassem Gegensatz zu jenen konstruierten theologischen Gedankengängen, die sich auf Abstraktionen stützen. „Die Kirchenväter reden stets von einem Land, in dem sie *gewesen* sind." So bemüht sich Kirejéwski, religiöse Romantik zu überwinden. Alexej Chomjakóv, den man gern einen „russischen Kirchenvater" nennt, ist eine ungewöhnlich dynamische, vielseitig begabte Persönlichkeit: Er ist Historiker, Philosoph, Theologe, Lyriker, Publizist, Erzieher, Erfinder. Als Historiker zeichnet ihn ein profundes Studium des klassischen Altertums, der russischen Geschichte und der Geschichte Westeuropas aus. Zu seinen besonderen Fachgebieten gehören die gesellschaftlichen Strukturen des europäischen Mittelalters und die Auseinandersetzungen zwischen Kaisern und Päpsten. Geistiger Schüler der griechischen Kirchenväter, Bewunderer Pascals, solider Kenner der philosophischen Schulen des Westens, hat er — dank der Erziehung im Elternhaus — die Möglichkeit, die große Dichtung der Antike sowie die Literatur Frankreichs, Englands, Spaniens und Italiens im Original zu lesen. Als Theologe schreibt er seine drei berühmten „Briefe eines orthodoxen Christen" in einem glänzenden, geschliffenen Französisch und führt seine ausgiebige Korrespondenz mit William Palmer in tadellosem Englisch. Der geistig stets voll eingespannte Mann ist aber auch passionierter Landwirt, der sich in vorbildlicher Weise um seine leibeigenen Bauern kümmert und für sie eine kombinierte landwirtschaftliche Dampfmaschine erfindet, die auf einer Londoner Ausstellung einen Preis erzielt.

Den Menschen Chomjakóv zeichnet eine ungewöhnliche Geschlossenheit des Charakters und des Willens aus. Mit sechzehn Jahren gibt er der Mutter das Versprechen, bis zu seiner Verheiratung unberührt zu bleiben, und hält das Versprechen, ungeachtet dessen, daß er sich erst in seinem 32. Lebensjahr vermählt. „Chomjakóv wurde als fertiger Christ geboren", schreibt Berdjajev, „er bedurfte kaum einer Entwicklung." Das bezweifeln wir allerdings. Seine große Festigkeit und Treue christlichen Grundsätzen gegenüber ist viel weniger angeboren als die Frucht einer inneren Haltung, die man mit der eines Ritters vergleichen könnte, der in seiner Rüstung schläft. Nach außen läßt er davon nicht das geringste merken. Rhetorisch ungewöhnlich begabt, ein glänzender Dialektiker mit starkem, beweglichem Geist und einem unerschöpflichen Gedächtnis, im Disput mit blitzartigen Reaktionen und messerscharfer Argumentierung operierend, ein geistreicher und stets heiter aufgelegter Gesellschafter, der in allen literarischen Kreisen Moskaus zu Hause ist, ein großzügiger Gastgeber, nannte er dennoch eine Weltanschauung sein eigen, wie man sie in solcher Festigkeit und Geschlossenheit nur selten findet. Als Streiter in theologischen und ekklesiologischen Fragen war er unschlagbar. Seine Erkenntnislehre ist ontologisch ausgerichtet, die Aussagen über das Wesen der Kirche sind Worte von hoher Authentizität. Wie Kirejéwski, erkannte auch er schon früh „das elende Unvermögen der theologischen Vernunft“, entzog sich ihren Reflexionen und Versuchungen, ihrem rationalen Anspruch, rief zum Wissen auf, das aus der Glaubenserfahrung und einer inneren Askese kommt; nicht aus der Sphäre konstruierter Mutmaßungen, sondern aus der pneumatischen Realität der Liturgie mit ihrem eucharistischen Herzstück: dem Gebet, der Kontemplation und einem christlichen Leben. Das Leben inmitten der Kirche, am Quell ihres unerschöpflichen Mysterienguts, ist — nach Chomjakóv — die Hauptvoraussetzung für eine begnadete und wahre Theologie. Nur wenn diese aus der Glaubenserfahrung der Gesamtkirche geboren ist — ein hohes Vorbild dafür bieten stets die Kirchenväter —, kann sie zu einer höheren Erkenntnis und einem höheren Sein verhelfen. Somit öffnet sich die Erkenntnis nur einem gläubigen Glied der Kirche, der Rebe am Weinstock Christus. So rief Chomjakóv die Theologie seiner Zeit auf, zu Erkenntnissen zurückzukehren, die auf persönlicher Erfahrung gründen. Er selbst beschreibt in seinem Werk die Realität der Kirche wie ein *Augenzeuge;* es ist ein persönliches Zeugnis. Was die menschliche Persönlichkeit betrifft, so könne auch sie nur in der hohen Gemeinschaft der Gesamtkirche (ssobórnostj) zu ihrer vollen Entfaltung und Reifung gelangen. Die Kirche ist Leib Christi, Geheimnis der Freiheit, der Wahrheit und der Liebe, Bildnerin des Gewissens, Lehrmeisterin auf dem Wege zur Theosis. In seiner Soteriologie setzt sich Chomjakóv mit der Kenosis und dem Erlösungswerk des Gottmenschen sowie der Wirkung der in der Kirche vollzogenen Sakramente auseinander.

Chomjakóv war überaus glücklich verheiratet und Vater hochbegabter Kinder. Ihnen ist eines seiner schönsten Gedichte gewidmet. Die über alles geliebte Frau — die jüngste Schwester des Lyrikers Jasykóv — starb nach sechzehn Jahren Ehe. „Sechzehn Jahre eines unwahrscheinlichen, unbeschreiblichen Glücks. Zu viel für einen Erdbewohner. Der Schlußpunkt mußte kommen — ich erwartete ihn.“

Sein Innenleben schirmte er vor den Menschen ab. Das Bild des fröhlichen Gastgebers und Gesellschafters, des passionierten Jägers, des zärtlichen Ehemanns und glücklichen Vaters verdeckte mitunter den tiefsinnigen Religionsphilosophen, den unermüdlichen Streiter für die Ekklesia. Doch einmal wird der Vorhang vor dieser Persönlichkeit zurückgezogen, ohne daß sie selbst davon erfährt. Ein Freund des Hauses, der Slawophile Jurij Ssamárin, erzählt in seinen Erinnerungen, lange nach dem Tode Chomjakóvs, folgendes:

„Er hatte wieder einmal Gäste auf sein Landgut geladen. Da sämtliche Gästezimmer besetzt waren, richtete er mir das Lager in seinem Schlafzimmer, auf dem breiten Sofa (Frau Chomjakóva war schon gestorben). Das angeregte Gespräch, das während des Abendessens geführt wurde und, wie stets, von seiner jungenhaften Fröhlichkeit und seinem glänzenden Witz gezeichnet war, setzten wir noch eine Weile fort; dann bliesen wir die Kerzen aus. In der Nacht erwachte ich, wie es mir schien, von irgendeinem Laut im Zimmer. Die erste, blasse Morgenröte zeichnete sich im Fenster ab. Ohne mich zu bewegen, begann ich zu lauschen. Er kniete vor der Ikone, die Arme kreuzweise auf einen Hocker gelegt und das Gesicht in die Hände gedrückt. Er betete und weinte. Das setzte sich bis zum Morgen fort. Ich stellte mich schlafend. Vor den Gästen erschien er dann munter und fröhlich, mit seinem unverwechselbaren gütigen Lachen. Sein Diener erzählte mir später, daß das, was ich erlebt hatte, sich jede Nacht wiederhole."

Warum, wird der Leser fragen, erzählt man uns so viel von *einer* Person? Wir glauben, daß es wichtig ist. Chomjakóv ist in unseren Augen eine köstliche Frucht der Synthese zwischen Ost und West. Auch wenn es seinem Werk nach scheinen mag, daß er ganz dem Osten zugeordnet sei, hätte sich seine geniale Persönlichkeit ohne die Aufpfropfung der großen europäischen Kultur nie zu diesem Format entfalten können. Es ist unwahrscheinlich, daß es in der Zeitspanne zwischen der Zerstörung Kiews durch die Tataren und den napoleonischen Kriegen in Rußland keine potentialen Genies gegeben hat. Es gab sie sicherlich. Aber zum Durchbruch kamen sie — trotz der alten und eigenständigen vorpetrinischen Kultur des Landes — nicht: dazu bedurfte es der Synthese. Auch das gehört zu den rätselhaften Besonderheiten Rußlands. Und wenn Peter I. seinem Volk viel Böses angetan hat — *eines* sichert ihm die Anerkennung aller Geschlechter: Er hat — nach einem Wort Alexander Herzens — Rußland jene Herausforderung vor die Füße geschleudert, auf die es mit *Puschkin* geantwortet hat.

Die geistige Elite, in deren Mittelpunkt die Slawophilen stehen, kennt keine revolutionäre Gesinnung und keine Auflehnung gegen Staat und Monarchie. Im Gegensatz zu dem sich langsam herausbildenden „Orden“, den wir im folgenden Beitrag behandeln, unterwirft sie sich der paulinischen Askese des Gehorsams, fühlt sich auch unter der drückenden reaktionären Regierung eines Nikolaus I. ihrer Loyalität nicht enthoben. Die dunklen Schatten, die auf dem russischen Leben lasten, bleiben ihr aber keineswegs verborgen. Gegen sie ist Chomjakóv mehr als hellhörig, vor allem in seinen vielgelesenen, vielzitierten und vielgeliebten Gedichten, die vor 1917 einen festen Bestandteil jeder russischen Anthologie (und Schulchrestomathie) bildeten. Die von einer Sehergabe getragenen Anklagen richteten sich nicht so sehr gegen soziale Mißstände (die waren ja zu jener Zeit auch in Westeuropa nichts Ungewöhnliches) wie gegen die tief verwurzelten und eingefleischten russischen *Sünden*, die ihn schmerzten und peinigten. „Geh' in die Knie, du mächtiges, der Hybris verfallenes Reich, beweine deine schwarze Ungerechtigkeit, flehe den Erlöser um Vergebung an“, das ist das offene oder verborgene Leitmotiv vieler seiner „hellenistisch-helltönenden“, inhaltlich jedoch oft von tiefer Sorge um das heißgeliebte Vaterland umschatteten Gedichte. Chomjakóv befürchtet — und das wird im nächsten Jahrhundert das große Thema der russischen Religionsphilosophie sein —, daß die mit der Taufe empfangene und *nicht erfüllte* Auflage, in heiliger Nüchternheit das Leben in Christus zu verklären, Rußland einmal wie eine zehrende Flamme *versengen* könnte.

Sehen wir uns den äußeren Rahmen an, in dem sich das häusliche Leben der gebildeten Schicht Moskaus in den zwanziger, dreißiger, vierziger Jahren des vorigen Jahrhunderts — und noch viel, viel später — abspielte. Unser Begleiter soll dabei der dem älteren Teil des deutschen Leserpublikums noch bestens bekannte Nikolaus von Arseniew sein, der selbst aus diesem Milieu stammte: „Ich will Ihnen — natürlich nur fragmentarisch — die Kultur des alten Moskau im 19. Jahrhundert schildern; das Moskau der tief eingewurzelten Familientraditionen, einer wahrlich europäisch zu nennenden historischen, philologischen und ästhetischen Bildung und eines echten Glaubenslebens. Die gemütlichen Einfamilienhäuser sind meist in den stillen Neben- und Seitenstraßen zu finden, in großen Gärten mit uraltem Baumbestand verborgen und von der Straße aus kaum zu sehen. Die Vorderfront dieser meist eineinhalbstöckigen, hellen oder pistazienfarbenen Häuser weist sieben bis neun Fenster auf; die Länge zieht sich tief in den Hof und Garten hinein. In der warmen Jahreszeit ist das ganze Anwesen von grünen Birkenschleiern umhangen, von Lindenblütenduft erfüllt. Es blühen unzählige Fliederbüsche; im Mai schlagen nächtelang die Nachtigallen. Innen sind die Häuser geräumig. Weißlackierte Flügeltüren führen vom Entrée in den Saal, dessen Wände mit Familienporträts in ovalen Goldrahmen geschmückt sind. Nicht selten sind sie von den großen russischen Malern des 18. Jahrhunderts — Kiprenski, Lewitzki, Borowikówski oder Tropínin — gemalt. Hier hängen auch Miniaturbildnisse der Familie auf dunklem Samtgrund, stehen Möbel der alexandrinischen Epoche, vorwiegend aus Mahagoni, Kirschholz oder der bei uns so beliebten karelischen Birke. Auf bauchigen Kommoden ticken Bronzeuhren. Diese Häuser beherbergen ausgezeichnete Bibliotheken. Wir finden hier französische Editionen aus dem 17. und 18. Jahrhundert in ihren roten und hellblauen goldverzierten Ledereinbänden — Racine, Molière, Corneille; geistliche Schriften von Bossuet, Fénélon, Bourdalou, Massillon, Pascal. Dazu kommen die französischen Geschichts- und Memoirenschreiber aus drei Jahrhunderten; die bezaubernden Ausgaben englischer romantischer Lyriker des beginnenden 19. Jahrhunderts, darunter vier weißgebundene Bändchen der Erstausgabe von Byrons ‚Child Harold', die mit Urnen, Fackeln, Kränzen und Opferflammen verziert sind. In den Erstausgaben des ausgehenden 18. und beginnenden 19. Jahrhunderts stehen in ihren weinroten und dunkelgrünen Gewändern Wieland, Tieck, Schlegel, Goethe und Schiller. Wir finden hier auch Schelling und den frühen Hegel. Die mystische Richtung des Westens ist durch Jakob Böhme (in gelbem Schweinsleder), Angelus Silesius, die große spanische Teresa (schwarz, in französischer Übersetzung) und Johannes vom Kreuz vertreten. Es folgen Vergil, Dante und Petrarca, die russischen Klassiker und Geschichtsschreiber und — fast in allen Häusern — die griechischen Kirchenväter und die alten Lehrmeister der christlichen Askese: Basilius der Große, Gregorius der Theologe, Johannes Chrysostomus, Isaak der Syrer, Johannes Klimakos, Makarios von Ägypten, Simeon der Neue Theologe. Die Philokalie. Schlagen wir aufs Geratewohl einen dieser Bände auf und lesen wir: ‚Was das Salz für die Speise bedeutet, das bedeutet die Demut für das Fortkommen im geistlichen Leben ... Demut und Liebe erfüllen das ganze Gesetz. Ein demütiges und liebevolles Herz übt keine Kritik am Nächsten, sondern fleht für ihn zu Gott mit Tränen ... Wo die Liebe fehlt, hat Christus keinen Raum, Sein Haupt niederzulegen.'

Zwischen den Bücherschränken hängen gerahmte Stiche und Aquarelle, oft Italienbilder mit dem seidigen Blau des Himmels. Aus den hohen Fenstern geht der Blick auf eine birkenumhangene Kirche, deren es in Moskau nach einer verbreiteten Redensart ‚vierzigmal vierzig', d. h. unzählige, gibt. Ihre Glocken rufen zu verschiedenen Tageszeiten zur Matutin, zur Vesper, zu einem Sterbeamt oder zur Göttlichen Liturgie ... Unsichtbare Fäden verbinden Eltern und Kinder, die ganze, große Familie und alle Hausgenossen mit dem Leben der Kirche. Man beichtet, man kommuniziert zusammen. In diesen Familien verwirklichte sich jene Synthese, die sich aus einem patriarchalischen, traditionsreichen Lebensstil, einer tiefen persönlichen Frömmigkeit und einer umfassenden Bildung zusammenfügte. Weitgespannte Interessen und das Ergriffensein von Kunst und Dichtung hinderten die Eltern — vor allem die Mütter — nicht daran, mit der Ausstrahlung der mütterlichen Liebe und Zärtlichkeit den Kindern auch jene Anleitung zur Wahrheitssuche auf den Weg zu geben, von der Chomjakóv, der auch aus einer solchen Moskauer Familie stammte, folgendes schrieb: ‚Ich verdanke alles, was ich bin, die ganze Ausrichtung meines Geistes und auch die Unbeirrtheit auf dem einmal gewählten Wege, meiner Mutter. Glücklich ist, wer eine solche Mutter und Lehrmeisterin in seiner Kindheit und frühen Jugend hatte ... Welch ein Gefühl der Demut überkommt einen bei der Erkenntnis, daß wir das Gute, das in uns wohnt, vielleicht nur zum allergeringsten Teil uns selbst zuzuschreiben haben.'"

So etwas kann man als dynamische Tradition bezeichnen.

Werfen wir noch einen Blick auf die Familie Kirejéwski, und zwar auf den Vater des Philosophen. In der Familienchronik, die seine Schwiegertochter Katharina (1818—90) verfaßt hat, heißt es:

„Papa war ein so tiefgläubiger, engagierter Christ, daß er alle erreichbaren Werke Voltaires aufkaufte und verbrannte. Im Jahre 1812 wurde eine große Partie kriegsgefangener Franzosen nach Orel gebracht; Typhus brach aus, es begann ein Massensterben. Niemand wagte es, die Unterkünfte zu betreten. Die letzten Worte der Sterbenden waren furchtbare Gotteslästerungen und Flüche. Papa organisierte große Mengen warmes Essen und Medikamente und verteilte sie persönlich. Dabei sprach er zu den Kranken und Sterbenden vom ewigen Leben, an dessen Schwelle sie standen, und betete ihnen das Vaterunser vor . . . Daheim verbrachte er seine Nächte im Gebet für ihre Seelen. Jene 40.000 Rubel, die er für den Fall eines weiteren Vormarsches Napoleons für die Evakuierung seiner Familie zurückgelegt hatte, gingen restlos für die Gefangenen drauf. Dann steckte er sich an und starb."

*

Das 19. Jahrhundert läutete das großartige Goldene und das ihm im 20. Jahrhundert folgende Silberne Zeitalter jener russischen Literatur und Kunst ein, die Europa in Bewunderung versetzten und Weltgeltung errangen. Eine aus scheinbar „taubem" Boden spontan erblühte reiche und üppige, im Silbernen Zeitalter bereits überfeinerte Kultur — so stellen sich uns die zwei kurzen, geistig bewegten Jahrhunderte nach der petrinischen Reform dar. Es ist eine überwiegend weltliche, doch ihre christlichen Wurzeln nur selten verleugnende Kultur, die ihren Ursprung deutlich hindurchschimmern läßt. Das transparente Sichtbarwerden der Wahrheit tritt bald stärker, bald schwächer zutage; vor allem in der ungewöhnlich keuschen und sich stets nicht nur für die Erniedrigten und Beleidigten, sondern für alle hohen Werte einsetzenden Literatur.

„Und lange wird mein Volk mir Liebe noch erweisen
Denn mein Gesang erweckte das, was wahr und tief . . .
Ich fand den Mut, die Freiheit hoch zu preisen,
Um Gnade für Gefallne rief."

Das konnte nicht nur Puschkin von sich sagen. Nie hat die russische Literatur den „edlen Stolz" besungen — der heilige Sergius bleibt in diesem Punkt ihr geheimer Lehrmeister. Und dann:

Was Götter schicken, soll der Mensch ertragen (Shukowski).

Diese Literatur wurde zum Gewissen der Nation; zumindest bemühte sie sich, es zu sein, und hielt diesen Anspruch fast das ganze Jahrhundert aufrecht. Vorwerfen kann man ihr, daß sie das Gute, das es in Rußland gab, unzureichend hervorhob, geflissentlich übersah oder in ihrem leidenschaftlichen Engagement für die „absolute Gerechtigkeit" zu schildern vergaß; daß sie sich darauf spezialisierte, fast nur die Schattenseiten des russischen Lebens auszuleuchten und dabei das helle Licht aus den Augen verlor. Dadurch wurden viele Perspektiven verschoben. Es war das russische Spezifikum einer versunkenen Epoche, das in der diametral entgegengesetzten Richtung des kommunistischen „Soz-Realismus" sofort über Bord geworfen wurde.

Der Orden

Als Urahnen der russischen Intelligenzia kann man jene adligen jungen Offiziere bezeichnen, die, nach den napoleonischen Kriegen in ihr patriarchalisches Vaterland zurückgekehrt, in ihm nichts als Rückständigkeit und Barbarei zu sehen vermochten. Es fand ein irrationaler Ausbruch aus der gegebenen Wirklichkeit statt. Ein utopischer Glaube an ein durch Revolution und Niederwerfung der Monarchie aus dem Boden gestampftes Reich der Freiheit, Gerechtigkeit und allgemeinen Glückseligkeit ergriff die Gemüter. Wo man stand und ging, legte man an die Dinge das Maß Westeuropas an und kochte, angesichts der vaterländischen Zustände, vor Zorn und Erbitterung. Hier beginnt der infantile Irrtum, genauer der tragische Irrweg, der Rußland ein Jahrhundert später in die Oktoberrevolution führte. Anstatt durch Initiative, Opfermut und gemeinsame Anstrengungen den Weg der Evolution zu beschreiten, injizierte man dem Volksorganismus Gifte, die in seinen Blutbahnen bis 1917 kreisten. Denn es hieß: Die Aufgaben seien zu groß, um sie auf normalem Weg bewältigen zu können; darum bleibt Arbeit und Pflichterfüllung in diesem Staat sinnlos. Der Widerstand gegen das Regime schwoll an und brach am 14. Dezember 1825 als Dekabristenaufstand aus. Er wurde von Kaiser Nikolaus I. niedergeschlagen, schürte aber nur die revolutionäre Gesinnung, der auch im weiteren Verlauf stets etwas Utopisches anhaftete. Selbstverständlich sah die Monarchie ihre Pflicht darin, die Lebensordnung ihrer Bürger vor inneren und äußeren Gefahren zu schützen;

sie übte Macht aus. Die starke und sehr reaktionäre Regierung Nikolaus' deckte sich jedoch durchaus mit den Vorstellungen und Wünschen der russischen Bevölkerung, die kraftvoll regiert sein wollte und für ein zaghaftes und schwaches Regime gar kein Verständnis gehabt hätte. Kaiserliche Macht und Autorität innerhalb des hierarchischen Rahmens waren durchaus nicht nur für die Bauernschaft, die den überwiegenden Teil des Volkes bildete, sondern auch für die gebildeten, gläubigen und der Kirche treu ergebenen Adels- und Bürgerkreise etwas Legitimes und Selbstverständliches. Es gibt ein Wort von Gneisenau, daß die Sicherheit der Throne auf „Poesie", d. h. auf den Herzen der Untertanen, gegründet ist. In Rußland war es das religiöse Gefühl, das auf die sakramentale Salbung des Zaren zurückzuführen war.[8])
Jenen Teil der Jugend, von dem hier die Rede ist, interessierte und kümmerte die traditionelle, in Jahrhunderten gewachsene, urwüchsige und unreflektierte Bindung des russischen Volkes an die Monarchie überhaupt nicht. Die Zerstörung der bestehenden Ordnung — auch eine blutige und, wenn nötig, mit Zarenmord verbundene — schien für sie der einzige Weg zur Umgestaltung Rußlands nach westeuropäischem Muster zu sein. Auf seine ausgedehnten Landgüter, auf denen eine Menge Organisationsarbeit und die leibeigene Bauernschaft warteten, wollte man nicht so gern zurück; man betrachtete diese Besitzungen nur als Wunderkühe, die, ohne Futter und Pflege zu beanspruchen, jede Menge fette Sahne liefern durften. Sich um das Wohl seiner Bauern zu kümmern, die Erträge der unter den Verwüstungen des Krieges zu Schaden gekommenen und ausgeplünderten Herrengüter zu verbessern, vor allem aber deren Verwaltung in die eigenen Hände zu nehmen, dazu hatte man weder Lust noch Verantwortungsgefühl. Auch hieße es ja, sich für „diesen Staat" zu engagieren. Ratsamer war es, die Revolution herbeizuführen (bzw. abzuwarten), nach der die allgemeine Prosperität sich von selbst einstellen müßte. Dieser infantile Rauschzustand, verbunden mit einer Tatenlosigkeit, die am Anfang prinzipiell war, dann zunehmend zu lähmender Trägheit ausartete, untergrub langsam, aber beharrlich die Existenzgrundlagen der Nation. Es wurde versäumt, dieser aus Westeuropa zurückgekehrten Jugend, die ursprünglich zweifellos zur Blüte der Nation gehörte, kraftvolle und sinnvolle Aufgaben zu übertragen, sie am Aufbau des Staates zu beteiligen, ihr den Sinn des Lebens wiederzugeben. Spätestens hier

und jetzt zeigte sich die unheilvolle, ja verheerende Wirkung der Verfügung Peters III. aus dem Jahr 1762, die den Adel von allen „Zwängen“ des Dienstes an Staat und Vaterland suspendierte und ihm die reichen, ausgedehnten Herrengüter zur ewigen Gratisnutzung überschrieb, ohne die Frage zu stellen, wie diese Menschen das uferlose Meer der neugewonnenen Freiheit zu durchschwimmen gedachten.

Für ihre Bauern blieben diese Herren Fremdkörper innerhalb des Volksorganismus, Außenseiter, vielleicht gar eine Art Ausländer. Wir betonen, wie schon früher, so auch jetzt: das galt nicht für alle, betraf möglicherweise nicht einmal die Mehrheit. Von einem totalen Müßiggang kann ja wohl auch nicht die Rede sein, denn man tat einiges für seine humanistische — vor allem literarische — Bildung; man las nicht wenig. Aber der Trend ist dennoch nicht zu übersehen. Und als Grundstimmung breitete sich alsbald die Unzufriedenheit aus, die Resignation, die Langeweile, die Daseinsleere, die man durch ein Leben in Saus und Braus zu überspielen suchte. Ein sinnentleertes Dasein ist aber nicht immer Privatsache. Menschen, die mit ihrem Leben wenig anzufangen wissen, neigen nicht nur zu Exzessen, sondern auch zu Rebellion. Politisches Engagement, das in diese Richtung geht, kann willkommene Rechtfertigung für das eigene ausgebrannte Innere sein. Es ist gleichgültig, ob es Unlust oder Unfähigkeit war, an den Grundlagen der staatlichen Ordnung Rußlands im *Rahmen* dieser Ordnung kräftig und gewissenhaft, wenn notwendig auch unter Opfern, mitzuarbeiten und sie zu gestalten, anstatt nur den alles beherrschenden Maßstab der Revolution im Blickfeld zu behalten. Auf die Dauer erwuchsen aus dieser Haltung sowohl für Staat und Gesellschaft als auch für die Betroffenen selbst katastrophale Resultate. Heute weiß man, daß diejenigen, die mit ihrer persönlichen Situation innerlich nicht fertig werden, nicht selten Zuflucht zur Aggression nehmen; auch daß durch eine den Menschen ausfüllende Tätigkeit sein Wille zur Disziplinierung der Triebe — auch der aggressiven — fast immer gewährleistet ist. Denn es ist ein ungeschriebenes Gesetz, daß die menschliche Arbeit die unumgängliche Fortsetzung der Schöpferarbeit Gottes ist, ohne die alles Erschaffene in ein Nichts zerfällt. Im untätigen Sich-Verweigern kann sich die Identifizierung der Persönlichkeit auch mit einem noch so gerechten Staat nicht vollziehen. Aggressionen und Re-

bellionen gehen zu einem guten Teil auf eine negative Einstellung zur Arbeit und Mitarbeit zurück.
Von den „Urahnen" wenden wir uns der Intelligenzia der späteren Jahrzehnte zu. Was stellte sie dar, diese berühmt-berüchtigte Gesinnungsgenossenschaft, die als Mohr, der seine Schuldigkeit getan hatte, von den Sturzwellen des Bolschewismus verschlungen wurde? Um es kurz zu sagen: Es waren nihilistisch-utopisch gestimmte Revolutionäre, die in den vierziger Jahren des 19. Jahrhunderts den Kampf um die ideologische Beherrschung Rußlands aufnahmen und ihre zu diesem Zweck ausgearbeiteten Methoden, die auch den Terror nicht ausschlossen, immer entschiedener einsetzten. Auf keinen Fall war die Intelligenzia ein Sammelbegriff für die Gebildeten, die geistige Elite Rußlands. Im Gegenteil, die Gebildeten und Genialen gehörten zu ihr höchst selten oder überhaupt nicht. Wenn man in ihrer Mitte vereinzelten Persönlichkeiten von wirklichem kulturellem Niveau begegnet, sprengen diese allein durch ihre Anwesenheit den üblichen Rahmen der Gemeinschaft. Keiner der großen Schriftsteller und Dichter Rußlands kann zur „Intelligenzia" gerechnet werden, mit Ausnahme vielleicht Leo Tolstois mit seinem radikalen Kampf gegen Staat und Kirche. Am wenigsten diejenigen, die im Dienst der Kunst und der Wissenschaft standen. Das reaktionäre Regieren des Zaren Nikolaus I., das nicht zum allergeringsten Teil auf den Dekabristenaufstand unmittelbar nach seiner Thronbesteigung zurückzuführen ist, war der eigentliche Humus für das Gedeihen der rabiat-maximalistischen Weltanschauung der Intelligenzia. Zur verhältnismäßig kleinen Gruppe des jungen revolutionären Adels stießen in der Folge Elemente aus breiteren Bevölkerungsschichten, deren geistige Bildung hauptsächlich in literarischen Interessen bestand. Diese, aus verschiedenen Berufen kommenden Menschen, unter ihnen nicht wenige Randexistenzen, einigt eine allen gemeinsame Mentalität, die auch gemeinsame Merkmale aufweist: Halbbildung (mitunter gehobene), ein revolutionäres Weltbild, Kritizismus, eine irrationale Auflehnung gegen die bestehende Ordnung, Utopismus, Flucht ins Wunschdenken und in Traumreiche, Maximalismus, Atheismus. Diese Gruppe Gleichgesinnter wächst nach und nach zu einer Art Orden zusammen, zu einem geschlossenen, aus dem Gesamtleben der Nation ausgesonderten Körper. Ihre Anhänger sind — in der Regel mit beträchtlicher Verspätung — be-

strebt, sich westeuropäische philosophische Systeme und Strömungen zu eigen zu machen, bringen jedoch nicht die Fähigkeiten und die dazu notwendigen intellektuellen Voraussetzungen mit, den Sinn der übernommenen Denkbilder zu verarbeiten. Sie mißverstehen sie, deuten sie um, verwandeln sie zu einer seltsamen, hausbackenen revolutionären Philosophie, die stets in den Fußangeln des Materialismus steckt und in jener rein utilitaristischen Art gehandhabt wird, die der Intelligenzia eigen ist. Im übrigen bleibt alles unverdaut; darum geht die Entwicklung des Denkens krumme, ungewöhnliche Wege.

Jedes Jahrzehnt liefert eine neue Ideologie: Die fünfziger Jahre den Nihilismus, die sechziger die Vergötterung des Volkes, die siebziger den Positivismus, die achtziger den Marxismus, das Ende des Jahrhunderts den dialektischen Materialismus. Bei alledem kommt man aus einem infantilen Utopismus nicht heraus. Er bekundet sich in tatenlosem Reden, in endlosen, nächtelang in verschiedenen Zirkeln geführten Diskussionen, der theoretischen Erörterung politischer und philosophischer, sozialer und ethischer Probleme (unter diesen sind freie Liebe und „wilde" Ehen etwas Selbstverständliches), im Zerreden jeder Substanz. Ein Beispiel für traurige, unverantwortlich vergeudete Lebens- und Schaffensenergie; beides bleibt die Intelligenzia Rußland schuldig. Denn man scheint nach wie vor nicht zu ahnen, daß eine Welt des Erträglichen nicht wie Manna vom Himmel fällt, daß zu ihr nur der konsequent verfolgte Weg kleiner und kleinster Schritte führt, der von verantwortungsvoller und aufopfernder Arbeit bestimmt wird: Sie ist es, die für Wachstum steht. Arbeit aber ist für diese Gesellschaft lästiger Fron, die man irgendwo und irgendwie — meist in verschlafenen Kanzleien — der leidigen Brötchen wegen herumkriegen muß. (Man ist ja nicht, wie es die Dekabristen waren, mit Ländereien gesegnet.) Das erstrebenswerte Ziel ist, noch weniger oder gar nicht zu arbeiten. Der Staat kann aber ohne die Leistung seiner Bürger nicht zu Prosperität gelangen. Daß Rußland dennoch zu einem großen wirtschaftlichen und kulturellen Aufschwung gelangte, beweist, daß es auch gesunde, besonnene und tüchtige Bevölkerungsschichten hatte.

Erstickte man in Rußland wirklich am Mangel an Freiheit, waren die „Zustände" so unerträglich, nahmen die Mißstände überhand? Möglicherweise nicht viel mehr als in anderen vergleichbaren Ländern. Man darf die Vergangenheit nicht aus der Sicht der Gegenwart beurteilen,

Hl. Basilius der Große (329—397), Erzbischof von Cäsarea, Kirchenvater.

Hl. Gregor von Nazianz (330—390), zusammen mit Basilius und Gregor von Nyssa einer der drei „Kappadozier“.

man darf sie nicht mit den Maßstäben der heutigen Zeit messen: Das wären bolschewistische Propagandamethoden. Auch im vorrevolutionären Rußland war die Freiheit groß, besonders unter den Zaren Alexander II. und Nikolaus II. Im Besitz dieser Freiheit verlor man die Maßstäbe und das Verantwortungsgefühl gegenüber Volk und Geschichte. Die russische Literatur goß — obwohl ihre Koryphäen nicht zur revolutionären Intelligenzia gehörten — Wasser auf deren Mühle, indem sie sich — so verlangte es der Zeitgeist — auf die Schwarzmalerei verlegte. Sie beschrieb mit Vorliebe die seelisch Geschädigten und Heimatlosen, die sehnsuchtsvoll (und tatenlos) in ihren abgeholzten Kirschgärten seufzten und in deren Köpfen unerfüllbare Sehnsüchte und unverdaut gebliebene Ideen kreisten. Wieder wird man an Kiews Untergrund erinnert. Am Scheitern dieser Menschen sei aber — so will es die Flüsterpropaganda — letzten Endes nur das zaristische Regime schuld. Solche Gedanken liegen in der Luft, man liest sie zwischen allen Zeilen. Gogol warnte eindringlich vor solch einer Einstellung, rief in seinen „Ausgewählten Stellen aus einem Briefwechsel" zur Besonnenheit und einer opfervollen Tätigkeit für das Vaterland und die Mitmenschen auf. Er erntete einen Sturm der Entrüstung, wurde verhöhnt und ausgelacht. Der Seher Dostojewski setzte sich mit der Sammelperson, die sich dem Staat und der Gesellschaft verweigerte und deren Name Legion zu werden drohte, kritisch auseinander. Er wies sie auf ihren *Kursverlust* hin und ließ den Ruf ergehen: Kehrt um. Unsere Identität verdanken wir dem Christentum. Der Materialismus trägt bereits tödliche Früchte. Die von euch erstrebte Freiheit wird in einem Blutbad enden, die Gleichheit an der Bestie im säkularisierten Menschen scheitern, die Brüderlichkeit ohne den gemeinsamen Vater im Himmel zu einem Zerrbild entarten. Nehmt Christus in eure Herzen auf, damit ihr nicht blindlings ins Verderben stürzt.

Wie zuvor Gogol und hernach die Autoren und Herausgeber der „Wéchi", blieb Dostojewski auf dem einsamen Posten eines Rufers in der Wüste. Sein großer Antipode, Leo Tolstoi, führte den verbissenen Kampf gegen den Gott-Menschen und Seine Kirche bis zum bitteren Ende seines Lebens. Es gehört viel krasse Unwissenheit dazu, diese beiden Stimmen Rußlands an der Schwelle der Katastrophe in einem Atemzug zu nennen.

Doch zurück zur Intelligenzia. Ein tranceartiger Realitätsverlust greift in den siebziger Jahren um sich. Die Zahl derer, die sich für geeignet halten, die Macht im Staat zu übernehmen, wächst; doch bringt niemand die Voraussetzungen für diese Aufgabe mit. Es fehlt an konstruktiven Kräften, es fehlt jede Fähigkeit, politische Substanz zu schaffen. So sieht die Frucht einer stets wechselnden, stets auf dem äußersten linken Flügel taumelnden, sich jeder konstruktiven Tätigkeit verweigernden Ideologie aus. Die sozialen Ideen, gestützt von anarchischen Sehnsüchten, sind auch jetzt, wie zur Zeit der geistigen Ahnen, auf die zukünftigen paradiesischen Inseln der Vollkommenheit gerichtet, die die Revolution hervorbringen soll. Eines darf und muß man der Intelligenzia zubilligen: Die Annehmlichkeiten des Daseins hatte sie sich im Laufe der Zeit abgewöhnt. Ihre Askese ist hart und finster und grenzt an totale Selbstaufgabe. Auch im Angesicht des Todes. Dabei ist sie fast durchweg atheistisch und kirchenfeindlich. Der Götze, der bei ihr die Stelle Gottes einnimmt, heißt in den sechziger Jahren das russische Volk, vor allem die Bauernschaft, deren Glückseligkeit herbeizurufen die allgemeine Pflicht ist. Darum wandert man in Massen in die russischen Dörfer und wiegelt deren Bevölkerung zur Revolution auf.

Es bleibt unbegreiflich, wie diese bösartige Geschwulst der Nation inmitten eines so großen und reichen Kulturschaffens, wie es die zweite Hälfte des 19. Jahrhunderts aufweist, gedeihen und seine Metastasen immer weiter ausstreuen konnte. Denn neben dem blindwütigen Angriff des anti-historischen Utopismus auf Staat und Volk, neben seiner an Besessenheit gemahnenden Verneinung von Kultur und Geschichte, seinem vermoderten Moralismus der Aufklärungszeit und seinen krass-utilitaristischen Maßstäben, die alle Dinge nach ihrer „Nützlichkeit" bewerten, blüht in Rußland eine große Kultur: Es entstehen geschichtliche und philosophische Werke von hohem Rang, es entfaltet sich ein ganzer Garten genialer Lyrik, es schaffen Dichter, Schriftsteller und Komponisten von Weltrang. Gottlob sind *sie* es und nicht die sozialen Utopisten, die den Haupttrakt der russischen Kultur bestimmen; doch gibt es auch weite gesellschaftliche Kreise, die, von der Intelligenzia infiziert, nicht in jenen Trakt einbiegen, auf dem ihnen die großen Geister Rußlands und auch die verantwortungsbewußte Masse des schaffenden Volkes vorausgehen. Sie bevorzugen die Zerstörung. Wo aber eine unverkennbare Sehnsucht nach den verschütteten ontologischen Quellen, nach echtem religiösen Glauben, nach einer zeitgemäßen Religionsphilosophie besteht, verordnen die Gesinnungsterroristen den flachen, primitiven Banausen-Rationalismus. Diese geschrumpfte und blinde Ratio raisonniert, propagiert, beansprucht, beschuldigt, richtet, fordert und verdammt.

Es tritt eine rettungslos politisierte Universität in Erscheinung. Der Philosophie und jeder „Metaphysik“ gegenüber nimmt sie eine überheblich-verächtliche Haltung ein: Die Philosophen werden hier nur geduldet. Und obwohl weite Kreise der Gesellschaft von einer tiefen Unruhe ergriffen sind, wird ihnen von der Gesinnungsmafia nach wie vor der üble Dilettantismus der Aufklärung verordnet. Wer sich dagegen wehrt, wird zum alten Eisen geworfen. Dennoch beginnt ein Kampf. Nicht von jener Art, wie man ihn gegen die Reaktion unter Nikolaus I. führte, als die Philosophie offiziell zu einer „gefährlichen Wissenschaft“ erklärt wurde. Man hatte jetzt nicht mit dem Starrkrampf uralter Vorurteile, sondern — unerwartet — gegen den „Fortschritt“ zu kämpfen, der, wie man sah, Hand in Hand mit einem raschen und erschreckenden Absinken des intellektuellen und kulturellen Niveaus ging. Dazu schrieb Wladimir Solowjóv: „Der Intellekt hat sich bei uns zur Einzelhaft innerhalb der Doktrin verurteilt. Die Herzen brennen, der Verstand verharrt im Zustand der Lethargie. Für alle Fragen gibt es bereits fertige Antworten.“ Von der Realität ist man meilenweit entfernt, die Einbildungskraft und der Illusionismus arbeiten jedoch fieberhaft. Die Monarchie wird immer stärker und offener verhöhnt, der breiten Öffentlichkeit wird immer drastischer zu verstehen gegeben, daß die revolutionäre Intelligenzia — sie wandelt sich allmählich zu einer terroristischen Vereinigung — vor nichts zurückschrecken werde, um den Staat zu zerstören. Die Schuld an allen Mißständen in Staat und Gesellschaft wird dem Zaren angelastet. Daß man durch ein Programm für die Abschaffung ganzer Gesellschaftsklassen den Weg zur Ausrottung von Millionen zu ebnen beginnt, ahnt noch niemand.

Die großen durchgreifenden Reformen Alexanders II. gehen unter schriller Begleitmusik von links vor sich. Es heißt, sie genügten nicht, während man sie am liebsten ganz verhindern würde: Je schlimmer, desto besser. Die Reformen, von denen jede mit einer Explosion des Zorns und mit wütendem Geschrei begrüßt wird, werden trotzdem konsequent durchgeführt. Die Bereitschaft zu makabrer politischer Kriminalität eskaliert aber von Jahr zu Jahr. Eine jakobinische Mentalität, mehr noch, die Mentalität einer Mafia, greift um sich. Dostojewski hat ihre Psychologie in seinen „Dämonen" verewigt. Die neurotischen Gesinnungsfanatiker fordern den Staat und die Regierung zu immer stärkerem Widerstand heraus. In den Jahren 1880/81 rufen die inzwischen organisierten revolutionär-terroristischen Stoßtrupps zu vermehrten Anstrengungen und konzentrierterem Handeln auf, was die grauenvolle Ermordung des liberalen und humanen Reformzaren Alexander II. bewirkt. Diese Tat ruft jedoch überall Entsetzen und Ernüchterung hervor, für eine gewisse Zeit auch Distanzierung von der Revolution. Die menschliche Teilnahme der Bevölkerung ist groß und echt. Das ruchlose Verbrechen vereitelt die Realisierung der im Zuge der großen Reformen schon völlig ausgearbeiteten und zur Unterschrift des Zaren bereitliegenden neuen Verfassung. Sie schenkt Rußland im Rahmen einer konstitutionellen Monarchie die Volksvertretung. Die Frucht dieses schicksalsträchtigen 1. März 1881 ist das kompromißlose Zurückreißen Rußlands in die Reaktion durch Alexander III. Man wird es diesem selbstbewußten Kaiser nicht verübeln können, daß er angesichts der durch nichts mehr zu beschwichtigenden terroristischen Mafia im Lande sich gezwungen sah, die liberale Politik seines Vaters abrupt zu beenden. Auch auf ihn und seine Familie wurde ein schweres Attentat verübt; dann ging es weiter — mit Staatsmännern, Gouverneuren, Ministern, Agrarreformern. Nach der Revolution des Jahres 1905, die schon unter Nikolaus II. stattfindet, will es eine Zeitlang scheinen, als wenn sich in den revolutionären Kreisen eine Schwenkung zur Mitte anbahnen würde. Aber das täuscht. Die vehementen, zeitweise ganz irrational anmutenden Auseinandersetzungen in der ins Leben gerufenen Duma[9]) (die Solschenizyn aufgrund vorhandener Akten und Protokolle siebzig Jahre später in seinem „Roten Rad" beschreiben wird), das unübersehbare Geflecht und Gewirr — vorwiegend linker — politischer Strömungen, ein chaotisches Durcheinander und Gegeneinander von Standpunkten, Argumenten, Beweisen und Gegenbeweisen, Stürme entfesselter Leidenschaften — das alles mußte beim Normalbürger Zweifel hervorrufen, ob der „Parlamentarismus" dieses aufgewühlten Ameisenhaufens das für Rußland geeignete System sei. 1911 wird der große Staatsmann und Agrarrefor-

mer Peter Stolypin während einer Theatervorstellung in Kiew ermordet. Die Zeichen stehen auf Sturm. Nach dem Ausbruch des Weltkrieges 1914 treibt Rußland unaufhaltsam dem Verhängnis entgegen.
Im Jahre 1917 bricht gleich einer fürchterlichen Naturkatastrophe Lenins Oktoberrevolution aus, stürmt wie ein Orkan über das Land hinweg. Das Epizentrum des Erdbebens, dessen Trümmer Rußland noch heute bedecken, erkannte der Dichter Maximilian Wolóschin und faßte seine prophetische Vision in den ersten Tagen der Revolution in folgende Worte:

Herr! Zerstampf und zerstreu uns!
Laß Skorpione und Feuer und Pest auf uns kommen!
Schick uns Germanen von Westen, Mongolen von Osten,
Laß uns als Sklaven in eisigen Wüsten verderben,
Gib aber, daß wir noch vor dem Jüngsten Gericht
Abbüßen dürfen die gräßliche Sünde des Judas.

Fetische

Der im Jahre 1922 zusammen mit N. Berdjajev und anderen führenden Intellektuellen aus Rußland ausgewiesene Philosoph und frühere Marxist B. Wyscheslawzev schrieb kurz vor seinem Tode in einem unveröffentlichten Privatbrief: „Es gibt keine religionsfreien Kulturen. Kein ernstzunehmender Historiker wird heute bestreiten, daß sämtliche großen Wertsysteme ihren Ursprung in der Religion haben; jedes Kind weiß, daß ‚Kultur' von ‚Kult' kommt. Nur die primitive Philosophie der Aufklärung konnte glauben, daß das religiöse Gefühl durch Erlasse und gutes Zureden ausgemerzt werden könne."
Die moderne Psychologie mit ihrem fortschreitenden Eindringen in die weitverzweigten Bereiche des Seelenlebens behauptet, daß alles Verdrängte sich früher oder später einen eruptionsähnlichen Durchbruch verschaffe. Ein verschüttetes religiöses Bewußtsein treibt abstruse Blüten. Große Teile der russischen vorrevolutionären Gesellschaft waren jahrzehntelang von einer immer stärker um sich greifenden Seuche befallen: Vom Tischrücken. Zur Zeit Nikolaus' I. und Alexanders II. war es im Winterpalais durchaus hof- und salonfähig, und nur

wenige durften sich ihm entziehen. Dazu kamen differenzierte esoterische Kulte, uralte dämonisierte keltische Religionen, „Astralzirkel", der Kult des leidenden Dionysos, dessen Gestalt mit dem am Kreuz hängenden Christus zu einer Einheit zusammenfloß. Auf niedrigerem Niveau blühte üppig die Astrologie, wurden Hellseherei, Wahrsagerei und Kartenlegen betrieben. Je mehr sich die russische Gesellschaft der Kirche entfremdete, je entschiedener sie behauptete, daß aus deren „vertrocknetem Flußbett" und den „erstarrten Riten" nichts mehr herauszuholen sei, umso schneller verfiel sie okkulten Ersatzreligionen. Die schmalen, mit Unkraut zugewachsenen Pfade, auf denen sich die Intelligenzia seit den 90er Jahren des 19. Jahrhunderts zu Gott zurückzutasten versuchte, waren auf eine groteske Weise verschnörkelt und verschlungen; ihr wirres Geflecht führte meist in ein unwegsames Dickicht. Der junge Berdjajev — schon bald wird er seine Position um 180 Grad ändern — schreibt 1907 in einem Artikel, den er „Das neue religiöse Bewußtsein" nennt und in dem er die Empfindungen von Abertausenden treffend ausdrückt: „Wir sind nicht nur von Golgatha verzaubert, sondern auch vom Olymp. Uns zieht nicht nur der am Kreuz leidende Gottmensch an, sondern auch der flötenspielende Pan. Wir verneigen uns nicht nur vor der vorweltlichen Weisheit Gottes, sondern auch vor dem göttlich schönen Leib der Venus." Ein Ineinandergreifen von Abgründen. Und bei W. Rosánov lesen wir: „Die Verbrechen der Kirche gegenüber den irdischen Genüssen, gegenüber der Kultur und der Freiheit sind entsetzlich, unerträglich . . ." „Das Christentum ist eine Religion der Bestattungsinstitute." Diese Explosionen eines elementaren Naturalismus waren unentwirrbar mit einem hochentwickelten, als einziger Maßstab geltenden Ästhetismus verflochten. Zugunsten des Ästhetismus und der künstlerischen Intuition wurden alle anderen Maßstäbe und Kriterien heruntergespielt. Doch ist der Ästhetismus kein verläßlicher Maßstab für die „Unterscheidung der Geister". Einer „letzten Prüfung" hält er nicht stand. Indem man sich dieses Instrumentes bedient, ignoriert man, daß ausufernde Sinnesfreuden im Christentum keinen Raum haben und daß die Verschmelzung von Dionysos und Christus zu *einer* Gestalt nur das Ergebnis einer selbstmörderischen *Theurgie* sein kann. Vielleicht ahnte man mitunter, daß man sich auf eine Gratwanderung begeben hatte; doch das Gefühl der Verantwortung schlief bereits einen todesähnlichen Schlaf.

Die Zeit stand nicht still, doch waren auf dem Rückweg der russischen Seele zu Gott immer noch große Verzögerungen zu verzeichnen. Dabei blieben ihr gar nicht mehr viele Jahre zur Besinnung. Schließlich bahnen sich Wege zum Dialog mit einigen Vertretern der hohen kirchlichen Hierarchie, dann zum „christlichen Bewußtsein" an. („Ich sehe Menschen, wie Bäume.") Dann endlich — in letzter Minute — scheint sich ein Weg zum christlichen *Leben* zu öffnen, dem einzigen, das zählt. Denn Christentum ist von Tat und Askese untrennbar. Und der neue Berdjajev verkündet kurz vor dem Ersten Weltkrieg: „Wer den Weg vom religiös beeinflußten Denken zum religiösen Leben sucht, der soll das Öllämpchen vor der Ikone entzünden und vor ihr betend auf die Knie fallen."

War irgendwo eine Uhr abgelaufen? Als die Katastrophe über Rußland hereinbricht, hält eine neue Religion ihren Einzug: Der Marxismus-Leninismus. Wyscheslawzev beschreibt sie mit folgenden Worten: „Wenn der Rechenschaft fordernde Gott gestürzt ist, besteigt den Thron der Mensch. Er verkündet eine neue Religion ohne Seele und Liebe, deren Hauptmerkmale Brutalität, Lüge und Inkonsequenz sind. Eine Wertskala hat sie nicht, dafür aber Propheten, Apostel, Kirchenväter, Märtyrer, Bibeln, Heiligenbilder, Reliquien, Hagiographen und Wallfahrtsorte. Sie hat ihre Häresie und ihre Rechtgläubigkeit, ihre Inquisition und ihre Ketzerverfolgung. Auch die öffentliche Beichte mit dem weithin vernehmbaren Ruf ‚Mea culpa!'. Ihr Bann ist mit dem Tode identisch, ihr auserwähltes Volk ist das Proletariat und ihre Mission die weltweite Verbreitung der marxistisch-leninistischen Ideologie. Dostojewski hatte recht: Den puren Atheismus verträgt der Mensch nicht."

Wie es den Fetischismus der Materie gibt, so gibt es den Fetischismus des Blutes. Und es gibt einen Fetischismus des Konsums und des Lustgewinns.

In den Jahren vor der Revolution war Rußland sowohl von radikalem politischem Wunschdenken und pseudo-religiösen Wahnideen als auch von der propagierten und praktizierten „sexuellen Befreiung" beherrscht.

*

Die Möglichkeit einer mystischen Schau setzt das Vorhandensein einer besonderen Fähigkeit voraus, der Fähigkeit zum überrationalen

„Hinaustreten aus sich selbst" — und dem Unsagbaren *entgegen.* Dieses Phänomen hat nichts mit psychologischen Dingen zu tun, denn es hat einen *objektiven* Charakter. Saulus hatte auf dem Wege nach Damaskus keine Halluzination, sondern eine reale Begegnung. Seinen Weggenossen blieb sie unsichtbar, sie hörten nur eine Stimme (Apg 9,7). Das Leben der Ostkirche ist voller himmlischer Begegnungen, die in engem Zusammenhang mit dem innersten Kern ihres Wesens stehen. Die „Weggenossen" kennen dieses Wesen kaum, und wenn, dann oft sehr oberflächlich. Sie kennen das „Gewand", das ihnen „erstarrt" und zuweilen sogar „mumifiziert" erscheint.

Ohne die Schau der anderen Welt gibt es aber kein Leben der Kirche. Allein die Göttliche Liturgie ist viel weniger „Erinnerung" an die biblischen Ereignisse, als deren reale Präsenz und Wiederholung. So beginnt der *mystische Realismus* der Morgenländischen Kirche bereits in ihrem Gottesdienst.

Einer der letzten großen visionären Starzen des berühmten Óptina-Klosters, Nektarios († 1929), der mit seinen Vorgängern Makarios, Leo, Leonidas, Anatol, Ambrosius, Josef und Warssonofij zu den nicht kanonisierten Heiligen Rußlands gehört, hatte 1917, am Vorabend der Revolution, eine „Begegnung": Die Zäune und Telegrafendrähte der klösterlichen Umgebung waren dicht mit kauernden Wesen besetzt. Obwohl ihm ihre ekelerregende Gestalt aus der mystischen Erfahrung nicht unbekannt war, ließ ihn der unerträgliche Anblick diesmal auf eine besondere Weise erschauern.

Sturzwellen

Die russische Revolution ist ein Phänomen, das sich jeder vorschnellen Deutung entzieht. Sie vordergründig beurteilen zu wollen, hieße, für ihren Ausbruch jene politischen Entwicklungen verantwortlich zu machen, die ihr den unmittelbaren Antrieb gaben, oder aber die ganze Verantwortung auf bestimmte Personen und Gruppen abzuwälzen. Zu den ersten Faktoren müßte man bei dieser Methode vor allem den mitten im frühkapitalistischen Stadium der volkswirtschaftlichen Entwicklung Rußlands ausgebrochenen Ersten Weltkrieg mit seinen militärischen Mißerfolgen, zu den anderen eine schwache und unentschlossene Regierung mit einem überalterten Kabinett zählen. Wie so oft in Rußland, fehlte es auch nicht an tragisch-schicksalhaften Verstrickungen: So spielte die Bluterkrankheit des jugendlichen Thronfolgers und die mit ihr aufs engste verbundene, verhängnisvolle und die Nation provozierende Machtstellung Rasputins eine große Rolle. Selbstverständlich setzte sich die Revolution auch aus diesen Faktoren sowie aus dem Tun und Lassen vieler mit wenig Realitätssinn und Verantwortungsgefühl belasteter politischer Gruppierungen zusammen. Dazu kommt die dem russischen Volk viel zu lange vorenthaltene Freiheit — die Leibeigenschaft wurde erst 1861 aufgehoben — und vor allem die sechzig Jahre lang intensiv und konsequent betriebene Wühl- und Zerstörungsarbeit der russischen Intelligenzia. Aber in alledem die einzigen Ursachen der Revolution, vornehmlich der Oktoberrevolution, zu sehen, hieße, in Schablonen zu denken. Für die Erklärung des Phänomens wäre es unumgänglich, so manche in der Geschichte (durchaus nicht nur in der russischen) weit zurückliegenden Prozesse und die in ihnen wirkenden Kräfte heranzuziehen; was noch wichtiger ist, die *innere Natur* dieser Kräfte zu ergründen. Denn auch diese Kräfte, und vielleicht sie in erster Linie, verhalfen der Oktoberrevolution zum Durchbruch. Die Russen, die ein Jahrtausend zuvor das morgenländische Christentum und mit ihm die *Auflage* übernommen hatten, auf dem Weg zur heiligen Nüchternheit voranzuschreiten, verwirklichten sie vorwiegend in ihren großen Heiligen, Asketen und Helden, während die Masse des Volkes hinter deren Vollziehung weit zurückblieb. So etwas konnte und mußte eine bedeutende Rolle spielen. Wie schwerwiegend geschichtliche Schicksale und Umwelteinflüsse auch immer sein mögen — das Wissen um das *Licht* und der freie Wille blieben dem russischen Volk unbenommen. Die Geschicke der einzelnen Persönlichkeit wie die eines ganzen Volkes hängen letzten Endes von deren Verhaltensweisen ab. Wollte man diese an eine angeborene Mentalität koppeln, bliebe immer noch die Freiheit, diese der „Vernunft Christi“ zu unterstellen.

Dennoch ist die 1917 ausgebrochene Katastrophe sowohl ein russisches als auch ein welthistorisches Phänomen. Ihre eigentlichen Wurzeln liegen im 14. europäischen — nicht russischen — Jahrhundert. Die Behauptung Dostojewskis, daß die gesamte Menschheit miteinander durch unzerreißbare Fäden einer „wechselseitigen Bürgschaft“ verbunden sei, bewahrheitet sich. Im 14. Jahrhundert erwachte im

Abendland zum ersten Mal die tiefe anarchische Sehnsucht nach Freiheit, nach der *Befreiung* von Gott. Sie löste allmählich die mittelalterliche Weltanschauung ab. Es wurden Wege beschritten, die von den ewigen Normen fort- und zur autonomen Selbstherrlichkeit des Individuums hinführten. Die menschliche Persönlichkeit wurde zum Maß aller Dinge. Die Kurven und Windungen des eingeschlagenen Weges konnten nicht sofort übersehen werden, dazu war der durch die christliche Erziehung zusammengetragene spirituelle *Goldfonds* zu bedeutend und die von ihm ausgehenden Energien zu mächtig. Aus diesem Quell schöpfte noch die ganze Frührenaissance. Der Vorrat wurde nicht nachhaltig ergänzt. An der Stelle der Quellen entstand ein Strom, der im 16. Jahrhundert über die Tradition der Kirche hinwegraste, im 17. den materialistischen Rationalismus, im 18. die zum Himmel schreiende Hybris der Aufklärung und deren Höhepunkt — das Jahr 1789 — hervorbrachte. Im 19. Jahrhundert schwemmte er Karl Marx auf die Weltbühne. Die Oktoberrevolution und ihre nicht enden wollenden Ausläufer sind die vorläufige Krönung des lang anhaltenden Prozesses. „Der Strom fließt durch die verschiedensten Länder und Epochen. Von Zeit zu Zeit bäumt er sich zu einer gigantischen Sturzwelle auf und bricht auf ein bestimmtes Volk nieder. Alle seine Wellen folgen mit großer Konsequenz der gleichen Richtung, doch nimmt jede von ihnen Form und Gestalt jenes Landes an, auf das sie niederstürzt. Sie paßt sich stets den jeweiligen historischen und metaphysischen Besonderheiten an, während ihre Struktur die gleiche bleibt. Was sie nach dem Zurückfluten als Strandgut hinterläßt, ist ein rapides Absinken des religiösen Pegels, ein großer sittlicher Verfall und die Eskalation der Gewalt“ (S. L. Frank).
Somit zeigte die russische Sturzwelle Züge des russischen Volkes sowie Besonderheiten seiner historischen Entwicklung, vor allem das ausgeprägte Individualistische des Nationalcharakters. (Man kann nicht umhin, an das irrationale Gebaren des frühmittelalterlichen Nowgoroder Things und die gleichermaßen ans Irrationale grenzenden, ja anarchischen Auseinandersetzungen der Parteien in den Sessionen der Duma, die Solschenizyn in seinem „Roten Rad“ verewigt hat, zu denken.) Der russische Mensch hat es — von vielen Tausenden leuchtender Ausnahmen abgesehen — immer weniger geschafft, seine negativen Eigenschaften unter das *wesenverändernde* Joch Christi zu stellen. Dennoch

— und das ist das Rätselhafte — integriert sich die russische Revolution nahtlos in die fortschreitende Gesamtentwicklung der Menschheit. Diese Revolution und ihre Frucht, der Bolschewismus, stehen als Doktrin und als modus vivendi vor unserer im praktischen Atheismus und einem großen sittlichen Verfall lebenden, vom materialistischen Genuß- und Selbstverwirklichungsdenken beherrschten westlichen Gesellschaft nicht nur als Mahnmal, sondern als potentielles Spiegelbild der Zukunft.

Jene Ideen und Verhaltensweisen, die die Oktoberrevolution hervorbrachten, zuvor aber schon 200 Jahre wie schwere Gifte im Volkskörper kreisten, hat Rußland aus dem Westen importiert, aus jenem Abendland, das im 18. Jahrhundert bereits aufgehört hatte, ein christliches zu sein. Das Gift wurde, je nach Epoche, als Positivismus, Materialismus, Rationalismus, Atheismus, Liberalismus, Marxismus oder Kommunismus bezeichnet. Es *brauchte* nicht aufgenommen zu werden (... „prüfet alles, das Gute behaltet"), doch es *wurde* aufgenommen. Den von Europa beschrittenen Weg ist Rußland mit dem ihm eigenen Radikalismus zu Ende gegangen. Der Westen verharrt auf ihm und zögert ... Das Vorbild der Sowjetunion ist aber die letzte Konsequenz dieses Weges.

Bis jetzt ist die russische Revolution die verheerendste aller auf die Welt niedergegangenen Sturzwellen geblieben. An ihrer „Kräuselung" stand der einfältige Fortschrittsglaube der irregeführten Dekabristenjugend, man könne das Paradies auf Erden durch Aufstände und Zarenmorde erreichen. Ihr Niedergehen zeigte nichts als die Dämonie der Zerstörung. Ihr Zurückfluten hinterließ eine *Reaktion,* mit der sich weder der vielgelästerte Zarismus noch die skrupelloseste aller orientalischen Despotien messen können. Es gibt heute eine große Menge hochaktueller authentischer Bücher und Berichte zwecks Orientierung des Westens in dieser Richtung; man muß nur den Willen aufbringen, sie zu lesen. Das Interesse dafür ist aber im breiten Publikum kaum vorhanden.

Fragen

Als im Oktober 1917 die alte Welt unter den Keulenschlägen der russischen Revolution für alle Zeiten zu versinken begann, ahnte der Westen nicht, daß das, was in Rußland vor sich ging, die Vorentscheidung der Weltgeschicke bedeutete. Ob das pathologische Genie Lenin nur pragmatische Ziele verfolgte, ob sich in seinem kranken Gehirn apokalyptische Vorstellungen spiegelten, wissen wir nicht. Er starb im Jahre 1924 an Gehirnerweichung als Folge von Syphilis.[10]) Die Weißen Armeen Rußlands, die verzweifelt gegen das Ungeheure zu kämpfen versuchten, bekamen vom Westen so gut wie gar keine Hilfe: Die Vereinigten Staaten legten gegen die „Einmischung in die inneren Angelegenheiten Rußlands" Protest ein, worauf sich die Verbündeten bei Nacht und Nebel absetzten. Nach vier Jahren blutiger und aussichtsloser Kämpfe gaben die Weißen Armeen auf. Gallipoli in der Türkei ist die Endstation dieser Kapitulation, der verhängnisvollsten, die die Weltgeschichte kennt.

In Rußland aber etablierte sich das System der permanenten Hinrichtungen. Noch im Blutbad millionenfacher Erschießungen begannen die Experimente: Der Kriegskommunismus, das gezielte und bis zum Kannibalismus gesteigerte Aushungern der Bevölkerung, die Vernichtung der Elite, die Ausrottung der Bauern, die Ausraubung und Zertrümmerung der Kirche. Mit beispielloser Skrupellosigkeit wurde der „Aufbau des Sozialismus" eingeleitet: Die Ufer der neuentstehenden Kanäle bedeckten sich mit Hekatomben von Leichen. Im weiteren Verlauf des dämonischen Spektakels wurde die Landwirtschaft durch die Kollektivierung verstümmelt, die die Arbeitskraft des Volkes ins Leere verpuffen ließ. Die Schätze der Natur wurden auf eine sinnlose Weise vergeudet, der Mangel bekam den Status eines Dauerzustandes. Aber auch dann, als Stalin (der „gute Onkel Joe") halb Europa in sein Imperium integrierte, blieben für den Westen Wesen und Bedeutung des Bolschewismus unenträtselt. Das hat sich bis heute kaum geändert. Alles, was seit 1917 in Rußland geschah, selbst die Katastrophen, mit denen die gemarterte und vergewaltigte Natur die dreisten Herausforderungen der Experimentemacher beantwortete, spielten sich hinter undurchlässigen Mauern ab und wurden vom Westen kaum zur Kenntnis genommen. Dasselbe geschah mit den blutigen Aufständen gegen das Regime. Was interessierte, waren Handelsbeziehungen, sonst nichts. Und wenn sich die Repräsentanten des Westens innerhalb jener Mauern befanden, verhielten sie sich dem Phänomen Bolschewismus gegenüber eher wohlwollend, zumindest aber sehr neutral. Manche von ihnen verband mit dessen Vertretern warme Sympathie. Einen klaren Beweis für die Unfähigkeit, hinter des Pudels Kern zu kommen, liefern die „Memoiren eines Diplomaten" von George Kennan. Obwohl der strebsame junge Mann mit sehr guten Sprachkenntnissen ausgerüstet in jenem für Rußland katastrophalen, ja mörderischen Jahr 1933 nach Moskau kam, in dem nicht weniger als sechs Millionen unbotmäßige, sich der Kollektivierung widersetzende Bauern durch einen grausamen Hungertod ausgerottet wurden, sind seine Erinnerungen mit oberflächlichen Beobachtungen und unterhaltsamen Beschreibungen gefüllt. Die Dimensionen des unfaßbaren Geschehens im Lande, in dessen Herzen der Diplomat lebte, läßt das Buch nicht einmal ahnen. Erst Solschenizyns GULAG schob den Vorhang auseinander. Nach Jahrzehnten breiter Zustimmung oder snobistischer Indifferenz gerieten die auf totaler — meist auch gewollter — Ignoranz beruhenden westlichen Sympathien für die Sowjetunion ins Wanken. Eine veränderte geistige Landschaft ist allerdings nur dort zu beobachten, wo die Werke des großen Exorzisten Solschenizyn nicht nur gelesen werden, sondern wo man ihm auch Glauben schenkt, was durchaus nicht immer der Fall ist. Das bloße Lesen und Glauben genügen heute auch nicht mehr. Die klaren Aussagen und die große metaphysische Unruhe, die sich wie ein roter Faden durch das Gesamtwerk Solschenizyns ziehen, dürfen nicht überhört werden. Die naiv-liberale, im Grunde aber massiv-materialistische Lebenseinstellung des Westens ist keine Geisteshaltung, die auf die Dauer aus dem Polstersessel geübt werden kann. Sie provoziert „Eisen".

Das welthistorische Rätsel Bolschewismus begeht Jahrzehnt um Jahrzehnt Fehler, die im Widerspruch zu jeder Logik stehen. Dazu gehören das dreißigjährige blindwütige Regiment Stalins, die in die Milliarden gehenden Fehlplanungen, das bedenkenlose Verheizen der Bevölkerung in den eisigen Höllen Ostsibiriens, die Ausrottung ganzer Völkerstämme, das Züchten miserabelster Arbeitsmoral, die Unproduktivität der Gesamtwirtschaft, die Intoleranz des Staates mit seinem Totalanspruch an die Persönlichkeit, die Rechtlosigkeit des Bürgers, die

Verbrechen des KGB, das über das ganze Imperium ausgebreitete Netz von Lagern und Psychogefängnissen, die aus jedem Medium tönende und alle Lebensbereiche verstopfende Desinformation, die maßlose Ungleichheit der sozialen Pyramide, die ewigen Schlangen vor den Brotläden, die pathologischen Ausmaße der Hochrüstung ... Nicht zuletzt das Wuchergebilde der in Luxus schwelgenden Neuen Klasse. Würde das woanders nicht genügen, dem Regime den Garaus zu machen? In der Sowjetunion war das Gegenteil der Fall: Je mehr der Wahnsinn zur Methode wurde, umso mächtiger manifestierte sich der Staat. Was Untergang hätte bedeuten müssen, diente zur Machtentfaltung. Zu ihr trug wie kein anderer Faktor die irrsinnige Rußlandpolitik Hitlers im Zweiten Weltkrieg bei. Ihre Haifischzähne bohrten sich nicht in den Bolschewismus, sondern ins Fleisch des russischen Volkes. Daß das Sowjetsystem heute weitgehend durch die Technologie und Wirtschaft des Westens aufrechterhalten wird, weiß jedes Kind. Kann man die seltsame Tatsache, daß die Freie Welt sich bis heute unfähig erwiesen hat, dem „Sozialismus" eine andere, eine *neue* Idee entgegenzustellen, als puren Zufall bezeichnen? Diese Idee könnte auch die der Freiheit sein, nur müßte sie auf eine ganz andere Basis gestellt werden, damit sich ihr tieferer, ihr *eigentlicher* Sinn offenbart. Freiheit *wovon?* Und Freiheit *wozu?* Bei uns wird dieser kostbare, aufs Evangelium zurückgehende Schatz viel zu oft mit anarchischer Willkür und einer mitunter über Leichen gehenden „Selbstverwirklichung" verwechselt. Müssen solche Tatsachen nicht durch Ursachen bedingt sein, die entscheidend für die Geschicke des Westens — aber auch Rußlands — werden könnten? Gibt es Menschen, die sich mit diesen Fragen ernstlich auseinandersetzen?

Teil II

Prozesse – Prozessionen

Memorandum

Es dürfte hohe Zeit sein, daß man in Deutschland den geradezu verhängnisvollen Irrtum einsieht, in den sowohl die Presse als auch die gesamte öffentliche Meinung bei der Beurteilung bzw. der Wertschätzung der politisch-sozialen Lage in Rußland durch zum Teil ganz falsche, vielleicht auch absichtlich verdrehte Berichte geraten ist und bis dato verharrt. Die Zustände, die gegenwärtig in den russischen Gebieten herrschen, wo die Maximalisten oder sogenannten Bolschewiki das Heft in den Händen haben, lassen sich mit Worten gar nicht schildern. Die biegsamste, bilderreichste Sprache ist viel zu arm, um das Elend, die Not und die Verzweiflung der Bevölkerung zu schildern. Wäre ein Dante Alighieri unser Zeitgenosse, würde er es vielleicht unternehmen, zu seinem Inferno noch einen zehnten Kreis hinzuzufügen, worin die Schrecken der russischen, sozial-proletarischen Regierungsmaßnahmen als der Gipfel aller menschlichen Leiden auf Erden zum Schlußeffekt aufgespart blieben.[11])

Überaus peinlich und entmutigend berührt es, wenn die deutschen Tagesblätter, selbst die offiziösen nicht ausgenommen, die ganz grundlose Behauptung aufstellen, die anti-maximalistische Bewegung ginge darauf aus, Rußland mit den Entente-Mächten zu versöhnen und aufs neue Deutschland den Krieg zu erklären. Abgesehen davon, daß dieser Vorwurf aus der Luft gegriffen ist, sieht doch jeder vernünftige Mensch, der mit den hiesigen Verhältnissen nur einigermaßen vertraut ist, ein, daß von einer Verwirklichung dieses an Wahnsinn grenzenden Planes absolut nicht die Rede sein kann. Rußland ist auf Jahrzehnte hinaus außerstande, einen Krieg zu führen, und es denkt auch kein Mensch unter den 80 bis 90 Millionen Einwohnern, die dem großrussischen Staat noch verbleiben, an eine Erneuerung des Krieges. Alle staatserhaltenden Klassen sehnen sich nach nichts anderem als nach der Befreiung von der blutigen Schreckensherrschaft der Maximalisten, recto Bolschewiki. Wären die deutschen Truppen im Frühjahr, wie man von Stunde zu Stunde hier erwartet hatte, nach Petersburg marschiert, hätte die ganze Bevölkerung sie jubelnd als Retter begrüßt. Jetzt hat man natürlicherweise alle Hoffnung aufgegeben, und es darf keineswegs wundernehmen, wenn die russische öffentliche Meinung, von provokatorischen Agenten der Entente-Mächte irregeführt, an-

Hl. Methodius (816—885) wird zusammen mit seinem Bruder Cyrillus „Apostel der Slawen“ genannt (das „heilige Brüderpaar“).

Hl. Cyrillus (826—869) übersetzte biblische und liturgische Texte ins Slawische und schuf dabei das slawische Alphabet (nach seinem Urheber „kyrillische Schrift“ genannt).

fängt, an die Verleumdung zu glauben: Deutschland billige nicht bloß den von den Maximalisten ausgeübten, in der Geschichte aller Zeiten und Völker ganz beispiellos rohen und unmenschlischen Terror, sondern schreibe ihn offiziell den Bolschewiki vor. Die Abschlachtung wehrloser Offiziere, die Massenverhaftungen unschuldiger Bürger geschehen – so wird das erklärt – auf Befehl aus Berlin. Weder in den Regierungskreisen der Reichshauptstadt noch hier in Petersburg hat man auch nur einen annähernden Begriff von der viehischen Brutalität, mit der die Vertreter der sogenannten Regierung gegen die tagtäglich immer raffinierter mißhandelte und geknechtete Bevölkerung vorgehen. Mordbrennerbanden, mit offiziellen „Dekreten" versehen, durchsieben das Land, plündern, stehlen, notzüchtigen Frauen, Mädchen und Kinder, werfen Leute ins Gefängnis und lassen in einem Raum von sechzehn Quadratmetern 50 Menschen 5 bis 6 Tage lang ohne Speis und Trank, wobei es vorkommt, daß durch solche Behandlung aus dem Leben Geschiedene tagelang als Leichen unter den Lebenden liegen bleiben.
Wenn jetzt die russische loyale Bevölkerung ihre allerletzte Hoffnung auf die Engländer, Franzosen, Amerikaner und Japaner setzt und von ihnen die Befreiung aus der unerträglichen moralischen und physischen Sklaverei erwartet, so ist das ganz natürlich und darf keineswegs so falsch ausgelegt werden, wie das in den deutschen Zeitungen geschieht. Es ist ja klar, die Entente-Mächte wollen durch Bezeugung ihrer Teilnahme für die entsetzlichen Leiden der russischen bürgerlichen Klasse der deutschen Regierung die Butter vom Brot nehmen. In London, Paris, New York und Rom spielt man sich als Retter auf und hofft gewiß, die russische Bevölkerung nach ihrer Befreiung vom maximalistischen Joch wieder zu kriegerischen Vorspanndiensten zu benutzen. Aber daran sind die hiesigen intelligenten, loyal gesinnten, staatstreuen Einwohner nicht schuld. Ich bin fest überzeugt, wären die deutschen Truppen im März d. J. hier erschienen und hätte die deutsche Regierung eine aus direkter, gesetzmäßig vollzogener Wahl hervorgegangene russische Regierung unter deutschem Schutz eingesetzt, stünde heute dem Deutschen Reich ganz bestimmt eine Armee von einer halben Million russischer, *gutausgebildeter* Soldaten zur Verfügung; denn gerade vor dem im Frühjahr so sehnsüchtig erwarteten Einzug der Deutschen in Petersburg herrschte in allen Bevölkerungs-

schichten eine auffallend feindselige Stimmung gegen die Engländer und Franzosen. Die Erbitterung ging so weit, daß man jeden Mißerfolg der Entente-Mächte mit ausgesprochener Schadenfreude begrüßte. Dieser günstige Zeitpunkt ist aus Gründen, die möglicherweise stichhaltig sind, verpaßt worden und läßt sich nicht von neuem herstellen. Ich persönlich begreife sehr wohl, wie der Irrtum in der deutschen Presse und in der öffentlichen Meinung bezüglich der russischen Zustände entstanden ist. Man sieht in den Maximalisten eine *politische Partei, was sie aber in ihrem innersten Wesen gar nicht ist.* Auch der Bürgerkrieg im Inneren Rußlands entflammte nur dadurch, daß die zu unumschränkter Macht gelangten Banden der Maximalisten anfingen, alle staatserhaltenden Klassen der Bevölkerung auf das barbarischste zu mißhandeln. Etwas den russischen Verhältnissen Analoges hätte in Deutschland passieren können, wenn beispielsweise die Sekte der Wiedertäufer zu Anfang des 16. Jahrhunderts in Münster mit Johannes Bockelson und Knipperdolling an der Spitze zwei Drittel Deutschlands an ihre Seite gelockt, sämtliche Fürsten davongejagt und eine kommunistische Regierung errichtet hätte. Oder der Räuber Schinderhannes eines Tages mit einer Bande von 300.000 Spießgesellen Deutschland unter seine Faust gebracht hätte und dann von Ludwig XV. von Frankreich und Georg II. von England als rechtmäßiges Staatsoberhaupt anerkannt worden wäre. Daß die deutsche Regierung zum Zwecke des Friedensschlusses mit Lenin, Trotzki und Konsorten in Unterhandlung trat, konnte man noch allenfalls verstehen; daß man aber in Berlin diese Häuptlinge einer Mordbrennerbande als Vertreter einer legitimen russischen Regierung anerkannte, das konnte kein Mensch begreifen. Letzterer Umstand hat sehr böses Blut gemacht; die Deutschenfresser bekamen Oberwasser auf ihre Mühlen. Sofort begannen die Agenten der Entente-Mächte, die günstige Konjunktur für ihre Zwecke auszunutzen. Gegenwärtig steht die Sache so, daß alle Welt, hier, in Moskau und in der Provinz, der felsenfesten Meinung ist, Deutschland habe das größte Interesse daran, daß die unmenschlich barbarischen Regierungsmethoden der Bolschewiki möglichst lange andauern und womöglich recht tiefe Wurzeln im Volk fassen. Welch ein niederdrückendes Gefühl das bei den Menschen hervorruft, kann man sich vorstellen. In Rußland weiß jeder zurechnungsfähige Mensch, daß ohne die Hilfe einer ausländischen Militär-

Kathedrale des hl. Demetrius von Thessaloniki in Wladimir (1197).

macht eine Wiederherstellung geordneter staatlicher Zustände unmöglich ist. Die von Deutschland als der nächsten und daran am meisten interessierten Macht erwartete Hilfe war durchaus begründet. Sie ist zum größten Leid der Bevölkerung ausgeblieben. Das Residenzpublikum ist tagtäglich Zeuge von dem „freundschaftlichen" Verkehr zwischen den Mitgliedern der maximalistischen Regierung und den offiziellen Repräsentanten des Deutschen Reiches. Die Kondolenzvisite des Staatssekretärs *von Hintze* bei dem Vertreter der Bolschewiki in Berlin, Joffe — anläßlich der Ermordung Uritzkis (dieser Karikatur auf Marat!) — hat hier wie eine mit mephistophelischen Gasen gefüllte Bombe gewirkt. Auch in Kreisen, wo der politische Meuchelmord aus voller Überzeugung verdammt wird, war man vom Geschehen trotzdem unangenehm berührt. Diese Beileidsbezeugung hätte unterbleiben können. In maßgebenden Kreisen der deutschen Reichshauptstadt sollte man nicht vergessen, daß die Macht, die Rußland von der terroristischen Staatsgewalt befreit, die — um mit Kleist zu sprechen — „stinkend, wie Pest, der Hölle wie entronnen, den Bau sechs festlicher Jahrtausende zerstört", auf ewige Freundschaft des russischen Volkes rechnen darf. Auch dürfte diese rettende Tat durchaus nicht Rußland allein zugute kommen, denn was hier vorgeht, kann wie eine Epidemie in andere Länder verschleppt werden. Die gesamte zivilisierte Welt läuft Gefahr, von der sozialistischen Pest angesteckt zu werden. Wenn das Deutsche Reich dem kommunistischen Hexensabbath in Rußland ein Ende bereitet, erwirbt es sich den Dank der ganzen Welt.
Alt-Peterhof, den 15. September 1918. Unterschrift.

*

Dieses Memorandum ist vom deutschen Generalkonsul *Breiter* am 21. 9. 1918 aus St. Petersburg an den Reichskanzler und preußischen Ministerpräsidenten Hertling nach Berlin gesandt worden.

Korrekturen

Unsere westeuropäischen Vorstellungen vom vorrevolutionären Rußland lassen Sachlichkeit vermissen, ja sie beruhen auf Unkenntnis und Voreingenommenheit. Man könnte auch sagen, daß sie ihren Nährboden in jener Überheblichkeit finden, die Rußland nie ganz zu Europa zählen wollte. Vor allem jedoch sind es jene Klitterungen und Verzerrungen, mit denen die nimmermüde sowjetische Desinformation im Westen arbeitet. Nach und nach hat sie die Welt — selbst Slawisten und „Rußlandkenner" in den Vereinigten Staaten — zu der Überzeugung gebracht, daß die „Zustände im zaristischen Rußland" die Revolution unentbehrlich machten. Unvermeidlich war sie ganz gewiß, unentbehrlich keinesfalls. Warum wir den sowjetischen Quellen, die um uns herum sprudeln, so viel Vertrauen entgegenbringen, ist eine Frage, die noch auf ihre wissenschaftliche Untersuchung wartet. Indessen ist „das alte Rußland" in den Vorstellungen der westlichen Menschen auch im Jahr 1913 noch in der Welt Tschechovs eingerastet gewesen. Zar Nikolaus II., den die sowjetische Geschichtsschreibung den „Blutigen" nennt, war dies am allerwenigsten. Er war auch nicht borniert. Diese Klischees gehören allesamt in den Bereich der Legendenbildung. Unter der Regierung dieses Kaisers war Rußland bereits auf dem besten Wege, ein im wahren Sinn fortschrittliches Land zu werden. Ins Konzept der Systemveränderer, die seit mehr als einem halben Jahrhundert an der Unterminierung des Staates arbeiteten, paßte diese Entwicklung nicht. Darum bereiteten sie ihr ein Ende mit Schrecken. Eine der entscheidenden Etappen auf dem Wege zum Chaos war die Ermordung des großen Staatsmannes und Agrarreformers Peter Stolypin (1862—1911), den ein Terrorist während der Vorstellung in der Kiewer Oper durch einen Bauchschuß tötete. Er war es, der den Revolutionären einen dicken Strich durch die Rechnung machte, indem er die Erbteilung der Bauernhöfe und die Abschaffung des Gemeinschaftswesens MIR eingeleitet hatte. Seinem erklärten Ziel, einen reichen Bauernstand zu schaffen, war er dadurch beträchtlich nahe gekommen. Das stand zur sozialistischen Doktrin mit ihrer auf Bauernfang abzielenden Losung „alles Land den Bauern" in krassem Widerspruch. Doch welch ein russisches Bäuerlein hatte schon Marx und seine Deuter gelesen?

Was den stets zitierten, unentwegt beschworenen „Landhunger" der Bauern betrifft, so sagen uns authentische — und das will heißen, nicht sowjetische — Statistiken, daß daran schon zehn Jahre vor der Revolution kaum etwas Wahres gewesen ist. Im Jahre 1913 gehörten den Landedelleuten und Großgrundbesitzern noch ganze 23% der gesamten landwirtschaftlich nutzbaren Fläche des russischen Reiches. Alles übrige war in den Besitz der Bauern übergegangen. Im Jahre 1907 gehörten ihnen im europäischen Bereich 159 Millionen Deßjatinen[12]), im Jahr 1916 waren es bereits 188 Millionen. Dazu kamen noch jene zwei Millionen, die zu diesem Zeitpunkt von den Großgrundbesitzern an die Bauernbank verkauft, von dieser aber noch nicht weitervermittelt worden waren. Der Landbesitz der Gutsherren war demnach 1916 auf 120 Millionen Deßjatinen zusammengeschmolzen, von denen nur 55 Millionen Ackerland waren. Nach russischen Maßstäben gemessen war das eine sehr bescheidene Fläche.
In Sibirien warteten aber auf die Bauern noch Millionen von Quadratkilometern Land — vor allem in der fruchtbaren, mit hervorragendem Klima gesegneten Westsibirischen Tiefebene. Gewiß, diese riesigen Ländereien mußten noch urbar gemacht werden. Die vom Staat um die Jahrhundertwende eingeleitete und zügig vorangetriebene kostenlose Umsiedlung aus den übervölkerten Zentralgebieten blieb natürlich auch nach der Ermordung Stolypins im Gange. Die Neuordnung betraf in erster Linie die jüngeren Bauernsöhne, die nach der Reform nicht länger Teilerben der immer stärker zerbröckelnden Höfe werden konnten. Ihnen wurden eben die Landmassen hinter dem Ural entweder ganz kostenlos oder für einen nominellen Preis übereignet. Nach vier bis fünf Jahren harter Arbeit wurden sie reiche Bauern. Der revolutionären Intelligenzia ging diese Entwicklung wie keine andere gegen den Strich. Ein wohlhabender und zufriedener Bauernstand war das Letzte, was ihnen zur Macht verhelfen konnte.
Die Aufgabe der Regierung bestand darin, die Folgen der neuen Erbgesetze auf eine vernünftige und humane Weise zu lösen. Diese Lösung lag hinter dem Ural. Was die Zentralgebiete betrifft, kam dort, abgesehen von der sich rasch lichtenden Dichte der Bevölkerung, noch ein anderer für die Bauern sehr günstiger Faktor hinzu. Nach der Revolution des Jahres 1905 war eine Landflucht des Adels in die beiden Metropolen zu beobachten. Die Gutsherren verkauften ihren Besitz mit

leichter Hand an die Bauernbank, und diese überließ ihn auf jahrzehntelange Ratenzahlung den daran interessierten Bauern. Genau so und nicht anders standen die Dinge beim Ausbruch des Ersten Weltkrieges.

Was den Aufbau der Industrie betrifft, wurden in Rußland die überall üblichen Methoden praktiziert. Man begann mit der Leichtindustrie und ging mit den von ihr abgeworfenen Gewinnen zur Schwerindustrie über. Das ausländische Kapital begann ins zukunftsträchtige und reiche Land wie ein mächtiger Goldstrom zu fließen. Auf diese Weise gelangte die allgemeine Industrialisierungswelle auch ins rückständige Rußland. Ob diese Verspätung — angesichts der vorausstürmenden USA, England und Deutschland — so schlimm und verhängnisvoll war? Darüber kann man durchaus verschiedener Meinung sein. Zweifellos hätten die Russen den westlichen Vorsprung auch ohne mörderische Fünfjahrespläne, millionenfache Deportationen und blutigen Terror aufgeholt.

Die Anfänge der Industrialisierung sind gewiß nirgendwo rosig gewesen, doch nahmen die „proletarischen" Schriftsteller mit Maxim Gorki an der Spitze sofort die Gelegenheit wahr, aus ihnen ein wahres Inferno zu machen. Das entsprach durchaus der Tradition der großen russischen Literatur, die, mit seltenen Ausnahmen, nur die sozialen Mißstände hervorzuheben gewohnt war. Sicherlich gab es auch Gründe dafür. Selbst im hochzivilisierten England — die Slums und die Kinderarbeit in den Fabriken wollen wir hier übersehen — riefen die Anfänge der Industrialisierung einen Karl Marx auf den Plan. Heute allerdings — ein reichliches Jahrhundert zu spät — haben viele erkannt, daß es ihm weniger um die „Erniedrigten und Beleidigten" als um die Manifestation der Macht ging. Daß es sich nicht ausgezahlt hat, um der frühkapitalistischen Misere willen die Höllenmaschinerie des Marxismus mit seinen unübersehbaren Folgen für die ganze Welt in Bewegung zu setzen (im Verein mit dem Leninismus brachte er Hekatomben von Toten hervor), unterliegt keinem Zweifel. Was nicht geleugnet werden kann, ist, daß die ausgebeutete und miserabel bezahlte Arbeiterschaft jener frühen Jahre mangels Erfahrung nicht wissen konnte, wann und *ob* überhaupt die unerquicklichen Begleitumstände des kapitalistischen Anfangsstadiums behoben werden würden. Dennoch ist der sozialistische Marxismus, auch für die Beseitigung einer ungleich längeren Elendsphase, ein viel zu hoher Preis, denn er trägt in sich den Keim eines noch viel schlimmeren Elends.

Daß Rußland vor dem Ersten Weltkrieg auf vielen Gebieten mit dem Westen Schritt halten konnte, beweisen hochrangige wissenschaftliche Arbeiten, zu deren frühesten das Handbuch eines engagierten Kenners Rußlands und der Sowjetunion gehört: Es erschien bei W. F. Payson Ed. in New York unter dem Titel „A complete Handbook Russia and UdSSR“ und stammt aus der Feder eines unvoreingenommenen Wissenschaftlers, des späteren belgischen Geschäftsträgers in Moskau, S. Malewski-Malewitsch. Es umfaßt 700 Seiten und beruht auf einem in jahrzehntelanger Kleinarbeit zusammengetragenen statistischen Material, das frei ist von sowjetischen Klitterungen und Verzeichnungen.

Der Krieg 1914 brachte Rußland das Verhängnis: Im Stadium des Frühkapitalismus konnte das Land eine solche Belastung nicht tragen. Das Ergebnis war der Bolschewismus. Die im Westen ständig wiederholte Behauptung, dieser russische Bolschewismus sei ein arteigenes Produkt des russischen Volkes, geht den Dingen nicht auf den Grund; außerdem verwischt es die schwerwiegende historische Tatsache, daß die Westmächte — von Deutschland ganz zu schweigen — den Sieg bzw. die Konsolidierung Lenins gewünscht, gefördert und herbeigeführt haben. Zuerst war es Deutschland, das das Unfaßbare in die Wege leitete und zum Ziel führte, indem es den „Geist aus dem Abgrund“ nach Rußland schleuste und ihm unzählige Goldsäcke nachwarf; dann die Alliierten, die durch die Einstellung ihrer bewaffneten Auseinandersetzung mit der bolschewistischen Revolution, durch den Separatfrieden, Rapallo und ihre wirksame Unterstützung der bolschewistischen Regierung den Kataklysmus sanktioniert und stabilisiert haben. Ist die Situation, in der wir uns heute befinden, im Grunde genommen nicht der Fluch jener bösen Taten? Über die erwähnten Aktionen hinaus wäre es auch höchst bedenklich zu leugnen — und heute mehr denn je —, daß der Bolschewismus nur eine legitime Frucht des auf die westliche Welt zurückgehenden Positivismus bzw. Materialismus ist. Die besessenen tanzenden Derwische, die diese Ideen aufgriffen, waren Russen; die Vollführer des daraus erwachsenen Grauens waren dagegen — vor allem am Anfang — Nichtrussen.

Die Fortsetzung der unter Zar Nikolaus II. so erfolgreich vorangetrie-

ben Industrialisierung Rußlands — soweit man nach den grauenhaften Verwüstungen des Bürgerkrieges überhaupt noch von einer Fortsetzung sprechen kann — übernahmen Lenin und Stalin mit bis dahin unbekannten Methoden: Sie opferten dafür sechzig Millionen Menschenleben. Zuerst mußten die Führungsschicht und die geistige Elite des Landes daran glauben; dann wurden — immer auf dem Hintergrund von Massenexekutionen — den Menschen Phantasie, Initiative und Arbeitsfreudigkeit genommen und durch die Postulate totaler Planwirtschaft ersetzt. An die Stelle des Unternehmungsgeistes traten Transparente und meterhohe Bildnisse von Radikalkommunisten. Die Schlagzeilen der „Prawda" troffen vor primitiver Hybris.
Der „Sozialismus" beginnt mit dem Provozieren von Glücksbedürfnissen, die zu einer Bewußtseinsänderung führen. Die Erwartungen steigen. Dann heißt es, das Sozialprodukt müsse — unabhängig von der Leistung — gleichmäßig verteilt werden. Die einsetzende allgemeine Frustration und das Desinteresse an verantwortungsvoller Arbeit sind Signale zur Wende: die Arbeit wird nun polizeilich überwacht. So wandelt sich das euphorische Feuerwerk der Utopie zur uniformen Trostlosigkeit des *Systems.*
Das ausländische Kapital blieb aus. Angesichts der Exekutionen, Deportationen und einander fast pausenlos folgenden Verhaftungswellen bemächtigte sich der Bevölkerung eine pathologische Furcht. Die Machthaber sahen sich — zu Recht oder nicht — von Feinden umstellt und wurden ebenfalls von Furcht geschüttelt. Anstatt mit der Leichtindustrie zu beginnen, stürzten sie sich auf die Schwerindustrie. Nach endlosen Runden durch alle Kreise der Hölle ist man heute — abgesehen von einer beispiellosen Aufrüstung und den Flügen zu fernen Monden — keinen Schritt vorwärts gekommen. Der Lebensstandard von 1913 ist nie wieder erreicht worden.
War und ist das überhaupt das Ziel des Kommunismus? Wir bezweifeln das.
In den „kapitalistischen" Ländern des Westens wandert der Mehrwert in Privathände; er bereichert sie zwar, fördert aber zugleich die Initiative, steigert die Produktion, schafft Arbeitsplätze. Auf dieser oder ähnlicher Grundlage entstanden in Europa im Laufe einiger Jahrhunderte jene Kultur und Zivilisation, die das Allgemeingut der Menschheit sind. Die krasse soziale Ungleichheit, die von diesem System ge-

schaffen wurde, ließ, wie gesagt, Karl Marx auf der Bildfläche erscheinen; er sagte ein unerhörtes Anwachsen von Reichtümern in Privathänden voraus und eine totale Verelendung der Arbeiterschaft. Er irrte sich, seine Prophezeiungen erwiesen sich als falsch. Der Kapitalismus beschritt den Weg der Evolution. Das Proletariat schrumpfte und glich sich dank der Unterstützung mächtiger Gewerkschaften dem Niveau des Bürgertums an.

Wer profitiert vom Mehrwert in den sozialistischen Ländern? Dank dem niedrigen Lohnniveau in der UdSSR fließen aus ihm der Parteibürokratie sagenhafte Reichtümer zu. Aus diesen Mitteln bezieht die „Neue Klasse" ihre unkontrollierbaren, in geschlossenen Umschlägen überreichten Gehälter und kommt in den Genuß einer hochherrschaftlichen Lebensweise. Dem niedrigen Lebensstandard des sowjetischen Werktätigen hilft keine Gewerkschaft auf die Beine, und das Streikrecht ist ihm nur vom Hörensagen bekannt.

Der *Löwenanteil* der Gelder aus dem Mehrwert — und das sind ungezählte Milliarden — fließt aber der in planetarischem Maße betriebenen Aufrüstung, der Fünften Kolonne, der Arbeit des KGB in den westlichen Ländern, der Unterstützung kriegerischer Rebellionen in aller Welt und dem internationalen Terrorismus zu.

Die militärische Ausrüstung Rußlands war sowohl im russisch-japanischen als auch im Ersten Weltkrieg unzureichend. Man war mit dem Aufbau und nicht mit Vorbereitungen zu militärischen Auseinandersetzungen beschäftigt. Die Ergebnisse waren niederschmetternd. In den Zweiten Weltkrieg ging Stalin, der kurz zuvor seinen kompletten General- und Führungsstab hinrichten ließ, noch schlechter ausgerüstet. Der Sieg über halb Europa fiel ihm weniger durch die Botmäßigkeit Roosevelts und Churchills in den Schoß als durch die deutsche „Ostpolitik". Im Juni 1941 wurden über der Sowjetunion millionenfach Flugblätter ausgeschüttet, die das russische Volk zum gemeinsamen Kreuzzug gegen den Bolschewismus aufforderten. Hitler wußte, daß ein solcher Aufruf dem Volk aus der Seele gesprochen sein mußte. Und so war es: Hunderttausende von Rotarmisten, die nicht die geringste Lust verspürten, für Stalin zu kämpfen, gingen in den ersten Kriegstagen zu den Deutschen über. Sie wurden interniert und ausgerottet. Im grausamen Winter 1941/42 in die Wälder Ostpreußens zusammengetrieben, konnten sie sich in den zu Stein gefrorenen Boden keine Erdlöcher graben und schleppten sich, vor Hunger ausgezehrt, zum Kommandanten des „Lagers“ mit der einzigen Bitte: Erschießt uns. Die Antwort war immer die gleiche: Munition ist kriegswichtiges Material und kann nicht zu Nebenzwecken verwendet werden. Im Frühjahr, als der Schnee wegtaute, wurden die Leichenberge in den Wäldern verbrannt. Andere „Kriegsgefangene“ aus den ersten Tagen und Wochen des Krieges wurden in Treblinka vergast oder in Baracken zusammengepfercht und dem gegenseitigen Kannibalismus überantwortet. Das war die deutsche Ostpolitik im Zweiten Weltkrieg. Über die im Ersten wurde schon berichtet.

Der Rote Oktober 1917 wurde von vielen prominenten westlichen Intellektuellen stürmisch gefeiert. Man setzte auf die Ereignisse große Hoffnungen, sah in ihnen den Beginn der Verwirklichung uralter Träume der Menschheit: Das Absterben des Staates als eines Instruments der Gewalt und Willkür; ideale Lebensbedingungen für die Arbeiter, Bauern und alle Übergangenen, Gescheiterten, Zu-kurz-Gekommenen. Die Kirche, diese belehrende, rügende, fordernde, Druck ausübende und im Grunde völlig überflüssige Institution, sah man in ihre Schranken gewiesen oder völlig eliminiert. Die Aufhebung der Hierarchie, die Gleichheit einer klassenlosen Gesellschaft, die Vernichtung aller Waffenlager — was das Ende aller Kriege bedeutete — waren in greifbare Nähe gerückt. Picasso erklärte, er komme zum Kommunismus „wie zu einem Quell kristallklaren Wassers“. Salvatore de Madariaga gibt zu, daß die russische Revolution „in den meisten Ländern Europas als der Aufgang einer neuen Ära“ gefeiert wurde. Prominente Engländer, Franzosen und Deutsche gaben sich in Moskau die Türklinke, um die Verwirklichung der Menschenträume mit eigenen Augen zu sehen. Der berühmte Leipziger Neurologe Prof. Adolf von Strümpell, der vor der Revolution den russischen Thronfolger behandelte und jetzt zum todkranken Lenin gerufen wurde, empfand zwar keine ausgesprochene Begeisterung für die veränderten Verhältnisse, ließ aber in seinen Tagebüchern auch nicht die geringste Kritik an ihnen laut werden: Rußland hier, Rußland dort. Als ob überhaupt nichts geschehen wäre. Wußten diese Ahnungslosen (die ahnungslos bleiben wollten), daß zwischen dem Oktober 1917 und Lenins Tod im Jahre 1924 allein in Petrograd in den Innenhöfen der Tscheka (Goróchowaja 2 und Schpalérnaja 6) Nacht für Nacht, bis in die frühen Morgenstunden, Lastwagenmotoren liefen, um die Maschinengewehrsalven und die Schreie der Opfer zu übertönen? An diesen beiden Stellen allein wurden in jenen Jahren zwei Millionen Menschen exekutiert.

Zu unserer kleinen Kurskorrektur wäre noch zu sagen, daß es in Rußland keine „Große Sozialistische Oktoberrevolution“ und keinen „Sturm des Winterpalais“ gab (wie es in Paris keinen „Sturm“ der Bastille gegeben hat). Die westliche Welt bezog ihre Vorstellungen über diese Ereignisse einzig und allein aus den Filmen des sowjetischen Regisseurs Eisenstein. Am 25. Oktober julianischen Stils fand in St. Petersburg nur ein bewaffneter Putsch statt.

Und dann? Nach der Katapultierung auf die höchsten Höhen der revolutionären Macht beginnt der Absturz in die Degenerierung. Das großartige Pathos der Befreiung des Sklaven von seinen Ketten und der große Zorn münden in eine unerhörte Selbstbehauptung der Befreier. Wenn das Ventil einmal geöffnet ist und aus ihm der unaufhaltsame Drang hervorbricht, die Unterdrücker zu vernichten, hebt die Sturmflut neue Unterdrücker auf ihre Schaumkronen. Von den früheren unterscheiden sie sich dadurch, daß sie keinerlei sittliche Postulate kennen noch anerkennen. Wenn die Gesetze außer Kraft sind und die Machthaber sich selbst zum Gesetz proklamiert haben, schrecken sie vor nichts mehr zurück. Das geschieht dann im Namen der Neugestaltung der Welt. Die Akteure verstehen sich nicht mehr als Revolutionäre, sondern als Konquistadoren; nicht als Anwälte der Erniedrigten, sondern als Rachegötter. Ihrer Willkür sind keine Grenzen mehr gesetzt, denn „ein von seinen Ketten befreiter Sklave hat keinen anderen Wunsch als den, der Menschheit das Zehnfache dieser Ketten aufzubürden“ (Seduro).

Die revolutionäre russische Intelligenzia, ein atheistischer, militanter, vornehmlich aus jungen Menschen bestehender „Orden“, der sich seit den 60er Jahren des 19. Jahrhunderts auf Systemveränderung, Bomben und Umsturz eingespielt hatte, mußte nach dem Oktober 1917 seine Aktivitäten einstellen. Der Mohr hatte seine Schuldigkeit getan. Gehen durfte er allerdings nur zu einem kleinen Teil. Soweit es ihm nicht gelang, ins Ausland zu entkommen, und sofern er nicht bedingungslos in den Dienst der neuen Herren trat, wurde er exekutiert. Diese Träger anarcho-sozialistischer und radikal-marxistischer Utopien, die sich der „absoluten Gerechtigkeit“ verschrieben, sie über alle religiösen und sittlichen Postulate gestellt, die „objektive Wahrheit“ (Berdjajev) aus ihrem Programm gestrichen und sie durch die Verkündung einer „Glückseligkeit durch Zerstörung“ ersetzt hatten, kamen als erste in den Folterkammern der Tscheka um. Am Aufbau eines gerechteren Staates mitzuarbeiten waren sie weder gewillt, noch fähig. Gogols Briefe, die sie dazu aufriefen, beantworteten sie mit beißendem Spott und Blasphemien. Sie zogen Diffamierungskampagnen gegen jede noch so reformfreudige Regierung, Wühlarbeit, aufwieglerische Parolen fürs Volk und Bomben für die Monarchen und Staatsmänner vor. Ihre Tätigkeit erwies sich als eine geebnete Einfallstraße für den Bolschewismus. Der Kreis hat sich geschlossen. In der UdSSR regiert die NEUE KLASSE der Privilegierten, die es mit den Kapitalisten des Zarenreiches und der westlichen Welt in jeder Beziehung aufnehmen kann. Die soziale Gerechtigkeit ist auf der Strecke geblieben.

Die jungen Neo-Marxisten, von denen unsere Hochschulen wimmeln, beten dieselben Ideen nach, die den Boden für die physische Dezimierung und die geistige Verwüstung eines ganzen Volkes bereitet haben. Diejenigen, die bei uns eine Systemveränderung herbeisehnen, bezeichnen sich als Linksradikale, während sich der *verwirklichte* Sozialismus (und das ist der in der SU, machen wir uns keine Illusionen) als das reaktionärste Regime der Welt erwiesen hat. Den Ausweg aus seinen permanenten Sackgassen findet er nur mit Hilfe des Westens.

Was mit Revolution beginnt, endet mit Reaktion. Das ist kein Zufall, sondern ein Gesetz, das dem Wesen der Dinge entspringt. Marx und Engels haben in ihrem Manifest den Grundstein zur Utopia gelegt. Die Verführung dieser spärlichen, nur 22 Seiten umfassenden Broschüre besteht aus einem agitatorischen, mit Sprengstoff geladenen Konglomerat von Schlagworten, die gegen die Auswüchse des Frühkapitalismus gerichtet sind. Das ganze vermoderte Rüstzeug fußt auf Erkenntnissen, die an eine längst versunkene Zeit gebunden sind. Der Urtext ist so veraltet, daß er in der Sowjetunion für einen konspirativen Text gehalten werden müßte. Erst Lenin hat diese Blätter zum *System* ausgebaut.

Ein gewaltsamer Umsturz — es sei denn, in der Regierung säßen Menschenfresser — gehört zu den Kataklysmen der Welt. Wer seine angsterfüllten Tage und schlaflosen Nächte aus eigener Erfahrung kennt, wird nicht für einen „Fortschritt“ dieser Art eintreten. Darum sei den zahllosen jugendlichen, von Marx beeinflußten „Systemveränderern“ in den westlichen Ländern ins Gedächtnis gerufen: Solange eine parlamentarische Demokratie von Männern und Frauen getragen wird, die im Grunde noch immer christlich-ethischen Normen verpflichtet sind, ist sie nicht nur der *beste* Weg zur Beseitigung von Mißständen ohne Blutvergießen. Es gibt zu ihr wohl kaum eine Alternative.

Bauernfang

In der Bundesrepublik Deutschland besteht seit Jahren eine Politologie, die sich bewußt von der Geschichte distanziert. Es heißt, diese trage wenig zur Prägung eines politischen Verhaltens bei. Die Emanzipationspädagogik der Neomarxisten, deren Zahl an unseren Schulen und Universitäten ansteigt, blendet Realitätserfahrung aus, vereinfacht, klittert, fegt Zusammenhänge unter den Teppich und kommt damit — ein *terrible simplificateur* — den pubertären und meist mit einer unzureichenden Allgemeinbildung ausgerüsteten jungen Menschen weitgehend entgegen. In dieser Entwicklungsphase wird das „Bestehende“ scharf unter die Lupe genommen und meist verworfen. An sich ein normaler, sich über Jahrhunderte wiederholender Vorgang. Indessen läuft die Sache bei uns irgendwie anders. Hier darf unter Pubertät nicht nur die Zeit körperlicher Reifung verstanden werden — die setzt ja heute schon früh ein. Es geht um eine gewisse geistige Pubertät, die mit der Bildungskatastrophe im Zusammenhang steht. Diesem Trend wird in der Pädagogik der Neomarxisten durchaus Rechnung getragen. Ihr Ziel ist, den Zeitgeist in den Gemütern weit über die pubertäre Phase hinaus zu verwurzeln. Widerstand zeichnet sich nur selten ab. Denn die Bemühungen, unsere Jugend nicht nur zur Kritik (was ja allerorts geschieht), sondern zur *Kritikfähigkeit* zu erziehen, müssen auf der Strecke bleiben, wenn ihr außer einem fundierten Wissen (das es kaum noch gibt) nicht auch ein fester Standort gezeigt wird, von dem aus sie die Dinge überblicken und beurteilen kann.

In einem Vortrag des Politologen K., der, von einer Studienreise in die Sowjetunion zurückgekehrt, an einer unserer Hochschulen zu einer zahlreichen und interessierten Zuhörerschaft sprach, wurden folgende Aussagen des Professors mitstenografiert:

1. Als die Oktoberrevolution ausbrach, war Rußland ein Land mit nur schwach ausgeprägter Kultur, wenn auch nicht mit dem Kongo vergleichbar. Das hat sich unter den Sowjets geändert.
2. Die Russen sind überzeugte Kommunisten, was schon daraus zu ersehen ist, daß sie ungern über den Marxismus-Leninismus sprechen. Über das, was einem zur zweiten Haut geworden ist, spricht man nicht.
3. Die Russen neigten schon immer zum Kommunismus; wie wäre er denn sonst an die Macht gelangt, und wie hätte er sich an ihr gehalten?
4. Vor 1917 lebte das Volk in unbeschreiblichem Elend. Der Bauer besaß kein Land, die Bevölkerung bestand aus Analphabeten, die Zuchthäuser waren überfüllt. Der Oktober brachte die Wende. Darunter fällt auch die Kollektivierung der Landwirtschaft, ein kühnes und großartiges Experiment, das im großen und ganzen gelungen ist.
5. Die „Dissidenten" finden im Volk keine Sympathien. Solschenizyn wird als Beschmutzer des eigenen Nestes verurteilt, Sacharov als Spinner.
6. Lenin ist der Abgott des Volkes. Davon zeugen sowohl seine zahllosen Denkmäler als auch die ikonenhafte Darstellung in der Moskauer Metro, wo er — im Hintergrund die goldene Aura — von einem ewigen Licht angestrahlt wird.
7. Es ist nicht zu empfehlen, das Studium Rußlands mit dessen geschichtlicher Vergangenheit zu belasten. Beginnen Sie es mit dem Revolutionsjahr 1917, es wird dabei Konkreteres herauskommen.
8. Die Sowjetunion ist ein friedliebendes Land. Die Kriegshetzer befinden sich im Westen.

In der anschließenden Diskussion, die sich weit über zwei Stunden hinzog, wurde dem Professor u. a. folgendes erwidert:
1. In einem Land mit so schwach ausgeprägter Kultur, daß man versucht ist, es in einem Atemzug mit dem Kongo zu nennen, wären geniale mittelalterliche Ikonen, große Starzen und Lehrer des Volkes, zahllose Klöster mit einer unübersehbaren Schar von Heiligen, ferner Philosophen, Dichter, Schriftsteller und Komponisten von Weltrang, eine eigenständige Malerei, großartigstes Theater und das beste Ballett der Welt mit einer Anna Pawlowa an der Spitze, gar nicht möglich gewesen. Um sie hervorzubringen, bedurfte es einer alten Kultur. Auch Pilze schießen nicht an jeder asphaltierten Straßenecke in die Höhe,

sondern brauchen für ihr Wachstum einen geeigneten und ihnen gemäßen Boden. Eine dicke Schicht Kulturhumus gab es in Rußland seit Jahrhunderten. Um sich davon zu überzeugen, empfiehlt es sich jedoch, das Studium vom Jahr 1917 um etwa ein Jahrtausend zurückzuverlegen. Das würde die klaffenden Bildungslücken schließen helfen und der weltweit betriebenen Geschichtsklitterung entgegenwirken. Was die Kultur in der SU betrifft, so ist sie entweder *vor* 1917 geschaffen worden oder im direkten Gegensatz zur Doktrin entstanden. Am Rande sei vermerkt, daß es Kultur ohne Achtung vor dem Menschen nicht geben kann. Diese Kultur gibt es nur bei der geistigen Elite, d. h. bei den vom Staat Verfolgten.

2. Die auf die Bevölkerung niederprasselnde Propaganda konnte nicht ohne Wirkung bleiben. Dennoch behaupten engagierte Beobachter der SU, daß es dort — abgesehen vom „harten Kern“ und denen, die sich krampfhaft an ihre Privilegien klammern — praktisch überhaupt keine Kommunisten mehr gibt. Nachdem die Ideologie jahrzehntelang brodelnder Lava glich, ist sie versteinert. Im versteinerten Zustand ist sie in allen Strukturen des Landes, im modus vivendi und in der Luft, die man einatmet, realpräsent. Das ist wie beim science fiction, wo sich ein Gedanke von seinem Träger emanzipiert. Die Ideologie in Frage stellen darf niemand; das ist wie im Märchen vom nackten König. Arbeiter eines Riesenwerks jedoch sagten einem Gesprächspartner ihres absoluten Vertrauens und hinter vorgehaltener Hand, daß sie Nachrichten über französische und italienische Arbeiter, die „kommunistisch wählen“, für reine sowjetische Propaganda hielten.

3. Das, was sich Kommunismus oder Sozialismus nennt, ist ein Produkt des Westens. Hier entstand es, wurde von hier nach Rußland exportiert und kam dort mit Hilfe der Deutschen an die Macht. Im April 1917 holte die Oberste Deutsche Heeresleitung in Zusammenarbeit mit dem deutschen Generalstab den in der Züricher Versenkung vegetierenden Lenin hervor, rüstete ihn mit taktischen Direktiven und falschen Papieren aus und verfrachtete ihn nach Rußland. Sie finanzierte die russische Revolution — nicht ohne die tatkräftige Hilfe Amerikas — durch Unsummen in Goldwährung. Der Supercoup gelang: Die Ideologie Karl Marx', die Strategie der deutschen Heeresleitung und die mitgelieferten Goldsäcke haben es geschafft. Das übrige besorgte Lenin selbst. In das liberal dahinplätschernde Geschwätz ei-

nes Kerenski brach plötzlich eine Donnerstimme ein, die mit nie gehörter Vehemenz zum Zerstören und Morden aufrief, eine Stimme voll grenzenlosen Hasses gegen die Alte Welt. Damals erklang der weltweite Ruf zu ihrer Vernichtung.[13])

Die russischen Arbeiter und Bauern waren keine Heiligen. Von der Intelligenzia vorbereitet, ließen sie sich von Parolen wie diesen aufputschen: Schluß mit dem Krieg, zurück an die heimischen Herde! Alle Macht den Soldaten- und Bauernräten! Alle Fabriken den Arbeitern, alles Land den Bauern! Und raubt das Geraubte! Das klang verlockend. So kam der Bolschewismus an die Macht; gehalten hat er sich durch den blutigsten Terror der Weltgeschichte. Dazu kommt, daß das System die unheimliche Fähigkeit besitzt, in jedes Menschenleben ein tragisches Element hineinzubringen: das allmähliche Abstumpfen des Bewußtseins, des Gewissens und der sittlichen Kategorien. Jetzt haben sich viele aus diesem Würgegriff befreit, die meisten mit letzter Kraft. Aufschlußreich ist, daß sie sich nicht als die „Andersdenkenden", sondern als die „Denkenden" bezeichnen. Es ist nur die Spitze des Eisberges sichtbar.

4. Das „unbeschreibliche Elend" ist ein Slogan der Unwissenheit oder der ideologischen Verzerrung. Das „arme" Rußland produzierte um 30% mehr Getreide als die USA, Kanada und Argentinien zusammen, während das „kühne Kolchosenexperiment" menschenleere Dörfer und Einfuhren in astronomischer Höhe bewirkt hat. Rußland hatte Goldwährung! Die Löhne und Gehälter wurden in reinem Gold ausgezahlt, das Leben war billig. Wer fleißig war und arbeiten wollte, kam schnell zu Wohlstand; Tagedieben und Trunkenbolden ging es — auch unter den Bauern — schlecht. Es gab eine private Wohltätigkeit von unvorstellbaren Ausmaßen. Wie gut es einem im alten Rußland ging, begriff man erst, als der Traum mit einem Schlage aus war und man aus einer Epoche des Liberalismus (und der ständig eskalierenden Ansprüche) in die einer gewalttätigen Ideokratie getaumelt war. Die Neidgefühle gegen alle, denen es „besser geht", sind aus keinem „System" zu entfernen.[14])

Man darf die russische Vergangenheit nicht aus der Sicht der westeuropäischen Gegenwart beurteilen — das wären sowjetische Untersuchungsmethoden. Dagegen sollte man zum Vergleich England mit seinen Slums und der bis 1908 sanktionierten Kinderarbeit in den Fabriken heranziehen oder Sizilien, wo auch heute noch unbeschreibliche Zustände, Elend und Analphabetentum herrschen. Doch würde es niemandem einfallen, Italien in der geistigen Nachbarschaft des Kongo anzusiedeln. Solche Überraschungen hält man nur für das „zaristische“ Rußland bereit.

5. Der Glaube, daß eine öffentliche Befragung der sowjetischen Bevölkerung durch westliche Journalisten ernstzunehmende Ergebnisse zeitigen kann, gehört in den Bereich der unausrottbaren westlichen Naivität. Die Struktur des Systems läßt keine Lockerung zu; sie könnte ihm oder dem, der es versuchen wollte, den Todesstoß geben. Die Kremlgewaltigen sind Sklaven ihrer Ideologie. Das einzige, was hoffen läßt, ist die geistige Elite Rußlands in der Opposition; sie tritt für Wahrheit und Gerechtigkeit ein und kennt keine Menschenfurcht. Sie ist ein Fanal. Und das ist das Entscheidende. Falls sie von der Regierung zermalmt wird, sehen wir keine Hoffnung für Rußland.

6. Ein dreijähriges Kind kommt in den Kindergarten, und sofort beginnt seine „Erziehung“. Bevor es richtig sprechen kann, lernt es Verse, die Lenin und die Partei verherrlichen. Die Propaganda geht mit den Jahren in Fleisch und Blut über und wirkt solange, bis der Augenblick der Erleuchtung kommt. Obwohl die Führer seit spätestens 1924 — dem Todesjahr Lenins — sein von einem niederschmetternden Zynismus gezeichnetes Gesicht zu einer puritanisch-hagiographischen Ikone umwandeln, gibt es in der Sowjetunion keinen Leninkult.

7. — wurde schon beantwortet.

8. Im Jahre 1941 erwartete das russische Volk von den Deutschen die Befreiung vom Bolschewismus. Die Deutschen hatten das in der Hand, verspielten jedoch alle Chancen. Das, was Rußland im Verlauf seiner tausendjährigen Geschichte nie fertigbrachte, geschah in den ersten Kriegswochen: Eine Million Rotarmisten ergaben sich dem Gegner freiwillig. Sie wurden daraufhin — als Untermenschen — erschossen, vergast und ausgehungert. Das russische Volk hat mit den „Befreiern“ seine Erfahrungen gemacht und wird das Experiment schwerlich wiederholen wollen. Die Entscheidung, ob Krieg oder nicht, liegt allerdings nur bei den „Sklaven der Ideologie“. Von einer friedlichen Koexistenz mit dem Westen als *Dauerzustand* ist bei Lenin keine Rede; als taktisches Manöver zur Zeitgewinnung ließ er sie zu. Das Ziel des Kremls bleibt die Eroberung der Welt; wenn nicht durch Krieg und

Kriegsgeschrei, dann durch „Entspannung". Diese Eisen werden stets im Feuer behalten. Daher die Hochrüstung, der Bedarf an westlicher Technologie, daher die Friedensbewegungen und die brodelnden Bürgerkriegsherde in der Welt.

*

Blieben solche Aussagen wie die vom Politologen K. in der Bundesrepublik Einzelfall, könnte man zur Tagesordnung übergehen. Leider ist das nicht der Fall. Von Kreisen, die sich an den utopisch-emanzipatorischen Zielsetzungen des Neomarxismus orientieren, geht nicht nur eine pervertierte Sicht der historischen Vergangenheit aus. Die aus der Sowjetunion ausgewanderte und jetzt in Israel lebende hervorragende Sowjetologin und Publizistin Dora Shturman[15]) beschäftigt sich eingehend mit solchen Phänomenen, u. a. in ihren glänzenden Beiträgen „Die Sowjetologen auf dem Karneval der Entspannung" und „Ein Amerikaner beim Stelldichein mit Rußland".

Maß und Mitte

Rußland, das einst metaphysisch, heute eher eschatologisch geprägte Land, war seit Anbeginn Schauplatz einer Geschichte, die sich fast ausschließlich als Passion entwickelte. Das in diese unverwechselbare Geschichte mit reichen Gaben entlassene, für die Transzendenz besonders hellhörige und aufnahmebereite, zum Teil aber auch mit unverkennbar anarchischen Zügen behaftete Volk, bei dem Zügellosigkeit und Leidenschaften nicht selten besonders kraß in Erscheinung traten, war stets bemüht, die harmonische Mitte zwischen den polaren Spannungen seiner natürlichen Mentalität bei Christus zu suchen. Sein Bild wurde vom russischen Menschen vom ersten Augenblick seiner Geschichte tiefgründig verstanden und mit glühender Liebe ins Herz geschlossen.

Dieses Christusbild hat sich auch in den russischen Ikonen niedergeschlagen; gemeint sind nicht die von großer und wehmütiger Innigkeit erfüllten Darstellungen der Mutter Gottes mit dem Kinde, sondern die Christusikonen. Weit weg vom dräuenden, dem Sünder zürnenden byzantinischen Pantokrator, sind diese Ikonen von einer wahrhaft

göttlichen Norm geprägt. Es ist der GOTTMENSCH, der auf ihnen dargestellt ist, Gott und Mensch, Gerechtigkeit und Güte, Strenge und Liebe in einer vollendeten Verbindung. Aber zugleich auch das Geheimnis aller Geheimnisse. Daß angeborene Schwermut, ungestillte Sehnsüchte, metaphysische Daseinsangst und Daseinsleere, innere Spannungen und schwere Schuld, kurz, alles was die Ostkirche unter dem weit verstandenen Begriff der „Leidenschaften" zusammenfaßt und dem sie ihr Ideal der „heiligen Nüchternheit" entgegenstellt — daß dieses alles in ihrem heiligen Raum sehr wohl entkrampft, gestillt, gelöst, überwunden und aufgehoben werden kann, haben im Verlauf der russischen Geschichte nicht nur unzählige heilige Männer und Frauen, sondern auch Millionen schlichter Menschen bewiesen.
Wie der „ursprüngliche" russische Charakter war, darüber sinnen bisweilen russische Geschichts- und Religionsphilosophen nach. Die zum gewissen „Anarchismus" neigenden nationalen Züge könnten sich, nach Berdjajev, schon aus der Grenzenlosigkeit der Landschaft, aus ihrer Verlorenheit unter dem endlosen Firmament und der ihnen adäquaten Maßlosigkeit und Gewalt der Elemente entwickelt haben. Natürlich schon in der vorgeschichtlichen, zumindest aber heidnischen Zeit. Die Bewohner des Mittelmeerraumes, aber auch der germanische Mensch sind von solchen natürlichen Faktoren unvergleichbar weniger geprägt worden. Den dionysischen, ja bacchantischen russischen Frühling haben sie kaum erlebt. Es gibt auch andere, sicherlich tiefgründige Meinungen. Ihnen zufolge wies der Russe in der Stunde Null — der Stunde seines Taufbundes in den Fluten des Dnjepr — keine Wesenszüge dieser Art auf. Das will nicht heißen, daß er nicht in einem besonderen Maße für die Transzendenz durchlässig gewesen wäre. Er war es zweifellos. Die inneren Spannungen aber — so sieht es der Theologe und Kulturhistoriker G. Florowski —, die starke Überbetonung des Emotionalen, das mangelnde Verantwortungsbewußtsein, die Labilität und Unberechenbarkeit, Leidenschaftlichkeit und Zügellosigkeit der Volksseele seien keine angeborenen, sondern im Laufe der Geschichte *erworbene* Eigenschaften; sie entstanden durch ein Sich-Verweigern dem Göttlichen Logos, durch Untreue gegenüber dem mit der Morgenländischen Kirche übernommenen Auftrag. Mit dem Auftrag ist hier nicht das berüchtigte, von Hybris getragene Sendungsbewußtsein des „Dritten Rom" gemeint, sondern die Auflage,

ein Neuer Mensch zu werden. Vom Verlassen des väterlichen Weinbergs und dem Umherschweifen in fremden Hinterhöfen, von der allzu leichten Bereitschaft, sich zu neuen Ufern hinzuwenden, Versuchungen und Verlockungen zu erliegen, ist hier die Rede. Vom geistlichen Ehebruch, vom Verlust von Maß und Mitte. Und davon, daß, je weiter die Geschichte fortschritt, die russische Seele umso weniger gewillt war, den Weg der Theosis zu gehen, der ihr von ihren großen Heiligen *vorgelebt* worden war und immer wieder vorgelebt wurde. Die Ursache des seit dem 17. Jahrhundert viel zu häufigen Fluktuierens der russischen Psyche sieht Florowski im allmählich einsetzenden großen Abfall und dem mit ihm Hand in Hand gehenden Bewußtsein des nicht erfüllten Auftrags. Aus Frustration erwächst die noogene Neurose. Aus dem Bann des circulus vitiosus ist nicht leicht auszubrechen, denn: „Wer nicht mit Mir sammelt, der zerstreut." Ein Mittelding, wie Europa es nach der Renaissance im Humanismus gefunden hatte, konnte es für Rußland nicht geben. Nach dem „Ausfegen" des vom Numinosen entleerten Raumes zogen weder Humanismus noch Aufklärung, sondern es zogen, nach dem Wort des Evangeliums, die Dämonen ein.

„Die Orthodoxie ist ein zweischneidiges Schwert, wie das Wort Gottes", sagte ein russisch-orthodoxer Theologe unserer Zeit, „und ein verzehrendes Feuer, wie das Sakrament des Altars. Die orthodoxen Christen versengen sich an ihr mehr, als sie ihr Heil darin suchen und finden. Wenn ein Kleinkind lallt, finden wir das niedlich; lallt ein Erwachsener, so ist er anormal, und wir hören diese Laute mit Schaudern."

Man darf diesen berechtigten, in der modernen russischen Religionsphilosophie keineswegs vereinzelt dastehenden Gedanken nicht verabsolutieren. Nicht alle gingen in Rußland den Weg des „Ausschlagens wider den Stachel". Selbst im 18. Jahrhundert, das dem Geist der französischen Aufklärung verfallen war – und auch im 19. und 20. –, gab es in Rußland *leuchtendes* Christentum, sowohl auf den Gipfeln (der hl. Tichon von Sadensk, der hl. Seraphim von Sarów, der Erzpriester Johannes von Kronstadt u. a.) als auch auf „profaner" Ebene. Auch der „einfache" Russe fand seine seelische Ausgewogenheit und seinen Frieden, zwar nicht auf der Stufe der Philosophen und Mystiker, wohl aber auf einer redlichen Stufe der „Leiter zur Vollkommenheit". Von seiner Kirche *fordernd*, aber stets in freiheitlicher Eigenverantwortung in die Pflicht genommen, bezauberte der russische Mensch die Westeuropäer durch Großzügigkeit und Hilfsbereitschaft, Einfachheit und unkonventionelles Wesen. (Einfachheit ist aber bekanntlich das einzige, was sich nicht erlernen läßt.) Gemütvoll, ohne romantische Exaltiertheit, jeder Engstirnigkeit und pharisäerhaften Voreingenommenheit abhold, fein zwischen Gut und Böse, zwischen Wesentlichem und Unwesentlichem unterscheidend, der Überbewertung irdischer Güter und Ehren aus tief verwurzelter Religiosität abgeneigt, so erschien der „gute Mensch" des alten Rußland, gleichwohl, ob er „gebildet" oder „ungebildet", ja sogar rundherum Analphabet war. Und wenn es zutrifft, daß in seinem „Untergrund" dennoch heiße Lava, sei es biologisch-atavistischen oder „historischen" Ursprungs, brodeln konnte, suchte er in den Widerwärtigkeiten seiner tragischen Geschichte und im Ausufern der eigenen Psyche *Erlösung* im Anrufen des Namens Christi, in den liturgischen Riten der Kirche, wo sich vor seinen Augen die Heilsgeschichte entrollte und reale Gestalt gewann. Auch suchte er Rat und Trost bei den Starzen im nahen oder fernen Kloster, letzten Endes aber in der eucharistischen Vereinigung mit Christus.

Spielball der Dämonen, unglücklicher Verlorener Sohn, Ankläger, düsterer Asket im Dienst einer düsteren Ideologie wurde der Russe, als er seinen kirchlichen *Vorhimmel*, in dem er tausend Jahre beheimatet war, verließ und sich an den tauben und dunklen babylonischen Wassern ansiedelte. Dort nahm er Kostproben vom Positivismus, Materialismus, Nihilismus, Anarchismus, Sozialismus, Atheismus und Marxismus, um im leninistischen Kommunismus und Bolschewismus seine — vorläufige — Endstation zu erreichen. Alle Ideologien traten vor sein geblendetes Auge im Gewand eines „Engels des Lichts", einer Heilslehre, auf. Der angeborene Maximalismus, der Verlust von *Maß und Mitte*, der „heiligen Nüchternheit" eines orthodoxen Christen, waren die ausschlaggebenden Faktoren für den Bolschewismus. Wir sind weit davon entfernt, die Verantwortung dafür Westeuropa in die Schuhe zu schieben. Im Laufe eines Jahrtausends hatte Rußland alle Möglichkeiten gehabt, pneumatische Energien zu sammeln, folglich auch entsprechende Gegengifte zu entwickeln. Es versäumte es zu tun; das Unheil überfiel es „wie ein Dieb in der Nacht" und eskalierte von

Jahrhundert zu Jahrhundert. Zuletzt von Jahr zu Jahr. Die Sühne trägt Rußland allein.

Es gab aber auch viel Gutes in Rußland. Bei uns im Westen schreibt man über das Land und den „Zarismus“ ganze Schutthalden undifferenzierter und stümperhafter, mitunter auch haßerfüllter und arroganter Behauptungen, die vor allem von handfesten Erfolgen der nimmermüden Sowjetpropaganda zeugen. Alles Luftblasen; über tiefem Wasser tanzende Korken; Versuche anmaßender Gemüter, sich auf eine billige und bequeme Weise des gewaltigen Sinnes der russischen Geschichte zu bemächtigen. George Orwell schrieb einmal folgende nachdenkliche Worte: „Wenn man mir sagt, dieses oder jenes hätte sich nie ereignet, dann gut, es ereignete sich eben nicht. Und wenn man mir sagt, zwei und zwei wären fünf, dann macht es eben fünf. Aber die Aussagen ängstigen mich mehr als Bomben.“

Die Wahrheit über Rußland ist vielschichtig, kompliziert, muß wie eine Stecknadel im Heu gesucht werden. Die Katastrophe kam über das Land im geschichtlichen Augenblick seines gewaltigsten wirtschaftlichen Aufschwungs und einer großartigen kulturellen Blüte. Und mehr noch: im Augenblick einer fortschreitenden inneren Normalisierung auf fast allen Gebieten. Pierre Pascal, Professor an der Pariser Sorbonne und einer der besten Kenner Rußlands und der Sowjetunion im Westen, sagte in einem Interview: „Rußland war ungeachtet seiner autokratisch-monarchischen Struktur ein tief demokratisches Land. Das weiß man bei uns kaum. Auch weiß man viel zu wenig über den unerhörten kulturellen Aufstieg und die wirtschaftliche Blüte Rußlands vor dem Ersten Weltkrieg. Eine der vordringlichsten Aufgaben der Geschichtsforschung ist, über diesen einzig dastehenden Abschnitt endlich umfassende und wahrheitsgemäße Informationen zu vermitteln.“

Eine heile Welt? Nein. Ein Bild sittlichen und religiösen Niedergangs. Aber zwischen großen Flächen toter, verbrannter Erde begann es zu grünen und zu sprießen. Den Anfang machen die Philosophen, die Marxisten, die zur Kirche zurückkehren. Von ihnen geht in die entchristlichte Umwelt der Ruf zur Wende, zur Rückkehr der irrenden Kinder ins Vaterhaus. Nicht viele reagieren auf ihn; für die meisten der Intellektuellen gehört er zu den Fossilien einer versunkenen Ära. Der letzte große Heilige des vorrevolutionären Rußland, Erzpriester

Johannes von Kronstadt, sah im Abfall von der Kirche und in den handfesten Manifestationen eines großen sittlichen Verfalls Anzeichen der nahenden Katastrophe. Er rief Rußland zur Revision aller Werte, zur radikalen Umkehr, zur Reue und Buße auf. Man nahm seine von prophetischer Kraft getragenen Worte zur Kenntnis, wie man alltägliche Informationen zur Kenntnis nimmt. Gewiß gab es noch gläubige Menschen in Rußland; bei vielen wird es Kopfglaube, „christliches Bewußtsein“ gewesen sein, das nicht ausreicht, um christliches Leben zu wecken: Christentum ist ein Prozeß des täglichen, ja stündlichen Einübens in jenes Sein, aus welchem Leben und Tun erwachsen; nicht Sache derer, die der Passion des Glaubens ausweichen, alles was fordert und unbequem ist, für eine Tyrannis der Kirche erklären. Die Brücke, die Rußland ein Jahrtausend mit dem Göttlichen Logos verband, war eingestürzt, das Salz der Erde unbrauchbar geworden; eine facettenreiche Donquichotterie war an die Stelle alter, heiliger Praktiken getreten. Was die Elite der Nation sein sollte, brach aus der Phalanx aus.
Dennoch war kurz vor dem Ersten Weltkrieg ein Trend zur Besinnung bemerkbar. Jene „Intelligenzia“, die den Großen Abfall eingeleitet hatte, begann zögernd den Rückweg zur Ostkirche zu suchen. War der Schlußpunkt von einer unsichtbaren Hand schon zuvor gesetzt worden? Neben einem langsamen, aber unverkennbaren Zunehmen des Lichts war es der Finsternis gewährt, mächtig anzuwachsen. Und in der Tatsache, daß sie siegen durfte, liegt eine furchtbare Warnung an die Welt.

„Unsere russischen Erfahrungen sind für den Westen lebenswichtig. Den Weg, den er geht, legten wir in den letzten 60 Jahren vor der Oktoberrevolution zurück. Er sieht wie eine Wiederholung dessen aus, was sich bei uns vor dem Zusammenbruch abspielte. Ich bin aber nicht sicher, daß der Westen die Fähigkeit besitzt, aus fremden Erfahrungen zu lernen, und befürchte, daß man hier alles am eigenen Leibe wird durchmachen müssen“ (Alexander Solschenizyn).

Diese Worte sind keine Aufmunterung zu verstärktem Rüsten; eher wollen sie sagen, daß man sich durch halbherziges Pendeln zwischen Gott und dem apokalyptischen Tier den sich drohend ankündigenden Ereignissen nicht entziehen wird. Das kann nur auf dem Wege einer Umwertung aller Werte geschehen.

Im heutigen Rußland sind aber deutliche Zeichen eines religiösen Aufbruchs zu beobachten. Damit sind diesesmal keineswegs die „gläubigen alten Frauen mit Kopftüchern“ gemeint, die gewohnheitsmäßig vor unserem geistigen Auge auftauchen, sondern eine Elite, wie sie eindrucksvoller nicht denkbar ist. Diese Träger der religiösen Renaissance leben vielfach in Gefängnissen und KZ-Lagern. Und falls in Freiheit, dann in großer und permanenter Gefährdung.

Prozesse, Prozessionen

Die landläufigen Begriffe von der „l' âme slave“, die die Russen selbst stets mit Ironie als den „weitverzweigten Moosbeerbaum“[16]) bezeichneten, sind in der älteren Generation auch heute noch so festgefahren wie die Vorstellungen von der französischen Frau. Die — ihrer Tradition entsprechend — einseitig ausgerichtete klassische russische Literatur trägt dadurch, daß sie sich fast ausschließlich auf Schwarzmalerei und soziale Anklage spezialisierte, einen guten Teil der Verantwortung dafür, daß sich das Bild des „zaristischen“ Rußland in der Vorstellungswelt des westlichen Menschen zum überwiegenden Teil negativ spiegelt. Es sind Pauschalurteile, die er sich ein für allemal angeeignet hat. Außer dem sprichwörtlichen „Elend“ gehören zu diesem Bild seelische Überspanntheit und ein ewiges Pendeln zwischen Schwermut, Ausgelassenheit und asketischen Bußübungen als der *Dominante* des russischen Lebens. Zweifellos gab es das alles in dem unermeßlich großen russischen Kaiserreich; hätte es das nicht gegeben, wäre die Revolution nicht möglich gewesen. Dennoch schreit die simple Gerechtigkeit nach einer Korrektur solcher billigen Verallgemeinerungen. Weder die Familie Karamásov noch Rodion Raskólnikov, weder Peter Werchowénski noch Nikolai Stawrógin waren jemals die Repräsentanten des russischen Nationalcharakters, noch weniger Träger russischer Ideale. Zwar schreibt der Nobelpreisträger J. Bunin: „Wir Russen sind das Holz, aus dem sowohl Knüppel als auch Ikonentafeln geschnitzt werden; es kommt nur darauf an, ob der heilige Sergius oder der Räuber Stenka Rasin es bearbeiten.“ Diese Worte können jedoch wohl in Ost und West auf jeden gemünzt sein, heute besonders.

Die Ostkirche mit ihren transzendenten Riten, dem „gemalten Geist“ ihrer Ikonen und den „gesungenen Ikonen“ ihrer Hymnen komme in hohem Maße der harmonischen, in sich ruhenden Persönlichkeit entgegen und widerstrebe dem gestörten und mit sich selbst uneinigen Geist — das war die Auffassung des Philosophen W. Rosánov. Sie läßt Raum für Diskussionen, kann aber auch bestritten werden. Immerhin — und an Zufälle glauben wir nicht — wurde im 10. Jahrhundert die Aufgabe, den russischen Menschen mit der „archaischen Größe“ seiner Gefühlswelt und seinem Hang zum Maximalismus zu *formen*, gerade der Ostkirche übertragen. *Sie* sollte seine Energien in maßvolle

Bahnen lenken und der Grenzenlosigkeit der Sehnsüchte ewig gültige Grenzen setzen. Daß es ihr gelang, seelische Spannungsfelder in ihre heilige und fordernde Ordnung einzubeziehen, die Spannungen zu lösen und sie in Energien anderer Art zu transformieren, kann nicht bezweifelt werden. Davon zeugt die unübersehbare Schar der Heiligen, die Rußland in einem Jahrtausend hervorgebracht hat. Davon zeugte auch die spirituelle Überformung des profanen Russen, sofern und solange er seiner Kirche und ihrem großen Jahr unverbrüchliche Treue bewahrte. Im Abendrot dieser Strahlung wärmten sich noch jene Deutschen, die im Gefolge eines Rainer Maria Rilke[17]) mit offenen Augen und „von der Parteien Gunst und Haß" unbeeinflußt, Rußland besuchten und sich von diesem Land verzaubern ließen. Diese Verzaubering ging sowohl von der Schönheit und Anmut der russischen Natur mit ihrer unaufdringlichen, beseelten Landschaft als auch von den russischen Menschen aus. Und wenn wir uns an das Idealbild der Frau erinnern, wie es einer Edith Stein vorschwebte und das sie in die Begriffe „weit, still, warm und leer von sich selbst" faßte, werden wir zugeben, daß die russische Frau diesem Ideal oft sehr nahe kam. Erst recht, wenn sie im Strahlungsbereich Christi stand, auch als Sünderin, wie Sonja Marmeládowa oder die Mutter des „Jünglings".

Dostojewski hat nur wenige Vertreter der russischen Religiosität dargestellt. Er sah sich, wie die meisten russischen Schriftsteller seiner Zeit, veranlaßt, sich der gespaltenen, zerfahrenen und von Dämonen umlagerten Persönlichkeit zuzuwenden. Doch gelang es ihm auf eine geniale Art, auch Bildnisse vollkommener russischer Menschen zu zeichnen, auf dem Hintergrund einer Klostergemeinschaft gleich zweimal: Das des Starez Sossima und Aljoschas. Als er aber im dritten Band der „Brüder Karamásov" den jungen Novizen — mit dem Segen des Starez — in die weite russische Welt hinausführen wollte, nahm ihm der Tod die Feder aus der Hand. Sossima und Aljoscha lebten jedoch im Lande schon seit einem Jahrtausend.

Das lichte und kreative Prinzip des Volkes repräsentiert in besonders eindrucksvoller Weise der heilige Sergius von Rádonesch (1314—92), der spätere Gründer des weltberühmten Dreifaltigkeitsklosters im heutigen Sagorsk. Der russische Gläubige fühlte sich zu ihm nicht nur hingezogen, er identifizierte sich mit ihm in einem geheimnisvollen Zweiklang. Im heiligen Sergius erkannte er wie in einem Spiegelbild seine eigenen, ins Vollkommene übertragenen Wesenszüge, ja er erkennt sich in ihm — anscheinend auch heute noch — in einem solchen Maße wieder, daß das Kloster der Heiligen Dreifaltigkeit im Herzen des militant-atheistischen Staates und nur siebzig Kilometer vom Lenin-Mausoleum entfernt, als der Hauptwallfahrtsort besteht. Welche Gründe die Kremlgewaltigen dazu bewegen mögen, ist egal: es ist ein Wunder.

Am 25. September (nach julianischem Kalender) 1892 wurde in ganz Rußland der 500. Jahrestag des Hinscheidens des Heiligen begangen. Der größte Historiograph Rußlands, W. O. Kljutschewski (1841—1911), dessen Art, Geschichte darzustellen, sonst stets von einer sonderbaren, unterschwelligen Ironie gezeichnet war (was ihm zeitweilig den Ruf eines Nihilisten einbrachte), meldete sich bei der feierlichen Sitzung der Moskauer Universität als Festredner zu Wort. Kljutschewski sprach dabei folgende prophetische Worte, deren Gewicht und Bedeutung in jenen Tagen noch niemand erfassen konnte: „Sowie der Name des heiligen Sergius fällt, wird unser Volk an seine religiöse und nationale Wiedergeburt erinnert. Immer tiefer prägt sich in unser Bewußtsein die Wahrheit ein, daß ein Staat nur auf dem unverrückbaren Grund sittlicher Werte bestehen kann. Mit dieser Wahrheit sind die nationalen Wurzeln unseres Volkes zusammengewachsen. Sie diesem Humus zu entreißen, hieße, sie dem Verdorren preiszugeben. An den heiligen Sergius denken, heißt für uns darum nichts anderes, als die Bestandaufnahme unserer geistigen Goldreserven zu machen, sie aufzufüllen, die durch Veruntreuung gerissenen Lücken zu schließen. Die Tore des Dreifaltigkeitsklosters werden erst dann geschlossen werden, die Lampen über dem Reliquienschrein des heiligen Sergius erst dann erlöschen, wenn das russische Volk seine innere *Goldreserve* bis auf den letzten Rest verausgabt und nicht mehr aufgefüllt haben wird."

Kljutschewski nannte Sergius den „charismatischen Erzieher des russischen Volkes". Was bedeutet das?

In die früheste Kindheit des Knaben Bartholomäus brechen schon Strahlen aus einer anderen Welt herein. Als Zwanzigjähriger entsagt er der Welt, zieht sich als Einsiedler in die Wälder, die das kleine Fürstentum Moskau umgeben, zurück, beginnt das Leben eines Anachoreten. Harte asketische Übungen, Gebet, Fasten[18]), schwere körperliche Arbeit füllen seine Tage und Nächte. Ab und zu wird aus den umliegenden Dörfern Brot gebracht, das er mit den Tieren des Waldes teilt. Außer einer Klause baut er ein winziges Holzkirchlein auf den Namen des Abgründigsten und Unerforschlichsten, das die Welt kennt: auf den Namen der Heiligen Trinität. Der Weg des jungen Bartholomäus ist der gleiche, den die großen Einsiedler und Begründer des Mönchtums gegangen waren: die Wüstenväter und Anachoreten Antonios und Pachomios sind seine Vorbilder. Die Tiefe der dunklen Wälder, die grausame Winterkälte, die Nachtwachen, die karge Nahrung, die wilden Tiere und deren furchterregende Laute in der Finsternis, sich mehrende dämonische Erscheinungen bilden seinen Alltag. Es ist eine öde und menschenfeindliche Welt, die ihn umgibt. Aber „es kann die Stadt, die auf dem Berge steht, nicht verborgen bleiben" (Mt 5,14). Heiligkeit zieht Menschen an. So war es schon immer, nicht nur in Rußland. Es sammelt sich um Sergius ein Kreis von Männern, die wie er das „alternative Leben" suchen, sich nach dem Reich Gottes sehnen. Widerstrebend wird er deren „Vorsteher". Nach der Priesterweihe errichtet er — auf ausdrücklichen Befehl des Patriarchen von Konstantinopel — eine klösterliche Gemeinschaft mit Zönobitenregel. So kommt alles anders als er es gewollt hatte: Kein Einsiedlerleben und keine Abgeschiedenheit sind ihm beschieden, sondern zunächst die Aufgabe, ein großes Kloster aufzubauen, später auch entscheidend in das nationale Leben Rußlands einzugreifen.

Wir geben hier nicht die Vita des Heiligen in ihren Einzelheiten wieder. Er war Mystiker und Wundertäter, wohl der erste in Rußland, der durch seine realen Begegnungen mit der Transzendenz diesen Namen beanspruchen kann. Er empfängt mehrere Male im Leben den Besuch der Muttergottes. An den Tagen, an denen er selbst die Göttliche Liturgie zelebriert, sehen seine Mitzelebranten, wie ein Feuer über den Opfertisch läuft, den Altartisch umkreist, sich während der Wandlung in den heiligen Kelch ergießt. In späteren Jahren wird Sergius nicht nur Lehrer seines Volkes, sondern auch dessen Führer: Rußland verdankt ihm den ersten, entscheidenden Schritt zur Befreiung von der mongolo-tatarischen Hegemonie und damit zu seiner nationalen Errettung.

Der heilige Sergius lebte im 14. Jahrhundert, also nach der Vernichtung Kiews durch die asiatischen Horden. Aber auch im Nordosten

des Landes war es die Zeit permanenter Einfälle der sengenden und mordenden Mongolen in die russischen Städte und Dörfer. Dem blutigen Gemetzel fielen Tausende von Menschen zum Opfer, Abertausende wurden als Sklaven weggeführt und auf den orientalischen Märkten verkauft. Äcker, Häuser, Viehbestand wurden grauenvoll verwüstet oder vernichtet. Ein nationales Unglück solchen Ausmaßes zieht außer extremer Not auch sittlichen Verfall nach sich. Wie stets bei großen Katastrophen, bewirkte die Gefahr zu Anfang ein Aufflammen der Religiosität; je mehr aber das Unheil um sich griff, desto mehr erlahmte die innere Kraft und der äußere Widerstand des Volkes. Eine lähmende, bleierne Furcht vor der Übermacht des grimmen Feindes bemächtigte sich aller Menschen; tödliche Resignation und eine unüberwindliche Lethargie lasteten selbst auf Kindern. Niemand wollte etwas unternehmen, das Leben schleppte sich, dem Erlöschen nah, mühsam dahin. Die äußere Katastrophe drohte zu einer irreparablen inneren zu werden, nämlich zum chronischen, in Fleisch und Blut übergegangenen pathologischen Entsetzen vor der Schreckensherrschaft Asiens. Feigheit und Botmäßigkeit schienen sich zu nationalen Eigenschaften zu entwickeln. Die geistige und physische Vernichtung eines europäischen Volkes stand unmittelbar bevor.
Doch das Merkmal eines großen Volkes ist seine Fähigkeit, sich nach schwerem Sturz zu erheben. Dazu verhalf Rußland der heilige Sergius. In den Tiefen der fast bis zum Stadtrand Moskaus heranreichenden Wälder, in denen zunächst seine bescheidene Klause, in der Folge das Zönobitenkloster der Heiligen Dreifaltigkeit stand, erzog er das unentwegt zu ihm pilgernde Volk zur religiösen Erneuerung. Ein halbes Jahrhundert lang kamen sie — zu Tausenden und Abertausenden, Bauern, Krieger, Mütter, Kinder, alte Leute —, um in ihrer grenzenlosen Not Zuspruch und geistliche Hilfe zu erbitten. Die Liebe und der Friede, die der Heilige ausstrahlte, seine von der Weisheit des Heiligen Geistes erfüllten Gespräche trösteten und richteten auf. Menschen, die zu Sergius gebrochen und vom Leid aufgerieben kamen, verließen ihn verjüngt und voller Zuversicht. So kehrten sie in ihre Dörfer zurück und strahlten ihre neue geistige Verfassung auf die Umgebung aus. „Das Himmelreich gleicht dem Sauerteig ..." Es wirkt organisch. So durchdrang die charismatische Ausstrahlung des Wundertäters von Rádonesch allmählich das ganze damalige Volk der Russen. Allein die

Existenz eines Sergius gab ihm die Hoffnung, daß die Schatten des Todes noch nicht endgültig über Rußland zusammengeschlagen waren, daß Gott größer ist als Schuld und Leid und das Unglück einer ganzen Welt. Wer kann den Prozeß, der zur Wiedergeburt der Nation und zum ersten, entscheidenden Sieg über die mongolischen Horden im Jahre 1380 führte, in seinen Einzelheiten nachvollziehen? Die Russen begannen, sich auf ihre Kraft zu besinnen. Als die Erneuerung das ganze Volk durchdrungen hatte, segnete Sergius den jungen moskowitischen Fürsten Dimitrij Donskói und sagte:

„Geh und bezwinge die Heiden."

Und Rußland stand auf, bezwang sie und warf sie nieder. Es verfolgte sie bis hin zur Steppe. Das war der Anfang; aber er war entscheidend. „Sergius gab dem zu Tode betrübten Volk die Gewißheit, daß das Gute in ihm noch nicht völlig erloschen sei. Denen, die im Schatten des Todes saßen, half er, in den finsteren Tiefen des Bewußtseins schwelende Funken jenes Feuers zu finden, das als lichterlohe Flamme in der Person des Heiligen vor aller Augen brannte" (Kljutschewski).
Wie erzog Sergius das Volk? Er lehrte es die einfachsten Dinge: Zu beten; zu glauben; gelassen, barmherzig und mutig zu sein. Unter dem Begriff der Nüchternheit, die man auch als „heilige Nüchternheit" bezeichnen kann, verstand die Ostkirche auch das Gegenteil religiöser Exaltiertheit. Diese Nüchternheit und Gelassenheit, die nichts mit Gefühlskälte zu tun hat, war durch Jahrhunderte die Grundhaltung des gläubigen orthodoxen Christen. Gepaart mit Einfachheit, der Stille eines warmen, der Not des Nächsten aufgeschlossenen Herzens, dürfte diese Eigenschaft einst das typische Merkmal des seiner Kirche zugewandten russischen Menschen gewesen sein. Solange er im lebendigen Strom dieser Kirche mit ihrem großen, heiligen Jahr stand, prägte sie entscheidend sein inneres Antlitz, erst recht das der russischen Frau. Diese im engen Zusammenhang mit dem Geist des heiligen Sergius stehenden Züge schlossen jeden Anflug dostojewskischer Exaltiertheit und „Dämonie" aus; ebenso fremd waren ihnen die Zerfahrenheit, Schlamperei und Daseinsleere der Tschechowschen Helden und Heldinnen. Diese Menschenkenner waren die Interpreten jener Russen, die die „charismatische Erziehung" des heiligen Sergius vergessen und

die Quellen, die sie jahrhundertelang speisten, mutwillig verlassen hatten, um „an den Wassern Babylons“ das große Wehklagen über ihre Zeit und die verbrannte Erde ihrer eigenen Seelen anzuheben. Die atheistische Revolution hatte in diesen Seelen schon lange vor dem Erscheinen Lenins stattgefunden. Die Epoche eines dramatischen Ringens entgegengesetzter Kräfte, die Zeit Kains und Prometheus', die Geburtsstunde des von dämonischen Gewalten beherrschten Schigaljóv war eingetreten und erforderte Deuter: Eher Pneumatologen und Theologen als Dichter und Schriftsteller. Die russische Literatur des ausgehenden 19. Jahrhunderts bevorzugte für ihre Themen und Darstellungen die Träger einer mit sich uneins gewordenen, zerfallenden Kultur. Es gab aber in Rußland auch noch die Welt, die den Abglanz eines Sergius in sich trug und dem Auftrag der Geschichte besser gerecht wurde. Ihre Repräsentanten wiesen Frömmigkeit, Charakterfestigkeit und jene Zurückhaltung auf, die aus der Keuschheit der Seele kommt. Mit diesen Kindern des heiligen Sergius waren im Zweiten Weltkrieg noch viele Deutsche zusammengetroffen und fühlten sich von ihnen bezaubert, egal ob es sich um russische Ärztinnen in den besetzten Gebieten oder um bettelarme Bäuerinnen handelte, die in ihren verfallenen Katen mit dem fliehenden Feind das letzte Stück Brot und die letzte Kartoffel zu teilen bereit waren.
Doch die Zeit steht nicht still, der Wechsel der Generationen hat längst stattgefunden, der atheistische Materialismus hat in Rußland wenn nicht theoretisch, so doch praktisch seine Früchte getragen. Die Ideologie ist der Gegenpol des Geistes und was des Geistes ist. Sie reißt unverzichtbare Werte nieder, sucht die Seele auszutreten, wie man Funken im Grase austritt. Die Spekulation auf die fallende Tendenz ist ja schon immer erfolgreich gewesen, der Abstieg bequemer als der Aufstieg. Die Geschichte der Helden und Märtyrer war und ist die Bestätigung der Verletzlichkeit der hohen Werte und der ihnen adäquaten Lebensformen. Zu leiden und zu sterben war *ihre* Sache und nicht der rundherum angepaßten, deren Anzahl Legion hieß. Es ist zwar leichter, Christus zu verurteilen als Pilatus — die „Ungeborgenen“ gehen den Weg des Kreuzes widerstandslos —, doch zeigt es sich nach und nach, daß Martyrium und Tod eine neue Dialektik statuieren: Das Starke und Triumphierende höhlt sich *von innen aus* und ist dem

Tod geweiht, während der Opfertod der „anderen“ neues Leben schafft. Dieses neue Leben gibt es bereits in Rußland.
Dennoch geht der Genesungsprozeß langsam vor sich. Er kann Jahrzehnte und noch länger dauern. Wenn wir uns dem Durchschnittsbürger der Sowjetunion zuwenden, werden wir feststellen müssen, daß — sofern es nicht um die existenzielle Grundhaltung lebendiger Christen geht, die Antikörper gegen die tödlichen Umklammerungen des Systems entwickelt haben — die menschliche Persönlichkeit im Lande Lenins in erschreckendem Maße gelitten hat. Die Verwüstungen im Denken sind enorm. Der homo sovieticus und die femina sovietica sind kleinkarierte und neidische Wesen, die die Begabten hassen, die Überdurchschnittlichen bekämpfen und kaum etwas von der Würde des Menschen wissen. Die Freiheit vermissen sie nicht. Auch wenn sie sie vermißten, würden sie sie nicht anstreben. Freiheit und Verantwortung sind identisch; im Sowjetstaat lebt es sich aber erträglicher ohne Verantwortung. Das System zwingt den „loyalen Sowjetbürger“ dazu, ein skrupelloser Karrieremensch zu sein und beim Erreichen der Ziele auch über Leichen zu gehen; denn nur von einer bestimmten sozialen Stufe an gibt es einen relativen Schutz vor dem Zugriff der allmächtigen und allgegenwärtigen Sicherheitsorgane. Auf den unteren Stufen ist man existenziell bedroht und kann sich über Nacht unter den „Kriminellen“ wiederfinden. Was die politische Bildung des Sowjetmenschen betrifft, so wimmelt sie von Denkfehlern, die ihren Ursprung in der totalen Desinformation haben. Ein Foto macht — zum Beispiel — in der sowjetischen Presse die Runde: Vor einer Bäckerei in der Pariser rue de Courcelles steht eine Anhäufung von Menschen. Die Bäckerei ist für die bizarren Formen, in denen sie das Brot und die Brötchen bäckt, bekannt, und vor ihren Schaufenstern bleiben die Leute, besonders morgens, gern stehen. Das Foto ist betitelt „In Frankreich mangelt es schon an Brot“. Das ist weder harmlos noch spaßig; das ist eine gefährliche Desinformation. Und sie wird von sehr vielen geglaubt. Ähnliches spielt sich in der großen Politik und folglich in den Köpfen der Sowjetmenschen ab. Denn zum ausgewogenen politischen Denken gehören, unter manchem anderen, die Tradition, die in der SU ausgelöscht ist, die wahrheitsgemäße Information, die seit 1917 durch Desinformation ersetzt wird, und die persönliche Erfahrung. Diese könnte aus der Einsicht kommen, daß mutwillig verur-

sachtes Martyrium das Merkmal eines teuflischen Systems ist. Doch was immer der Bürger aus der Hand seiner Regierung empfängt, er hat es widerspruchslos zu konsumieren und sich dabei so zu verhalten, daß das System nicht „besudelt“ wird. Solch eine lebenslänglich geübte und von Generation zu Generation vererbte Praxis stumpft das Bewußtsein ab, löscht die Erinnerung aus und verdrängt die persönliche Erfahrung. Somit hat der Staat für die geistige Entmündigung seiner Bürger alles getan. Auch das gehört zur Vernichtung der Persönlichkeit. So und nicht anders sieht die Wirklichkeit aus, die bei uns von vielen jungen Menschen herbeigesehnt wird.

Und dennoch: alle Raffinessen des Systems und alle Schrecken des Terrors haben es nicht vermocht, das Menschenbild im Menschen auszulöschen. Auch dort, wo die materialistische Idee scheinbar alles überwuchert hat, ist es in den Tiefen des Bewußtseins noch vorhanden und nährt sich vom latenten christlichen „Goldfonds“, der vom russischen Menschen im Verlauf vieler Jahrhunderte gespeichert wurde. Gerade weil die marxistische Ideologie es in Rußland verstanden hat, sich als Religion zu tarnen, kann sie vom Rest christlicher Impulse zehren. Marx war eine (pervertierte) „ethische“ Natur. Zumindest gab er sich für eine solche aus. Er kämpfte „für das Recht der Armen“, für „soziale Gerechtigkeit“. Nur mit solchen Parolen konnte er in Rußland auch so große Geister wie die Philosophen Berdjajev, Bulgákov, Frank und manche dazu gewinnen. Der russische Mensch war seit den sechziger Jahren des 19. Jahrhunderts auf eine pathologische, idiosynkratische Weise für die „totale soziale Gerechtigkeit“ sensibilisiert. Doch den Philosophen gingen bald die Augen auf. Sie schraken vor der giftigen Blüte des Marxismus zurück. Sie erkannten, daß sein *zentrales* Anliegen der Anspruch ist, *barmherziger als Gott* zu sein; daß seine Verlockung auf einer Liebe zum Menschen gründet, die so bedingungslos ist, daß sie diesen Menschen *vor der Liebe Christi schützen muß.* Daher der abgrundtiefe Haß gegen die Religion. „Das Tier hatte Hörner, die denen des Lammes glichen, aber seine Sprache war die eines Drachen“ (Offb 13,11).

Die in der Sowjetunion fast total ausgestorbene Gattung des überzeugten Kommunisten zehrt noch von der in ihr Gegenteil verkehrten Religion. Es sind die Gestrigen. Die *Prozesse,* Gottes langsame Mühlen, arbeiten in einer anderen Richtung. Ein solcher „Mahlvorgang“ ist, wenn ein Sowjetbürger, der bis dahin nur die Prawda las, plötzlich — für sich selbst vielleicht unerwartet — den Drang verspürt, die Nachrichten der BBC zu hören ... Dann Wege sucht, an die Bücher und Schriften des Samisdat zu kommen (was schon ein Wagnis bedeuten kann). Das gehört zu den unsichtbaren Prozessen; die Situation ändert das freilich noch nicht.

Ein Franzose, Professor an einer westdeutschen Universität, wollte mit seiner touristischen Reise nach Moskau einen Besuch des Dreifaltigkeitsklosters in Sagorsk verbinden. Da dieser Abstecher im Programm des Reiseunternehmens nicht vorgesehen war, beschloß er, sich einen privaten Führer zu nehmen. Dieser, ein etwa fünfundzwanzigjähriger Mann, beeilte sich, dem Professor zu versichern, daß er, obwohl auf Führungen durchs Kloster spezialisiert, ein überzeugter Kommunist sei. In der Hauptkirche des Klosters bat er, ihn zu entschuldigen, und verschwand. Auf die Frage, wo er gewesen sei, antwortete er mit einer resignierenden Handbewegung: „Ich heiße Sergej. Der heilige Sergius ist mein Patron. Ich konnte es nicht unterlassen, eine Kerze an seinem Reliquienschrein aufzustellen."

„Die Schablonen des Zwangsdenkens, der dekretierten Fertigurteile über alles und jedes, die in den Politschulungen konzipiert und von den Medien und Zeitungen, die sich wie ein Ei dem anderen gleichen, in uns eingestampft werden, haben uns verstümmelt. Es gibt kaum einen, dessen Verstand nicht auf irgendeine Weise geschädigt worden wäre. Und wenn starke Geister bemüht sind, sich aus dem Wust verrotteter Vorstellungen hinauszuarbeiten, zeigen sie allemal eingebrannte Male und jene schiefe Haltung, die von den Fußblöcken stammt, die wir von Kindheit an mit uns herumgeschleppt haben. Auch sind wir von den auf uns jahrzehntelang niederprasselnden Lügen so ausgedörrt und ausgebrannt, dürsten dermaßen nach ein paar Regentropfen der Wahrheit, daß wir — wenn sie einmal unser Gesicht benetzen — vor Freude erbeben" (Solschenizyn).

Im Jahre 1970 erhob sich im Samisdat eine junge, mit unmißverständlicher Klarheit sprechende Stimme:

„Alle zum Thing! Das 20. Jahrhundert ist das Jahrhundert der Geldgier und der Verbrechen. Auf der Jagd nach materiellen Vorteilen haben die Menschen den geistigen Schätzen der früheren Jahrhunderte den Rücken gekehrt. Im Westen ist das nicht anders als bei uns. Unser

Schmerz ist aber Rußland. Wir beobachten eine Epidemie der Trunksucht, den Zerfall der Familie, das Eskalieren gröbsten Rüpeltums, den Verlust der elementarsten Begriffe von Schönheit und Anmut, ein erschreckendes Zunehmen unflätiger Ausdrücke – der Symbolsprache der Freiheit, Gleichheit und Brüderlichkeit auf dem Niveau des Schweinestalls. Neid und Denunziation sind an der Tagesordnung; um die Qualität der Arbeit schert man sich den Teufel. Diebstahl, Korruption und Doppelzüngigkeit sind etwas Selbstverständliches. Sind wir überhaupt noch jene Nation, die unzählige große Heilige hervorgebracht hat? Dürfen wir uns so, wie wir heute sind, überhaupt noch Russen nennen? Wie im Zustand einer seltsamen Tollwut haben wir uns von unserer Geschichte, unserer Kultur und sogar vom Namen unseres Vaterlandes losgesagt. Wenn wir mit diesem tausendjährigen Namen unsere innere Leere und üble geistige Armut verdecken wollten, würden wir uns gegen das heilige Wort versündigen.

Vielleicht ist es noch nicht zu spät, nach dem Goldschatz unserer Väter zu suchen? Leicht wird diese Arbeit nicht sein. Wir kennen keine öffentliche Diskussion. Aus diesem Grunde beginnen wir im SAMISDAT, die Zeitschrift ‚Thing' herauszugeben. Kommt, helft, nehmt Anteil an unserer Arbeit."

Dieser junge Feuerwehrmann (mit abgeschlossenem Geschichtsstudium) namens Wladimir Óssipov hatte sich Jahre zuvor für einen unschuldig verhafteten Kommilitonen eingesetzt, wurde verfolgt und kam, wie Jurij Galánskov, für viele Jahre in ein mordwinisches Straflager. Es trägt die Bezeichnung „Besserungsanstalt". Óssipov bekam zuerst ein Jahr „strengstes Regime", darauf die Sonderabteilung mit dem Höchstmaß an Schwerarbeit bei dürftigster Ernährung. „Weit über die Hälfte derer, die in dieses Politlager eingeliefert wurden, waren typische Sowjetbürger mit der typischen sowjetischen Gesinnung. Als wir das Lager verließen, hatten wir den Beweis geliefert, daß es seinen Namen zu Recht trägt. Als Atheisten waren wir gekommen und gingen als Christen von dannen."

Im Lager war Óssipov mit dem Bischof M. zusammengekommen. Ihre Begegnungen und Gespräche begruben Óssipovs Ideologie für immer. Aus dem KZ entlassen und wieder in Moskau, stellte er nur eine Forderung ans Leben: *Wer* gibt mir ein Neues Testament?

Der Kampf gegen die Kirche wechselt die Form, hört aber nicht auf. Sie ist nach Lenins Worten das Haupthindernis auf dem Wege zur Entstehung des neuen sowjetischen Menschen, jenes homo sovieticus, dem (nach Dostojewski) „alles erlaubt" sein wird. In breiten Volksschichten, auch unter den Arbeitern, lebt indeß das Verlangen nach einer *anderen* Ideologie. Der alte ideologische Schutt liegt meterhoch. Rußland sucht. „Das eigentliche Wesen unseres Kampfes", schreibt Wladimir Bukowski, „ist der Kampf gegen die eigene Furcht; sie hält die Menschen gefangen und will sie nicht loslassen. Alle Anstrengungen müssen der Überwindung der Furcht gelten, denn ihr allein hat das System seine Existenz zu verdanken."

Die Tore von Sagorsk stehen offen und die Lampen über dem Reliquienschrein brennen noch. Während nur siebzig Kilometer weiter auf dem Roten Platz in Moskau Tausende in einer seltsamen Prozession an einer künstlichen Leiche vorbeidefilieren, ziehen hier Tausende in Gebet und Sühne am „charismatischen Erzieher des russischen Volkes" vorüber. Im heutigen Rußland erhebt die christliche Elite das ihr zugeteilte „blinde Schicksal" zur Würde der persönlichen Schuld.

Die Welt ändert sich durch langsame Prozesse. In ihnen spielt das Wagnis derer eine entscheidende Rolle, die den Mut haben, anders zu denken und zu fühlen als die Masse ihrer Zeitgenossen. Diese Menschen brauchen unsere Gebete. Das Schicksal der Welt ist untrennbar mit dem Schicksal Rußlands verbunden. Zur Zeit ist bei uns aber noch immer das große Vakuum zu beobachten.

Gegensätze

Welch einer Epoche der russischen Geistesgeschichte wir uns auch immer zuwenden, eines steht fest: Rußland fühlte, betete, atmete und handelte anders. Zwar wurden die Russen im Jahre 988 vom glanzvollen Weltzentrum Byzanz sowie von dem von Byzanz beeinflußten christlichen Bulgarien aus der Taufe gehoben und für alle Zeiten in *Europa* integriert; doch bestand die Auflage der großen Paten darin, nicht die römische, sondern die griechisch-morgenländische Tradition zu übernehmen und zum Bestandteil des eigenen Wesens zu machen. Für den Westen Europas war das schon im 10. Jahrhundert wenn nicht das Trennende, so doch das andere. Nach dem großen Schisma von 1054 wurde es das Trennende. West und Ost gingen von jenem unseligen Zeitpunkt an getrennte Wege.

Daß das Christentum nach Rußland im Gewand der slawischen Muttersprache kam, barg in sich Vorteile und Nachteile. Die Heilige Schrift und die Göttliche Liturgie, die Offizien und Gebete wurden sofort verstanden, und das half entscheidend, das Bild Christi zu erfassen und mit Inbrunst in sich aufzunehmen. Die Notwendigkeit, Griechisch zu lernen, sich mit der Sprache auch das antike Erbe anzueignen und sich auf diese Weise in die europäische Kultur zu integrieren, fiel weg. Dieser Nachteil wurde — von Ausnahmen abgesehen — erst im 18. und 19. Jahrhundert überwunden. Im Westen ließ das Latein der Kirche jeden getauften Barbaren auch am römischen Kulturerbe teilhaben. Rußland dagegen empfing im griechischen Gewand nur die Kultur des Pneuma; die Kultur des Intellekts empfing es nicht. Die griechisch-byzantinische Philosophie und Wissenschaft, Sophokles, Aischylos und Homer blieben ihm vorenthalten. Fast will es scheinen, daß es sie in den nachfolgenden Jahrhunderten auch gar nicht empfangen wollte. Es ist möglich, daß die Verschiedenheit der westeuropäischen und der russischen Geisteskultur hier ihren Ursprung hat. Vielleicht ist das auch der Grund dafür, daß Rußland — wiederum von Ausnahmen abgesehen — so lange „geschwiegen" hat. Allerdings nicht, was die Sprache der Linien und Farben betrifft, nicht in der Ikonographie. Die Anfang des 15. Jahrhunderts entstandene „Heilige Dreifaltigkeit" von Andrej Rubljóv ist in ihrer lichten, unirdischen Schönheit (man muß das Original gesehen haben) nicht nur von himmlischer Melodik, sondern auch von göttlicher Philosophie erfüllt. Von der westlichen Auffassung vom Wesen des Göttlichen trennt dieses Kunstwerk ein Abgrund. Aber es unterscheidet sich auch von den byzantinischen Vorbildern. Byzanz hatte auf das „helltönende Hellas" seine schweren, von düsterer Strenge umschatteten Farben geworfen. Auf dem von „Zivilisation" kaum berührten russischen Boden erlebte jedoch das heiter gelöste Griechenland nicht nur seine Renaissance, sondern auch seine *Theosis.* Die griechische Kunst wurde hier dem Himmel integriert. Dennoch ist die „Heilige Dreifaltigkeit" in der bewegenden inneren Zuwendung der göttlichen Personen zueinander durchaus nicht nur griechisch: sie ist auch zutiefst russisch.

Die gleiche, wundervoll warme Innigkeit sehen wir in den ergreifenden, von stiller Ergebenheit erfüllten Ikonen der Muttergottes vom Typ Umilénije (Eleussa). Auch diese beseelte Innigkeit ist russisch. Um es noch einmal zu sagen: Die „Heilige Dreifaltigkeit", das Kunstwerk mit der stärksten pneumatischen Ausstrahlung der Welt, entstand in Rußland, als dieses, zivilisatorisch gesehen, noch schlammiges Brachland war.

Wir wagen die Frage: Wenn diese Schönheit und der ihr innewohnende Geist Europa „fremd" erscheinen — was ist dann eigentlich europäisch?

Die russische pneumatische Kultur und die glänzende geistige und intellektuelle Kultur des Abendlandes, waren sie nicht von Anbeginn als zwei Hälften einer köstlichen, süßen Frucht gedacht? Als die Möglichkeit, sich gegenseitig in großartiger Vielfalt zu bereichern? Wer oder was verhinderte das? Man kann nicht umhin, auf diese Frage nur eine einzige, bittere Antwort zu geben: Die Kirchenspaltung verhinderte das, die schwerste Sünde, die die Christenheit je begangen hat.

Äußere widrige Umstände kamen hinzu, nicht zum geringsten Teil auch die nie nachlassenden, ungeschickten Herrschaftsansprüche Roms an die junge russische Kirche. Das von den „Großen" im Jahre 1054 vollzogene Schisma konnte in Kiew nicht ohne Rückwirkung bleiben. Gewiß waren es auch die tragischen Geschicke Rußlands, die den lebensnotwendigen Blutkreislauf unterbanden, so die Zerstörung Kiews durch die Mongolen und das Zurückfluten der Bevölkerung in die entlegenen Waldgebiete des Nordostens. Das alles trug zum Nie-

dergehen des ersten Eisernen Vorhangs zwischen dem Abendland und Rußland bei — fast für vierhundert Jahre.
So nahm die geschichtliche Entwicklung Rußlands mit seiner von der Ostkirche zutiefst geprägten Kultur einen zentrifugalen Verlauf. Der Erbe und Träger der morgenländischen Tradition mußte sein Leben in zunehmender Isolation gestalten. Sehnsucht nach dem katholischen Westen empfand er allerdings nicht: zu tief saß als Trauma die grauenvolle Verwüstung und Ausraubung Konstantinopels durch die Kreuzritter. In der Annahme, daß ein gravierender Ansatzpunkt für das tiefe Mißtrauen des russischen Volkes gegenüber den „Lateinern" gerade hier zu suchen ist, wird man kaum fehlgehen.
Das Ausbleiben des befruchtenden Austausches — später auch mit Byzanz — verengte die geistigen Horizonte des mittelalterlichen Russen. Ihm, der von Natur aus gescheit war, fehlte die Kultur des Intellekts, die man vom geistigen Mutterland Byzanz zu übernehmen versäumt hatte. Sicherlich wirkte sich das schmerzlich aus. Was das christliche Erbe betrifft, so gewann dieses — gerade durch die permanente asiatische Präsenz — zunehmend an Bedeutung. Es wurde gleichsam in einem luftleeren Raum eingeschlossen und wie ein Augapfel gehütet. Man war im Besitz der evangelischen Perle; deren ängstliche Pflege begann allmählich zur Buchstabentreue zu erstarren. Die einfallenden Reiterheere, die Massaker sowie die periodische Anwesenheit der Tataren mitten im Lande trugen auch zur Herausbildung eines sich immer stärker „verkapselnden" Lebensstils bei. Im Nationalcharakter der Russen entwickelten sich Lähmungserscheinungen, die das Land aus Europa herausfallen zu lassen drohten. Doch fand das Herausfallen nicht statt. Rußland wurde durch die großen Männer seiner monastischen Tradition gerettet.
Das russische Mönchtum, das seinen Anfang im Kiewer Höhlenkloster genommen hat, ist weniger nach dem Prinzip des ora et labora von Monte Cassino als nach dem mystisch-kontemplativen Vorbild des Berges Athos ausgerichtet. Sein Ziel ist, durch den nie aussetzenden inneren Gebetskontakt mit Christus die radikale Läuterung des Herzens von den Begierden und Leidenschaften des natürlichen Menschen und den Durchbruch zur Theosis zu erreichen. Harte Askese und mystische Versunkenheit ins Innere des Herzens, wo das immerwährende, auch im Schlaf nicht aussetzende Gebet HERR JESUS CHRISTUS,

SOHN GOTTES, ERBARME DICH MEINER, DES SÜNDERS, zur *zweiten Natur,* genauer noch, zur Übernatur wird, sind die spezifischen Kennzeichen des russischen Mönchtums. Die körperlich-pneumatische Anstrengung (Pódwig) und physische Arbeit haben bei den klösterlichen Verrichtungen ihren festen Platz. Das Fasten ist streng, die Nahrung besteht über weite Zeiträume nur aus Pflanzenkost, oft ohne Öl. Die Mönche des russischen Mittelalters, ob in Klöstern oder in der Waldabgeschiedenheit der Einsiedeleien, lebten dem Volk die Torheit des Evangeliums vor. Im 14. und 15. Jahrhundert, dem Goldenen Zeitalter der russischen Heiligkeit, war dieses Volk von den heiligen Männern, die in der Stille die auf Erden höchstmögliche Form der Kultur verwirklichten, außerordentlich stark angesprochen. Unter der „höchsten Kulturstufe" verstehen wir aber die ganze Zuwendung der Persönlichkeit zu Christus, jenen „schmalen Pfad" und jene „enge Pforte", die als schwere Kunst von den frühchristlichen Anachoreten vorgelebt wurde und von der die asketische Literatur spricht. In Rußland war die Anziehungskraft einer solchen Elite immer sehr groß; ihr Einflußbereich erstreckte sich auf weite Räume. Man sollte sie natürlich nicht mit dem russischen Volk als solchem verwechseln. Der Begriff des Heiligen Rußland hat zweifellos seine Berechtigung, doch steht er vor allem für das *Ideal* des Volkes, dann für die „Wolke der Zeugen", gleichwohl, ob diese Zeugen des Reiches Gottes von der Kirche kanonisiert wurden oder still und unerkannt im Lande lebten. Inmitten der asiatischen Hegemonie waren es eindeutig die Mönche im Strahlungsbereich des Heiligen Sergius, die das erlahmende Rückgrat des heimgesuchten Volkes stärkten und es aus der inneren und äußeren Gefangenschaft hinausführten.

In der Zeit dieser schweren Prüfungen hatte Europa Rußland so gut wie abgeschrieben; viele Europäer hatten bis zum 17. Jahrhundert nicht einmal seinen Namen gehört. Während es über zwei Jahrhunderte den blutigen Kampf gegen das Mongolo-Tatarentum führte, konnte Europa — nicht zuletzt hinter diesem Schutzwall — differenzierte dialektische Denkmodelle entwickeln und großartige philosophische Systeme aufbauen, in der Frührenaissance seinen Kunstsinn verfeinern und im Humanismus die geistigen Horizonte erweitern. Rußland dagegen mußte, um als europäisches Volk zu überleben, in

seine orthodox-morgenländische Tradition wie in eine belagerte Festung flüchten.
Daß Rußland „anders“ war, empfand der Westen immer. Daß es sich um ein „fremdes“ oder gar außereuropäisches Volk handelt — ein solches Denken konnte sich entweder auf kleinkarierter Ignoranz oder auf böswilliger Animosität gründen. Spanien lebte unter islamischer Herrschaft fast dreimal so lange wie Rußland unter der asiatischen; seine Urbevölkerung stammt aus Afrika und ist mit den Berbern verwandt. Im spanischen Nationalcharakter, den spanischen Sitten und Bräuchen, der Folklore und selbst in der spanischen Mystik ist der „Osten“ viel spürbarer als im Leben und der Kultur Rußlands. Dennoch wurde Spanien stets Europa zugeordnet, während Rußland nicht immer in den Genuß dieser freundlichen Beurteilung kam. Gewiß, wir sagten es ja: Es hatte viel zu lange geschwiegen. Für die Geschichtsphilosophie ist und bleibt das ein Rätsel. Dieses Rätsel war aber durchaus kein Grund dafür, Land und Volk außerhalb der europäischen „Familie“ zu sehen. Im Prozeß des Kennenlernens hätte man erfahren, daß selbst das vorpetrinische Rußland viel „westlicher“ geartet war als das Weltzentrum Byzanz. Peters wildwütiges, kompromißloses, kurz: barbarisches Werk setzte — ohne daß er selbst sich dessen bewußt war — einen Schlußpunkt hinter jene Entwicklung, die mit der Verlegung Roms nach Konstantinopel begann und mit der Überführung Moskaus nach St. Petersburg endete. Der heilige Sergius hat mehr Berührungspunkte mit dem heiligen Franziskus von Assisi als mit den düsteren Wüstenvätern Syriens und Ägyptens. Alexander Puschkin aber ist ein Bruder Raffaels und Mozarts.
Das 19. Jahrhundert war für Rußland das, was für Italien die Renaissance, für Frankreich, England und Spanien das 17. Jahrhundert und für Deutschland die Goethezeit war. In jenem Jahrhundert hatte Rußland sich und seinen Genius entdeckt. Das war die Frucht der Synthese mit Europa. Die Gaben aber, die es von dort bekam, erstattete es in großzügigster Weise zurück. Wenn es mit der Übersetzung einer zauberhaften Lyrik immer Schwierigkeiten geben wird und die Resultate der Bemühungen nur zu oft an Stückwerk gemahnen, bleibt die großartige Prosadichtung, es bleiben die geniale Musik und Malerei, die die europäische Kunst neu inspiriert und ihr neue Wege aufgezeigt haben.
So liegt das „Andere“ anscheinend im Glaubensbekenntnis? Es scheint

so zu sein. Unterscheiden tut es sich allerdings nicht so sehr durch seine „Romfreiheit“ und die damit verbundenen dogmatischen Divergenzen; genauer gesagt, nicht *nur* dadurch. Wir sagten bereits: Um als Nation zu überleben, durfte man an der orthodoxen Tradition keine Abstriche machen. Aus der „alten“ Auffassung des Evangeliums kam auch ein anderer Geist der Frömmigkeit. Ein hartes Wort, das sich vor nicht allzulanger Zeit noch nicht verallgemeinern ließ, jetzt aber der Wahrheit sehr nahe kommt, besagt, daß ein gläubiger orthodoxer Christ sein Leben so lange zurechtbiegt, bis es in den Rahmen des Evangeliums hineinpaßt, während der gläubige westliche Christ wenig Bedenken hat, das Evangelium so lange zurechtzubiegen, bis es in den Rahmen seines Daseins paßt. Die Ostkirche zeigte sich nicht bereit, Zugeständnisse an die moderne Welt und den Zeitgeist zu machen. Das hochgehaltene Ideal blieb, egal, ob es leicht, schwer oder unter manchen Umständen gar nicht zu erfüllen war. Das zeigt sich sehr deutlich in der Passionszeit, dem „Frühling der Seele“, die in ihrem Beginn, ihrem Verlauf und Schluß in der Ökumene nicht ihresgleichen hat. Selbstverständlich fordert die Kirche wie zu allen Zeiten die Praxis des Fastens, das auf eindeutige Worte des Evangeliums zurückgeht und nie aufgehoben wurde. Diese besondere Art von innerer Disziplin, die der Mensch aus Liebe zu Christus seinem Körper — und wenn das gar nicht möglich ist, seinen *Sinnen* — abverlangt, trägt Früchte, um derentwillen der Christ auf andere Dinge verzichtet. Er weiß, daß der Verzicht die Seele transzendenter und demütiger macht, sie festigt und läutert. Das Maß des Verzichts kann jedem anheimgestellt werden (obwohl die Kirche feste Normen kennt), doch sollten die sieben Wochen der *Aussaat* des Geistes nicht versäumt werden. Und nur wenige bringen es fertig, sie ganz zu ignorieren, selbst dann nicht, wenn der Glaube des Betreffenden einem „glimmenden Docht“ zu gleichen scheint. Es unterliegt keinem Zweifel, daß das „Joch Christi“ *mit* zu dem gehört, was die Elite der Jugend zu dieser Kirche hinzieht, in Rußland und anderswo.

Ferner dürfte ein gläubiger Christ des Westens im irdischen Besitz, einer gehobenen, gut dotierten Position und allen sich daraus ergebenden gesellschaftlichen Vorteilen und Annehmlichkeiten etwas völlig Legitimes, ja eine Tugend sehen. Der Orthodoxe wird innerlich nie ganz davon überzeugt sein, daß Reichtum, Ehren und der aus ihnen beinah mit Notwendigkeit erwachsende Macht- und Genußanspruch für ihn (nur für ihn!) gerechtfertigt sind. Aus dieser Einstellung resultierte im alten Rußland die große Armenliebe, sehr oft auch der Entschluß, auf den Reichtum zu verzichten und in ein Kloster zu gehen. Die Abwanderung vieler und, wie man annehmen muß, elitärer Charaktere provozierte mitunter scharfe Kritik. Daß es sich bei denen, die die Welt verließen, nicht nur um Menschen einer rein kontemplativen Richtung, sondern auch um hervorragend begabte, ja geniale Organisatoren handelte, beweisen Gründung und Aufbau der Klöster im hohen Norden und Nordosten, wie z. B. auf den Solowetzki-Inseln. Solche Klöster entstanden inmitten eisiger Meere oder Seen, auf felsigen, unfruchtbaren Eilanden und Landzungen. Die Anstrengungen der Mönche, sie buchstäblich aus dem Boden zu stampfen, aus dem Nichts zu schaffen, erforderten nicht nur übermenschliche Kräfte, sondern auch geniale technische Fähigkeiten, so z. B. beim Planen und der Durchführung höchst komplizierter Kanalsysteme in den eisigen Gewässern. Wo blieb da die angeborene Trägheit des russischen Menschen? Sie war wie weggeblasen, der Einsatz gehörte ja zum geistlichen Pódwig! Die für das russische Reich unschätzbare kolonisatorische Tätigkeit der Klöster schaffte ausgedehnte geistliche und zugleich volkswirtschaftliche Zentren von großer Anziehungs- und Ausstrahlungskraft. Sie gaben Gott, was Gottes, und dem Zaren, was des Zaren ist. Aber sie bewirkten noch mehr: Der labile Charakter des Russen, seine oft ausufernden Sehnsüchte und die gegenstandslose Schwermut (toská) wurden hier in die heilige Pflicht genommen. Man kam, um ein anderer Mensch zu werden, man wollte mit dem weltlichen Gewand den alten Adam ablegen. So waren die Klöster die große und unentbehrliche Schule der Nation. Wären wir damit nicht auf das „Anderssein" der Russen zu sprechen gekommen? Hören wir, was dazu der Kulturphilosoph G. Florowski sagt:

„Die Komplexität der russischen Seele kommt von ihrer übergroßen Empfänglichkeit für die unterschiedlichsten Eindrücke. Es besteht eine gefährliche Neigung zu jenen psychischen Seelenwanderungen, von denen Dostojewski in seiner Puschkinrede sprach. Er sagte: „Wir nehmen in uns alles auf, den sprühenden Scharfsinn der Gallier und den düsteren Genius der Germanen. Diese Gabe des restlosen Sich-Hineinversetzens in eine fremde Psyche ist aber eine höchst verhängnisvolle

Gabe. Sie hindert die Persönlichkeit an der Findung des eigenen Ich und verhindert die schöpferische Konzentration. Die Seele wandert durch alle Zeiten und Kulturen und gewöhnt sich ein Nomadenleben an, ein Leben in fremden Zelten. Umso mehr, als die besagte Seele ohnehin leicht schmelzbar ist. Doch sind ihr diese Eigenschaften nicht von Natur aus mitgegeben worden. Sie stellen ein *sekundäres Chaos*, dar, jenes Chaos, das aus dem Widerstand gegen den göttlichen Logos erwächst, aus dem ewigen Pendeln zwischen Christus und dem apokalyptischen Tier."

Ein hartes Urteil.

Dostojewski wollte, indem er den Russen ihre geniale Fähigkeit bescheinigte, tief in die Psyche anderer Völker einzudringen und sie zeitweilig zur eigenen zu machen, kein so strenges Gericht halten. Er sprach ihnen überdies das Prädikat zu, die „einzigen wirklichen Europäer" zu sein. Heute muten diese Worte als purer Irrsinn an. Dennoch hieß es einmal: Ein Franzose ist nur Franzose und ein Engländer — ein Engländer, während ein Russe deren Mentalität in seiner universal angelegten Seele leicht vereinigen könne. Es war so; nur hätte man nach allen „Seelenwanderungen" durch Zeitläufe und Nationen unbedingt heimkommen sollen. Es gab keine Veranlassung, an den Gabelungen fremder Wege stehenzubleiben. Vielleicht mit offenem Mund. Es gab zu Hause alle Hände voll zu tun, es gab Schätze zu heben.

Es *gab* Schätze. Gibt es sie heute? Sicherlich könnten sie wieder entstehen, gleichzeitig mit den unter Tonnen von Schutt, Schlamm und Asche hervorschimmernden, mitunter auch aufglitzernden Goldkörnchen aus dem verschütteten Schatz, der einst der *Grundbesitz* des russischen Volkes gewesen ist. Es könnten z. B. echt russische Charakterzüge sein. Wir nennen den Widerwillen gegen Zäune und Abgrenzungen. Sogar ihr völliges Negieren (denken wir dabei nur an England und Spanien, auch heute, im ausgehenden 20. Jahrhundert). Einfachheit, Herzlichkeit, und wenn schon Herzlosigkeit, dann offene, keine unter Lächeln und Blumen verborgene. Aufrichtigkeit und eine warme, beseelte Sprache, die dem Gesprächspartner entgegenkommt. Mißtrauen gegen Arroganz und Pose. Das Fehlen jeder Strenge gegenüber fremden Fehlern und Schwächen. Die Bereitschaft zu verzeihen, und zwar eine viel größere als die zu verurteilen. Eine von Herzen kommende Gastfreundschaft und Hilfsbereitschaft zu jeder Tagesstun-

de und wenn erforderlich, mitten in der Nacht. Das schlichte und selbstverständliche Hintansetzen der eigenen Vorteile und Bequemlichkeiten. Persönliche Teilnahme, persönliches Interesse am Gegenüber . . . Halt! War das nicht schon zuviel?
Es ist eine traurige Wahrheit, daß diese bezaubernden russischen Charaktereigenschaften seinerzeit je länger, desto mehr „auf Sand gebaut“ erschienen. Abfall und Untreue sind nach Auffassung des griechischen Denkens — nicht des römischen — keine Verletzung eines zwischen Gott und dem Menschen bestehenden Rechtsverhältnisses; und wenn schon Verletzung, dann der Liebe Gottes. Was jedoch für den Menschen viel verhängnisvoller ist: innerer Substanzverlust, *Wesensschwund.* Das Brüchigwerden der lebendigen Ikone, des „Bildes nach dem Bilde Gottes“. Und je entschiedener sich der russische Mensch von seiner *ERSTEN LIEBE* lossagte, je mehr er ihr entfremdete, umso schneller und leichter ging er seiner positiven, bezaubernden russischen Züge verlustig. Mehr noch: Umso leichter wurde er zum Spielball der Dämonen. Man hat den Eindruck, daß die Worte des Evangeliums in Rußland von einer besonderen Präsenz waren; von einer *Realpräsenz.* So auch das Wort: Ohne Mich könnt ihr nichts tun. Auch das gehört, wie es uns scheint, zu den Besonderheiten Rußlands und kann zu den „Gegensätzen“ gezählt werden.

*

Das einzige effektive Mittel, Gottes Zorn und somit Krieg abzuwenden, ist Sündenbereuung. Dazu gehören Fastentage, Gebet, Tränen und Werke der Barmherzigkeit. Reue, Buße und die ihnen folgende Vergebung bedeuten aber stets die Umkehr zu einem neuen Leben.

Ilarion
Metropolit des Großfürstentums
Kiev im Jahre des Herrn 1050

Die Stadt im Feuer

Der folgende Bericht stammt aus der Feder des russisch-orthodoxen Erzbischofs von San Francisco, Johannes Schachowskoy. Schachowskoy wurde 1902 als Sohn eines russischen Fürsten in Moskau geboren, studierte Philosophie, Literaturwissenschaften und später noch Theologie, empfing auf dem Berg Athos die Mönchsweihe und wurde in Paris zum Priester geweiht. Weltweit bekannt wurde er durch seine aus dem Russischen in viele Sprachen übersetzten Bücher und Schriften und durch seine während vier Jahrzehnten regelmäßig nach Rußland ausgestrahlten Radiosendungen der „Stimme Amerikas" mit dem Titel „Gespräche über den Glauben", die nach dem Zeugnis Alexander Solschenizyns zahllose Menschen zum Glauben geführt haben. Johannes Schachowskoy hat mir seinen Bericht „Stadt im Feuer" als Geschenk für mein Buch übergeben; als Ausdruck meines Dankes habe ich den Titel seines Berichts über das ganze Buch gesetzt. Während der Drucklegung dieses Buches ist Johannes Schachowskoy in Kalifornien verstorben.

Leonore Schumacher

Im Februar 1932 wurde ich zum Pfarrer der russisch-orthodoxen St.-Wladimir-Kirche in Berlin ernannt. Zusammen mit meiner Gemeinde und meinen Amtsbrüdern erlebte ich den Nationalsozialismus von der Machtergreifung bis zum Zusammenbruch.

Der Zweite Weltkrieg kam nicht unerwartet. Die vorausgegangenen Spannungen waren groß, und die Vorbereitungen liefen auf vollen Touren. Es blieb die Frage, bis zu welchem Grad die Selbstzerstörung der Welt erfolgen solle. Zwei materialistische Weltanschauungen, die braune und die rote, standen sich haßerfüllt gegenüber. Über beide brach das Gericht herein. Es begann am 22. Juni 1941, jenem Sonntag, an dem die Ostkirche Aller Russischen Heiligen gedenkt. In vielen Herzen wurde die Hoffnung wach, daß das aufziehende Gewitter die Luft reinigen und die freie Verkündung des Evangeliums in Rußland möglich machen werde. Für die Berliner Exilrussen, die sich seit zwei

Jahrzehnten nach einer Begegnung mit der Heimat sehnten, war das ein Tag großer Spannung und Erschütterung. Viele waren von Furcht und Panik ergriffen; in manchen übersteigerten Erwartungen schlugen sich Exaltiertheit und menschliche Naivität nieder. Vielschichtig und unter den verschiedensten Gesichtspunkten wurde das weltgeschichtliche Ereignis diskutiert; es gab Irrtümer und Illusionen. In *einem* aber waren sich alle einig: Die bevorstehende Zeit hatte eine gewaltige Tiefendimension: Rußland und mit ihm die Welt würden vom Bolschewismus erlöst werden.

Unsere Begegnung mit Rußland kam zustande, doch war sie anders, als wir sie uns vorgestellt hatten. Um ihr gewachsen zu sein, mußten wir über uns selbst hinauswachsen.

Zu Beginn der vierziger Jahre stand die Kirche Rußlands vor ihrer totalen Vernichtung. Jetzt aber vollzog sich in Feuer und Sturm ihre Auferstehung.

Das Aufeinanderprallen der Ideologien war ein Phänomen, das von allen bis dahin geführten Kriegen abwich. Jeder begriff, daß sich hier nicht „Nationalsozialismus und Kommunismus" und schon gar nicht „Deutschland und Rußland" gegenüberstanden. Es war ein Gericht, das über zwei Pseudoreligionen und ihren Pseudomessianismus hereinbrach. In ihrer extremen Feindschaft gegen den *Geist* hielten sie sich die Waage. Die einen vergötterten die Materie, die anderen ihr Blut.

Daß Kriege unter Menschen die unausbleibliche Folge ihrer Kriege gegen Gott sind, lehrt die tausendfache Erfahrung der Heiligen Schrift. Der Glaube an die Materie als den Urquell allen Seins kann die totale Vernichtung der Menschheit zur Folge haben. Im Altertum war man sowohl für geistige Realitäten als auch für pneumatologische Zusammenhänge transparent. Ursache und Wirkung lagen, allen erkennbar, nah beieinander. Hereinbrechendes Unglück — oder drohende Gefahren — führten zu Bußübungen in Sack und Asche. Denn die verantwortungsbewußten geistigen Führer des Volkes sahen ihre Hauptaufgabe darin, vor der Übertretung ewig gültiger Gesetze zu warnen.

Auf der vom Menschen scheinbar autonom regierten Welt sind Kriege heute möglicher denn je geworden. Aber der Mensch blickt nicht gern in die Höhe und noch weniger gern in die Tiefe. Ohne auf den roten Faden des täglichen Geschehens zu achten, hört er am liebsten „leerem

Geschwätz zu, das dem Gehör schmeichelt" (2. Tim 4,3) und das dem Errichten babylonischer Türme nicht im Wege steht. Nichts fällt dem modernen Prometheus schwerer, als das Selbstzerstörerische einer gegen den Schöpfer gerichteten Idee (oder eines solchen Tuns) zu erkennen. Überschwemmungen, Erdbeben, Brandkatastrophen und Massaker aller Arten sind aber nichts anderes als eine latente, allmählich an die Oberfläche tretende spirituelle Realität, die ihre Wurzeln in tiefen Bereichen hat. Die nur auf realistisches, pragmatisches Denken und Handeln bedachten Führer der modernen Menschheit sollten versuchen, die „Friedensforschung" von einem anderen Blickwinkel aus zu betreiben.

Wenn (nach der Katastrophe) die Hybris in sich zusammengefallen ist, findet eine Annäherung an Gott statt. Die aus dem Bewußtsein verdrängte Sorge um das Heil der eigenen Seele gewinnt plötzlich Konturen; man beginnt, seine grenzenlose Un-Geborgenheit in dieser Welt zu begreifen.

In allen Nachschlagewerken, die in der UdSSR erscheinen, ist das Wort „Sünde" als „veraltet" bezeichnet. Im Westen ist es aus der Mode und wird (bestenfalls) mit „Schuld" umschrieben. Das ist nicht neu. Das Leugnen der Sünde ist so alt wie die Menschheit. Doch steht das Wort der Schrift „von der Sünde . . . und von dem Gericht" (Joh 16,8) drohend über der Geschichte.

Der Dichter Maximilian Wolóschin rief in den ersten Tagen der Februarrevolution zur „Gegenrevolution des Geistes" auf und schrieb:

Kennen wir etwa die Wege des Herrn?
Alles nehmen wir an und wollen in Demut es tragen,
Feuerstürme und eisige, finstere Höllen . . .
Sei uns willkommen, gerechte Geißel des Höchsten!

Und nur wenige Monate später, in den Tagen der Oktoberrevolution, sagte er jenes Inferno voraus, das seine prophetische Schau ihm zu erkennen gab:

Herr! Zerstampf und zerstreu uns!
Laß Skorpione und Feuer und Pest auf uns kommen!
Schick Germanen von Westen, Mongolen von Osten,

Laß als Sklaven verschmachten uns alle in bitterstem Frondienst.
Gib aber, daß wir noch vor dem Jüngsten Gericht
Abbüßen dürfen die gräßliche Sünde des Judas.

In seinem Roman „Doktor Schiwago" schreibt Boris Pasternak: „Der Krieg kam über uns wie ein reinigendes Gewitter, wie das Hereinströmen frischer Luft, wie ein Hauch innerer Läuterung."

Am 22. Juni, dem Allerheiligentag der Russischen Kirche, stürzte sich Deutschland, das im siegreichen Lärm seiner Waffen durch Europa gezogen war, auf Rußland. In blindwütiger Raserei nahm es nicht — wie in Millionen Flugblättern angekündigt wurde — einen Kreuzzug, sondern ein apokalyptisches Werk in Angriff: die Vernichtung einer Nation. Das laue, pseudo-christliche Westeuropa hatte sein Maß bereits zugeteilt bekommen und erkannte sogleich, daß die Stunde der Befreiung geschlagen hatte. Jetzt waren die Mächte an der Reihe, die sich zu Gottheiten erhoben hatten und ihren Spott trieben mit allem, was heilig ist. Mitten im tobenden Kriegsgewitter fuhr ein neuer, fürchterlicher Blitz nieder. Deutschland, das sein Blut zum Götzen erhob, verblutete zu seiner eigenen Rettung.

Die gewaltige Bedeutung des Geschehens wurde nicht von allen erfaßt. Der damalige Metropolit von Moskau bewies, daß er sie begriffen hatte. Durch seine sorgfältig getarnten Worte schimmerte die Wahrheit. „Die Feuerprobe", sagte er, „die am Allerheiligentag begonnen hat, muß zur geistigen Wiedergeburt der Völker führen; im Feuer der verbrennenden Spreu muß geläutertes Gold zum Vorschein kommen." Und einige Wochen später: „Zwar wurde am 22. Juni unserem gemarterten Vaterland eine neue Dornenkrone aufgesetzt, doch hat der Krieg nicht nur Böses in seinem Gefolge: er vernichtet die Keime der Fäulnis. Wir wünschen nichts sehnlicher, als daß er das religiöse Erwachen des russischen Volkes bewirke. Brüder und Schwestern, heben wir unsere Augen zu Christus! Lassen wir uns mit allen unseren Missetaten in das weite Meer Seines Erbarmens fallen! Unsere Sünden haben das Gericht heraufbeschworen: Die Geißel Gottes ist in unserem Lande. Durch den Propheten Jesajas spricht aber der Herr: Wenn Ich mein Volk dem Kriege überantworte, will Ich es läutern."

So rief die Kirche das Volk zur Buße auf. Sie scheute sich nicht, von der Sünde und vom Gericht zu sprechen.

Und das Ergebnis? Das Volk bekannte sich offen zu Gott. Die Geister des Atheismus, diese apokalyptischen Kröten (Offb 16,13), begannen zurückzuweichen. Die Kirchen wurden geöffnet; die dämonische Aggression gegen alles, was christlich hieß, kam zum Stillstand. Der „Weltgottlosenverband" wurde aufgelöst. Die materialistische Ideologie der Partei trat in den Hintergrund. Diejenigen, die die Kirche blutig verfolgt hatten, sahen sich gezwungen, ihre Tätigkeit in deren Dienst zu stellen: sie halfen den Gläubigen bei der Wiederherstellung der zerstörten und geschändeten Gotteshäuser, holten aus fernen Konzentrationslagern Priester und Bischöfe zurück und setzten sie in ihr Amt ein. Die Internationale, dieser weltweite Aufruf zur Feindschaft gegen Gott, hörte auf, die Nationalhymne des russischen Volkes zu sein. Am 4. April 1942 — es war der orthodoxe Karsamstag — gab der Moskauer Rundfunk um 6 Uhr früh bekannt, daß das nächtliche Ausgehverbot für die Osternacht aufgehoben sei. Der Jubel der Bevölkerung, die ihre geheimsten Hoffnungen erfüllt sah, nahm kein Ende. Es ging hier nicht um die Motivation der Machthaber, deren Ideologie dem Volk wie ein Dorn im Auge saß. Die Motive waren eindeutig berechnender Natur. Aber das ist unwichtig. Auch Pharao ließ die Juden nicht aus hochherzigen Beweggründen aus Ägypten ziehen. Ausschlaggebend ist nur, daß Israel und Ägypten, Deutschland, Rußland und die ganze Welt *Gott regiert.* Die Siege der Menschen sind nicht immer Seine Siege; aber ihre Niederlagen sind es immer.

*

Und dann überflutete Rußlands Jugend unsere Berliner Straßen! Die Begegnung mit den „Ostarbeitern", d. h. den während des Krieges nach Deutschland deportierten russischen Männern und Frauen, wurde für uns Exilrussen zu einem österlichen Erlebnis. Das tiefgläubige, warmherzige und zu jedem Opfer fähige und bereite Rußland, von dem wir zwanzig Jahre geträumt hatten, stand nun plötzlich mitten unter uns. Ein gewaltiger Menschenstrom ergoß sich in unsere Kirchen. Tausende von jungen Menschen drängten sich zur Beichte, empfingen die heilige Eucharistie, Tausende wurden getauft und in die Kirche aufgenommen. Was für ein glühender Glaube, welch eine begnadete Aufgeschlossenheit für die Botschaft des Evangeliums lebte in dieser Jugend, die durchweg nach der Oktoberrevolution geboren und im

Land des militanten Atheismus großgeworden war! Ich erinnere mich an ein achtzehnjähriges Mädchen aus Dnjepropetrowsk. Sie brachte den kargen Lohn für drei Monate schwerer Arbeit zur Kirche und sagte, wobei sich ihre Augen mit Tränen füllten: „Ich sparte für ein Kleid; aber mein innerer Mensch braucht ein Gewand dringender. Bitte, nehmen Sie das hier, bitte, ich flehe Sie an." Es war ebenso unmöglich, das Geld anzunehmen, wie es zurückzuweisen. Schließlich nahm ich es; dann aber betreuten wir diese Seele so gut wie wir es konnten. Dieses Mädchen war es, das uns später half, unter ihren Schicksalsgenossinnen missionarisch zu wirken. Mir persönlich war es von der Gestapo strikt untersagt, ein Ostarbeiterlager zu besuchen. Von einem Kriegsgefangenenlager konnte überhaupt nicht die Rede sein.
Hitlers politische Polizei zeigte sich über den immer mächtiger anschwellenden Zustrom der Ostarbeiter in alle russisch-orthodoxen Kirchen Berlins erschrocken und bestürzt. Ich bekam die Aufforderung, an der Kirchentür einen weithin sichtbaren Aushang „Ostarbeitern ist der Zutritt verboten" anzubringen, so, wie es im Generalgouvernement und im Warthegau mit den Polen gemacht wurde. In zähen Auseinandersetzungen machte ich den Funktionären der Gestapo deutlich, daß Gott die Menschen zu sich rufe und nicht von sich stoße. Dann aber mußte ich dieser Jugend doch verbieten, an hohen Feiertagen, die nicht auf einen Sonntag fielen, über alle Absperrungen der Lager hinweg in die Kirche zu stürmen. Wie tief ihre Haltung auch beglückte, hier mußte ein Riegel vorgeschoben werden, denn es ging um das Überleben dieser vor Glauben glühenden jungen Menschen.
Schon lange vor Beginn der Liturgie standen sie in der Kirche Schulter an Schulter, gleich einer Mauer. So standen sie — unbeweglich — während des langen Hochamtes, blieben dann zu allen Votiv- und Totenandachten, zu allen Taufen und Trauungen. Sie verließen die Kirche für kurze Zeit und kamen wieder: zur Vesper, zur Litanei oder auch nur, um vom Priester den Segen zu erbitten. Trotz der Gefahren, die uns von allen Seiten umgaben, wehte in unserer Kirche Osterfreude. Wir atmeten Höhenluft.

*

Die in New York erscheinende exilrussische Tageszeitung „Nówoje Rússkoje Slówo" brachte am 23. Mai 1946 einen ausführlichen Bericht

über jene Jahre. Sein Verfasser, ein Augenzeuge des Geschehens, macht nicht alle Besonderheiten unseres damaligen Gemeindelebens sichtbar; seine Atmosphäre gibt er aber genau wieder.
„Die nach der Oktoberrevolution nach Deutschland geflohenen und dort seit mehr als zwei Jahrzehnten ansässigen Exilrussen hatten im Zweiten Weltkrieg von den deutschen Behörden Schlimmes durchzustehen; unsere glücklichen Landsleute in den USA machen sich kein Bild davon. Bei einer Fülle wahrhaft infernalischer Erlebnisse gab es aber auch Lichtblicke unvergeßlicher Art: ich spreche von der Begegnung mit dem jungen russischen Volk. Millionen von Ostarbeitern und Ostarbeiterinnen, jäh ihren Eltern und Familien entrissen und gewaltsam nach Deutschland verschleppt, strömten in unser Leben. Die Verbrüderung vollzog sich in Berlin ohne Pathos und Schlagworte: unsere Landsleute waren in schwerster Not, und ihnen mußte geholfen werden. Ungeachtet der überall lauernden Gefahren und trotz aller Verbote schloß man diese heimatlose Jugend überall ins Herz. In den ersten Wochen nach der Deportation waren ihr Gottesdienstbesuche untersagt; später drückten die Behörden ‚zwecks Hebung der Arbeitsmoral' ein Auge zu und duldeten dieses, wie sie es bezeichneten, ‚harmlose Vergnügen'.
Die Kirche wurde zum Mittelpunkt brüderlicher Liebe und Hilfe. Es versteht sich von selbst, daß ihre Hauptaufgabe in der religiösen Betreuung bestand; da viele orthodoxe Priester aus dem Baltikum und anderen besetzten Ländern in Berlin eintrafen, konnte der Klerus der Gemeinden wesentlich verstärkt werden. Aber die Aufgaben konnten trotzdem nicht bewältigt werden. Die Seelsorger bereisten die Arbeitslager; ab und zu gelang es ihnen, bis zu den Kriegsgefangenen vorzudringen. Von früh bis spät wurde zelebriert, Beichte gehört, Trost gespendet, getauft und getraut. Unsere Pfarrhelferinnen, die seit vielen Jahren im Dienst der Kirche standen, betreuten die Kranken und die Kinder, organisierten Oster- und Weihnachtsfeiern, leiteten Hilfsaktionen. In die besetzten russischen Gebiete wurden Kerzen und Meßwein geschickt; es wurden heimlich — denn Metall war kriegswichtiger Rohstoff — winzige Brustkreuze gestanzt. Einmal wurde der Gemeinde ein kostbarer Ring gestiftet, der das Unmögliche möglich machte: der Verlag der St.-Wladimir-Kirche brachte die ganze Heilige Schrift des Alten und Neuen Testaments heraus. Alles wurde unent-

geltlich verteilt und verschickt. Unter welchen Begleitumständen das vor sich ging, wie oft sich Erzabt Johannes den blindwütigen Verhören der Gestapo und des Ostministeriums Rosenberg unterziehen mußte, darüber könnte man Bände schreiben. Die Herren kamen auch persönlich in die Nachodstraße, inspizierten alle Pfarreinrichtungen, beorderten alle freiwilligen Helfer der Gemeinde zur Gestapo und ließen sich über jede Kleinigkeit Bericht erstatten.
Der ungleiche Kampf endete nur zu oft mit unserem völligen Fiasko. So auch unsere größte Aktion, die Kleider- und Wäschesammlung für die bettelarme, abgebrannte Bevölkerung der besetzten Gebiete. Es gab unter uns Exilrussen Menschen, die buchstäblich das letzte Hemd vom Leibe und den allerletzten Pfennig dafür hergaben. Binnen weniger Tage türmten sich in allen Räumen der Pfarrei wahre Berge von Bekleidungsstücken; Tag und Nacht wurde sortiert, gestopft, ausgebessert, verpackt. Schließlich standen 110 Holzkisten zum Abtransport bereit. In unserer grenzenlosen Naivität glaubten wir noch immer, daß sie den Weg zu den Ärmsten der Armen nehmen würden. Für die gesammelten 23.000 RM sollten Lebensmittel gekauft werden. Es blieb die letzte Formalität der Transportgenehmigung abzuwarten. Dann wurden alle 110 Kisten für die deutsche Winterhilfe beschlagnahmt. Das Bargeld konnte gerettet werden und wurde unter die Ostarbeiter verteilt."
Ein anderer, auch in den USA erschienener Augenzeugenbericht[19]) behandelt ein ähnliches Thema:
„Der erste Gottesdienst, den wir in Berlin erlebten, war die Weihnachtsliturgie. Welch ein überwältigendes Bild! In der orthodoxen Kathedrale auf dem Hohenzollerndamm, in ihrem Hof und auf dem Vorplatz drängten sich Tausende von jungen Menschen, die man ‚Ostarbeiter', oder, abgekürzt, ‚Ost' nannte. Hier durften wir, wenn auch nur wenige Monate, am kirchlichen Leben des authentischen russischen Volkes teilnehmen, das sich mit wahrhaft elementarer Kraft entfaltete. Junge Männer und Frauen, von der deutschen Staatsgewalt grausam mißhandelt und ausgebeutet, zu unmenschlichem Frondienst für den ‚Totalen Krieg' eingespannt, eilten an allen Sonntagen nach durcharbeiteter Nacht in die Kirchen Berlins. Es war ihnen verboten, die U-Bahn zu benutzen; dennoch füllten sie in den frühesten Morgenstunden ihre Wagen. Anpöbelungen, Beschimpfungen und Fußtritte

nahmen sie schweigend in Kauf. Von den U-Bahn-Stationen flutete der unübersehbare Menschenstrom zu den orthodoxen Kirchen. Die deutschen Behörden sahen sich gezwungen, auf Anwendung radikaler Maßnahmen zu verzichten, und gaben sich angesichts eines so ungestümen Verlangens geschlagen.

An jenem Weihnachtsfest war die Kathedrale schon während der Matutin brechend voll; doch war das noch nicht jene alle Schranken und Hindernisse niederwalzende Menschenmasse, die zur Göttlichen Liturgie stürmte. Alles, was nicht niet- und nagelfest war, mußte aus dem Weg geräumt werden. Lange vor Morgengrauen füllte sich das Gotteshaus mit jungen Burschen und mit Mädchen und Frauen in weißen Kopftüchern bis auf den allerletzten Platz. Alle wollten beichten. Um fünf Uhr in der Frühe begannen die Priester — der zahlreiche Klerus der Kathedrale und die vielen nach Berlin deportierten oder geflohenen Geistlichen, insgesamt etwa dreißig —, in allen Ecken und Nischen der Kirche Beichte zu hören. Viele der Priester waren bereits als Ostarbeiter in den Rüstungswerken eingesetzt und lebten in den Baracken zusammen mit dieser Jugend. Wir aber, die in Berlin seit zwei Jahrzehnten lebenden Exilrussen, hatten bereits vergessen, daß eine der kostbarsten Eigenschaften des russischen Menschen seine Fähigkeit zu bereuen ist. Zu bereuen ohne die geringste Beschönigung der Schuld, ohne eine Spur von Anklage gegen Mitmenschen und Begleitumstände, mit feinstem Unterscheidungsvermögen für Gut und Böse, schonungslos gegen sich selbst. Alle Priester, die an jenem Weihnachtstag nicht mitzelebrierten, hörten während der ganzen Liturgie Beichte, doch gelang es weder damals noch an anderen Sonntagen, alle anzuhören: man mußte zur Gemeinschaftsbeichte übergehen. Die außergewöhnlichen Umstände, die Menge des betenden Volkes und der nie weichende Gedanke an den nahen Tod — die Bombenangriffe fanden bei Tag und bei Nacht statt — rechtfertigten diese von der Ostkirche sonst nicht gern gesehene Praxis. Die heilige Eucharistie wurde aus vielen Kelchen mehrere Stunden lang gespendet.

Nicht selten wurde an solchen Vormittagen Fliegeralarm gegeben. Die Menschen empfingen die Sakramente unter den ohrenbetäubenden Detonationen explodierender Luftminen. Nach der Liturgie begannen die Taufen, bis zu sechzig gleichzeitig, die Trauungen, bis zu fünfundzwanzig. Dann die zahllosen Totenämter. Die deutschen Behörden

verboten es, Ostarbeiter zu bestatten; sie wurden entweder verbrannt oder in riesigen Massengräbern, zusammen mit verschleppten Polen, Belgiern, Holländern, Franzosen, Serben, Italienern und Letten, verscharrt. Nach jedem Luftangriff häuften sich die Massengräber, wuchsen auf den Altären der Kirchen Namensverzeichnisse der jüngst Verstorbenen. Das waren Stücke grauen Packpapiers, abgerissene Ränder deutscher Zeitungen, Rückseiten von Formularen. Alle Namen wurden während der Totenämter verlesen, für jeden einzelnen wurde gebetet. In jenen Jahren entstand auch der bis dahin unbekannte Ritus des ‚Fernbegräbnisses'." (Soweit der Bericht des Augenzeugen.)
Der Krieg beschwor und förderte schwerste Verbrechen, aber er bewirkte auch eine tiefe Vergeistigung der Menschen, rief in ihnen eine Opferwilligkeit hervor, die in den sorglosen Tagen des Friedens undenkbar gewesen wäre. Das Feuer, das vom Himmel fiel, verbrannte die Spreu.
Schließlich gelang es mir doch, ein Kriegsgefangenenlager zu besuchen. Es war das Offizierslager bei Bad Kissingen. Außer einigen sowjetischen Stabsoffizieren waren dort 2000 junge Leutnants der sowjetischen Armee interniert. Von allen isoliert — Stalins Sohn Jakob. Man wird sich meine Überraschung denken können, als sich unter diesen durchweg nach der Revolution geborenen Offizieren sofort ein Kirchenchor bildete, der die ganze Göttliche Liturgie auswendig sang! Die Hälfte aller Insassen meldete sich zur Beichte. Auf dieser Reise begleitete mich ein Amtsbruder. Er bekam die Genehmigung, mit einigen Offizieren zu sprechen, die am Gottesdienst nicht teilgenommen hatten. Hier sein Bericht:
„‚Machen Sie sich keine Mühe', begrüßte mich der Stabsoffizier B., ‚ich kann nicht und werde nicht glauben; lange genug habe ich über die Möglichkeit der Existenz eines Gottes nachgedacht; diese Möglichkeit gibt es nicht. Der Verstand schließt selbst den Hauch einer solchen Möglichkeit aus, es kommt nicht einmal zum Zweifel.' ‚Ich habe auch nicht die Absicht, Ihren Verstand herauszufordern', erwiderte ich, ‚denn ein Streitgespräch zwischen einem Gläubigen und einem Ungläubigen ist gegenstandslos. Es wäre der Streit zwischen einem Blinden und einem Sehenden. Mit Worten kann hier nichts bewiesen werden; der Glaube kann nicht Gegenstand eines Disputs sein. Doch möchte ich Ihnen, bevor ich gehe, *eines* sagen: Sie haben das Problem

verkehrt angepackt. Anstatt über die Existenz Gottes zu grübeln, hätten Sie versuchen müssen, Ihn anzurufen. Haben Sie das nicht versucht?' ,So etwas konnte mir nicht einfallen', erwiderte B., ,auch habe ich keine Ahnung, wie man das anstellt.' ,Ganz einfach. Rufen Sie Gott mit kurzen Sätzen an: Herr, hilf mir. Herr, errette mich. Herr, offenbare Dich mir. Das genügt schon. Über kurz oder lang werden Sie eine *Antwort* bekommen.' Nach vielen Jahren erreichte mich ein Zettel, der auf sehr verschlungenen Wegen aus fernen nordöstlichen Regionen kam. Ich las: ,Ich bin glücklich. Ich habe mich taufen lassen. Haben Sie Dank. B.'"

*

Der erschütternde Eindruck der Begegnung mit den durch alle Entbehrungen und Demütigungen gegangenen, todgeweihten Menschen wollte auch bei der Intensität unserer Berliner Erlebnisse tagelang nicht weichen.
Aus Kissingen zurückgekehrt, wurde ich sofort zur Gestapo beordert. Dort war man über unseren Besuch im Gefangenenlager bereits im Detail informiert. Die Tatsache, daß er auf den ausdrücklichen und uns schriftlich mitgeteilten Wunsch des Lagerkommandanten stattgefunden hatte, half bei den wütenden Beschimpfungen, die auf mich niederprasselten, überhaupt nichts. Das bewies einmal mehr, wie groß die Divergenz in Auffassung und Vollmacht bei den deutschen Behörden war.
Nie hatte ich später Gelegenheit, irgendein Lager zu besuchen. Bis 1943 bestand noch die Möglichkeit, die Insassen — und die Bevölkerung der besetzten Gebiete — mit der Heiligen Schrift zu versorgen. Dolmetscher, vornehmlich Deutsch-Balten, stellten sich für diesen Dienst zur Verfügung; teils ging es sogar durch die Post. Tausende von Briefen, die man nicht ohne Bewegung lesen konnte, legten Zeugnis ab von Dankbarkeit, Mut und einer tiefen Sehnsucht nach Gott. Mein unschätzbares Archiv ging fast vollständig verloren. Teils wurde es bei den Hausdurchsuchungen der Gestapo beschlagnahmt, teils verbrannte es in meiner Wohnung in der Regensburger Straße 10 A. Nur wenige Briefe, die nach den Bombenangriffen geschrieben wurden, blieben erhalten. Vor mir liegt ein von drei jugendlichen Ostarbeiterinnen un-

terschriebener Brief aus Halle a. d. Saale. Sie hatten erfahren, daß ich ausgebombt war, und beschlossen, mir zu helfen — mir, einem ihnen völlig unbekannten Priester:
„Vater Johannes! Möge der Friede Gottes mit Ihnen sein. Wir drei arbeiten hier schon drei Jahre. Wir haben von Ihrem Unglück gehört. Da wir auch alles verloren haben, können wir mit Ihnen mitfühlen. Bitte nehmen Sie diesen kleinen Schein und weisen Sie ihn nicht zurück. In unserer Baracke wohnen 31 Mädchen. Unser Lohn beträgt 18 RM monatlich. Es ist traurig, daß noch nicht alle den Weg erkennen, den unser Volk jetzt gehen sollte. Doch hat der Glaube schon einen großen Aufschwung genommen. Viele bemühen sich, nach Gottes Geboten zu leben. Dazu tragen auch Ihre Bücher bei, die uns hier im Lager erreichen, vor allem das Neue Testament. Möge der Herrgott Sie Ihr Leben lang beschützen. Katja, Vera, Sascha."
Ein sehr junges Mädchen war nur einige Male zu unseren Gottesdiensten gekommen, starb dann bald vor Unterernährung und Erschöpfung. Ich sehe vor mir ihr durchsichtiges Gesicht. Kurz vor dem Tode schrieb sie: „Vater, beten Sie für mich, denn ich bin die unwürdigste von allen. Aber Ihre Worte werden in mir Frucht tragen, das verspreche ich."
Auch dieser Brief von einem jungen Burschen ist erhalten geblieben: „Ich bin außer mir vor Freude, daß Sie sich an mich erinnern. Tief gerührt hat mich die Büchersendung. Welch ein Glück ist das, Vater Johannes, wenn man, wie Sie, berufen ist, Gott und den Menschen zu dienen! Ich selbst war von Kindheit an bestrebt, Gutes zu tun, ging aber ganz und gar in die Irre. Ich bin jetzt 20, suche Antwort auf viele quälende Fragen . . . *Eines* weiß ich genau: Die Kraft unseres Volkes kann nur die Kirche sein."
Und das schrieb ein junger Mann, der 1924 in Sowjetrußland geboren worden war!
Am ersten Sonntag der Großen Fastenzeit 1943 richtete ich meine Worte nicht nur an die dichtgedrängt stehende Gemeinde meiner Kirche, sondern an alle im bitteren Frondienst der Fremde stehenden jungen Menschen, die in keinem Gotteshaus Trost finden konnten. An die Brust eines jeden war nämlich ab sofort ein blaues Dreieck mit der Aufschrift „Ost" geheftet, ein Gegenstück zum gelben Judenstern. „Aufgang ist Sein Name", sagt der Prophet Jesajas. Die Sonne geht im

Osten auf. Der Herr drückt Sein Siegel auf unsere Herzen: „Siehe, Ich stehe vor der Tür." Das Volk, auf dessen Stirn das Kainszeichen der Gottesfeindschaft stand, erscheint mit dem verborgenen Namen des Erlösers. Unsere Welt ist voller Symbole, und wir dürfen nicht müde werden, ihren Sinn zu erforschen. Die Kinder dieser Welt sehen nur das Vordergründige; ein ungläubiges Herz ist kurzsichtig. Den Sinn des Weltgeschehens erkennt nur der, der es im Lichte Christi sieht. Er ist der Qual des „fleischlichen Denkens" entronnen, indem er sich auf das Reich Gottes eingestimmt hat, das auch in der Ewigkeit sein Teil bleiben wird.

*

Inzwischen verwandelte sich Berlin nach und nach in eine Trümmerlandschaft. Als Wahrzeichen preußischer, deutscher und nationalsozialistischer Macht wurde es zum Hauptangriffsziel der alliierten Kampfverbände. Mehrmals am Tage gab es Fliegeralarm; nachts waren die Straßen ins infernalische grüne Licht der „Christbäume des Todes" getaucht. Auf diese Stadtteile wurde die Hauptlast der Luftminen, der Brand- und Sprengbomben abgeworfen. Tags kamen die Engländer, nachts die Amerikaner; allmählich brachen die angreifenden Geschwader durch jede Abwehr. Ganze Teppiche brennenden Phosphors schwebten in der Luft und senkten sich in Wellen auf die Stadt. Ihre glühenden Teilchen fraßen sich ins Fleisch der Menschen und versengten es bis auf die Knochen. Zwischen den einzelnen Anflügen entstanden Pausen, die mit Angst und Schrecken erfüllt waren. Dann tönte das warnende Radio von neuem: „Es nähert sich ein Bombengeschwader." Mit unheilverkündendem Getöse erschienen sie über der Hauptstadt, und ihre Angriffe wurden immer grauenvoller. In den schlecht befestigten Kellern der Ziegelhäuser konnten sich die Menschen höchstens vor Splittern schützen; nach einem Volltreffer brachen die Gebäude in Schutt zusammen. Dann kam das eintönige Zeichen der Entwarnung. Die Überlebenden tauchten in einer veränderten Umwelt auf, befanden sich in einer neuen, nie gesehenen Gegend.

Am Anfang gab sich die Berliner Bevölkerung während der Angriffe heiter. Man brachte in den Luftschutzkeller Musikinstrumente, Spiele und Weinflaschen mit. Je heftiger die Angriffe wurden, umso gedämpfter wurde die Fröhlichkeit. Die Menschen wurden nachdenklicher. Dann sehr schweigsam. Zuletzt kam über alle die große Müdigkeit . . . Die Mütter hielten ihre Kinder auf dem Schoß und wiederholten monoton: Bete, mein Kind, bete. Der Feuerschein der lichterloh brennenden Straßen tilgte in den Gesichtern nach und nach den Ausdruck der Würde und Bedeutung. Wie unterschieden sie sich jetzt von jenen, die man am Anfang des Krieges beobachten konnte! Man sah mit eigenen Augen die „Läuterung durch das Feuer". Ich erinnere mich an jene Nacht, als ich inmitten eines Flammenmeeres, grauenvoller Verwüstungen und dem Schwinden aller menschlichen Hoffnung zum ersten Mal das Sichtbarwerden des *Menschen* in einem Menschenantlitz erleben durfte . . . Mitten im apokalyptischen Geschehen ergriff mich Freude: das Ebenbild Gottes war hier zum Durchbruch gekommen.

Ja, die Bombennächte förderten viel Gutes zutage. Besonders dort, wo es schon ganz verschüttet war. Bei anderen bewirkte das hereinbrechende Unheil und die Vernichtung der irdischen Habe Haß und Verzweiflung, die totale Verfinsterung des Gemüts. Vor aller Augen taten sich dunkle Abgründe der Seele auf. Es gab auch solche, die während der Angriffe für jene beteten, die über uns den millionenfachen Tod ausschütteten. Sie wußten, daß wir allesamt Opfer unserer Schuld sind.

In meiner Pfarrkirche bildete sich eine Regel heraus: Wenn kurz vor Beginn des Gottesdienstes Fliegeralarm gegeben wurde, suchten wir alle den Luftschutzkeller auf. Der einmal begonnene Gottesdienst wurde weder abgebrochen noch unterbrochen. Den Gläubigen empfahlen wir Priester allerdings, sich in „Sicherheit" zu bringen. Etwa die Hälfte folgte dieser Aufforderung und verließ die Kirche; die anderen rückten näher zum Altarraum zusammen. Diese Gebete im Feuersturm der Angriffe hatten an Inbrunst nichts Vergleichbares. Im Donnern und Krachen der Geschütze, das von dumpfen Bombenaufschlägen begleitet wurde, stand man an der Schwelle der Ewigkeit, die ganz nah, schon fast mit den Augen zu sehen und mit den Händen zu greifen war. Die Gebete verdichteten sich zu realen Gesprächen mit dem Jenseits.

Viele meiner Pfarrkinder wurden von einstürzenden Gebäuden erschlagen, verschüttet, begraben, viele verbrannten bei lebendigem Lei-

be. Bei allen, ausnahmslos, brannten die Wohnungen aus. Rings um unsere Kirche in der Nachodstraße erstreckte sich ein weites Trümmerfeld. Die Kirche stand unversehrt im Greuel der Verwüstung. Erst kurz vor Kriegsende schlug eine schwere Sprengbombe ein und landete zu Füßen der Ikone des hl. Nikolaus, ohne zu explodieren.
Meine Amtsbrüder arbeiteten in der sterbenden Stadt aufopferungsvoll und unermüdlich. Alle Menschen bedurften des Zuspruchs und Trostes. Der Einsatz der Pfarrhelferinnen war beispiellos. Die Kirche war nicht nur geistlicher Mittelpunkt — sie wurde zum Zentrum des Lebens. Alle wollten in ihr geborgen sein. Und ihre Türen standen Tag und Nacht offen.
Die Gemeinschaftsbeichte wurde jetzt zur Regel: Jeder mußte in jedem Augenblick bereit sein zu sterben. Und man war auch bereit. Die auf uns niedergehenden Bomben redeten in einer Sprache, der gegenüber alle menschlichen Worte nichtssagend wurden und verstummten. Die Angriffe gaben lebendigen Anschauungsunterricht von der Vergänglichkeit aller Dinge und von der Sinnlosigkeit, das Leben auf anderen Grundlagen aufzubauen als auf der ewigen Wahrheit des Evangeliums. Alle „Sicherheiten" hatten uns verlassen, uns blieb nur eine Sicherheit: Gott, der Herr. Und nur eine Fluchtmöglichkeit: Seine Arme. So lernten wir allmählich eine andere Einstellung zu den Dingen, wurden nach und nach aus der „unteren Schulklasse" in die nächsthöhere versetzt. Noch vor kurzem dominierten in unserem Leben die Alltagssorgen; die nächtlichen Ereignisse verschoben alle Perspektiven und Dimensionen. Sie riefen uns auf, dem Verstand zu verbieten, die Dinge vom „pragmatischen" Standpunkt zu beurteilen. Sätze wie „Bomben haben wieder Zerstörungen verursacht" sagten uns gar nichts. „Das apokalyptische Geschehen will unserer Selbstsicherheit und Hybris ein Ende machen und im Feuer der furchtbaren Heimsuchungen unseren lauen, daniederliegenden Glauben aufrichten" klangen schon anders. Aber man konnte noch mehr sagen.
Ich kannte einen Mann, dessen Haus in Flammen aufging, als er nicht daheim war. Als er kam, brannte es lichterloh. Eine gewaltige Opferkerze verzehrte sich vor dem schwarzen Himmel. Und der Mann sagte laut: Herr, ich opfere Dir diese Kerze in kindlicher Liebe. Und in seinem Herzen wurde es still.
Was verbrannt ist, ist vergangen; was noch brennt oder glüht, kann

man als Opferkerze darbringen. „Meine Kerze ist nicht aus reinem Wachs, aber das Feuer ist — Dein Feuer.“ Das Vergängliche und Kreatürliche kann sich zu Unvergänglichem wandeln; was zu Asche geworden ist, seine Auferstehung erleben. Das ist das Geheimnis des Karfreitags und der Osternacht.
„Es lebte ein Mann im Lande Ur . . .“ Das ist die Einleitung zu einem gewaltigen Oratorium. Gewaltiges Geschehen wird mit gewaltigen Worten wiedergegeben. Lesen Sie das Buch Hiob!
„. . . Er warf sich nieder und betete an!“ Und dann sagte er: „Nackt bin ich aus meiner Mutter Leib gekommen, nackt kehre ich heim.“ „Der Herr hat es gegeben, der Herr hat es genommen; der Name des Herrn sei gepriesen.“ Eine Hymne des Menschen an seinen Schöpfer. „Bei alledem versündigte sich Hiob nicht und sprach kein törichtes Wort gegen Gott.“
Das törichte Wort, das Hiob *nicht* sprach, das in der heutigen Welt aber millionenfach gesprochen wird, ist verhängnisvoller als alle Bomben und Raketen. Wer löscht den unheilvollen Brand der Worte? Auf jedes Gerümpel wird ein Meer von Wasser oder Schaum geschüttet, und an jede Bombe, die entschärft werden muß, tritt der Mensch mit Herzklopfen heran. Nur die „törichten Worte“, die wie luziferische Geschosse zum Himmel aufsteigen, quittiert die Welt mit Schweigen.
Hiob sprach ein wahrhaft erleuchtetes Wort. Es traf Himmel und Erde, erhellte sie wie ein Strahl der Sonne. Der blasse Schein des kreatürlichen Feuers, der seinen Besitz und seine Familie getroffen hatte, fiel auf ein Fleckchen arabischer Erde und verlosch. Das Feuer der Wahrheit, das im Herzen Hiobs brannte, leuchtet durch die Jahrtausende und wird in den Äonen der Äonen weiterleuchten.
Zweimal im Verlauf des Krieges unternahm ich Aktionen besonderer Art: ich wandte mich an höchste kirchliche Würdenträger, sowohl katholische als auch evangelische. Ihre „Außenämter“ unterhielten direkte Beziehungen zur Staatsgewalt und befaßten sich mit der Betreuung der Kriegsgefangenen. Ich hatte unanfechtbare Beweise dafür, daß die russischen Kriegsgefangenen in den deutschen Lagern auf bestialische Weise ausgerottet wurden, entweder durch Gas oder durch systematisches Aushungern, das im Kannibalismus endete. Ich wandte mich an die Kirchenfürsten und deren Institutionen mit dem Appell, alles zu unternehmen, damit die deutsche Regierung endlich begreife,

wie verheerend ihre „Ostpolitik“ ist und wie verhängnisvoll deren Auswirkungen für das deutsche Volk werden könnten. Mir wurde erklärt, man sei in dieser Beziehung machtlos. Stalin habe es abgelehnt, mit Deutschland ein Abkommen über Kriegsgefangene zu treffen; auf eine diesbezügliche Anfrage der schwedischen Regierung habe er geantwortet: „Kriegsgefangene haben wir dort nicht, nur Verräter.“ Dieser Bescheid traf nicht den Kern meiner Interpellation. Man sprach aneinander vorbei. Das war aber alles, was ich erreichte.

*

Ich möchte diesen Bericht nicht mit einer Anklage abschließen. Ich denke an die tief menschliche und christliche Haltung eines mecklenburgischen Gutsbesitzers, der es für seine Pflicht hielt, einen auf seinem Besitz verstorbenen Ostarbeiter nach orthodoxem Ritus zu bestatten und zu diesem Zweck einen russischen Priester kommen ließ. Vor Gericht gestellt, zeigte er absolute Unerschrockenheit und nahm die Gelegenheit wahr, offen gegen das dem deutschen Volk verderbliche Regime aufzutreten. Als Freisler ihn einen „verruchten Volksverräter“ nannte, rief er: „Die wahren Volksverräter seid ihr, denn ihr provoziert den berechtigten Haß der ganzen Welt gegen Deutschland.“ Er wurde aus dem Gerichtssaal geschleppt.
Ich denke an den SS-Mann, der seinen Irrtum schon Ende der dreißiger Jahre bereute, durch Vermittlung russischer Freunde zu mir kam und sehr bald zur Ostkirche konvertierte . . . Es gab auch einen Mann, der im Dienst der Gestapo stand mit dem Auftrag, die Korrespondenz zwischen einem orthodoxen Priester und den jugendlichen Ostarbeitern zu überwachen. Der Inhalt dieser Briefe, die er regelmäßig öffnete und las, erschütterte ihn dermaßen, daß er eines Tages zu diesem Priester kam und sagte: „Ich kann nicht mehr. Vor mir hat sich eine andere Welt aufgetan.“
Ich denke an die heimlichen Zusammenkünfte in der Wohnung des greisen Pastors Ungnad in Berlin-Charlottenburg. Römische Katholiken, Protestanten und Orthodoxe begegneten sich dort als Brüder und verwirklichten in bescheidenem Maß die hohepriesterliche Bitte ihres Herrn um Einheit im Glauben. Einige aus diesem Kreis wurden zu Blutzeugen, darunter der bekannte Pater M.-J. Metzger, dessen Frie-

densmemorandum den Nationalsozialisten den Vorwand zu seiner Hinrichtung gab.
Todgeweihte, mit dem gelben Judenstern gezeichnete Menschen, gehörten auch zu den apokalyptischen Erscheinungen jener Jahre. Mein langjähriges Pfarrkind, eine orthodoxe Christin jüdischer Abstammung, nahm bei mir, bevor sie der Vorladung der Gestapo folgte, den Schleier. Ich gab dieser großen Seele den Namen Michaela und bereitete sie aufs Martyrium vor. Darüber, was die Vorladung zu bedeuten hatte, waren wir uns im klaren.
Und damit möge über jene Jahre ein Vorhang fallen.

Der Affe im Käfig

Ein apokalyptischer Spaziergang durch den Archipel GULAG gleicht in vielem der visionären Reise Dantes durch die Höllenkreise. In zwei Beziehungen unterscheiden sich die Reisen voneinander: Solschenizyn hatte keinen Vergil an seiner Seite, wohl aber — wie jeder Christ — seinen Schutzengel, der ihn nicht nur führte, sondern ihm auch Erklärungen gab, die Vergil nicht hätte geben können. Solschenizyn war es gegeben, die prophetischen Visionen Dostojewskis in dessen „Dämonen" in ihrer *totalen Verwirklichung* zu erleben und für die Menschheit festzuhalten. Darum ist sein Zeugnis vom Bösen gewichtiger als das Dantes und Dostojewskis; beide lebten in Jahrhunderten, die nicht die Maßstäbe des zwanzigsten kannten. Erst die Leninrevolution hat die blutige Zäsur gezogen.
Der Nobelpreis, den Solschenizyn bekam, half dem westlichen Menschen, das Buch in die Hand zu nehmen und für Wochen in die Welt des Bösen einzutauchen. Dieses Böse präsentierte sich ihm anders, als es je zuvor der Fall war. Nicht einmal in Dantes Poem zeigte es seine furchtbare Fratze mit einer solchen Schamlosigkeit. Sicherlich entdeckte der Leser „das Tier" bisweilen auch in seinem eigenen Inneren, doch war es meist von „biologischer" oder „psychologischer" Beschaffenheit. Bei Solschenizyn sah er das Tier aus dem Abgrund, das seinen Kopf in die menschliche Gesellschaft gesteckt hatte und den Pestilenzgeruch der Hölle verbreitete. Dem Dichter und Propheten Solschenizyn gelang das Einmalige: Dieses Tier hinter ein Gitter zu bannen und

es der Welt zur Begutachtung zu präsentieren. Vor diesem Käfig muß jede „Psychologie" aufhören: Der Insasse eignet sich nicht für eine Untersuchung auf dem Freudschen Sofa.
Der Archipel GULAG ist nicht nur ein genauer Bericht über die Straflager in der UdSSR; er ist der Bericht vom freien, mit einem freien Willen königlich ausgestatteten Menschen, der sich zum Feind Gottes erklärt und daraus alle Konsequenzen gezogen hat. Sex- und andere Teufelchen weichen ehrerbietig dem *Großen Vorsitzenden.* Er eilt durch die Welt, zerstört Heiligtümer, läßt die Menschheit in zwei Teile bersten, versengt Abermillionen von Seelen zu Asche. Je mehr sich aber der Mensch in die Züge des Gulagtieres vertieft (das mittelalterliche Abendland nannte es den Affen Gottes), umso mehr wird er die Kostbarkeit seines eigenen menschlichen Antlitzes erkennen und die Notwendigkeit, es in Christus zu schützen.
Schreibt Solschenizyn die Wahrheit? „Wer nur Teile des Bösen zu zeigen bereit ist", sagte er in einem Interview, „der lügt. Darum gab es in den dreißiger, vierziger und fünfziger Jahren keine russische Literatur. Eine Literatur, die lügt, ist keine russische Literatur. Der Geist des GULAG hatte mit seinen Metastasen unsere ganze Gesellschaft erfaßt. Wo gab es in dieser ‚Krebsstation' auch unter den ‚Gebildeten', den ‚Humanisten', den ‚durch und durch Ehrlichen' *einen,* der das Leben — um den Preis seines eigenen Lebens — zu verändern suchte? Alles Böse, das um uns geschieht, müssen wir auf unser eigenes Konto buchen" (BBC 1977).
Jetzt *gibt* es in der Sowjetunion Menschen, die das Leben von innen her verändern wollen und dafür einen hohen Preis zu zahlen bereit sind. Keiner von ihnen denkt an ein gewaltsames Vorgehen gegen das Regime. Das wäre ebenso unmöglich wie überflüssig.

Ein russischer Philosoph über den Glauben

„Was heißt glauben?" fragt einer der bedeutendsten Religionsphilosophen Rußlands, S. L. *Frank* (1877—1950). Worin besteht der Unterschied zwischen einem gläubigen und einem ungläubigen Menschen? Viele halten den Glauben für einen Zustand, bei dem wir etwas „für wahr" halten, wofür es gar keine Beweise geben kann und die darum

immer berechtigte Zweifel hervorrufen werden. So heißt also „glauben" Dinge behaupten, denen es an Glaubwürdigkeit fehlt; ein starres Festhalten an Unbeweisbarem. Und das Verdienst — so argumentieren die Kontrahenten — besteht darin, daß man das höchst Fragwürdige, was stets fragwürdig bleiben wird, als Wahrheit ausgibt.
Wie aber — fragen wir — könnte man auf so eine Weise glauben, und wem würde solch ein Glaube nützen? Zweifelhaftes als Wahrheit proklamieren hieße ja nur, den eigenen Leichtsinn unter Beweis stellen. Zwar ist unser ganzes Leben auf Leichtsinn aufgebaut, dafür straft es uns aber auch sehr empfindlich. Dennoch schwimmen wir in diesem Fahrwasser ruhig weiter: beim Zubettgehen glauben wir an die Ausführbarkeit unseres morgigen Tagesplans, obwohl Krankheit und Tod uns über Nacht einen Strich durch die Rechnung machen können und eine Katastrophe von weltweitem Ausmaß sogar die Abfolge von Tag und Nacht verhindern könnte. Dessen ungeachtet lassen wir uns nur vom blinden Glauben leiten — und täten wir das nicht, würde die Welt aus den Fugen geraten.
Kann man solche Erwägungen auch auf den religiösen Glauben übertragen? Nein. In einem solchen Fall würde eine Begriffsverwirrung entstehen; wenn wir im praktischen Leben eine Wahrscheinlichkeitsrechnung aufstellen und ihr gemäß handeln können, geht das im Bereich der Religion nicht: Das, woran wir glauben, ist nämlich vom Standpunkt des Rationalen gerade das am wenigsten Wahrscheinliche. Der Apostel Paulus nennt es geradezu eine *Torheit.*
Der Glaube ist aber nicht Vertrauen; er ist absolute Gewißheit. Er ist die reale Begegnung des Menschen mit Gott; er ist die Stimme Gottes tief in seinem Innern. Dieser Stimme folgt der Mensch in *freier Entscheidung.* Er weiß aus seiner persönlichen Erfahrung, daß es sie gibt. Mitunter ist diese Stimme nur von fern zu hören, undeutlich und schwer vernehmbar im Lärm der Welt. Mitunter spricht sie klar und in unmittelbarer Nähe. Ob wir nun Gottes Realität deutlich oder nur schwach erkennen, diese für die Seele einzig mögliche reale Wahrnehmung kann durch nichts anderes ersetzt und bewiesen werden als durch sich selbst. Und wie verschlungen das Hochspannungsnetz, das die Seele mit Gott verbindet, auch immer sein mag — jener Strom, der durch das Netz fließt und das Licht entzündet, das wir Glauben nennen, kann nur vom Urquell des Lichtes kommen. Ob es dem Men-

schen bewußt wird oder vor ihm verborgen bleibt, ändert an der Sache nichts.
Wie vollzieht sich die Bekehrung eines ungläubigen Menschen? Lassen wir alle Fälle der Rückkehr zur Kindheitserinnerung beiseite. Wir leben in einer Welt, in der Abermillionen von Menschen in totalem Atheismus aufwachsen und nicht den geringsten religiösen Impuls dabei erfahren. Bezogen auf solche Menschen, wird jede Berufung auf Autoritäten wirkungslos bleiben: sie werden gar nicht verstehen, was gemeint ist. Sind diesen Seelen alle Zugänge zum Glauben versperrt? Die Erfahrung lehrt, daß das nicht der Fall ist. Ein anderer Faktor tritt in Erscheinung: der Glaube entzündet sich unter der direkten Einwirkung der göttlichen Gnade. Unzählige Male geschah es in der Weise, daß die glaubensferne und in ihrem Unglauben *erstarrte* Seele im Augenblick einer tödlichen Gefahr oder vom Strahl eines göttlichen Wortes getroffen, plötzlich ein Gespräch mit dem Unbekannten Gott begann. Ihre verschlossenen Augen öffneten sich, die Seele wurde von einer Ahnung erfüllt, daß es außerhalb unserer Welt ein andersgeartetes Licht gibt und daß man sein Schimmern wahrnehmen kann. Eine überirdische Freude kam auf sie herab, ein nie gekannter Friede ... Solch eine Seele wird bis zu ihrem Lebensende nicht „glauben", sondern *wissen,* daß „Gott existiert" und ihr sehr nah ist.
Im Grunde macht diese Erfahrung jeder gläubige Mensch. Sie wiederholt sich, sobald er seine Seele mit Gott verbindet und spürt, daß sie von jenem unverwechselbaren Hauch berührt wird, den wir in unserer irdischen Sprache als Gnade bezeichnen. Wer das nie empfunden hat, wird sich kaum einen gläubigen Menschen nennen können, auch dann nicht, wenn er Gott und sämtliche kirchliche Autoritäten „anerkennt".
Wir sagten schon: Es gibt Menschen, deren Glaube auf blindem Gehorsam gründet. Bezeichnend für die Atheisten ist aber, daß sie diese Meinung von allen Christen haben. Ihre Überzeugung, daß der Glaube sich nur auf Tradition stützen kann, setzt eine große Gottesferne voraus. Der „blinde" Glaube muß gemäß seinem Wesen genau dasselbe annehmen. Denkt er anders, ist er kein blinder Glaube mehr. Der blinde Glaube — und das will nichts anderes heißen, als ein Glaube ohne persönliche Erfahrung — führt beim intelligenten Menschen zu einer Bewußtseinsspaltung, zu einer Art „doppelter Buchführung", bei

der er sich in der Kirche zum Glauben zwingt, in seinem Labor jedoch die Gedanken in eine ganz andere Richtung gehen läßt. Von solchen Menschen spricht die Epistel des Jakobus, ihnen bietet der französische Philosoph Pascal seine berühmte Lösung an: Wenn man beim Spiel auf den Glauben setzt, verliert man nichts; setzt man dagegen auf den Unglauben, kann man alles verlieren. Beide Male ist ein „Irrtum vorbehalten", das zweite Mal wird man aber den Tod gewählt haben. Die Wahl zwischen Leben und Tod zwingt uns — sei es irrtümlich —, auf den Glauben zu setzen.

Ist das nicht eine grobe, lästerliche Methode? Nur scheinbar. In Wirklichkeit spricht aus ihr — wie immer bei diesem genialen Denker — tiefe Erkenntnis. Wenn ein Mensch aus kalter Berechnung den Weg des Glaubens betritt, wird er konsequenterweise den Kontakt mit Gott suchen müssen. Dieser aber wird zu nichts anderem führen als zur Bestätigung der Richtigkeit des gewählten Weges.

Wie gibt sich diese Erfahrung zu erkennen? In der spürbaren Anwesenheit Gottes. Wenn Gott *da* ist, hört alles Fragen nach Seiner Existenz auf: es geht in Wissen über. Wenn man Schmerzen hat oder Freude empfindet, benötigt man dafür keine Beweise, die außerhalb unseres Bewußtseins liegen, unsere Erfahrung bürgt für die Realität. Und wenn man von einem Glauben spricht, der von absoluter Sicherheit getragen ist, so ist der Glaube gemeint, der auf der persönlichen Erfahrung gegründet ist. Mangel an Geborgenheit, Verlassenheit und Gefährdung in dieser kalten, gleichgültigen Welt kompensiert der gläubige Mensch voll und ganz durch eine andere Erfahrung: Durch die Geborgenheit in Gott nämlich, und durch den Frieden, der aus dieser Geborgenheit kommt. Das ist nicht die todesähnliche Ruhe, in der eine im Unglauben erstarrte Seele lebt — es sind die Arme des Vaters. Dieses Bewußtsein kommt über den Menschen nicht „zufällig", sondern wird aus der Erfahrung geboren. Durch den lebendigen Kontakt mit Gott wird es erhalten. Daseinsleere, Existenz- und Todesangst, Schmerz und Verzweiflung werden durch einen *Filter* geschleust, der ihnen ihre giftige Substanz nimmt. Es kann nicht bezweifelt werden, daß der gläubige Mensch einen Schatz besitzt, von dem der ungläubige nichts ahnt. Dieser geheime Schatz ist es, der den Christen aller Zeiten Kraft verlieh, dem Martyrium und dem Tod furchtlos zu begegnen. Ein Glaube, der zur persönlichen Erfahrung geworden ist, macht alle religiösen Zweifel gegenstandslos. Der „Kopfglaube“ dagegen, der von rationalen Spekulationen lebt, stößt sich vor allem am *Bösen* in der Welt, an der schreienden Ungerechtigkeit und dem Elend, deren Zeuge er täglich ist. Der rationale Gedanke kann dieses Problem ebenso wenig lösen, wie er die Quadratur des Kreises zu lösen vermag. Wenn man nur „zuläßt“, daß es einen Gott gibt, ist man angesichts dessen, was in der Welt geschieht, allen Zweifeln ausgeliefert. Ist man aber im Besitz eines auf persönlicher Erfahrung gegründeten Glaubens, stellt sich das Problem anders. Im Leben wird man mit Tatsachen konfrontiert, die im krassen Widerspruch zu anderen — unumstößlichen — Tatsachen stehen; trotzdem gibt es keine Veranlassung, sie in Abrede zu stellen, denn das wäre sinnlos. Dasselbe gilt für die religiöse Wahrheit. Einmal erkannt, steht sie unverrückbar da; sie zeugt für sich, ist dem Zweifel nicht mehr erreichbar.

Nicht alles kann erklärt und begriffen werden. Der *betende* Mensch jedoch — und hier liegt der Kern — kennt außer vielen unbegreiflichen und unerklärlichen Tatsachen noch andere Tatsachen. Und darum ist ein Streitgespräch zwischen Gläubigen und Ungläubigen gegenstandslos, so gegenstandslos wie ein Disput zwischen musischen und amusischen Menschen, zwischen Sehenden und Blinden. Mit Worten kann man hier nichts beweisen; *Zeugnis* von seinem Glauben sollte man aber auf jeden Fall ablegen: Gott kann unseren Glauben wie ein Flämmchen in die Seele des anderen überspringen lassen.

Soweit die Wiedergabe der Gedanken des Philosophen S. L. Frank.

Eine Wallfahrt nach Saróv und Divéjevo

Von meiner frühesten Kindheit an hörte ich[19a]), wie wohl fast alle Kinder im weiten russischen Reich, von dem Kloster Saróv, wo einst der große Heilige und Wundertäter Seraphim gelebt und gewirkt hat. In diesem Zusammenhang wurde manchmal auch das Kloster Divéjevo genannt, das in der Nähe von Saróv liegt und auf eine nicht alltägliche Weise der Obhut des Heiligen anvertraut wurde. In späteren Jahren, auch während des Medizinstudiums, nahm ich mir immer wieder vor, eine Wallfahrt zu diesen beiden Stätten zu unternehmen, doch es wurde nichts daraus.

Im Hochsommer des Jahres 1926, neun Jahre nach dem Roten Oktober, führten mich meine Pflichten als Arzt nach Kiew. Eines Abends saß ich bei Sonnenuntergang am hohen Ufer des Dnjepr und bewunderte die großartige Landschaft zu meinen Füßen. Ein älterer Mann trat zu mir, und wir begannen ein Gespräch. Er erzählte, daß er sich vorgenommen habe, die heiligen Stätten Rußlands zu besuchen und sich jetzt auf dem Wege nach Saróv und Divéjevo befinde.

„Sie Glücklicher!", sagte ich, „das ist schon seit Jahren mein Wunsch. Aber es soll nicht sein, immer wieder kommt etwas dazwischen." Der Mann schaute mich einen Augenblick an und sagte: „Und mir will es scheinen, daß Sie noch eher dort sein werden als ich." Er verabschiedete sich, machte das Zeichen des Kreuzes über mich und ging seiner Wege.

Nach St. Petersburg, das schon seit zwei Jahren Leningrad hieß, zurückgekehrt, erfuhr ich, daß meine neue Tätigkeit erst in vierzehn Tagen beginnen werde. Als Begrüßungsgeschenk überreichte mir die neue Dienststelle eine Eisenbahnfahrkarte für eine Hin- und Rückfahrt „innerhalb der Räteunion". Mir stand eine kleine Geldsumme zur Verfügung, und ich beschloß, die Zeit zu nutzen und nach Saróv zu fahren. Das Fest des hl. Seraphim am 1. August (dem 19. Juli julianischen Stils) war schon vorbei. Es tat mir leid, daß ich es verpaßt hatte. Ein Freund tröstete mich damit, daß an irgendeinem Tag der zweiten Augusthälfte (er wußte nicht genau, wann) in Divéjevo das Fest des berühmten Gnadenbildes „Muttergottes von Eleussa" gefeiert werde, vor dem der heilige Seraphim sein Leben lang gebetet hatte und kniend entschlafen war. „Eleussa" bedeutet in freier Übersetzung aus dem Griechischen „ein seliges Bewegtsein des Herzens durch Freude". Es war bekannt, daß in der letzten Zeitspanne seines Lebens die Gebetskraft Seraphims so groß war, daß das Öllämpchen vor dieser Ikone von selbst aufflammte. Mehr als einmal sahen ihn die Klosterbrüder während des Gebets vor der Eleussa über dem Boden schweben.

Als Reisetag hatte ich den 7. August gewählt. Am 5. erkundigte ich mich am Nikolaibahnhof (der nun Moskauer Bahnhof hieß), ob die Freikarte erst unmittelbar vor Antritt der Reise oder schon früher abgestempelt werden müsse. Einerseits war seit der Revolution alles „streng reglementiert", und es gab auf Schritt und Tritt Dekrete und Verordnungen; andererseits herrschte überall das für die Sowjetwirtschaft typische Chaos. Nun stand ich mit meiner Freikarte vor dem Schalter. Der Beamte – von diesen Genossen hing in jenen Jahren alles ab – nahm sie entgegen und sagte: „Warum übermorgen? Fahren Sie doch morgen!" Mit diesen Worten stempelte er die Fahrkarte ab: 6. 8. 1926. Basta.

Mein Beichtvater, der 1930 von den Bolschewisten ermordete Erzpriester Sergius Tichonov, sagte mir einmal, daß bei einer Wallfahrt nach Saróv sich alles von selbst arrangiere und man den Umständen nicht entgegenwirken solle; auch dann nicht, wenn sie als ungünstig erschienen. Mir fielen diese Worte ein, und ich nahm die Karte schweigend entgegen. Die Beschleunigung des Abfahrttermins paßte schlecht in meine Pläne.

Am Abend des 6. August betrat ich den Bahnhof und erfuhr, daß der Zug nach Moskau mit dreistündiger Verspätung abfahren werde. Das war nichts Ungewöhnliches. Mit meinem leichten Handgepäck und der Medikamententasche schlenderte ich durch die Straßen der schönen, heißgeliebten Stadt. Ich kam auch an der Kirche in der Snámenskaja-Straße vorbei; sie war der Ikone „Das Zeichen der Muttergottes" geweiht. Der große Physiologe Ivan P. Pavlov beschäftigte sich seit 1925 sehr intensiv mit der Erforschung der Großhirnhemisphären und wurde von den Sowjets behutsam behandelt, ja sogar umworben. Er zählte nicht nur zu den eifrigsten Gemeindegliedern der schönen Kirche, sondern übte in ihr die schwierige Funktion des Kirchenvorstehers aus und sang mit seinem hellen Tenor regelmäßig im Kirchenchor. Nach seinem Tod im Jahre 1936 wurde das Gotteshaus sofort gesprengt.

Eine kleine Seitentür gab trotz der späten Stunde nach, und ich befand mich in der Kirche. Ein alter Küster räumte beim Schein einer Kerze auf (im Sommer gab es abends keinen Strom in der Stadt). Ich sagte, daß ich vor Beginn meiner Wallfahrt nach Saróv beten wolle, und er erwiderte freundlich: „Beten Sie ungestört, verehrter Herr. Wir haben hier einen dem heiligen Seraphim geweihten Nebenaltar." Ich freute mich, kniete vor der großen Ikone des Wundertäters nieder und bat ihn inständig, meine Wallfahrt unter seine Obhut zu nehmen. Freude und Friede strömten in mein Herz.

Da es immer noch zu früh war, ging ich zu einer Verwandten, die in unmittelbarer Nähe des Bahnhofs in einer „Kommunalwohnung" lebte. Eine Kommunalwohnung ist eine große (vor der Revolution vielleicht „herrschaftliche") Wohnung, in der nun unzählige Parteien zusammengepfercht hausten; in acht Zimmern konnten unter Umständen 25 und mehr Personen untergebracht sein. Betrat man den Flur, so öffneten sich wie auf Kommando alle Zimmertüren, und die Bewohner inspizierten den Neuankömmling mit unverhohlener Neugier. In der gemeinsamen Küche wurden nach einem aushängenden, aber nie eingehaltenen „Stundenplan" auf blakenden Petroleum- und Spirituskochern gekocht. Das einzige Badezimmer benutzten die Mieter der Reihe nach. Streitigkeiten brachen schon frühmorgens los und nahmen — besonders in der Küche — kein Ende. Lärm und Gezänk gehörten zur Tagesordnung. Während ich mich mit der Tante unterhielt, klopfte jemand an die Zimmertür, und eine Frauenstimme auf dem dunklen Gang fragte: „Ist der Wallfahrer nach Saróv in diesem Zimmer?"

Ich war erstaunt, sagte aber: Ja, ich habe vor, nach Saróv zu fahren. „In diesem Fall", fuhr die Stimme fort, „bittet eine Schwerkranke, ihrer am Reliquienschrein fürbittend zu gedenken. Sie heißt Sophia und bittet um Ihren Taufnamen, denn sie will auch für Sie beten."

Mich bewegte die seltsame Begebenheit. Spät in der Nacht verließ der Zug Leningrad. Ich hatte beschlossen, in Moskau Freunde aufzusuchen und bei ihnen zu übernachten; nach Arsamass, der Bahnstation für Saróv, wollte ich mit dem Morgenzug fahren, der mir das Übernachten in der Provinzstadt ersparen würde. Aber der Mann am Schalter machte mir einen Strich durch die Rechnung. Er stempelte meine

Karte ab und sagte: „Der Zug steht drüben und fährt in drei Minuten ab.“
Ich war verblüfft und zutiefst empört, sagte aber kein Wort. Vielleicht wurden mir durch diese scheinbaren Willkürhandlungen Strapazen oder Gefahren besonderer Art erspart? Der Zug war überfüllt (es gab zu jener Zeit nur dritte Klasse oder Viehwagen). Unterwegs vernahm man nichts als die schrillen Klänge der Mundharmonikas und Schifferklaviere, das Grölen neuester sowjetischer Couplets und unflätiges Schimpfen. Die mit Holz beheizte Lok kroch wie eine Schnecke und hielt, umständlich fauchend, an jeder, auch der kleinsten Zwischenstation. Wir fuhren so lange, daß es sich nicht mehr lohnte, nach der Uhr zu sehen. Es wurde Abend, die Dunkelheit brach herein, es begann zu regnen. Im Wagen blieben immer weniger Passagiere zurück, und als wir gegen Mitternacht in Arsamass ankamen, waren es nur noch zwei: eine ältere Frau und ich.
Bedrückt davon, daß ich im Finstern, bei Regen und der sowjetischen Mißwirtschaft in einem wildfremden Provinzloch gelandet war, wollte ich Seraphim gerade an meine Bitte in der Kirche erinnern, als die Frau sich umwandte und fragte:
„Sind Sie auf der Wallfahrt nach Saróv?“ Als ich es bejahte, schien sie sichtlich erfreut. „Haben Sie in Arsamass Bekannte? Wenn nicht, darf ich Sie vielleicht zu mir bitten? Im Glockenturm der heiligen Sophia, der Weisheit Gottes, werden Sie sich bestimmt wohl fühlen.“ Und sie erzählte, daß man ihr vor kurzem die Obliegenheiten einer Küsterin an der Sophienkirche übertragen habe; eine kleine Wohnung im Glockenturm gehöre dazu. Ich konnte meinem himmlischen Protektor und der guten Frau nur von Herzen danken und sagte sofort zu. In den winzigen Räumen, die wir über eine Wendeltreppe im Turm erreichten, kochte meine Gastgeberin Tee und bereitete das Nachtmahl. Total übermüdet von der anstrengenden Bahnfahrt, schlief ich auf dem mir zur Verfügung gestellten Lager wie tot ein. Frühmorgens bereitete die Küsterin das Frühstück, gab mir Brote und einen mit einem geschnitzten Kreuz verzierten Pilgerstab auf den Weg und bat, ihn auf dem Rückweg von Saróv zurückzubringen. Von einer wenn auch bescheidenen Bezahlung für Übernachtung und Verpflegung wollte sie nichts wissen; sie schien durch meine Bitte, das Wenige anzunehmen, sogar verletzt. „Von einem Wallfahrer!“, sagte sie mit schmerzlichem

Vorwurf; „lieber gibt man sein Letztes her, als den Heiligen zu kränken. Dem Pilger steht das Beste zu, was man im Hause hat." Ich dankte meiner Wohltäterin und versprach, für sie zu beten. Dann machte ich mich auf den Weg. Vor mir lagen 70 km, die ich zu Fuß zu gehen beabsichtigte: Der heilige Seraphim sah es gern, wenn man auf der Reise zu ihm „ein Paar Bastschuhe" durchtrat. Ich ging den ganzen Tag und erreichte gegen Abend das große Kirchdorf „Jámischtsche", das seinen Namen mit Recht trug, denn es befand sich in einer riesigen, verschlammten Senke. Die Menschen waren durchweg unfreundlich, die Luft voller Gegröle. Man beging einen sowjetischen Feiertag, und die Schreie der Betrunkenen sowie die bekannten unflätigen Ausdrücke schwirrten, mit den Klängen der Mundharmonikas vermischt, durch das ganze Dorf. Ich konnte mich nicht entschließen, irgendwo um Einlaß zu bitten. Nach kurzer Rast am Dorfausgang entschied ich mich für die Fortsetzung meiner Fußreise und erreichte gegen 10 Uhr das nächste Dorf, Orechowez, das genau auf dem halben Weg nach Saróv lag. Jetzt brauchte ich dringend ein Nachtquartier; doch schien nichts schwieriger zu sein als eines zu finden. Wo immer ich auch anklopfte, niemand wollte mich einlassen. Man rief mir Schimpfworte nach wie „Scher dich, Vagabund; deinesgleichen treibt sich hier genug herum". Schließlich sagte ein Mann: „Drüben wohnt der Pfaff. Vielleicht nimmt er dich auf."
Ich klopfte an die Tür des kleinen Häuschens. Schlürfende Schritte in Pantoffeln; ein Greis lugte vorsichtig durch den Türspalt. Auf meine Bitte, mir für die Nacht Obdach zu geben, hob er abwehrend die Arme: der Dorfsowjet habe den Bewohnern aller Dörfer, die auf dem Wege zu den Klöstern liegen, unter Androhung schwerster Strafen untersagt, jemanden aufzunehmen. Er riet mir, mich an den Kommunistischen Jugendverband zu wenden: Vielleicht gebe es dort eine Möglichkeit, zu übernachten.
„Ach, Vater", sagte ich, „bloß nicht zum Jugendverband, bitte! Bloß nicht! Ich bin auf der Wallfahrt zum heiligen Seraphim, und Sie haben von mir nichts zu befürchten. Ich bin gläubig und im Besitz eines gültigen Ausweises."
„Ich habe aber gar keinen Platz! Meine kranken Enkelkinder sind bei mir, die Stube ist voll!"
„Vater!" rief ich, „ich bin doch Arzt! Jetzt droht Ihnen aber auch wirk-

rend der ganzen Wallfahrt unzertrennlich. Vater Platon besaß nur eine Rückfahrkarte Moskau-Arsamass; er hatte keinerlei Reisegepäck und führte weder Geld noch Proviant mit sich. Bekannte hatte er in Divéjevo und Saróv auch nicht.
„Auf einer Wallfahrt zum heiligen Seraphim braucht man sich um nichts zu kümmern", sagte er mit starker innerer Überzeugung, „denn er *ist es, der für alles sorgt.*"
„Vielleicht tut er es diesmal durch meine Wenigkeit!" gab ich scherlich nichts. Ich bin gekommen, um den Kindern zu helfen, und warte die Nacht im Hause ab."
Das Gesicht des Greises hellte sich auf. Er ließ mich eintreten und machte mich mit seiner verängstigten Frau bekannt. Bei den Kindern stellte ich eine Erkältungsgrippe fest und versorgte sie mit Medikamenten. Die Frau brachte den summenden Samowar, und wir nahmen Platz am Tisch. Innerhalb weniger Minuten waren wir schon in ein Gespräch vertieft.

„Verzeihen Sie mir um Christi willen", sagte der Pfarrer plötzlich, „daß ich aus ‚Furcht vor den Juden' die christliche Pflicht der Gastfreundschaft verweigern wollte!" Ich bat ihn meinerseits, mir meine Aufdringlichkeit zu vergeben.

Am frühen Morgen machte ich mich auf den Weg. Die Frau des Pfarrers hatte in der Nacht meine Kleider gereinigt und aufgebügelt und eine Tüte mit bescheidenem Proviant gepackt. Nach dem Frühstück nahm mir der Pfarrer das Versprechen ab, auf dem Rückweg wieder sein Gast zu sein.

Es war ein schöner Augusttag, der Himmel völlig wolkenlos und tiefblau. Meine Seele war leicht und heiter und voller Vorfreude auf das Ziel. Ich schritt munter aus und betete zum wunderbaren Seraphim. Alle Menschen, die ich überholte, erwiderten meinen Gruß sehr freundlich; mit einigen kam ich ins Gespräch.

„Sehen Sie, wie viele es sind, die zum Heiligen wallfahrten", sagte ein Mann mittleren Alters. „Sie kommen aus allen Himmelsrichtungen, ja, wirklich aus allen Ecken und Enden Rußlands."

Tatsächlich: wen ich auch immer fragte, alle wollten nach Saróv und Divéjevo, Bauern, Intellektuelle, Handwerker, Hausfrauen, Arbeiter . . . Es waren auch viele Jugendliche und sogar halbe Kinder dabei.

Sie kamen aus Orel, aus Odessa, aus Moskau, aus Archangelsk. Sogar aus Sibirien waren Wallfahrer dabei. Ich staunte und freute mich.
„Schauen Sie“, sagte eine ältere Dame aus Tula, „da drüben geht ein junger Mann. Es ist der Sohn des berühmten Historikers Professor I. Der junge Mann ist seit kurzem Mönch und heißt Vater Platon. Ausgerechnet jetzt, wo sich alle Welt in den Komssomol einschreibt, entschloß er sich, einer solchen Berufung zu folgen!“
Es drängte mich, Vater Platon kennenzulernen. Ich holte ihn ein, grüßte, und wir kamen ins Gespräch. Mehr noch: Wir blieben wähzend zurück. „Ich hoffe nämlich, in Divéjevo eine Ärztin, eine frühere Kollegin von mir, ausfindig zu machen; nach dem Tode ihres Mannes hat sie sich nach Divéjevo zurückgezogen. Wie ich gehört habe, arbeitet sie dort im Krankenhaus.“
„Na, sehen Sie! Gott sei Dank“, sagte Vater Platon.
Nach einer Weile schlug ich vor, uns am Wegrand niederzusetzen und uns zu stärken. Er war erstaunt: „Aber nein! Im Gegenteil, wir müssen uns sehr, sehr beeilen, sonst verpassen wir die Vigil, und das an einem solchen Tag!“
„An was für einem Tag?“ fragte ich verwundert.
„Wie, das wissen Sie nicht? Morgen ist doch das Fest der Eleussa, der Freude aller Freuden!“
Jetzt fiel es mir wie Schuppen von den Augen. Ich wußte plötzlich, warum beide Kassierer am Schalter, in Leningrad und in Moskau, meine Reise um 48 Stunden vorverlegt hatten: Ich durfte das Fest des Gnadenbildes, das sich seit Seraphims Heimgang in Divéjevo befand, an diesem Ort miterleben. Mein Herz machte einen Sprung vor Freude.
Divéjevo empfing uns mit machtvollem Glockengeläut, das den Beginn der Nachtwache ankündigte. Keine Spur von Hunger und Müdigkeit, und doch hatten wir pausenlos 35 km zurückgelegt! Die riesige Kirche war bis auf den letzten Platz gefüllt. An diesem Abend waren über 3000 Pilger nach Divéjevo gekommen. Drei Bischöfe und mehrere Priester hielten die feierliche Nachtwache.
Vesper und Matutin — das Große Abend- und Morgenlob — waren überirdisch schön, ergreifend. Der herrliche Chor sang die Hymnen auf eine besondere „divéjevsche“ Art. Die Ikone, eine der ganz wenigen, die die Muttergottes ohne das Christuskind darstellt, strahlte im Glanz zahlloser Kerzen. Wie viele Gebete, wie viele Tränen, wie viele

Bitten und Seufzer strömten in jener dunklen Zeit ihrem wundervollen Antlitz zu!
Nach der Vigil fragte ich eine Nonne nach Dr. med. Vera S. Sie sagte: „Schwester Vera ist Nonne und leitende Ärztin in unserem Krankenhaus." Sie brachte uns zu ihr.
„Sie beide übernachten hier!" bestimmte Schwester Vera, „ich habe ein Zweibettzimmer frei. Machen Sie sich frisch, ich schicke alles Notwendige hinüber. Und kommen Sie bitte zum Nachtmahl."
Im kleinen Empfangsraum meiner früheren Kollegin saßen wir bis tief in die Nacht und sprachen über Saróv und Divéjevo. Wir bangten — und bangten auch wieder nicht — um die Zukunft der heiligen Stätten im bolschewistischen Staat.
„Morgen, gleich nach der Göttlichen Liturgie, gehen wir nach Saróv!" entschied Vater Platon, und ich stimmte ihm freudig bei: Nach Saróv! Nach Saróv!
„O nein!" erwiderte Schwester Vera, „Sie sollen bei uns nicht weniger als 24 Stunden bleiben. So wollte es der heilige Seraphim. Er glaubte unerschütterlich — und aus Erfahrung — an die Nähe der Muttergottes an diesem Ort, an die Möglichkeit, hier von ihrem Gewand berührt zu werden. Und jetzt ruhen Sie sich aus und schlafen Sie gut."
Am späten Nachmittag des folgenden Tages, nachdem wir alle Sehenswürdigkeiten des Klosters besichtigt und an der Vesper teilgenommen hatten, machten wir uns an die Regel, die uns Schwester Vera empfahl. Mit dem Rosenkranz in der Hand gingen wir, den heiligsten Namen des Herrn anrufend, dreimal langsam um das ganze Areal des Klosters. Wir gedachten dabei fürbittend aller unserer Freunde und ganz besonders unserer Feinde und Widersacher. Eine persönliche Bitte, zuletzt ausgesprochen, dürfte, wie Schwester Vera versicherte, in Erfüllung gehen. Ich nahm mir vor, um etwas zu bitten, was für mich von besonders großer Bedeutung war.
Als ich jedoch nach der dritten Runde meinen Herzenswunsch hervorbringen wollte, geschah etwas Seltsames. Mich überflutete eine machtvolle Welle nie gekannter Freude und die unerschütterliche Gewißheit, daß *Gott lebt* und ganz nahe ist; daß ich mich in diesem Augenblick mit Ihm im engsten Gebetskontakt meines Lebens befinde. Und unerbittlich wuchs in meinem Bewußtsein die Erkenntnis: *Ihn,* den Herrn, jetzt um irdische Dinge bitten, hieße, Ihm zu sagen: Ver-

laß mich, geh von mir, ich bedarf Deiner Gaben nicht. In überströmender, unbeschreiblicher Seligkeit lallte ich Worte, die mir selbst kaum bewußt waren:

„Herr! Ich erbitte von Dir kein irdisches Wohlergehen. Nimm von mir meine materielle Sicherheit, meine Geborgenheit, nimm alles, was Du mir bis jetzt gegeben hast. Laß mir nur eines: Die Gemeinschaft mit Dir. Und wenn das nicht immer in einer solchen Fülle sein kann wie in diesem Augenblick, so laß die Erinnerung an ihn — was auch geschehen mag — nie verblassen. Gib, daß sie in meiner letzten Stunde besonders lebendig wird."

Mehr sagte ich nicht.

Am nächsten Morgen gingen Vater Platon und ich nach Saróv. Wir fielen vor dem Schrein mit den heiligen Gebeinen des Wundertäters nieder und küßten ihn mit großer innerer Scheu und tiefer Bewegung. Ich wußte, daß ich gestern in Divéjevo zum zweiten Mal geboren worden war. Alles um mich schien neu zu sein, alles glänzte, wie mit Tropfen himmlischen Taus benetzt. Alles strahlte Freude aus. Ich ahnte bis dahin nicht, daß zwischen dem Psychischen und dem Spirituellen ein weit größerer Unterschied besteht als zwischen dem Physischen und Psychischen. Jetzt war es mir klar geworden, jetzt wußte ich es.

Tief innen, in der Seele war es ganz still; dort wohnte noch immer die große, unaussprechliche Freude. Die „äußeren" Wunder, die am Reliquienschrein geschahen, berührten mich kaum. Sie schienen so selbstverständlich, so „natürlich" zu sein! Geheilt wurde ein kleiner Junge, dessen beide Beine gelähmt waren; eine Irre begann sich ruhig zu verhalten und vernünftig zu sprechen. Das alles mußte so sein und wunderte mich nicht.

Am Heiligenschrein stand stets ein alter Mönch. Seine Pflicht war, die kleinen Silberkreuze und Medaillen der Wallfahrer zu weihen. Ein Freund von mir war vor einigen Jahren in Saróv gewesen und erzählte mir folgendes: Er stand am Schrein und wartete, bis er an der Reihe war. In der Hand hielt er das bekannte kleine Medaillon, das auf der einen Seite den heiligen Seraphim, auf der anderen die Eleussa, die Freude aller Freuden, darstellt. Vater Isaak weihte, indem er die Kreuze und Medaillen einfach mit der schweren Brokatdecke, die die Gebeine des Heiligen verhüllte, in Berührung brachte. Mein Freund dachte:

Und das Weihwasser? Als er sein Medaillon reichte, rief der Mönch einen Novizen herbei, ließ sich von ihm eine Schale mit Weihwasser bringen und besprengte das Medaillon, bevor er es auf das Tuch legte. Dabei sah er meinen Freund mit einem unbeschreiblich gütigen Lächeln an.
Wir besuchten die Klosterzelle des Heiligen und seine Einsiedelei im Walde, wo das berühmte Gespräch mit N. Motovilov stattgefunden hatte. Wir badeten in der Quelle, die schon vielen Kranken die Heilung ihrer Gebrechen gebracht hat. Wir sahen auch den Feldstein, auf dem Seraphim kniend, die Arme zum Himmel erhoben, tausend Nächte verbracht hatte mit einem einzigen Gebet auf den Lippen: Gott, sei mir Sünder gnädig. Draußen in der Welt tobten die napoleonischen Kriege; der Stylit des 19. Jahrhunderts, ein russischer Mönch, nahm die Sühne für blutige Siege und blutige Niederlagen auf sich. Er bot sich als Opfer für sie dar und bezog die ganze leidende Menschheit in sein Gebet ein.
Wir sprachen auch mit der uralten Nonne, die am 19. Juli (jul. Stils) 1903 den Auftrag hatte, Kaiser Nikolaus II., der zur Heiligsprechung Seraphims mit seiner ganzen Familie nach Saróv gekommen war, einen versiegelten Umschlag zu überreichen, auf dem mit der Hand des Heiligen geschrieben stand: Dem vierten Kaiser nach meinem Tode.
Vater Platon und ich hätten zu gern einen Splitter von jenem berühmten Feldstein mitgenommen; doch konnte davon keine Rede sein. Würde man jedem Wallfahrer diesen Wunsch erfüllt haben, gäbe es längst keinen Stein mehr. Vater Platon und ich waren an jenem Tag nicht nur überaus froh, wir waren übermütig wie Kinder. Wir nahmen uns bei der Hand, knieten auf dem weichen Waldboden nieder und baten den Heiligen um das Körnchen. Uns war dabei unbeschreiblich heiter zumute! Dann gingen wir langsam durch den herrlichen Wald und atmeten mit voller Brust den beinah dickflüssigen Duft, den berühmten Sarόvschen „Weihrauch“ der vielhundertjährigen Tannen und Kiefern ein, deren mächtige Stämme zwei erwachsene Männer nur mit Mühe umfassen konnten. Etwa eine halbe Stunde später blieben wir an einer Lichtung stehen, in der wir ein gemaltes Kruzifix mit Corpus erblickten. Im Jahre 1926 gab es im Gouvernement Tambov noch recht viele Kruzifixe; sie standen an Kreuzungen, an einsamen Feld- und Waldwegen. Dieses hier war neu. Die Nonne,

die am Corpus Christi gearbeitet hatte, packte gerade ihre Malutensilien ein. Ihr Tagewerk war beendet.
„Wie gut Sie malen! Sind Sie gelernte Ikonographin?"
„Ich bin gelernte Miniaturistin. Wenn ein sehr hoher Gast ausnahmsweise einen Splitter vom ‚Stein' als Geschenk mitbekam, malte ich den mit erhobenen Armen knienden Heiligen darauf. Das Ganze pflegte nicht größer zu sein als der Nagel meines kleinen Fingers."
„Mutter!" rief Vater Platon, „wir haben den brennenden Wunsch, ein ganz winziges Körnchen vom Stein zu besitzen und beteten noch vor einer halben Stunde darum! Sie könnten uns doch bestimmt dabei helfen!"
Die Nonne sagte zögernd: „Natürlich besitze ich winzige Teilchen. Man kann doch nicht auf einem unebenen und kantigen Splitter malen; man muß sich durch Abschleifen zuerst eine geeignete Fläche schaffen. Aber auch solche Körnchen sind kostbare Reliquien. Na, gut. Geben Sie mir Ihre Anschrift, ich schicke jedem eines per Post."
Wir besuchten die ikonographischen Werkstätten des Klosters und sprachen mit einigen Isographen. Das bekannte kleine Silbermedaillon war nicht mehr zu haben. Die Silbervorräte des Klosters waren längst erschöpft und das Stanzen behördlich verboten.
Es kam der Tag der Abreise. Nach Saróv pflegten die Wallfahrer zu Fuß zu gehen, zurück wurden sie bis Arsamass in großen Droschken, die von kräftigen Pferden gezogen wurden, gebracht. Die einzige Auflage war: ab und zu auszusteigen und ein paar hundert Meter zu Fuß zu gehen, um die Tiere zu entlasten.
Uns fielen unterwegs zwei Frauen auf: eine vor Gesundheit strotzende, rotbackige junge Krankenschwester, die sehr ungern ausstieg und meist in der Droschke sitzen blieb, und ihre ungewöhnlich zarte und zerbrechliche „Schutzbefohlene", die immer als erste heruntersprang und munter zu Fuß lief. Die Krankenschwester, die in Erfahrung gebracht hatte, daß ich Arzt bin, rief mir zu: „Was halten Sie, Doktor, von diesem Fall? Wie soll man ihn verstehen?" Und sie erzählte, daß die junge, blasse Nonne, Schwester Veronika aus dem Frauenkloster Smolensk, auf einer Tragbahre nach Saróv gebracht worden war. Die Ärzte hatten sie im hoffnungslosen Stadium von Lungentuberkulose aufgegeben. Sie bat, nach Saróv gebracht zu werden, betete am Reliquienschrein und küßte unter vielen Tränen das golddurchwirkte

Hl. Sergius von Radonesch (1314—1392), Gründer des Klosters zur Hl. Dreifaltigkeit, Initiator der asketischen Schule.

Ikone des hl. Seraphim von Saróv (1759—1833).
Portrait von einem Novizen zu Lebzeiten des Heiligen gemalt.
Frauenkloster Neu-Diwejewo, New York.

Grabtuch. Sie fühlt sich jetzt gesund. „Schauen Sie doch, Doktor, wie sie läuft! Flink, flink!"

Ich erwiderte, daß ich nicht nur Arzt, sondern auch orthodoxer Christ sei; die Möglichkeit wunderbarer Heilungen zu bestreiten, stünde mir nicht zu. Und das Wunder an Schwester Veronika sei nur *eines* unter vielen, die der Wundertäter von Saróv vollbrachte.

In Orechovez verließ ich die Gesellschaft der Pilger und kehrte bei dem alten Priester ein. Wir verbrachten unvergeßliche Stunden. In Arsamass verabschiedete ich mich von der Küsterin und gab ihr den Pilgerstab zurück. Ich dankte ihr nochmals von Herzen.

„Ich würde Ihnen so gern ein kleines Andenken mitgeben", sagte die gute Frau Xenia, „aber was? Ich besitze nichts Passendes." Sie zögerte einen Augenblick, schien zu überlegen. „Doch, ich hab's. Hier, in der Nähe von Saróv, kann sich immer noch eine Gelegenheit bieten, Ihnen aber kaum. Darum nehmen Sie, bitte, diese kleine Silbermedaille. Das Besondere an ihr ist, daß sie am 19. Juli 1903 während der Heiligsprechung auf den Gebeinen des Heiligen lag." Mit diesen Worten löste sie die winzige Ikone von ihrer Halskette und gab sie mir.

Vierzehn Tage später kam ein Briefumschlag mit einem Steinkörnchen. Er erreichte mich noch in meiner Leningrader Wohnung.

Dann aber veränderte sich mein Leben mit einem Schlag. Ich verlor die Stellung, die Wohnung, alles, was ich besaß, und kam für viele Jahre ins Solovetzki-Konzentrationslager am Nördlichen Eismeer. Im Jahre 1929 traf ich dort mit Bischof Illarion von Smolensk zusammen. Er erzählte mir u. a., daß die einst schwerkranke Schwester Veronika völlig gesund sei und ihrer Arbeit nachgehe.

Der Herr hat meine Bitte in Divéjevo erhört: Er nahm mir alles. Jetzt auch die Heimat. Ich bin nicht mehr jung und werde meine Tage sicherlich in der Fremde beschließen. Aber die Erinnerung an den Abend in Divéjevo ist wach: an jenen Abend, an dem mich Gott die tiefste Freude und das größte Glück erleben ließ, die einem Menschen auf Erden zuteil werden können.

1945—1946 München/New York

Das Bollwerk

Einer fundierten und vor die breite Öffentlichkeit gebrachten Kritik an der Theorie des Marxismus begegnet man in der Bundesrepublik Deutschland nicht. Jeder weiß, daß in den „sozialistischen" Ländern Terror und Willkür herrschen; den eigentlichen Ursachen dieser sich stets gleichbleibenden Erscheinung geht man kaum nach. Ebensowenig gibt man sich Mühe, den krassen Widersprüchen der Ideologie mit ihren unbewiesenen und unbeweisbaren Thesen mit sachlicher Kritik entgegenzutreten. Die Arbeit unserer „linken" Universitätsgruppen nimmt keineswegs ab, ist erfolgreich, bedroht nach wie vor unsere Gesellschaftsordnung und ist auf die Aufhebung unserer Verfassung ausgerichtet. Offiziell gilt dort Marx als einer der deutschen Philosophen. Seine explosive Wirkung auf die in den Unverbindlichkeiten eines wertfreien Pluralismus schwimmende junge Generation wird verharmlost oder ganz übersehen.

Man hört oft, daß die „Ideologie" sich sowieso „überlebt" habe, vor allem in der Sowjetunion, wo nur noch eine lächerlich kleine Minderheit daran glaubt. Aber selbst wenn sich der Kommunismus als Theorie in Rußland völlig überlebt haben sollte — die Seele des russischen Volkes hat er weitgehend verändert. Solschenizyns Bücher sprechen von einer Abstumpfung und Verrohung des Geistes, die kaum zu fassen ist. Der größte Teil der Nation verhält sich gegenüber dem Regime mit dumpfem Indifferentismus. Zwar ahnt der Sowjetmensch, daß der Staat seine Interessen weder wahrnimmt noch vertritt; doch ist von der Ahnung bis zum klar formulierten Gedanken und von dort zum Protest und zur Forderung ein weiter Weg. Man empfindet das Übel. Um aber bis zu seinen Wurzeln vorzudringen und sie bloßzulegen, dazu reicht *ein* Leben nicht aus. Nur die „Stimmen unter dem Geröll" sprechen eine Sprache, die von Furchtlosigkeit und hohem ethischen Niveau zeugt. Und der Sprache folgen Taten von großem Mut und höchstem Opferwillen.

Solschenizyn bezeichnet das Problem der *Entlarvung* des Marxismus und Marxismus-Leninismus als das vordringlichste der Menschheit. „Alles, was in der UdSSR geschieht, ist nur durch die Ideologie zu erklären. Wer einmal in ihren Würgegriff gerät, wird sich nur mit äußerster Anstrengung wieder losreißen können. Auch als Gerippe erdrückt sie Menschen in ihren Fangarmen, auch als Leiche verpestet sie den Umkreis mit ihrem Leichengift. Das ist unser System — das Werk Lenins. In einem Geheimbrief, in dem er von der Zerstörung der Kirche spricht, spürt man die diabolische Spannung fast körperlich ... Dieser Haß ist es, der unseren Staat zusammenhält. Was keine Despotie der Welt vermag, bringt die Ideologie fertig. Darum ist die Folgerung, die es aus dem Archipel GULAG zu ziehen gilt: Die Ideologie ist es, die solche Massengreuel zustande bringt."

Die Dissidenten, die sich im Westen befinden, geben zu, daß der Marxismus auch sie eine Zeitlang in seinem Bann gehalten habe. So einfach, wie viele glauben, liegen die Dinge nicht. Die berechtigte Annahme, daß die Doktrin sich überlebt habe, gilt für die sozialistischen Länder. Bei uns, in der Bundesrepublik Deutschland, sind sehr beträchtliche Teile der jungen Generation vom „Wein, der alle Völker betört" (Offb 18,2) abhängig. Daß er uns nicht gefährlich werden kann, ist unbegründeter Optimismus. Darum die Frage: Wo bleibt die Wahrnehmung der *zentralen* Aufgabe unserer Demokratie, auf die Vernichtung der Ideologie hinzuarbeiten, ihre Entlarvung auf breiter Basis durchzuführen, ihre geistige Dürftigkeit bloßzustellen?

Jurij Galánskov, der Held und Märtyrer, wußte sofort, was zu tun war, als ihn der Zufall im mordwinischen Straflager mit einem jungen, radikalen Marxisten zusammenführte. In der Sowjetunion ist die Tatsache, überzeugter Marxist-Leninist zu sein, noch lange keine Garantie, dem Zugriff des KGB, d. h. Straflagern und Irrenhäusern, zu entgehen. Der junge Mann tat Galánskov leid. Mit unendlicher Geduld nahm er die Titanenarbeit, die zeitweilig zu einer Sisyphusarbeit zu entarten drohte, auf und begann, die tönernen Füße des ideologischen Götzen systematisch, Millimeter um Millimeter zu zerschlagen. Er zerlegte die Ideologie in ihre Bestandteile, griff jedes Detail einzeln auf, drang ins Innere des Labyrinths und schlug aus dem Bollwerk, das für die Ewigkeit errichtet zu sein schien, einen Stein nach dem anderen heraus. Die Mühe wurde belohnt: dem Jungen gingen die Augen auf, er verwünschte seine jahrelange innere Gefangenschaft und atmete mitten im Konzentrationslager die neugewonnene beglückende Freiheit ein.

Was hinter Wachtürmen und Stacheldraht möglich war, sollte das in

der freien Welt nicht möglich sein? Haben wir keine Männer und Frauen, die dieser Aufgabe gewachsen sind?
Ja, wenn der Marxismus und seine leninistische Bearbeitung eine *Wissenschaft* sind, muß man sie mit wissenschaftlichen Methoden bekämpfen. Aber sind sie das?
Der weltweit bekannte Dissident (von Beruf Philosoph und Physiker) Alexander Sinowjev legt in seinen Büchern „Gähnende Höhen" und „Eine lichte Zukunft" ein erschütterndes Zeugnis von der Zerstörung der menschlichen Persönlichkeit im marxistisch-leninistischen Staat ab. Sinowjev ist nicht der flammende Prophet und zornerfüllte Exorzist, den wir in Solschenizyn kennengelernt haben. Er ist ein nüchterner Chirurg, der das wuchernde Krebsgeschwür mit dem Skalpell eines zynischen Intellekts aufschneidet und sein erschreckendes Innere freilegt. Es ist das Bild des durch die Mechanik des Systems herbeigeführten *Zerfalls* der Persönlichkeit. Dieser Zerfall tritt im Denken, im Fühlen, in den Verhaltensweisen, im modus vivendi fast aller Gesellschaftskreise zutage, auch derer, zu denen Sinowjev noch selbst gehörte. „Mit dem System kämpfen, heißt: von ihm immer wieder berichten." Soweit es sich nicht um überzeugte *Christen* handelt, die Sinowjev geflissentlich aus seinen Darstellungen ausklammert, ist die Bewußtseinsänderung des durch alle ideologischen Mühlen geschleusten Sowjetmenschen heute vollzogen. In diesen Mühlen ist er verarbeitet und zerrieben worden. Im Reich des vollzogenen Realkommunismus erreicht das Ziel nur der Unverfrorene, Bornierte und Zynische, dessen Sehnsüchte beim Essen, Trinken, einem Auto und einer Datscha enden. Schöpferische Begabungen werden vom Staat und von allen Ämtern ferngehalten; die Gespräche und der Umgangston der sowjetischen „Elite" sind von Trivialität, Anmaßung und kleinkarierten Interessen gezeichnet. Und über allem liegt der graue Schleier der Langeweile, das Leichentuch der Ideologie.
„Ich bereiste die verschiedensten Städte und besuchte viele Familien. Ich fand überall dasselbe. Mit gestiegenem Wohlstand keine Hebung des Niveaus. Man schlingt und trinkt üppiger, und der Klatsch erreicht höhere Etagen. Die Gespräche sind gleichermaßen öde, inhaltslos und anmaßend. Wo man hinsieht und hinhört, schlagen einem Verlogenheit, Stümperhaftigkeit und Schmarotzertum entgegen. Und immer wieder dieser tödliche Schleier der Langeweile . . . Das ist die

Ausstrahlung unserer elitären Gesellschaft. Und sie zwingt alle, so zu sein und zu leben, vernichtet alles, was anders sein will." Wie durch ein Wunder steigt aber aus den Tiefen des Bewußtseins etwas auf, was im Grunde nicht mehr existieren kann, was verkümmert und verdorrt sein müßte: das Gewissen.

Wir bleiben zunächst bei Sinowjev und Solschenizyn: Im Odium des Marxismus-Leninismus ist aus dem von Natur aus reich begabten, einst großzügig, ja universal angelegten russischen Menschen ein neues Wesen geworden. Vor allem anderen schlägt uns aus ihm der neue Nationalzug — die Verlogenheit, entgegen; ferner kleinlichster Argwohn, bornierte Intoleranz, Schadenfreude, Neid, Bosheit. Nichts hält die „Elite" davon ab, gegen die Mitmenschen auf die gemeinste Weise zu intrigieren, ihnen im entscheidenden Augenblick die Chance zu entreißen, sie zu denunzieren. Denn Religion und Ethik sind in der realkommunistischen Gesellschaft unbekannte Größen. Der Behauptung westlicher neo-marxistischer und pro-kommunistischer Gruppen, daß die Doktrin in der Sowjetunion „nicht verwirklicht" worden sei und daß ihre „wahre Verwirklichung" im Westen „ganz anders" aussehe, tritt Sinowjev als einem infantilen Geschwätz entgegen. „Sie (die Doktrin) ist längst verwirklicht und ausgeschöpft — das war sie schon unter Lenin und Stalin." Denn nur bei einer dermaßen konsequenten, im Jahre 1917 unverzüglich begonnenen Durchführung aller ihrer Postulate konnten solche Früchte heranreifen. Die verwirklichte sozialistische Gesellschaft und der Kommunismus — was ein und dasselbe ist (Sinowjev) — waren von Anbeginn auf nichts anderes als auf die Vernichtung der menschlichen Persönlichkeit programmiert, auf ihre totale Aufreibung in einem Apparat, der weder durch Gesetze noch durch religiöse und sittliche Postulate eingedämmt, eigens für dieses Ziel errichtet worden war.

Tatjana Góritschewa, Dissidentin aus Leningrad, berichtet: „Es hat sich bei uns ein freudloses Matriarchat herausgebildet. Die Frau hat sich emanzipiert, d. h. sich doppelt so stark wie der Mann in Abhängigkeit gebracht. Am meisten sind die Seelen derer geknechtet, die in unserem Staat Prestige-Stellungen einnehmen. Willst du Erfolg haben, so vernichte dein Gewissen, vergiß, daß du ein Herz hast, daß du ein Mensch bist. Geh über Leichen. Und wir erleben bei uns Über-Frauen, grob, von teuflischer Unbarmherzigkeit, die alle lebendigen Regungen in sich erstickt haben ... Lenin verkündete: Jede Köchin kann den Staat regieren. Die Revolution versprach die Gleichberechtigung von Mann und Frau. Es gibt bei uns mehr Frauen mit Hochschulbildung als Männer. Aber die ‚regierenden Köchinnen' sind noch grauenhafter verstümmelt als die ‚gewöhnlichen', denn ‚regieren' kann nur der, dessen einziges Prinzip das Heulen mit den Wölfen ist und der seine menschliche Natur aufgegeben hat. Die sowjetische Super-Frau — femina sovietica — schaut auf uns vom Umschlagblatt der Zeitschrift ‚Die Sowjetfrau': Eine satte, selbstzufriedene Fratze mit strohblondem Haar und gläsernen Augen. Das sind unsere Richterinnen, Verwaltungsbeamtinnen, Gefängniswärterinnen. Sie sind fanatisch und vollstrecken widerspruchslos, was ihnen ein Wille ‚von oben' vorschreibt. Eine neue Walküre, doch bar jeglicher Weiblichkeit oder Romantik. Hinter ihrer hektischen Aktivität steckt nichts, außer Sklaventum und existentieller Ohnmacht. Es wird Zeit, den *Menschen* in ein ‚Rotbuch' einzutragen, denn er ist im Aussterben. Wiederhergestellt kann er nur dann werden, wenn er das Bild Gottes in sich zu suchen beginnt. Nur die Rückkehr zu den transzendenten Quellen der Existenz bringt ihn zur Geschichte und zu sich selbst zurück; in Gott allein kann er seine verlorene Würde wiederfinden."

Im Westen heißt es, das russische Volk „kämpfe" nicht, weil es seit eh und je gefügig und passiv gewesen sei. Die Verfechter dieser unsinnigen Theorie sollten daran erinnert werden, daß es eine Regierungsform gibt, die mit *totalem Terror* identisch ist. Lenin wußte, daß der neue Staat nur mit dieser Methode siegen kann. Die Kollektivierung der Landwirtschaft (1928—1933) gehört zu den blutigsten und verlustreichsten Kriegen der Weltgeschichte: Er vernichtete 10 Millionen russische Bauern. Zuvor aber vernichteten die — von Botmäßigkeit und Gefügigkeit weit entfernten — Bauern 80% des Viehbestandes und hörten auf, sich um die Fruchtbarkeit des Bodens zu kümmern. Der „heiße" Krieg dauerte vier Jahre, der „kalte" geht auch heute noch weiter: Sein Name ist Unproduktivität.

Nach Sinówjev ist der Marxismus mit allen seinen Metastasen keine Wissenschaft. Nur eine Ideologie. Folglich ist er gegen alle Methoden der wissenschaftlichen Kritik immun und kann durch sie weder bekämpft noch aufgehalten werden. Das kann nur die unermüdliche Aufdeckung der von ihm geschaffenen *Fakten* schaffen, eine kompro-

mißlose Offenlegung — nicht seiner „wissenschaftlichen Inhalte", wie das an unseren höheren Schulen und Hochschulen heißt, sondern seiner *reifen* Früchte. Es sind die Verstümmelung der Seele und die Abstumpfung des Geistes, die Mißachtung aller moralischen Postulate, die maßlose Korruption, die ausufernde Volkstrunksucht, der über Leichen gehende Karrierismus. Als „Beigaben" könnte man das allgegenwärtige Auge des KGB, die Verschleuderung lebenswichtigen Volksgutes, den ständigen blamablen Lebensmittelmangel erwähnen. Zufälle? „Nein", sagt Sinówjev, „hervorragende Merkmale des Systems, die Früchte der Ideologie." Alles andere kann man im Archipel GULAG nachlesen. Denn die Werke Solschenizyns haben dieser Ideologie einen mächtigeren Schlag versetzt als es alle Bemühungen der „wissenschaftlichen Kritik" im Verlauf der Zeit tun konnten.
Haben viele von uns diese dicken Bände gelesen?
Nach dem Titanenwerk Solschenizyns ist es nicht mehr möglich, über die „humanen Grundlagen" der Leninschen Erlösungstheorie, über die Errungenschaften des „sozialistischen Humanismus", über die historische Notwendigkeit der Oktoberrevolution und die „Gerechtigkeit", die ihr zu Lenins Zeiten zugrunde lag, zu sprechen. Die „Ideologie beim Aperitif" ist erschüttert. Das gemarterte, zerschundene und seines *geistigen Inhalts beraubte* Antlitz Rußlands hat viele Menschen im Westen verändert. Solschenizyn ist es gelungen zu zeigen, daß es den Revolutionären keineswegs um die Beglückung der Menschen ging, sondern nur um die Ausübung der Macht; daß alle sozialistischen Ideen zur Tarnung dieses Machthungers dienen; daß die Besessenheit von dieser Leidenschaft einen jeden Revolutionär mit eisernem Griff in die Pflicht nimmt; daß diejenigen, die die „absolute Gerechtigkeit" anstreben und mit Gewalt herstellen wollen, einer Gefolgschaft bedürfen, der sie *Prämien* zusichern müssen. Die Prämien aber sind: Befriedigung von Haß- und Neidgefühlen sowie Teilhabe an Macht und Beute. Mit den „hohen" Zielen der Revolution sind die Mittel so fest verflochten, daß eine Inversion von Zielen und Mitteln stattfindet. Etwas anderes gibt es nicht.
Sowohl Solschenizyn als auch Sinówjev widerlegen die Meinung westlicher Systemveränderer, der zufolge die Ideologie und ihre derzeitigen Früchte nicht identisch seien. Sie beweisen, daß sie es *sind.*
In der Bibliothek eines fakultätseigenen Instituts und in der Bücherei

eines oberbayerischen, katholischen Gymnasiums fragten wir bei Gelegenheit nach Werken von Solschenizyn. In beiden Fällen bekamen wir die Antwort: „Wir führen sie nicht, da wir ihm nicht glauben." Swetlana Allilujewa, die Tochter Stalins, schreibt in ihren Erinnerungen „Das erste Jahr": „Dieser Mann (Solschenizyn) ist die Verkörperung der Wahrheit; er strahlt Wahrheit aus."

Ein Film flimmerte in unserem Wohnzimmer auf: Das französische Fernsehen zeigte einen Streifen über das Leben in der SU. Ein Bischof log — mit gesenktem Blick — von der ungehinderten Ausübung der Religion. Ein Veteran der „Aurora" log vom (nie dagewesenen) „Sturm" auf das Winterpalais. Vor dem Hintergrund primitiver Fotomontagen log ein sowjetischer „Historiker", indem er die Geschichte Leningrads verfälschte. Ein unerträglich verlogenes Pathos lag über der Vereidigung einer Gruppe von Komsomolzen. Die Kommentatoren des Fernsehfilms sprachen auch nicht die Wahrheit, doch wußten sie es nicht besser: ihre Unkenntnis der russischen Geschichte war erschreckend. Die Wahrheit und nichts als die Wahrheit sprachen indes die trostlosen neuen Betonstädte der Sowjetunion, mit dem steinernen Lenin auf jedem Platz der Oktoberrevolution. In einer Stadt gelang es den Filmenden, den Markt einzufangen: Ein paar Kohlköpfe, eine Handvoll Beeren, zwei struppige, ungepflegte Kaninchen. Die Wahrheit konnte man auch an den mürrischen Gesichtern der Menschen ablesen.

Die Lüge ist die Waffe der Sklaven, heißt es bei Julien Green. Der Sklaven, die am ideologischen Bollwerk noch immer Wache stehen.

Jurij Galánskov

Den Ministern, den politischen Führern, den Zeitungen —
Glaubet nicht!
Stehet auf, die ihr flach am Boden liegt!
Stehet auf! Stehet auf! Stehet auf!
Und geht und zerstört doch endlich
Diesen morschen Kerker von Staat.
Ich werde es niemals erlauben
Meiner Seele Gewand zu besudeln!
Hört doch auf, mich beschwichtigen zu wollen!

Ich bin sowieso nicht imstande
Zu atmen in eurer Hölle.
Das Leben ist hier ein KZ
Über Menschenknochen errichtet.
Ich kann euer Brot nicht mehr essen
Aus Blut und Tränen gebacken!
Denn plötzlich, wie Donnergetöse,
Wie ein Blitz der Erscheinung Christi
Offenbarte sich mir die Schönheit:
Die zerschundene, die verblutende,
die gekreuzigte menschlische Schönheit.

(Aus dem Russischen)

Andrej Sácharov

Daß er ein großer Wissenschaftler ist, wird von niemandem bezweifelt; daß er ein Menschenfreund ungewöhnlichen Formats ist, bewies er, als er auf ein von Privilegien rundherum geschütztes Leben verzichtete — ein Leben, das in der Sowjetunion weniger für Verdienste welcher Art auch immer als für schweigenden Konformismus gewährt wird. Daß er in der Politik sehr klar sieht, bewiesen seine Interviews. „Ich fürchte", so sagte er, „daß die irrationalen Gesetze des westlichen Modetrends und die pathologische Angst der älteren Generation, hinter der jüngeren ‚zurückzubleiben', zu gefährlichen Ergebnissen führen könnten. Sowohl sozialistische als auch ‚linksliberale' Ideen stehen im krassen Widerspruch zur Realität und verändern in diesem Sinne das Bewußtsein des westlichen Menschen. Die Gesellschaft nimmt eine neue Qualität an. Das geschieht, weil der Westen immer noch eine völlig unzureichende, verharmlosende Vorstellung von der tragischen Komplexität des Lebens in den sozialistischen Ländern hat. Die falsche Perspektive verleitet zu Fehleinschätzungen der politischen Situation im eigenen Land und zu gefährlichen Fehlschlüssen in der Bewertung der internationalen Lage. Die Vogel-Strauß-Haltung zwingt den westlichen Beobachter, das Abnorme und Ungeheure, das er über den Sozialismus aus Büchern und authentischen Berichten von Augenzeugen erfährt, herunterzuspielen, zu verharmlosen, meist aber auch einfach zu bezweifeln."

„Wie überall, so gibt es auch im Westen soziale Probleme. Im Rahmen der parlamentarischen Demokratie können sie nicht jener Sofortlösung zugeführt werden, die sich die radikalen Hitzköpfe durch baldmögliche ‚sozialistische' — und das will besagen, diktatorisch-totalitäre — Mittel wünschen. Diese Opfer einer nie aussetzenden Propaganda ahnen nicht, wie viele Halbwahrheiten und krasse Lügengespinste in dieser stecken. Genau aus diesen Quellen beziehen die unbelehrbaren westlichen Linksliberalen und Linksradikalen ihre Ideologie, ihre Haltung, ihre Aktionsprogramme."

„Bis jetzt hat noch *jede* Spielart des Sozialismus — ausnahmslos — ein Einparteiensystem, die Etablierung einer machtgierigen und unfähigen Bürokratie, die Zerstörung der Landwirtschaft, die Enteignung des Privatbesitzes, die brutale Vergewaltigung des Gewissens, die Verfolgung der Religion, die Unterdrückung der freien Meinung und den Terror der Tscheka, GPU, NKWD, MWD, KGB und ihrer Synonyme gebracht. So ist es in Rußland, so in den Ländern der ‚Volksdemokratien'. So wird es immer und überall sein. Ist das Schicksal oder Pech? Entscheiden Sie selbst, ob die obengenannten Maßnahmen und die Abwürgung der Freiheit zu etwas anderem führen können als zu Totalitarismus. Die beharrliche Durchführung sozialer Reformen vorausgesetzt, sind die kapitalistisch-demokratischen Staaten des Westens Repräsentanten einer unvergleichlich menschlicheren Gesellschaftsform als alle sozialistischen Regime der Welt zusammengenommen."

„Die Staaten des Westens müssen alles daransetzen, um nicht auf solch demagogische Erpressungen hereinzufallen wie die Demonstrationen gegen die Aufstellung amerikanischer Raketen in Europa. Es ist völlig unzulässig, daß die ‚andere Seite' im Konfliktfall das Dreifache an Panzern und Artillerie, das Zweifache an atomgetriebenen U-Booten und strategischen Raketen mit doppelter Reichweite und Schlagkraft einzusetzen fähig ist. Presse und Regierungsverantwortliche haben die Pflicht, die Bevölkerung unermüdlich darüber aufzuklären und sich dabei nicht zu scheuen, als ‚Rechtsradikale', ‚Kriegshetzer' oder ‚Agenten der Rüstungsindustrie' abgestempelt zu werden."

„Dennoch müssen Bemühungen um den Frieden ständig Priorität haben; man muß den Atomkrieg verhindern. Darin sind sich alle verantwortungsbewußten Menschen unseres Planeten einig und — so will ich zumindest hoffen — auch die sowjetischen Führer, obwohl ihre expansionistische Politik höchst gefährlich ist, ihr Zynismus grenzenlos und ihre dogmatischen Vorurteile sowie das ständige Gefühl der Unsicherheit es nicht zulassen, eine realistische Innen- und Außenpolitik durchzuführen."

Ein Interview

Das Gespräch mit Frau Galina Wischnéwskaja-Rastropówitsch führte ein Mitarbeiter der Pariser Zeitung „La Pensée Russe" (Russkaja Mysl) im Jahre 1982.

Frau Wischnéwskaja, Sie sind die Gattin des weltberühmten Cellisten Mstislav Rastropówitsch und selbst Primadonna assoluta der Sowjetunion gewesen. Auch hier im Westen sind Sie ein Stern am Opern- und Konzerthimmel. Was empfanden Sie auf der Bühne des Bolschoi-Theaters; sangen Sie für Partei und Regierung, oder weil Leben und Singen für Sie eins sind?
Natürlich sang ich für die Prominenz. Ich kam mit drei Jahren in den Kindergarten, und schon begann meine Erziehung zum Kommunismus. Bevor ich richtig sprechen konnte, mußte ich Verse über Lenin aufsagen. So etwas geht in Fleisch und Blut über und wirkt so lange, bis der Augenblick der Erleuchtung kommt. Für viele kommt er aber nie. Man lebt ja in der Einheitsgesellschaft; ist man „anders", wird man zum Staatsfeind gestempelt und ins Gefängnis geworfen. Unter solchen Voraussetzungen wird nicht jeder bereit sein, ein „Andersdenkender" zu werden. Es gibt bei uns nicht viele Menschen dieser Art. Aber es gibt sie!
Wann ist Ihnen die Erleuchtung gekommen?
Nicht so schnell. Obwohl ich seinerzeit die einzige war, die den Wettbewerb fürs Bolschoi bestanden hatte, bedeutete das noch lange kein Engagement. Ich wurde monatelang durchs Fegefeuer des KGB geschleust: „Wer von Ihren Verwandten war im westlichen Ausland? Wer lebte unter deutscher Besatzung? Wie waren die materiellen Familienverhältnisse im Jahre 1913?" Wenn ein einziges Tüpfelchen verdächtig erscheint, kommt man nie ans Bolschoi.

Sie aber kamen. Wie lebte es sich danach?
In mein Bewußtsein drang die Außenwelt nicht. Wir waren ganz von der Lügenpropaganda eingesponnen, hörten nur, daß auf uns überall Feinde lauerten und daß der Westen uns vernichten wolle. Es gab keine anderen Informationen — nur die Desinformation. Das ist sehr gefährlich, sehr bedrohlich. Darum sollte der Westen seine Hoffnungen nicht zu hoch schrauben, nicht zu vertrauensselig auf jene bauen, die unter ihrem Kopfkissen BBC oder Liberty hören. Es sind ihrer immer noch viel zu wenige im 250-Millionen-Staat.
Aber doch bedeutend mehr als früher?
Und was hilft das schon? Die Masse liest die Prawda, und dort heißt es, daß die Sowjetarmee ihr Leben einsetze, um das bedrängte Volk von Afghanistan vom Zugriff der kapitalistischen Aggressoren zu bewahren. Unser Volk ist nicht dumm, doch lebt es ohne Information. Radio, Presse und Fernsehen tischen rund um die Uhr Lügen auf. Man hat sich daran gewöhnt, man kennt es nicht anders.
Lincoln sagte, man könne nicht auf die Dauer lügen.
Lincoln hat damit überhaupt nichts zu tun. Es gab zu seiner Zeit keinen Staat wie die Sowjetunion und keine Gesellschaft wie die sowjetische. Das sind ganz neue Phänomene. Wer mit dem Regime nicht mitzieht, wird von ihm zermalmt. Also heißt es, die eigene geistige Entwicklung zu stoppen. Wenn aber der Mensch weder denken noch sprechen darf, beginnt er allmählich abzusterben. Das russische Volk lebt seit vielen Jahrzehnten in einem todesähnlichen Schlaf.
Wie sind die Herren?
Sie fragen noch? Die „Herren" leben herrlich und in Freuden und ahnen nicht, was Not und Mangel sind. Früher gab es *einen* Zaren, jetzt gibt es ihrer Tausende. In jeder Stadt residiert ein — von Schranzen und Speichelleckern umgebener — Potentat. Es macht nichts, daß die Arbeit der Sklaven stümperhaft ist, die Hauptsache ist, sie arbeiten *schweigend.* Die Korruption blüht, obwohl das Gesetz sie zum Verbrechen erklärt hat. Wenn man dem Leiter eines Lebensmittelgeschäftes zehn Rubel zusteckt, holt er unter dem Ladentisch ein Stück Fleisch hervor. Alle wissen das, und alle schweigen. Man kennt das nicht anders.
Paßten auch Sie sich dem System voll an?
Meine Arbeit nahm mich ganz in Anspruch und brachte mir Ruhm

und Wohlstand. Ich hatte meinen Mann und meine Kinder. Wir lebten in den Tag hinein. Erst bei der Begegnung mit Alexander Solschenizyn fiel es uns wie Schuppen von den Augen. Doch können in einem totalitären Staat nicht alle Menschen Helden sein.

Warum schweigt das Volk?

Das Problem ist sehr ernst. Die Hauptgründe dafür sind, wie ich schon sagte, totale Desinformation, ferner der Terror und das Abgestumpftsein durch das System. Das Land lebt von Lüge und Angst. Vor der Begegnung mit Solschenizyn sah mein modus vivendi so aus: Arbeit, Arbeit, danach Rückzug in die eigenen vier Wände. Als Primadonna assoluta konnte ich mir das leisten. So würde mein Leben auch zu Ende gegangen sein. Aber Solschenizyn kam zu uns. Er öffnete uns die Augen und zeigte uns einen anderen *Weg.* Von dem Augenblick an kannte ich keine Furcht mehr. Ich war bereit, mit der Stirn Mauern einzurennen. Ja, Sie fragten: Warum schweigen alle, fast alle? Nun, in unseren Gefängnissen und Straflagern sind ungezählte Millionen *verfault.* Es waren die Besten. Wer will das Risiko eingehen? Und *was* soll man schließlich tun? Auf dem Roten Platz gegen Mißstände und den Terror protestieren? Jeder Quadratmeter ist vom Netz des KGB überzogen. Ehe man sich's versieht, ist man drin. Und für alle Zeiten verschwunden. Im Jahre 1961 war in Nowotscherkassk ein großer Arbeiteraufstand, doch erfuhr niemand davon. Mein Mann und ich erfuhren es nach vielen Jahren durch Zufall. Wir wissen, daß die Menschen dort reihenweise niedergemäht worden sind.

Aber doch nicht alle? Etliche blieben doch am Leben?

Die schweigen. Der Stadt ist befohlen worden zu schweigen. Und sie schweigt.

Das ist furchtbar. Das Furchtbarste aber ist, daß dieses System seine Fühler und Fangarme nach überallhin in der Welt ausstreckt.

Es wird für den Westen die allerhöchste Zeit, darüber nachzudenken, was ein Volk darstellt, das in Desinformation gefangengehalten wird. Was wird ein sowjetischer Soldat empfinden, wenn er auf Europa losgelassen wird, um sein „Vaterland gegen die kapitalistischen Aggressoren zu verteidigen"? Wird ihm dieser Auftrag nicht Mut machen? Wie kann man die Armeen, die an der Grenze stehen, davon überzeugen, daß hier im Westen kein Mensch an die Eroberung des sowjetischen Territoriums und seiner Bodenschätze auch nur im entferntesten denkt? Wie kann man sie von der verlogenen sowjetischen Propaganda befreien?

Sehnen Sie sich nach der Heimat?

Nein. Zu groß waren die Demütigungen, die Verhöhnungen, die Drohungen, die Verletzungen unserer Menschenwürde. Es ist traurig. In unserer Umgebung gab es keinen, mit dem man sprechen konnte, nur — Funktionäre. Man mußte sich ihnen fügen, weil auch sie sich dem nächsthöheren Funktionär widerspruchslos fügen müssen. Und so weiter — bis in die Spitzen. Eine Schlaufe — es wäre richtiger, von Schlingen zu sprechen — greift in die andere. Und es ist nie auszuschließen, daß eine von ihnen sich um Ihren Hals legt.

*

Neurosen

Gibt es bei uns im Westen noch Charakterbildung als wesentlichen Bestandteil der Gesamterziehung? Auch in den besten Lehranstalten unseres Kontinents ist die Bewältigung des ins ungeheure ausufernden Lehrstoffes, der sehr viel Ballaststoffe enthält, auf den ersten Platz gerückt. In Frankreich, seit einigen Jahren auch in den USA, beschäftigt man sich noch mit großer Weltliteratur, was bei uns nicht mehr der Fall ist. Den Engländern aber z. B. half nicht pragmatisches Wissen, die ungeheuren Belastungen des Zweiten Weltkrieges zu überstehen, sondern die in Jahrhunderten anerzogenen Charaktereigenschaften: Distanz zu den Dingen, Abneigung gegen Selbstbemitleidung, Standhaftigkeit. Diese Tendenzen bröckeln auch in England ab; genauer ausgedrückt, sie werden auch dort *gezielt abgetragen.* Wie kam es bei uns zu so schwerwiegenden Versäumnissen in der geistigen Erziehung der Jugend? Woher kommen die Leeren, Ausgebrannten, die Aussteiger, Rauschgiftsüchtigen, Alkoholiker? Der Schutzschirm einer guten Kindheit ist die gute Ehe. Bei uns in der Bundesrepublik forderten nach 1945 zuerst der Aufbau nach dem totalen Chaos, danach der Zwang zum Wohlstand, dann die „Selbstverwirklichung der Frau" die baldmöglichste Berufsaufnahme der jungen Mutter. Das Kind blieb auf der Strecke, noch ehe es das Bild der Mutter als den Inbegriff der Geborgenheit, der Stabilität, der sich stets gleichbleibenden Liebe aufnehmen konnte. Dem zunehmenden Wohlstand waren, wie es sich erwiesen hat, nur wenige gewachsen: Das bequeme Leben lockerte die Bindungen an die lebensordnenden Mächte. Je mehr der Lebensstandard anwuchs, desto tiefer sank der Pegel der Religiosität, der sittlichen Verantwortung, der Opferwilligkeit. Nach und nach wurden die Quellen, aus denen dem Menschen die Kraft zufließt, sein Haus auf festem Grund zu bauen, zugeschüttet. Nicht nur das gute Leben, der Konsum, das Auto spielten dabei eine wichtige Rolle: auch die grund- und sinnlosen Konzessionen, „Erleichterungen", in Wirklichkeit die von niemandem geforderten Reformen der Kirchen, besonders der katholischen, haben beim raschen Absinken des religiös-sittlichen Pegels große Hilfsdienste geleistet. Denken wir an die restlose Abschaffung der Fastengebote — einer strikten Forderung des Evangeliums —, und wir werden zugeben müssen, daß hier, abgesehen vom Verzicht auf rein spirituellen Gewinn, ein wirksames Mittel zur Charakterbildung vom Tisch gefegt wurde: die Selbstbeschränkung und die Fähigkeit zu verzichten. In dieses Vakuum zogen diametral entgegengesetzte Eigenschaften ein.

In der heutigen Jugenderziehung fehlen feste, beharrlich gelegte Fundamente — und das will nichts anderes heißen, als die *Anbahnung* einer persönlichen Bindung an Gott, ohne die es kein sinnvolles Dasein geben kann. So wird eine unzufriedene, nach vagen Idealen hungernde, innerlich ausgebrannte Jugend ins Leben entlassen. Die große Not unserer Zeit, der Zerfall aller Normen, das Ausrinnen aller Werte hat ihren Ursprung im „wertneutralen" Elternhaus, eskaliert in der von Ideologen unterwanderten Schule, und wird dann vom jungen Menschen als etwas Selbstverständliches ins eigene Dasein übernommen. Man lebt, trotz der Verpflichtungen, die einem das Leben auferlegt, in den Tag hinein. Gut, wenn man die innere Leere mit Autofahren, Fußballspektakel, Fernsehen auszufüllen versucht: es gelingt nicht allen. „Die Sinnlosigkeit des Daseins", schreibt Frankl[20]), „führt zu noogener Neurose. Fehlhaltungen des Lebens ziehen seelische Erkrankungen nach sich. Die erste Voraussetzung für eine Heilung ist die Richtigstellung der Weichen. Man kann den *Sinn* des Lebens nicht erfinden, man muß ihn finden. Dieser Sinn liegt in Bereichen, die nicht ‚man selbst' ist. An die Stelle des Willens zur Macht und zur Lust muß der Wille zum Sinn treten."

Wird man angesichts des sich abrollenden Geschehens in unserem 20. Jahrhundert noch sagen können, daß der Mensch *gut* ist? Er ist es nicht. „Wer die Erbsünde leugnet, leugnet Gott und das Leben", sagt Kafka. Darum hilft eine sinnentleerte, „wertneutrale" Erziehung im Elternhaus und in der Schule niemandem weiter. Unter vielem anderen schaltet sie Spannungen aus, die beim Werden einer Persönlichkeit unentbehrlich sind; ohne sie kann der junge Mensch sein Gesicht nicht finden, sein unverwechselbares Ich nicht entdecken. Sein inneres Leben zerfällt, ohne zum Wachsen und Blühen gekommen zu sein. Der zum Spielball der eigenen Lust degradierte, sich nichts mehr versagen könnende junge Mensch geht — falls er nicht von Natur mit Stumpfsinn begabt ist — notwendig den dornigen Weg in die metaphysische Daseinsleere. Wenn man dem Leben keinen Sinn abgewin-

Mutter Gottes mit Jesuskind. Kostromà, ca. 12. Jahrhundert.

Ikone „Eleussa“ (die Freude aller Freuden). Vor ihr betete und starb der hl. Seraphim von Saróv (1759—1833).

nen kann, läßt man sich treiben ... Eine Mischung aus Daseinsangst und Rechthaberei bildet die Grundstimmung. Es gibt heute viele Möglichkeiten, das Unbehagen zu überspielen. Wenn man die ganz niederen aus dem Spiel läßt, kann man sich einer Jugendsekte anschließen, oder der Ideologie, die dem Haß verpflichtet ist. Dann richtet sich der Wille auf die Zerstörung des Bestehenden. Unsere Schulen wimmeln von verkappten Marxisten, die ihre Arbeit langsam, aber mit Ausdauer tun.

Die russische Philosophie war im Grunde immer Religionsphilosophie, mit dem Unterschied, daß die sowjetische zum Gegenstand der Spekulation den Marxismus-Leninismus auserkoren hat, während die andere, die Philosophie des Geistes, auf der Suche nach der objektiven Wahrheit ist. Im Roten Oktober wurde sie vom brutalen Zwang der revolutionären leninistischen Doktrin niedergetreten. In einigen ihrer bekanntesten Vertreter setzte diese Philosophie ihre Entwicklung in der Verbannung fort und schaffte dort Werke von Weltruf. „Die Ideen sowohl des vulgären als auch des ‚metaphysischen Materialismus'", schreibt der Philosoph Boris Wyscheslávzew, „gehen recht leicht ins Denken ein. Es ist eine zwar wissenschaftlich verbrämte, aber im Grunde sehr primitive Philosophie, die vielen zugänglich ist. Sich mit ihr kritisch auseinanderzusetzen ist schwieriger; es erfordert einen Sprung in eine höhere Denkebene, gleichsam den Übergang von den vier Grundrechnungsarten zur Differentialrechnung. Dazu bedarf es eines vom Kollektivdenken noch nicht völlig umstrukturierten, also eines *selbständigen* Denkvermögens, das die Fähigkeit aufweist, sich auch nach anderen Lösungen umzusehen. Je höher der Intellekt, desto leichter wird er sich von der Umklammerung des Materialismus lösen."

Das sowjetische System hat seit seinem Bestehen keine Denker hervorgebracht. Auf der Suche nach solchen muß man sich ins russische Exil begeben. Dann wird man — überrascht — zur Kenntnis nehmen, daß die Großen unter diesen Philosophen fast ausnahmslos frühere Marxisten sind, die der kümmerlichen Pseudo-Wissenschaft den Rücken gekehrt und sich anderen Quellen zugewandt haben.

Wenn ins innere Vakuum eines „neutral" dahinplätschernden jungen Lebens die *Ideologie* eingezogen ist, nimmt von ihm irrationaler Haß Besitz: Gegen die eigene Familie (Spießer), gegen die Gesellschaft (Ausbeuter), die Kirche (hat nichts mit dem Galiläer zu tun), die Mentoren (Fachidioten), den Staat (Volksgefängnis). Wie stets bei Kritik, wird man hier und dort ein Quentchen Wahrheit finden können. Das hoffnungslos verbürgerlichte, auf den geringsten Widerstand programmierte, dem Wohlstand verfallene Mini-Christentum des modernen Westens ist in der Tat meilenweit vom Auftrag entfernt, Sauerteig der Welt, Salz der Erde zu sein. Dennoch verschiebt Haß — ein kurzsichtiger Beobachter — die Perspektiven. Bevor man vom „Verrat am Galiläer" spricht, sollte man sich Klarheit über den ethischen Wert der sozialistischen Dogmen verschaffen. Sie lauten: Schuld hat der andere. Man verurteile ihn; man nehme ihm; man vernichte ihn. Der Kern der Lehre Christi aber ist: Beginne damit, dich selbst zu ändern, nicht die anderen. Und laß den ersten Nutznießer dieser Revolution deine nächste Umgebung sein.

Das sollte man im Elternhaus lernen. Wie viel Verzagtheit könnte dadurch aus der Welt geschafft werden! Der Drang, das Bestehende zu zerstören, ist meist nur die verzweifelte Suche nach einem Ausweg aus der eigenen Misere. Man sollte sein Kind davor schützen, das Leere, Unbefriedigte, Saugende, Ausgebrannte durch Aggression überspielen zu müssen. Man sollte vorbeugen. Wer sagt der Jugend, daß Revolution und gewaltsamer Umsturz noch nie und nirgends ihr Ziel erreichten und daß sie nur als Sühne für schwerste Schuld begriffen werden können?

„Die ältere Generation", so klagt Alexander Solschenizyn, „leistet den utopischen Weltverbesserungsplänen einer im Überfluß lebenden Jugend keinen Widerstand. Reife Menschen, die bewußt gelebt und bittere Erfahrungen gesammelt haben, müßten doch verstehen, um was es geht . . . Sie wagen es nicht, den eigenen Kindern entgegenzutreten, zum Teil aus verantwortungsloser Bequemlichkeit, zum Teil aus Furcht, in deren Augen als ‚reaktionär' abgestempelt zu werden."

Es geht ja nicht nur um ein System. Wir glauben nicht zu übertreiben, nicht pathetisch zu werden, wenn wir sagen: Es geht um den Bestand unseres Volkes. Die Ersatzreligion des Neomarxismus propagiert durchaus nicht nur die Machbarkeit aller Dinge in „unserem" zukünftigen Sozialismus, sondern auch die Notwendigkeit der Enthemmung im persönlichen Bereich. Von der Enthemmung bis zur Bewußtseinsänderung ist es nur ein kleiner Schritt, ein kleiner Schritt zur „neuen

Gesellschaft". Seltsam genug ist jedoch, daß in der Sowjetunion, wo die Führer an der Entstehung des „neuen Sowjetmenschen" arbeiten, eine höchst herkömmliche Moral, die sogar verdächtig nach Moralin riecht, verlangt wird. Wahrscheinlich weiß man, warum man sie vorschreibt.

Bei uns aber ist die millionenfache Zerstörung des Volkes schon seit Jahrzehnten in vollem Gange. Das existentielle Vakuum eines sinnentleerten Lebens hat eine mächtige Saugkraft für die sexuelle Libido; sie treibt bei uns Elfjährige in den Geschlechtsverkehr.[21]) Es ist bekannt, daß Triebglück ohne Liebe die Persönlichkeit zerstört — wieviel mehr ein Kind, das erst eine Persönlichkeit werden soll. Die Seuche wütet unter uns. Die Verantwortlichen zeigen sich weder willens noch fähig, Schaden vom Volk abzuwenden. Der in Unverbindlichkeiten schwimmende Liberalismus hat wesentlich dazu beigetragen, alle Dämme einstürzen zu lassen, die dem ungeschminkt Bösen und dem Absinken in die Barbarei Einhalt geboten.

Es ist kein Zufall, daß immer weniger Menschen, dafür aber immer größere Massen angesprochen werden — auf den Sportstadien, vor den Fernsehern, in gelenkten Kundgebungen. Das Ziel ist überall das gleiche: das Denken abzugewöhnen, den Menschen in einen Zustand zu versetzen, bei dem er sich — indifferent gegen Gut und Böse — als kleines Loch einer riesigen Lochkarte empfindet. Der russische Lyriker Tjutschew schrieb in der Mitte des 19. Jahrhunderts: „Glückselig, wer auf diese Welt in ihrer Schicksalsstunde kommt!" Das Teilhabendürfen an einem solchen „Gastmahl der Götter" schien ihm Beweis hoher Gunst der Himmlischen zu sein. Der herbeigesehnte Zeitpunkt ist da; doch hat es sich gezeigt, daß die Götter, zu deren Gastmahl der Dichter sich gebeten fühlte, den Säuberungsaktionen der Gottlosenverbände — und wo nicht, dem *süßen Leben* — zum Opfer gefallen sind. Deren Stelle haben Fetische und Dämonen eingenommen.

Freiheit ist ein hohes Gut; das Höchste, was sie uns zu bieten hat, ist: Freiheit von der Sünde. Das ist ihre reifste Frucht. Der in „seine" so tragisch mißverstandene Freiheit entlassene autonome Mensch hat in einer kurzen Zeitspanne der Geschichte die Hölle auf Erden geschaffen. Gott kann dort, wo der Mensch sich von Ihm bewußt abwendet, unendlich fern sein. Oder auch ganz abwesend. Dann ist der Mensch mit Haut und Haaren dem natürlichen Ablauf der Dinge ausgeliefert.

Es erhöht das Selbstbewußtsein, im Religionsunterricht der Schule die Frage nach der sittlichen Rangordnung als einen der „anfechtbaren Glaubensinhalte“ vom Tisch zu fegen. Aber es ist gefährlich. Nur ist das Gefühl für die Bedrohlichkeit solcher Spiele verlorengegangen. Leben wir vielleicht darum im Zeitalter nicht enden wollender Katastrophen? Genauer gesagt, im Zeitalter der permanenten Katastrophe? Wollen uns diese Zeichen warnen? Flutwellen, Erdbeben, blutige Massaker, brennende Menschen, verhungernde Kinder, Flucht, Völkermord . . . Die Menschheit hat die Richtung verloren, sie wird, auf den Wegen der „Freiheit“ herumirrend, aus der Welt katapultiert. Sie selbst, die Welt, wird zusehends zu einem Tummelplatz undefinierbarer Mächte, die kaum noch im Zaum zu halten sind. Die mächtige Technologie weist uns den Weg in den unendlichen und somit vermutlich tödlichen Fortschritt. Die materielle Zivilisation verdeckt die großen Fragen nach Leben und Tod. Sie steuert die zu ihrer Lösung notwendigen Kräfte in Erfolgs- und Lustbereiche. Wir stehen an der entscheidenden Schwelle unserer Geschichte; bloße Friedenssehnsucht und die aus ihr resultierenden „Friedensbewegungen“ gleichen einem Pflästerchen auf die lebensbedrohende Geschwulst. Gottes Wort sagt uns in aller Deutlichkeit, daß es für Gottlose *keinen Frieden gibt.* Der erste und entscheidende Schritt aus diesem Verhängnis wäre die Einsicht in die Unabwendbarkeit der sittlichen Normen. Zur Zeit ist nur ihr rapider, mit jedem Tag zunehmender Zerfall zu verzeichnen.
Was noch hinzuzufügen wäre: Im vorrevolutionären Rußland war der Abfall von Gott, von Christus — der ERSTEN LIEBE des russischen Volkes —, von Seiner Kirche, ihrer Lehre und ihren Sakramenten, zuletzt von *allen sittlichen Normen,* sehr groß. Er begann ungefähr ein halbes Jahrhundert vor der Oktoberrevolution und eskalierte von Jahrzehnt zu Jahrzehnt. Ein großer Heiliger und Prophet, Johannes von Kronstadt, rief Rußland zur Umkehr auf und wurde geflissentlich überhört. Erst kurz vor der Katastrophe zeichnete sich eine Wende ab. Überzeugte und engagierte Marxisten vom Rang eines Sergej Bulgákow, eines Frank, eines Struve, eines Berdjajew und mit ihnen viele namhafte Intellektuelle, Schriftsteller und Künstler, kehrten der Ideologie und dem Leben ohne Gott den Rücken. Eine Reihe von ihnen hat ihren neuen Standort in einem brillanten Sammelband dargelegt, den sie „Wéchi“, auf Russisch „Der Wegweiser“, nannten. Er ent-

fachte bei den ewig Gestrigen einen Sturm der Entrüstung. Denn es war wirklich Unglaubliches geschehen. Sozialisten und Marxisten sahen plötzlich das traditionelle Flußbett der Ostkirche, das ihnen ehedem öde, starr und ausgetrocknet schien, mit anderen Augen. Sie suchten jetzt eine Begegnung, der sie zeitlebens ausgewichen waren, und begriffen, daß diese spannungsreiche und das Leben verändernde Begegnung zwischen Gott und Mensch sich nur innerhalb der Kirche vollziehen und die überirdische Freude der Vereinigung mit dem Logos nur dort und sonst nirgends ihren Anfang und ihre Vollendung finden kann. Die gebildete Schicht Rußlands, die den GROSSEN ABFALL und die Zerstörung der Normen in Rußland eingeleitet und durch Jahrzehnte mit Kraft und Verve vorangetrieben hatte, begab sich tastend auf den Rückweg ins Vaterhaus. Die Botschaft vom Reich Gottes als dem Salz und dem Sauerteig der Welt rückte sichtbar und beinahe mit den Händen greifbar in die reale Gegenwart. Die Umgestaltung des ganzen Lebens, dessen *Verklärung* durch und in der Ostkirche, die Durchdringung vom Licht Tabors, schienen jetzt nicht vage Möglichkeit und frommer Traum, sondern reale Wirklichkeit zu werden. Für viele, darunter auch für das Universalgenie Pawel Florenski[22]), ergab sich daraus die Hochspannung der morgenländischen Mönchsaskese oder das missionarische Priestertum.
Es war aber zu spät. Irgendwo hatte eine Uhr geschlagen. Das Verhängnis brach herein. Der Elite Rußlands blieben nur noch zwei Wege: Entweder ins Exil und damit in die Niederungen der Not und der Vereinsamung — oder in die Verbannung und den Tod.

Bericht zur Situation

Ein beträchtlicher Teil der bundesdeutschen Jugend ist für die Generation der Erwachsenen kaum noch ansprechbar. Man distanziert sich, umgibt sich mit schweigender Abwehr. Aktiv und erreichbar wird man erst in einem Raum, wo über die Unterdrückung der Freiheit — bei uns und anderswo — diskutiert wird. Der Mißbrauch der Schule und des Hörsaals für den indoktrinierten „Wissensstoff" und die langjährige Abkehr von Geschichte und großer Literatur haben statt eines fundierten Wissens und des Blicks für historische Zusammenhänge einen Linksruck und mit ihm verschobene Perspektiven und politischen Infantilismus bewirkt. Der anwachsende Zustrom marxistisch ausgerichteter Lehrer mit dem Impetus der Systemveränderung hat nicht so sehr pädagogische wie politische Zielsetzungen im Auge. Konkretes Wissen bleibt auf der Strecke, die Akzente werden auf das „dialektische Verständnis der Vergangenheit“ und auf das ABC des gesellschaftlichen „Fortschritts“ gesetzt. Vereinfachungen werden bevorzugt. So beginnt die Geschichte Rußlands für viele Lehrer und Professoren mit der Oktoberrevolution; alles, was dahinter liegt, ist Elend, Barbarei, belanglos. Fakten und Zusammenhänge fallen unter den Tisch. Der Diskussionsstoff wird sophistisch gehandhabt. Anstatt den jungen Menschen zu *bilden*, verformt und desinformiert man ihn. Man fordert von ihm eine „kritische Analyse“ von Dingen, die er weder kennt noch begreift und zu denen er noch gar keine Beziehung haben kann. Über seinen Kopf hinweg wird er zu einem undifferenzierten, konformen Kollektivdenken erzogen, wird — im Sinne einer Emanzipierung von der Realität — wirklichkeitsfremd. Bis zur Aufmunterung, das Bestehende zu zerschlagen, ist es dann nicht mehr weit.

Die weitgehend „wertfrei“ aufwachsende und darum zutiefst unbefriedigte Jugend ist guter Boden für Verführungen aller Art, so auch für die Verführung durch das „gut Gesagte“. Sie ahnt auch nicht, daß sie die mehr als 125 Jahre zurückliegende Geschichte des jugendlichen russischen Anarcho-Sozialismus wiederholt. Mit Parolen eines verstaubten Utopismus versetzt sie die aus der Sowjetunion in den Westen kommenden Dissidenten, Historiker, Schriftsteller, Philosophen in Erstaunen. Diese, oft durch alle neun Kreise des marxistisch-leninistischen Infernos gegangenen Männer, hören von ihr jene kümmerlichen Thesen, die, wie Wladimir Maximow betonte, in den totalitären Ländern nicht einmal von den Schuljungen mehr geglaubt werden. Wenig wissen bedeutet aber — gefährlich leben, besonders in unserer Zeit.[23])

Ein anderer Teil der Jugend ist apolitisch; er kümmert sich nicht um Systeme. Nach Feierabend versammelt man sich, nicht um zu diskutieren, sondern in der Diskothek. Zu einem infernalischen Lärm, der die muffige Luft bis zum Bersten mit Aufschreien Besessener oder Verbrennender füllt, vollzieht man Bewegungen, deren Zweck die Flucht aus der mit metaphysischer Langeweile geschwängerten Gegenwart zu

sein scheint. Wer einmal Gelegenheit hatte, in einem Heim elternlose Kleinkinder zu beobachten, weiß, wie diese sich „einrollen“ und rhythmische Bewegungen vollziehen, die sie aus einer sinnentleerten Welt in die Geborgenheit der Trance entführen sollen. Der Fluchtweg der Jugend aus einer sinnentleerten Welt führt nur zu oft über Rock und Pop zu Alkohol, Hasch, Promiskuität und frühem Selbstmord. Die Dunkelziffer der Studenten jüngerer Semester, die unter schwer definierbaren psychischen Störungen diesen Weg gehen, ist größer als man annimmt. Die psychotherapeutischen Beratungsstellen der Universitäten führen lange — für die Hilfesuchenden viel zu lange — Wartelisten. Es erweist sich, daß nicht alle so lange warten können.
Die Diskotheken. Auch Kinder dürfen sich in ihnen aufhalten. Das Allverbindende der in ihrem Dunst und im eigenen Saft brodelnden Masse scheint die gemeinsame innere Leere zu sein, ein Ausgebranntsein, das das Verlangen schafft, sich in der Menge zu betäuben. Diese Therapie wird auch in den eigenen Wänden praktiziert, egal, ob diese luxuriös oder bescheiden sind. Man schlägt die Tür hinter sich zu, man hat nichts Eiligeres zu tun, als den Knopf zu erreichen, und schon stürzt in den Raum brüllender Rock, füllt ihn mit Ächzen, Stöhnen, Gezeter, Schreien Ertrinkender, Zermalmter . . . Was auf den ersten Blick eine „Durchbrechung der Schallmauer“ zu sein scheint, ist in Wirklichkeit deren Errichtung.
Und die Eltern? Sie lebten seinerzeit auch schon ohne Ideale. Man war gezwungen, das System der Rangordnungen beiseite zu schieben, die Konjunktur zu nutzen. Es galt, Wohlstand zu erringen. Er wurde auch errungen. Je mehr er aber anwuchs, um so mehr rückte das Ziel in die Ferne; um so schwieriger wurde es, die Familie vor dem Auseinanderbrechen zu bewahren. Die aus dem Krieg herübergerettete christlich-bürgerliche Fassade bröckelte in den fünfziger Jahren ab; das Bild der Familien begann von der „Norm“ abzuweichen.
Josef Pieper schrieb bald nach Kriegsende: „Es scheint jetzt nicht der richtige Augenblick zu sein, von Muße zu reden: Wir sind dabei, ein Haus zu bauen. Ist die äußerste Anspannung der Kräfte nicht das einzige, was nottut? Wofern wir aber mit dem Bauen auch die Neuordnung des geistigen Besitzstandes meinen, machen seine Grundlagen die Muße notwendig.“
Eine mit dem Mikrophon durchgeführte Straßenbefragung der Deut-

schen zum Thema *Muße* würde heute, vorausgesetzt sie fände im Sommer statt, mit Sicherheit auf Antworten wie „Braten in der Sonne" hinauslaufen.

„Arbeit ist das Gebet der Sklaven", meint der französische Philosoph Léon Bloy. Und: „Proletariertum ist nichts anderes als die Fesselung der Persönlichkeit an einen Arbeitsprozeß, der nur dem Materiellen dient." Dazu braucht man nicht Proletarier im herkömmlichen Sinne zu sein. Wir Bundesbürger haben zweifellos die Erfahrung gemacht, daß vermehrter Wohlstand den geistigen Pegel der Familie nicht mechanisch hebt. Diesem Wohlstand mit äußerster Anspannung aller Kräfte nachzujagen und dabei vieles unwiederbringlich auf der Strecke liegen zu lassen, war offensichtlich nicht das Richtige. Es gab zwar ehrliche Bemühungen, das fette Kamel durch das Nadelöhr zu zwingen, aber man tat es mit immer geringerem Erfolg. Charakterbildung und geistige Bildung gehen keineswegs mit dem Anwachsen materieller Güter Hand in Hand. Überfluß macht den jungen Menschen träge, lähmt das natürliche, im Normalfall allen innewohnende Bedürfnis, innerlich „auf Wanderschaft" zu gehen, den Sinn des Lebens zu suchen. Dieser muß nämlich gesucht werden; man bekommt ihn in den seltensten Fällen in die Wiege gelegt. Läßt man sich statt dessen von den Annehmlichkeiten des Lebens treiben, tauchen metaphysische Langeweile, Unzufriedenheit, die Aggressivität des Unbefriedigtseins auf . . . Die eskalierenden Ansprüche ans Leben enden in der Neurose. Wo die Eltern „alle Hände voll" oder „etwas anderes" zu tun haben, wo das geschäftliche, berufliche, gesellschaftliche Engagement scheinbar keine Zeit für die Nachkommenschaft übrig läßt und dieser folglich keine Vorstellungen über jene Werte vermittelt werden, auf denen ein sinnvolles Leben aufgebaut werden kann, dort sollte man sich nicht auf die „spätere Schule" verlassen; in ihr werden heute wertneutrale Verhaltensweisen eingeübt, Skepsis gegen die christliche und sittliche Wertskala abverlangt. Der Religionsunterricht in den Händen junger, marxistisch beeinflußter Theologen ist keine Garantie für die Mehrung christlichen Glaubensgutes. Der auf den „modernen Stand" gebrachte Unterricht kann durchaus aus moraltheologischen Scheingründen das Böse rechtfertigen und banalisieren, die göttliche Natur Christi, die Authentizität der Heiligen Schrift, die Erkennbarkeit der Wahrheit, die Bindung des Menschen an die Schöpfungs- und Erlösungsordnung und einiges mehr als „anfechtbare Glaubensinhalte" dialektisch in Frage stellen und zu deren „kritischen Begutachtung" auffordern. Christliche Vorbilder werden mit Ironie abgetan. Im Bereich der Sexualität, in den seit Jahrzehnten verantwortungs- und bedenkenlos eingebrochen wird, kann das Schamgefühl gezielt abgebaut und der Lustgewinn als *Hauptanliegen* der Ehe, besser noch der Partnerschaft, hingestellt werden. Mit dem Abbau dieser Tabus fallen viele andere von selbst in sich zusammen. Nebenbei erfährt der Jugendliche, daß Egoismus etwas Gesundes sei, daß der Mensch ein *Recht* auf Glück und Wohlstand habe und auch auf die — wenn erforderlich, rücksichtslose — Durchsetzung seines Willens und seiner Wünsche. Selbstbeschränkung, Verzicht klingen chinesisch. Das Resultat ist die Zerstörung jener bescheidenen Ansätze von Glauben und Moral, die das Kind von daheim mitbrachte.

Die Fülle solcher und ähnlicher geistigen Neuerwerbungen schreit bei den Aufgeweckten nach kritischer Lagebesprechung. Wird man zu Hause das Verbogene und Angebrochene zurechtbiegen? Das erfordert Zeit, guten Willen und nicht zuletzt Kenntnisse, die, wenn man sie nicht hat, mit Geduld und Engagement angeeignet werden müssen. In ihren Büchern bemühen sich erfahrene christliche Psychagogen, den Müttern und Vätern Orientierungshilfen bei ihren Wanderungen durch die Trümmerlandschaft zu geben, damit die Lebensgrundlagen den Kindern nicht vollends entzogen werden. Doch lassen sich Elternpflichten nicht zwischen Tür und Angel erledigen.

Die Freizeit! Der Sinn, den ihr ein Menschenwesen gibt, hängt immer eng mit seinem Lebensverständnis zusammen. Die Bundesrepublik Deutschland hat keine Analphabeten; im Gegenteil, sehr viele junge Menschen besuchen bei uns weiterführende, höhere und hohe Schulen. Welch eine Rolle spielt bei ihnen das Buch? Es gibt Symptome dafür, daß trotz der ins ungeheure ausufernden alljährlichen Buchmesse-Schwemme das Buch aus dem Bewußtsein unseres Volkes weitgehend verschwunden ist.

Die Deutschlehrer klagen über einen erschreckenden Mangel an Phantasie der Schüler und einen erbärmlichen, unbeholfenen Stil im deutschen Aufsatz. Wen soll das wundern? Das Vorstellungsvermögen wird beim Lesen guter Bücher entwickelt, das Maß, den Schliff und die Schönheit der Sprache lernt man aus großen Dichtungen. Die Ausgestaltung des Lesestoffs durch die eigene Phantasie macht den Leser zum schöpferischen Mitarbeiter des Autors. Das sind keine Sprechblasen und keine Fertiggerichte vor dem Bildschirm, bei deren Konsum der Körper eine ebenso schlaffe Haltung einnimmt wie der Geist. Das ist keine Massenbetäubung des Fußballplatzes. Das Lesen eines guten, spannenden Buches läßt einen normal veranlagten jungen Menschen nicht unbefriedigt und gelangweilt zurück. Darum gehört zu jeder Erziehung unabdingbar das Lesen guter Bücher. Regelmäßige Lektüre macht mündig und gehört zu den Hauptvoraussetzungen eines normalen Reifungsprozesses. Je nach Alter und Aufnahmekapazität gehören dazu die Bibel — anfangs im Gewand biblischer Geschichten —, ausgewählte Jugendliteratur, klassische deutsche Erzähler, Homer, später Sophokles und Dante, die Klassiker und Shakespeare; der große russische und französische Roman, ohne dessen Kenntnis die Studenten in den USA *nicht mehr zum Studium zugelassen werden* (so will man der neuen Barbarei entgegenwirken). Und natürlich Werke, die Einblick in die historischen Zusammenhänge geben. Ausgewählte Schriften der geistlichen Literatur, der großen Kirchenväter. Das alles sind Lehrbücher der Lebenskunde, Einführungen in die praktische Menschenkunde, in Verhaltensweisen, eine Konfrontation mit hohen und schäbigen Gesinnungen. Sie schärfen das Unterscheidungsvermögen für Gut und Böse, Sophistik und Realitätsbezogenheit, und lassen diese Grenze nicht im Nebulös-Unverbindlichen verschwimmen. Die große Literatur, Schule des Geistes, ist bei uns unter den Teppich gefegt worden, den Säuberungsaktionen der Schulreformer zum Opfer gefallen; ihre Aussage ist so wenig gefragt wie ein Rat von Oma und Opa im Altenheim. Die „fortschrittliche" Jugend hält sie für überflüssig: Man habe heute andere Vorstellungen von der Liebe, vom Menschsein, vom Leben. Die Überzeugung, daß auf das eigene unreife und unerprobte Urteil mehr Verlaß sei als auf die Lebensweisheit genialer Dichter, deren tiefe Kenntnis vom *Wesen* des Menschen durch zahllose Generationen ihre Bestätigung gefunden hat, zeugt nicht von Hybris, sondern von Infantilismus. Die großen Schriftsteller und Dichter sprechen von nichts anderem als vom Menschen und seinen Gefährdungen, und dieses Thema kann ebensowenig veralten wie das Menschsein selbst. Jedes große Werk der Weltliteratur *zwingt* zum Nachdenken, löst Kräfte aus, macht gegen Langeweile und Ersatzbefriedigungen widerstandsfähiger. Es fördert den Einblick in tiefere Zusammenhänge in den menschlichen Beziehungen, lehrt die Eigenart der anderen zur Kenntnis zu nehmen und zu respektieren und macht das Erkennen eigener Grenzen leichter.

Ein Mensch, der das Lesen von Kindesbeinen gelernt hat, wird sich auch nicht zu einem Fernseh-Analphabeten degradieren lassen. „Der sittliche und kulturelle Pegelstand eines Volkes", schreibt der österreichische Philosoph Friedrich v. Hügel, „hängt vom Pegel seiner Elite ab. Sucht sich diese dem Niveau der Masse anzupassen, so wird sie erfahren, daß der allgemeine Pegel sich zu senken beginnt. Er wird sich so lange senken, bis die allgemeine Nivellierung im Schlamm endet."

Ein seit Jahren in Indien lebender europäischer Maler bereiste eine Reihe westeuropäischer Länder. „Als Maler", sagte er, „schaue ich vor allem in die Gesichter der Menschen. Die Gesichter der Europäer sind ausdruckslos geworden; in ihnen spiegelt sich nur das Fernsehprogramm." Technik und Wissenschaft eilen dem Menschen davon, er selbst aber sinkt immer tiefer in die Primitivität. Der eigene, persönliche Weg führt ihn vom Fortschritt fort; die Jungen führt er viel zu oft in destruktive Ideologien, die von Zeit zu Zeit, wie eine künstliche Leiche, mit Farbe überpinselt werden. Doch führt er nur zu oft ins Leere.

Über Religion wird bei uns viel gesprochen. Es gibt Katholikentage und Evangelische Kirchentage. Große Aktivitäten und Massenzulauf. Papst Johannes Paul II. ruft zur Erneuerung des Lebens auf. Was macht man, auch wenn man durchaus guten Willens ist, mit der Aufforderung zu „glauben"? Wie fängt man das an? Wenn das A und das O des Glaubens der Gebetskontakt mit Gott ist — wo, wie, von wem wird er heute angebahnt? In der Familie, in der Schule? In den modernen Predigten fehlt in der Regel jeder Hinweis darauf, daß das tägliche Brot des Menschen in erster Linie im täglichen Gespräch mit seinem Schöpfer besteht, daß ein solches Gespräch nicht immer auf Anhieb gelingt, daß es geübt werden will; daß ein nicht betender Christ, ein „Kopfchrist" also, der nur ein sogenanntes „christliches Bewußtsein" sein eigen nennt, keinen Zugang zum Sinn, zum Trost, zur Geborgenheit des Lebens hat. Auch daß er in einem besonderen Maße gefährdet ist.

Die Familie? Ein zärtlicher Gutenachtkuß, das Hineinlegen des Teddybären in die Arme des Kindes ersetzen seit Jahrzehnten das gemeinsame Falten der Hände und das Anrufen der himmlischen Mächte. Gerade dann und dort wird aber der entscheidende *Ansatzpunkt* für ein innerlich geborgenes Leben gesetzt. *Wo* wird das heute gelehrt? Die Aufforderung zu glauben wirkt mitunter wie eine Aufforderung, eine hohe Mauer zu überspringen. Eine Leiter ist nicht zu sehen.

Gezinkte Karten

Ohne das Wissen über Rußland und seine Vergangenheit wird das Beurteilen der Gegenwart immer weniger möglich. Dieses Wissen liegt — und lag schon immer — im argen. In unserer Epoche beginnt es oft mit der Oktoberrevolution; die zu ihr hinführenden Etappen und Entwicklungen bleiben unbekannt. Der „Zarismus", stets mit Elend, Unterdrückung und Ignoranz identisch, ist ein Schlagwort, das für alles herhalten muß. Zusammenhänge und Analogien, die gerade für uns von unschätzbarem Wert sein könnten, treten gar nicht ins Blickfeld. Eine ausufernde Freizeitindustrie hat eine der Hauptbeschäftigungen und Hauptfreuden des lesekundigen Menschen verdrängt: das Buch. Laut Statistik besitzen in unserem Land, das kein Analphabetentum kennt, Millionen von Bürgern kein einziges. Nur einen Fernseher. Solch eine „Geisteshaltung" ist der beste Humus für politische Manipulationen.

Darum kann bei uns unwidersprochen von der aggressiven sowjetischen Poltik als einer „russischen", die die Richtlinien der „Zarenpolitik" verfolgt, geredet werden. Das Land, das sonst — und besonders bei bahnbrechenden Raumflügen — als die „Sowjetunion" bezeichnet wird, tritt, wenn es um sein bedrohliches oder unverantwortliches Verhalten geht, immer häufiger als „Rußland" auf. Die sowjetische Armee wird zur „russischen" Armee und die marxistisch-leninistische Regierung zur „russischen" Regierung. Zwischen dieser sophistischen Wortmanipulation und dem höchst präzisen Sprachgebrauch der Sowjets besteht ein gewaltiger Unterschied. Man darf nicht vergessen, daß die Geschichte *Rußlands* im Oktober 1917 abrupt abgebrochen, und bald darauf auch sein Name ausgelöscht wurde. Auf dem Territorium des früheren Russischen Kaiserreichs entstand ein Staat völlig neuer Ordnung. Damals wurden auch die Grundlagen einer bis dahin nicht gekannten Politik geschaffen, die sich sofort von der Politik aller Staaten der Welt distanzierte, folglich auch von der Politik der Zaren. Um das zu erkennen, bedarf es nur weniger Zitate. In der Großen Sowjetischen Enzyklopädie lesen wir — egal in welcher Ausgabe — folgende aufschlußreiche Sätze: „Der Sowjetstaat gründet seine Politik ausschließlich auf der Lehre Lenins und richtet seine staatliche, politische und wirtschaftliche Macht darauf aus, alle ihm dabei im Wege stehenden Hindernisse zu beseitigen." — Bei Lenin aber heißt es: „Um die Revolution in alle Länder zu tragen, muß sich das Proletariat gegen die kapitalistische Welt erheben und gegen die Ausbeuter mit Waffengewalt vorgehen." Ferner: „Bis zum Augenblick, in dem wir die ganze Welt erobert haben werden, müssen wir die Unstimmigkeiten der imperialistischen Großmächte, die sie voneinander trennen, auf kluge Weise für uns ausnutzen." Und: „Erst wenn wir gesiegt und das Bürgertum in der ganzen Welt *vernichtet* haben, werden Kriege überflüssig sein."[24])

So liegt es klar auf der Hand, daß der sowjetische Imperialismus mit den bekannten klassischen Abarten eines solchen nichts Gemeinsames hat. Nicht einmal der nationalsozialistische ist mit ihm identisch. Der sowjetische hat nämlich keine primären nationalen oder wirtschaftlichen Ziele. An Rohstoffen und Absatzmärkten ist er nur insofern interessiert, wie sie für ihn Mittel zum Zweck sind. Sein wahres Interesse gilt den Menschen: ihnen will er seine Ideologie, seine marxistisch-leninistische Religion einimpfen, sie zu deren zweiter Natur machen. Das Fernziel ist — der *neue* Mensch, genannt homo sovieticus. Natürlich inmitten einer pax sovietica. Diese Vision sprengt den Rahmen der Geschichte.

Der Sowjetstaat ruht auf vier Eckpfeilern: Der Partei, d. h. einer Hochform autokratischer Tyrannis, wie sie selbstherrlicher nicht denkbar ist, auf dem militanten Atheismus, mit dem alles angefangen hat, auf der absoluten Identität von Staat und Wirtschaft und auf offenen Wahlen, die damit begründet werden, daß Mitglieder *einer* Familie (!) voreinander nichts zu verbergen hätten. So wird die totale Macht des Staates über den einzelnen konsolidiert und damit ein Zustand geschaffen, bei dem von der Wahrung der Menschenrechte keine Rede sein kann. Über das Endziel sagte der sowjetische Wissenschaftler und Dissident, Akademiemitglied und Lenin-Preisträger Igor Schafarewitsch in seiner brillanten Untersuchung des Sozialismus folgendes: „Daß der Sozialismus die Individualität unterdrückt, ist bekannt. Dennoch sind auch heute noch manche der Ansicht, daß es sich dabei nur um eine Zwischenstufe handelt und daß in Wirklichkeit das Gemeinwohl angestrebt wird. Selbst ein Sergej Bulgákov sah im Sozialismus ‚die erste Versuchung Christi' und meinte damit, daß er ‚Steine in Brot

verwandeln wolle' und damit alle Ideale auf das Niveau des Materiellen herabdrücke. Diese Deutung widerspricht der ganzen Geschichte des Sozialismus, denn gerade *seine* Ideen zeigen erstaunlich wenig Interesse für die Beseitigung von Hunger, Elend und Ungerechtigkeit. Anstrengungen, die bei uns in diese Richtung gehen, gelten als ,die Psychologie Onkel Toms'. Die Lösung solcher Probleme zögert man bedenkenlos hinaus. Richtig ist, daß wirtschaftliche Forderungen als Mittel zum Zweck eingesetzt werden: sie müssen helfen, das Endziel zu erreichen. Dieses ist aber die Vernichtung der menschlichen Persönlichkeit."[25])
Wann war das ein Ziel der Zarenpolitik?
Das System und die Erfahrungen des Hitlerkrieges haben den sowjetischen Durchschnittsbürger dazu gebracht, keine Veränderung der Verhältnisse herbeizuwünschen. Die heldenhaften Proteste der oppositionellen geistigen Elite Rußlands gegen das Niedertreten der Menschenrechte ersticken in einem gleichsam mit Sandsäcken angefüllten Raum — dem abgestumpften Indifferentismus, der überdies täglich mit Desinformation gestopft wird. Alexander Solschenizyn klagte: „Die Nation hat ihr Bewußtsein verloren ... Trotz der gemeinsamen Sprache können sich Landsleute untereinander nicht mehr verstehen. Generationen sind dahingestorben, ohne zur Nachwelt gesprochen zu haben." Verführt durch Schlagworte, die schon im Kinderhort eingehämmert werden, hat der Sowjetbürger das selbständige Denken nie gelernt. Die Erleuchtung kann nichtsdestoweniger kommen. Und sie kommt in zunehmendem Maße. Sie braucht aber nicht unbedingt zu kommen. Gleichgültigkeit ist die sicherste Stütze aller Gewaltherrschaften: der Sklave soll nicht wissen, daß er ein Sklave ist.
Viele, wahrscheinlich die meisten der hochgemuten, unerschrockenen Kämpfer gegen das mörderische, menschenverachtende System schöpfen bereits ihre Gesinnung aus dem christlichen „Goldfonds" des russischen Volkes, den sie wiedergefunden haben oder im Begriff sind, wiederzufinden. Sie wollen Träger der wiedererwachenden russischen Kultur sein, sich nicht länger dem Vakuum öffnen und der Fülle verschließen. Die russische Kultur war aber seit je mit unzerreißbaren Fäden an religiöse und sittliche Kategorien gebunden. War sie das nicht, hörte sie auf, russische Kultur zu sein und wurde zum Söldner „internationaler Brigaden".

Bringt der Westen dem neuerwachenden russischen Bewußtsein seine Sympathien, seine Anteilnahme entgegen? Man hat einen anderen Eindruck. Die Publizistin und Sowjetologin Dora Shturman schreibt in ihrem 1983 erschienenen Buch „Das Land hinter dem Hügel“: „Als wir, die nach 1917 Geborenen, begriffen hatten, daß die sowjetischen Quellen uns allesamt belügen, begannen wir fieberhaft nach anderen Quellen zu suchen. Im Westen ist das umgekehrt: Dort lehnen die Sowjetologen alle vorrevolutionären, nicht-sowjetischen Quellen ab, gehen an ihnen vorbei, um nicht ‚von einer Tendenz infiziert zu werden‘. Sie stürzen sich auf alles, was sie ‚Information aus erster Hand‘ nennen, d. h. auf die offiziösen sowjetischen Dokumentationen. Zu diesem Zweck erlernen sie die russische Sprache, studieren das ganze freigegebene Parteischrifttum, die sowjetischen Presseorgane und ‚das Leben in der UdSSR‘; sie besuchen Vorlesungen und Spezialkurse für ausländische Slawisten und reißen sich darum, an einem der ideologischen Lehrstühle graduiert zu werden. Alles geschieht ja ‚so natürlich‘, wie sie meinen. Denn sie merken nicht, daß sie vom ersten Augenblick ihrer Ankunft an in die ‚Zone der organisierten Einwirkung‘ gelangen und einer gezielten, aggressiven, umfassenden und *ungemein glaubwürdig* erscheinenden Irreführung anheimfallen, jener Irreführung, aus deren Umklammerung wir jungen Sowjetbürger uns seinerzeit mit letztem Kraftaufwand losgerissen hatten. So entsteht jene ‚Sonnenfinsternis des Gemüts‘, jenes furchtbare Desinformiertsein, das wir schon bei Bernard Shaw beobachteten, als er vom ‚gutmütigen Einfaltspinsel Stalin‘ sprach und die ganze Hungerkatastrophe von 1933 in Abrede stellte, weil ja — wie konnte es anders sein — die Menüs in seinem Hotelrestaurant so auserlesen waren. Lion Feuchtwanger pries die ‚Objektivität der Schauprozesse von 1937, die ausgezeichnete Verfassung der Angeklagten‘; Romain Rolland und Henri Barbusse verrissen wütend die authentischen Berichte von Augenzeugen der sowjetischen Wirklichkeit und brandmarkten ‚die böswillige Verlogenheit der Feinde der neuen Gesellschaft‘. Die sowjetische Führung weiß auch genau, wie man einen westlichen Sowjetologen behandeln muß, damit er, aus der SU heimgekehrt, jenen Eindruck beibehält, der ihm vom raffinierten sowjetischen Drehbuch vermittelt wurde. ‚Wissen Sie‘, sagte mir ein wirklich bezaubernder junger Herr, Sowjetologe und Professor an einer der renommiertesten Universitäten der USA,

Autor von zwei Büchern und vielen Beiträgen über die Sowjetunion, ‚wir neuen Sowjetologen fühlen uns nicht vom Philosophieren über Rußland angezogen. Wir ziehen es vor, alle Fragen zu konkretisieren. Die ältere Generation gab der Bewertung der Fakten den Vorrang; wir dagegen lehnen jeden bewertenden politischen Subjektivismus gegenüber der Sowjetunion ab'" (Shturman).
Einer der führenden Köpfe Amerikas, George Kennan, gab ja zu verstehen, daß im Bereich der großen Politik die Moral nichts zu suchen habe. Wozu auch? Karl Marx sagte schon 1844, daß der Kommunismus ein „naturalisierter Humanismus" sei.
Wir sollten öfter die Harvard-Rede Solschenizyns lesen, jene scharfsinnige Definierung unserer westlichen Situation, die er am 8. Juni 1978 im Großen Hof der Harvard-Universität vor 20.000 nachdenklich lauschenden Studenten, Professoren und Nobelpreisträgern gehalten hat. Es wäre überflüssig zu erwähnen, wie feindselig und unversöhnlich die Haltung ganzer Heere von bezaubernden Sowjetologen der *Entspannungsrichtung* Solschenizyn gegenüber ist, wie gezielt und erbarmungslos die Hetze, der sie ihn aussetzen. Das ist verständlich; denn der rote Faden seiner Bücher, Publikationen und Reden läuft darauf hinaus, daß man ohne die Moral als Gradmesser nirgends, und schon gar nicht in der großen Politik, Zusammenhänge erkennen könne. Solch eine Haltung mache blind. — Gänzlich blind ist Europa noch nicht; es zehrt von den überlieferten Grundwerten, allerdings schon im Raubbau: Denn aus dem gegenwärtigen materialistisch-merkantilen, nur zu oft illusionistischen und feigen Tun können keine neuen Werte abgeleitet werden. Die alten verbrauchen sich aber schnell. Europa kann überleben, wenn es seinen praktischen Atheismus so bald wie möglich ablegt und zu seinen Quellen, zum eigenen „Goldfonds" zurückkehrt. In der Loslösung von den ewigen Werten und im unaufhaltsam fortschreitenden sittlichen Verfall liegt auch der Grund des Nichtbegreifenkönnens, um welches *Phänomen* es beim sowjetischen Totalitarismus geht. Dieses Phänomen mit den „Traditionen der russischen Geschichte" und dem „Nationalcharakter des russischen Volkes" zu verwechseln, heißt gezinkte Karten in Empfang nehmen. Der sowjetische Bolschewismus, Sozialismus, Kommunismus, Marxismus, Leninismus, Stalinismus und Neostalinismus — was auf dasselbe hinausläuft — kämpft prinzipiell gegen jede Gesellschaft, die auf dem Pri-

mat der christlichen Kultur gegründet ist. Denn diese Kultur steht bei der Schaffung des neuen Menschen quer im Wege. Ist die christliche Kultur mit ihrer Wertskala einmal abgebaut, ist das Hindernis verschwunden und der Weg frei. Der sowjetische Totalitarismus ist ein *metaphysisches* Phänomen; darin liegt des Pudels Kern. Und einem solchen Phänomen kann man nur mit metaphysischen Maßstäben und Mitteln begegnen. Eine Gesellschaft des Konsumgenusses, der obstinaten Selbstverwirklichung und des sittlichen Verfalls verfügt nicht über diese Mittel. Sie muß sie erst suchen und damit eine neue Friedensbewegung einleiten. Die ganze Heilige Schrift bestätigt, daß Sünde Unheil, ja *Kriege* hervorruft. Die Erforschung dieses zugleich pneumatischen und pragmatischen Sachverhaltes muß zu den vordringlichen Aufgaben der Friedensforschung gehören, denn unsere existentielle Bedrohung liegt hier.

Klare Aussagen hört man in diesem Zusammenhang nicht. Führende Theologen beschränken sich auf unverbindliche Phrasen, wie: „Wir rufen euch zum Frieden auf" oder: „Geht und erneuert die Welt". Wie fängt man das an, wenn man bis zum Hals in einem ungeordneten Leben steckt? Wie sehen die Richtlinien aus, wo holt man sich die Rezepte? Wenn man sagen würde: Fangen wir mit der Reue an . . . Beweinen wir unseren praktischen Atheismus und unseren erschreckenden sittlichen Verfall. Bitten wir Gott für jene junge Frau, die als Vertreterin der katholischen Jugend in München vor Papst Johannes Paul II. auftrat und ihm die Forderung nach „mehr sexueller Freiheit" vor die Füße warf. Lernen wir beten, damit wir zum „Aufhaltenden" (2. Thess 2,7) dieser Zeit gehören und der globale Kataklysmus uns nicht wie ein Dieb in der Nacht überrascht. Mit solchen Worten könnte man etwas anfangen, doch man vernimmt sie nicht.

Wenn die westliche Welt die Anwesenheit sowjetischer Truppen, Waffen und „Berater", wo immer sie stationiert sind, auf eine „Tradition des Zarismus" zurückführt, betrügt sie sich selbst und gibt sich psychologisch geschlagen. Das System, das Rußland seit 1917 beherrscht, ist nicht auf dessen nationale Wurzeln zurückzuführen. Und hier zwingt sich die absolute Notwendigkeit einer weiteren Klarstellung auf. Die vornehmlich linksorientierte, sogenannte „neue historische Schule", die sich seit Ende der 60er Jahre zu behaupten sucht, schreibt das totale Fiasko des Kommunismus in der Sowjetunion nicht den von Denkfehlern wimmelnden Marxschen Theorien, sondern dem „russischen Barbarentum“ zu. Das ist der letzte, verzweifelte Versuch, den „Sozialismus“ auf Kosten des russischen Nationalcharakters zu retten und reinzuwaschen. Wir halten diesen Versuch für invers, und zwar deshalb, weil die sozialistische Revolution nicht nur in Rußland, sondern überall, wo sie stattfand, nach kürzester Zeit ihre bestialische Fratze gezeigt hat. Der russische Mensch ist nicht grausamer als andere Menschen und die russische Geschichte, aus der man heute so gern den GULAG abzuleiten sucht, nicht blutrünstiger als die Geschichte anderer europäischer Völker. Daß das russische Unglück die Frucht westlicher, mit verheerenden Sprengköpfen versehener Ideen ist, sollte man unter keinen Umständen leugnen. Das nicht nur erkannt, sondern auch bekannt zu haben, ist das Verdienst der Neuen Philosophie Frankreichs, die vor dem Erscheinen Solschenizyns und des Archipel GULAG eine ganz andere Richtung vertrat. Einer ihrer prominentesten Vertreter und führenden Köpfe, André Glucksman, sagte in einem Fernseh-Interview: „*Woher* der GULAG? Die französische kommunistische Partei behauptet, er sei ein Produkt russischer Rückständigkeit. Auch unsere Sozialisten beten diese Meinung nach: Der GULAG sei russisches Asiatentum. Wir fragen aber: Hat das russische Volk den GULAG *erfunden* oder hat es ihn *bevölkert?* Darin liegt des Rätsels Lösung: Es hat ihn bevölkert und bevölkert ihn auch heute zur höheren Ehre westlicher Ideen. Kein anderes Land als Deutschland war der Humus, aus dem diese Ideen hervorbrachen.“

Im Osten sitzt der gemeinsame Feind der freien Welt und des russischen Volkes. Sein Messianismus ist die teils blutige, teils schleichende Verbreitung der marxistischen Religion. Für deren Aufpfropfung verlangt er das Bewußtsein, den Willen, den Geist und die Seele des Menschen. Das alte Rußland hatte tiefe gemeinsame Wurzeln mit dem Abendland; sein Herz schlug ein Jahrtausend in der christlichen Tradition. Es unternimmt Anstrengungen, zu dieser Tradition zurückzukehren. Die Führer des sowjetischen Imperialismus, „die Sklaven der Ideologie“, wissen nichts vom gemeinsamen Ursprung des christlichen Morgenlandes und des christlichen Abendlandes.

Eines steht fest: *Wie* der Westen das, was in Rußland und mit Rußland geschehen ist, aufnimmt und bewertet, wird für die Zukunft der Menschheit von entscheidender Bedeutung sein.

Der Zar schickt einen Todfeind in die Verbannung

Die systematische Verfälschung der Geschichte gehört mit zu den Hauptzielen des „Sozialismus“. Nach Lenins Tod setzte das uferlose hagiographische Schrifttum über sein Leben und seine Persönlichkeit ein. Die Ikone, die seitdem immer weiter ausgemalt wurde, weist den Stil zwischen Puritanismus und franziskanischer Armut auf; zum Mythos gehört, wie selbstverständlich, die Bedürftigkeit der ganzen Familie Uljanov. Es heißt, sie hätte stets Not gelitten, wäre aus der materiellen Bedrängnis nie herausgekommen. Für die Parteilinie ist das in der Tat das eindrucksvollste, vielleicht gar das einzig mögliche Image Lenins: Der Führer des Weltproletariats mußte arm gewesen sein. Stimmt das aber? Entsprach die Lebensweise der Uljanovs diesem Klischee?

Nach dem Tod ihres Mannes (eines Schulinspektors) bezog Lenins Mutter von der Zarenregierung eine Pension von 100 Rubel monatlich. Frau Uljanov besaß ein Landgut im Gouvernement Kasan, ein Haus in Simbirsk (dem heutigen Uljanov) und ein weiteres Haus in Saratov. Für Lenin wurde ein kleines Landgut dazugekauft. Die ganze Familie machte ausgedehnte Vergnügungs- und Erholungsreisen ins Ausland (in die Schweiz, in die Bretagne, nach Schweden). Die ältere Schwester Lenins, Anna, lebte zwei Jahre im Ausland, die jüngere, Marie, machte im Laufe der Jahre fünf Auslandsreisen und studierte zwei Jahre an der Pariser Sorbonne. Kein Familienmitglied war jemals gezwungen, seinen Lebensunterhalt zu verdienen. Nach Beendigung des Jurastudiums war Lenin eine kurze Zeit als Rechtsgehilfe tätig, verlor aber bald den Geschmack an der Arbeit und zog es vor, vom Geld der Mutter zu leben. Die Mutter hoffte, der Sohn Wladimir werde, wenn nicht am Beruf eines Rechtsanwalts, so doch am Leben eines Gutsherrn Gefallen finden. Es wurde auf seinem Gut eine Weizen- und Sonnenblumenkultur angelegt, Vieh angeschafft ... Aber Lenin reizte auch diese Tätigkeit nicht im geringsten. Die Bauern in der Umgebung waren arm; die Reform Stolypins zeichnete sich noch nicht einmal am Horizont ab, und die Umsiedlung in die fruchtbare Sibirische Ebene sollte erst anlaufen. Dennoch fiel es Lenin nicht im Traum ein, den ärmsten seiner bäuerlichen Nachbarn auch nur das kleinste

Stückchen Land zu überlassen oder, zumindest, zu einem bescheidenen Zins zu verpachten. Er verpachtete das Gut an einen cleveren Unternehmer und steckte den reichlichen Pachtzins mit großer Selbstverständlichkeit in seine Westentasche. Er blieb im Gutshaus wohnen und führte dort das behagliche Leben eines Landedelmannes.
Im Jahre 1897 verkauften die Uljanovs alle ihre Immobilien und legten die runde Summe als Familienfonds auf die Bank. Jetzt war erst recht niemand gezwungen, Geld zu verdienen; jeder konnte „nach seinen Fähigkeiten und Bedürfnissen" aus der Kasse schöpfen. Lenin lebte insgesamt dreißig Jahre, ohne seinen Unterhalt zu verdienen. Gelegentliche Übersetzungen wurden von ihm aus Interesse an der Sache, nicht um des schnöden Mammons willen gemacht. Selbst als er mit eigenem Schrifttum hervortrat, bat er seinen Verleger, ihm statt des Honorars lieber Bücher zu schicken (was jedoch abgelehnt wurde).
Bei seiner Rückkehr aus dem Ausland im Jahre 1895 wurde Lenin verhaftet und zu 14 Monaten Gefängnis mit anschließender dreijähriger Verbannung nach Westsibirien verurteilt. Die sowjetische Propaganda malt diese „Kerkerzeit" Lenins in den grauenvollsten Farben aus, aber ganz so schlimm wird es im „Kerker" doch nicht gewesen sein: Lenin durfte sich Extra-Mahlzeiten bestellen, trank viel Milch und bekam täglich eine Flasche teures Mineralwasser aus der Apotheke zugestellt. (Man nehme immer wieder Archipel GULAG zur Hand.) Dreimal in der Woche kamen Pakete mit Leckerbissen von daheim. Außerdem wurden ihm ständig Bücher und Zeitschriften, die er für seine Arbeiten (!) benötigte, geschickt und — von der Gefängnisverwaltung anstandslos ausgeliefert.
In die sibirische Verbannung (1895—98) reiste Lenin als Privatmann. In Moskau unterbrach er die Fahrt und besuchte seine Mutter. Lenin und seine Frau, N. Krúpskaja, priesen dann das Leben in Westsibirien in den höchsten Tönen; ihnen stand eine gute Wohnung und hervorragendes Essen zur Verfügung. Als dieses dem Ehepaar zu eintönig wurde (meist Lammbraten und Koteletts), gingen sie auf Eigenverpflegung über, wobei Lenin für ein Dienstmädchen sorgte, das „die ganze grobe Arbeit verrichtete". Lenin trieb viel Sport, lief Schlittschuh, ging auf die Jagd . . . Birkhühner, Hasen, Enten, Schnepfen sorgten für erlesene Mahlzeiten. Aus Moskau wurden ein nagelneues Jagdgewehr, Lederhandschuhe und Lederhosen geschickt, und in der ganzen Um-

gebung wurde nach dem besten Jagdhund gesucht. Die Krúpskaja schrieb an Lenins Mutter: „Wolódjas Gesundheit läßt nichts zu wünschen übrig; er sieht einfach blendend aus. Unser Leben hier mutet wie ein Erholungsurlaub an; wir sind richtig aufgeblüht."

Als die drei Jahre um waren, reichte Lenin den Antrag auf Ausstellung eines Auslandspasses ein, der sofort bewilligt wurde. Sowjetische Legenden wollen wissen, daß Lenin in Paris eine „armselige Einzimmerwohnung" bezog, seine Frau dagegen schreibt: „Unsere Wohnung ist groß und hell, über den Kaminen hängen Spiegel. Ein Zimmer haben wir für Mutter und eines für Marie reserviert." Die Bedienung kam morgens und ging abends. Während dieser Pariser Zeit schickte Frau Uljanov aus Moskau Pakete mit erlesenen russischen Leckereien: Kaviar, Räucherlachs, gedörrter Störrücken. „Ihr verwöhnt uns wirklich zu sehr!" klagt die Krúpskaja im Brief vom 9. Mai 1912.

Alle Annehmlichkeiten blieben selbstverständlich „in der Familie". Gorki schreibt, Lenin sei äußerst listig gewesen und hätte oft wiederholt, daß man bei Gesprächen mit Partnern stets „einen Stein im Rücken" verborgen halten müsse.

So behandelte „Nikolaus der Blutige" seine Widersacher. Und wie behandelten sie ihn?

Verweilen wir noch ein wenig bei einigen markanten Einzelheiten im Leben des Heros der Oktoberrevolution. Am 1. März 1887, auf den Tag genau sechs Jahre nach der Ermordung des liberalen Reformzaren Alexander II., wurde von den Terroristen der — mißlungene — Anschlag auf dessen Nachfolger, Zar Alexander III., verübt. Zwei der Terroristen bekamen lebenslängliche Festungshaft, zwei wurden hingerichtet, darunter Lenins älterer Bruder, Alexander Uljanov. Den siebzehnjährigen Wladimir machte dieses Ereignis zum blindwütigen Fanatiker der Revolution und zum Henker des von ihm schon immer gehaßten und zutiefst verachteten russischen Volkes. Für den Kreis seiner Adepten und Bewunderer war er von dem Augenblick an, in dem er sein goldenes Taufkreuz vom Halse riß und in die Abortgrube warf, kein Mensch, sondern ein Halbgott. Diese Vergöttlichung wird sich in den folgenden Jahrzehnten über die halbe Erdkugel verbreiten: Die Größe Lenins anzuzweifeln ist nunmehr kein Delikt, sondern eine Blasphemie und ein Sakrileg. Nach der Machtergreifung im Oktober 1917 läßt Lenin Rußland im blutigen Chaos versinken, dem einzigen Zustand, bei dem seine Pläne durchführbar sind. In übermenschlichen Anstrengungen, unter Verzicht auf alles Private, auf alle Annehmlichkeiten des Lebens, erreicht er das Unerreichbare. Sein Zimmer im Smolny ist die Behausung eines Asketen; die Askese geht so weit, daß ein einfacher Bettvorleger, den ein wohlmeinender Mitarbeiter auf den Fußboden legen will, unter wütendem Schimpfen zur Tür hinausfliegt. Angelika Balabánowa, eine der engsten Mitarbeiterinnen Lenins und ein rühriges Mitglied der frühen Komintern, beschreibt in ihren Erinnerungen[26]) den neuen Führer des russischen Proletariats wie folgt: „Er schreckte vor nichts zurück, um Menschen, deren Meinungen mit seinen eigenen divergieren, zu bekämpfen und völlig fertigzumachen. Am allerwenigsten scheute er Lügen und Verleumdungen. Es wäre falsch, hier von einem in der Politik üblichen diplomatischen Ränkespiel zu sprechen: Alles in Lenin war blindwütig auf die Verfolgung seiner einmal gesetzten Ziele ausgerichtet. Im Zustand der Obsession gab er sich keine Rechenschaft darüber, was er redete, und schon gar nicht, wie er log. Die Devise seines Lebens war: Das Ziel heiligt alle Mittel. Das Ziel aber war die Weltherrschaft des Proletariats." — Lenin hatte, wenn ihm das zweckmäßig schien, keine Bedenken, Menschen, für die er nur tiefe Verachtung empfand, mit Ehren und Reichtümern zu überschütten. Die Theoretiker des Marxismus-Leninismus vermeiden es sorgfältig, in der Öffentlichkeit authentische Aussagen Wladimir Iljitschs zu zitieren: Zu schamlos ist der Zynismus, mit dem er, zwecks Erreichung bolschewistischer Ziele, die niedrigsten und gemeinsten Mittel empfiehlt. Selbst ein General Ludendorff, dem der Untergang Rußlands im bolschewistischen Chaos zu einem nicht geringen Teil zuzuschreiben ist, bekennt in seinen Erinnerungen, daß die (von der Obersten Heeresleitung stark abhängige) deutsche Regierung eine schwere Verantwortung vor der Geschichte auf sich geladen habe; das Unternehmen habe sich nur in militärischer Hinsicht ausgezahlt.

Dieses „Unternehmen" — das Einschleusen Lenins nach Rußland — wurde auch aus einer anderen Ecke Europas vorangetrieben und unterstützt: Als Balabánowa sich im Auftrage Lenins und Trotzkis in Stockholm niederläßt, werden ihr aus dunklen Quellen Millionen von Goldrubeln zugeführt mit der Direktive: Knausern Sie nicht, das Geld muß für ein Umschwenken der öffentlichen Meinung Europas zu unseren Gunsten verwendet werden. Eine Legion zwielichtiger käuflicher Existenzen trägt daraufhin in entscheidendem Maße zur Spaltung der Arbeiterschaft und der Zersetzung der Gewerkschaften in den europäischen Ländern bei. „Ich konnte solche Methoden nicht begreifen, ich staunte nur, daß Revolutionäre, die in meinen Augen Idealisten waren, die selbstlos für die Erneuerung der menschlichen Gesellschaft kämpften, sich solcher schäbigen und schmutzigen Mittel bedienten" (Balabánowa).

Vom russischen Volk (blutsmäßig war Lenin nur zu einem Viertel Russe) pflegte Wladimir Iljitsch mit abgrundtiefer Verachtung zu sprechen. Er nannte es „eine dumpfe Nudelmasse", „einen Haufen Wischlappen" und „eine Herde unbelehrbarer Hammel". Das für Jahrzehnte vorprogrammierte Martyrium dieses Volkes ließ ihn völlig kalt — genauer: er nahm es überhaupt nicht zur Kenntnis.

Gab es im Leben eines Mannes wie Lenin Vorbilder, oder zumindest *ein* entscheidendes Vorbild? Und die Geste mit dem Kreuz — war sie nur eine spontane, aus Wut und Verzweiflung geborene Reaktion, oder steckte für den Siebzehnjährigen bereits mehr dahinter?

Karl Marx war in seiner Jugend ein gläubiger Christ: Seine Abiturarbeit in Religion trägt den Titel „Die Vereinigung des Gläubigen mit Christus" (Joh 15, 1—14) und könnte von einem Menschen mit persönlicher religiöser Erfahrung geschrieben worden sein. Mit einer solchen Erfahrung dürfte es aber einem Christen nicht leicht fallen, seinen Glauben — und sei es bei noch so entscheidenden Begegnungen und Einflüssen (bei Marx war es die Bekanntschaft mit Moses Hess) — leichthin über Bord zu werfen. Tatjana Góritschewa sagte in einem ihrer Vorträge in der Bundesrepublik: „Aus der apokalyptischen Situation des Atheismus gibt es bei uns in der Sowjetunion nur einen einzigen Ausweg: Die eigene Erfahrung. Darum berichte ich von dieser Erfahrung, von meiner persönlichen Erfahrung mit Gott. ‚Erklären' kann man sie nicht, alle Versuche, das Unerklärbare zu erklären, werden scheitern."

War demzufolge Marx dennoch nur ein „Kopfchrist" gewesen, dessen „Haus auf Sand" gebaut war? Jedenfalls hat er schon wenig später sein Christsein — genau in der Weise, wie es sein glänzendster und konsequentester Adept Wladimir Iljitsch Uljanov-Lenin mit seinem Taufkreuz tat — in die „Abortgrube" geworfen. Und dann kommt das Entscheidende: Um die Massen — und um die geht es ja — glücklich zu machen, bedarf es eines weit Größeren als die Vernichtung des Kapitalismus. Marx schreibt: „Die Aufhebung der Religion als des illusionistischen Glücks des Volkes ist die Forderung seines wirklichen Glücks.“[27])

Ist Marx nun so sehr gegen jede Religion, weil diese „das Erfüllen der kommenden Ideale behindert“? So erklären es jedenfalls die Marxisten. Doch gibt es Anhaltspunkte, die die Sache nicht so vereinfacht zu sehen erlauben. Bald nach jener Abiturarbeit schreibt Marx ein Gedicht — er fühlt sich zum Dichter, der der Menschheit etwas zu sagen hat, berufen:

Ich möchte mich an Einem rächen,
An Dem, der oben herrscht.

Widrige äußere Umstände, die zu einem plötzlichen Ausbruch des Hasses führen könnten, sind zu jenem Zeitpunkt nicht auszumachen; über persönliche Motive ist auch nichts bekannt. Und doch geht es in diesem Sinne weiter:

Einen Thron will ich mir bauen.
Kalt und riesig soll sein Gipfel sein,
Und sein Bollwerk — übermenschlich Grauen
Und sein Marschall — nur die düstre Pein.

Was bedeutet dieser Thron? Ansätze zu einer Erklärung könnte es in einem Einakter geben, der ebenfalls in den Studentenjahren des jungen Marx entstand und den Titel „OULANEM“ trägt. Das Wort ist ein Anagramm für Emanuel, den alttestamentlichen Namen des Heilands. Denn *Jesus* bedeutet auf Hebräisch „Gott mit uns“. Es ist übrigens eine der schönsten, ja, der wundervollsten Stellen der Bibel, diese Vision des Propheten Jesajas, die aus dem Dunkel der Jahrtausende zu uns herüberleuchtet. Im Gottesdienst der Ostkirche wird sie am Heiligen Abend und in der Großen vorösterlichen Fastenzeit aufs feierlichste verlesen. Der Name ist also bis zur Unkenntlichkeit verstümmelt — solche Verdrehungen und Verstümmelungen heiliger Worte und Namen gehören zum Vokabular der schwarzen Magie und sind ein Bestandteil der Schwarzen Messe, insbesondere wenn im Laufe des Ritus mit einer aus der Kirche gestohlenen konsekrierten Hostie blasphemisch umgegangenen wird. Nicht Liebe zu den Entrechteten und Zukurz-Gekommenen ist die treibende Kraft des Marxismus, sondern ein glühender Haß gegen Gott.

Und mehr noch weiß ich: Andere sind noch hier,
Die sind auch OULANEM, *auch* OULANEM!
Der Name klingt wie „Tod“, und er klingt fort,
Bis er in seinem schnöden Träger ausgeklungen.

Wir glauben, damit über das große Vorbild Lenins genug gesagt zu haben.

Charles Gibbs

Er wurde 1876 in Yorkshire geboren, studierte in Cambridge Philosophie, Literatur und Sprachen. Sein Interesse für großes Theater führte ihn schon in jungen Jahren nach Rußland, wo er, vom Land und seinen Menschen fasziniert, wie so viele andere, „steckenblieb“. Seinen Unterhalt begann er in St. Petersburg mit Englischstunden zu verdienen, erzielte dabei ungewöhnliche Erfolge und bekam schließlich Posten in den privilegierten kaiserlichen Lehranstalten. Am 9. Juni 1908 empfing Zar Nikolaus II. auf seiner Yacht „Der Standart“ seinen Onkel, König Edward VII. von England. Der Onkel bemerkte scherzhaft, daß die englische Aussprache der kleinen Großfürstinnen Olga, Tatiana, Maria und Anastassia noch etliches zu wünschen übrig lasse. Man zog Erkundigungen nach einem Lehrer ein, und die Wahl fiel auf Gibbs. Er wurde zum (englischen) Erzieher der Zarenkinder ernannt und zog in die kaiserliche Residenz Zárskoje Seló. Nach der Revolution lehnte es Gibbs, ebenso wie sein französisch-schweizerischer Kollege Pierre Gilliard, kategorisch ab, die Zarenfamilie zu verlassen. Beide folgten ihr freiwillig in die Verbannung, zuerst nach Tobolsk, dann nach Jekaterinburg. Zar und Zarin, mit ihnen die Kinder und die Dienerschaft, fanden ihre Katharsis im Martyrium. In der Nacht vom 17. auf den 18. Juli 1918 wurden sie im Keller des Hauses Ipatiev bestialisch ermordet.

Zehn Jahre in unmittelbarer Nähe dieser Familie, die durch ihre tiefe Religiosität, hochgemute Gesinnung und menschliche Wärme auf den Engländer einen unauslöschlichen Eindruck gemacht hatte, genügten, um in seinem Leben eine radikale Wende herbeizuführen. Nach England zurückgekehrt, konvertierte Gibbs zur orthodoxen Kirche, wurde Priester und später Mönch. In seiner kleinen St.-Nikolaus-Kirche in Oxford hängte Vater Nikolaus Gibbs jenen Kronleuchter auf, den ihm einst die Zarin geschenkt hatte.

Zweimal wurde er mit Frauen konfrontiert, die sich für die Großfürstin Anastassia ausgaben. Wie Pierre Gilliard bezeugte auch er auf den ersten Blick, daß keine von ihnen auch nur das geringste mit seiner kaiserlichen Schülerin zu tun habe.

Die russische Ikone

Unter den Meisterwerken der mittelalterlichen Kunst nimmt die russische Ikone eine Sonderstellung ein. Doch erst das 20. Jahrhundert entdeckte ihre überirdische Schönheit und enthüllte ihre wahre Bedeutung. Die Schönheit liegt in einer bis ins letzte Detail ausgewogenen Harmonie der Komposition, der starken Aussagekraft der Gestalten und dem einmaligen Zusammenwirken der Farben, deren zarte Transparenz — man könnte hier schon fast von einer farblichen Transzendenz sprechen — sich wesentlich von der viel dunkleren und schwereren byzantinischen Farbskala unterscheidet. Auch ist ihre Ausstrahlung eine andere: Wir begegnen in der Welt der russischen Ikone kaum dem düsteren Blick des zornerfüllten Pantokrators. Der „russische Gott" — ein von Dostojewski geprägtes Wort — ist vor allem der Gott der Sünder, der Gott des Erbarmens. Er ist der „Menschenfreund", wie ihn die sich stets wiederholende Aussage und der Anruf der orthodoxen Gebetstexte bezeichnen. Er ist der Heiland der Gefallenen, nicht deren Richter. Und vorläufig noch kein Weltenrichter. Dennoch entbehrt das Christus-Antlitz der russischen Ikone jeder Sentimentalität.

Die Ikone ist mehr als ein Kunstwerk und etwas anderes als ein Andachtsbild, das eine „Stimmung" erzeugen soll. Das Wesentliche, ja Ausschlaggebende an ihr ist, daß sie in einem sakralen Akt geweiht und eben dadurch zur Ikone wurde. Sowohl die Weihe als auch die

Art ihrer Entstehung sind für das Verständnis ihres Wesens unentbehrlich. Denn es wird nicht erst das fertige Bild geweiht, sondern bereits die aus dem Holz der Zypresse geschnittene Tafel, auf der sie entstehen soll, die Farben, die Pinsel, alle Malutensilien. Das Malen selbst ist ein durchaus sakraler Akt. Vom Isographen forderte die Kirche stets die Heiligung des inneren Menschen und ein asketisches Leben. Auf das Malen einer Ikone bereitete er sich durch Fasten und Beten, Buße und Sakramentenempfang vor. So entstanden jene unvergänglichen „Erscheinungen", die ihre geistige Leuchtkraft durch die Jahrhunderte bewahrt haben und uns stets von neuem faszinieren.
Ein Blick in die Schriften der morgenländischen Kirchenväter läßt erkennen, daß die Ikone nicht als das Werk eines maltechnisch ausgebildeten und mit künstlerischer Phantasie und Schönheitssinn begabten Menschen verstanden werden darf. Sie ist nicht Menschenwerk, sondern Erscheinung des Ur-Bildes; ein Fenster gleichsam, das in die Ewigkeit aufgetan wurde und in dem himmlische Gestalten sichtbar geworden sind. Der ostkirchlichen Lehre zufolge sind die Abbilder Christi, der Gottesmutter, der Engel und Heiligen Offenbarungen des Numinösen und Symbole göttlicher *Gegenwart.* Die „Leiblichkeit" der heiligen Gestalten ist auf ein Minimum zurückgedrängt, sie ist nichts anderes als eine Schale, die so transparent ist, daß sie die Flamme des Geistes erkennen läßt.
Dem Versuch einiger Ikonologen des 7. Jahrhunderts, aus dem Wesen der Ikone eine Inkarnationslehre abzuleiten, trat die Kirche entschieden entgegen; doch leugnet sie nicht, daß die Ikone eine reale *Brücke* zur anderen Dimension des Seins ist. In erster Linie gehört sie in den sakralen Raum, der ohne sie überhaupt nicht denkbar ist; im Heim ist sie für den Gläubigen stets ein Blick in das „ganz Andere", ein Blick in das Geheimnis des Unsichtbaren und ewig Bestehenden.
Die Farben und Gesten der mittelalterlichen russischen Ikone haben symbolische Bedeutung. Das Gold des Hintergrundes weist auf die im Reich Gottes nie untergehende Sonne sowie auf die Allgegenwart Christi, der „Sonne der Gerechtigkeit" (Offb 22,5), hin. Purpurrot auf nächtlichem Grund sind die uralten Darstellungen der *Sophia*, der Vorweltlichen Weisheit Gottes (Spr 8,22). Es ist Sein vorweltlicher Gedanke, der das All aus dem Abgrund des Nicht-Seins durch den *Logos* zur Morgenröte des ersten Schöpfungstages ruft: Die junge Kreatur

bricht aus der Finsternis zum Licht hervor. Ein Bild hoher Poesie! Die Farben der Verklärungsikone symbolisieren die zwei Dimensionen des Seins, die irdische und die himmlische, wie sie das menschliche Auge auf dem Berge Tabor wahrnehmen durfte. Die erhobenen Hände der Gottesmutter, der Engel und Heiligen deuten auf bewundernde Anbetung, Fürbitte, Trauer, Schweigen. Die fragmentarisch dargestellte Natur und die im Hintergrund angedeutete Architektur wiederholen oder verstärken die Bewegung und Gestik und damit die Aussagekraft der Gestalten. Diese sind, wie gesagt, transparent und „fleischlos"; sie wirken überschlank und sind allen irdischen Freuden abgewandt. Doch wird nur eine sehr oberflächliche Bekanntschaft mit der Ikone als deren Hauptaussage die Askese hervorheben; diese bildet nur *einen* Teil der Aussage, der ohne den anderen weder Sinn noch Bestand hätte. Das *Wesentliche* ist, daß der freiwillige, im Namen des Herrn auf sich genommene Verzicht zum Sieg über die finsteren Abgründe der menschlichen Natur und zur Überwindung der „Bestie im Menschen" führt. Damit aber auch unweigerlich zur unaussprechlichen *Freude.* Zu dieser Freude kommt man nur über das NEIN jenem biologischen Imperativ gegenüber, der zum Sinn und Inhalt des Daseins die übersättigte und gierige, dem äußeren Erfolg verschriebene, allen irdischen Genüssen nachjagende, über Leichen gehende autonome Selbstherrlichkeit erhoben hat. Die Ikone ist der *Gegenpol* zu diesem dunklen Reich. Sie beweist, daß es außer der Realität des Tilgens und Vertilgtwerdens noch eine andere Realität gibt und auch eine andere Freude. Auf den Ikonen des heiligen Johannes des Täufers z. B. sehen wir an der Gestalt, die sich im Verzicht wie eine Kerze verzehrt, mächtige, helle Flügel, Symbol der *Freude.* So ist Selbstbeschränkung als wichtigste Quelle der Freude eine der Hauptaussagen der Ikone. Beim Entstehen des heiligen Bildes verleugnete sich der Ikonograph bis zum äußersten; ja er verleugnete sogar sein Beteiligtsein am Prozeß des Malens: er lieh diesem gleichsam nur seine Hände. Darum gibt es keine mit Namen gezeichneten Ikonen. Sie alle sind zur Ehre Gottes entstanden und darum anonym. Die Namen der größten Isographen, darunter Andrej Rubljóv (14.—15. Jahrhundert), der von der Kirche heiliggesprochen worden ist, sowie einiger anderer, erreichten uns durch die alten Chroniken. Der absolute Höhepunkt der russischen Ikonenmalerei bleibt Rubljóvs Heilige Dreifaltigkeit.

Es leuchtet ein, daß bei einer solchen Auffassung sich an der Ikone auch durch Jahrhunderte kaum etwas ändern konnte. Die Annahme jedoch, es habe den alten Meistern an Individualität und Phantasie gefehlt, ist irrig. Zwar waren sie dazu verpflichtet, bei der Arbeit strengen Richtlinien zu folgen, bei deren willkürlicher Übertretung sie ihr Seelenheil riskierten; ihre schöpferische Eigenart war jedoch nicht ausgeschaltet. Es galt — stets der Regel verpflichtet —, in der Darstellung des Heiligen, seiner Haltung und Gestik, Kleidung, Haar- und Barttracht, dessen unverwechselbare Wesenszüge durch Nuancen wiederzugeben und dem Betenden nahezubringen. Das erforderte psychologisches Fingerspitzengefühl und großes Können. Rasch aufeinanderfolgende Stilrichtungen schloß das orthodox interpretierte Wesen der Ikone aus. Denn in ihr erkannte der demütig Betende das unvergängliche und *unveränderliche* Antlitz Gottes.

Der Überlieferung nach sind nicht alle Ikonen durch das Medium von Menschenhänden entstanden. Zum Leintuch, das der kranke Tyrann von Edessa Christus überbringen ließ[27a]) und das ihm, mit den darauf projizierten Gesichtszügen des Erlösers, Heilung zurückbrachte, kamen die vielen in Rußland auf unerklärliche Weise „erschienenen" wundertätigen Ikonen hinzu: Die an einsamen Küsten von Meereswellen herangespülten; die beim Roden undurchdringlicher Wälder in hohen Baumkronen gefundenen; die aus tiefen Schichten des Erdreichs ans Tageslicht gehobenen. In unzähligen, auf natürliche Weise kaum oder gar nicht erklärbaren Heilungen erfuhr der gläubige Russe im inbrünstigen Gebet die enge Bezogenheit des Ur-Bildes zu seinem Ebenbild.

Wir sagten schon: Das Ausschlaggebende an der Ikone ist, daß sie in einer sakralen Handlung geweiht wurde. Die Kirche rief die Kraft des Heiligen Geistes auf sie herab, und in diesem pneumatischen Akt wurde sie zur Trägerin göttlicher Energie. Durch die Christusfülle der Kirche kann dem in ihrem Kraftfeld stehenden und mit kindlicher Hingabe betenden Menschen Erneuerung an Leib und Seele zufließen. Neben der Absage an den biologischen Imperativ hat uns die Ikone auch noch anderes zu sagen. Auf die Frage nach der Beziehung zwischen Gott und Mensch, zwischen Schöpfer und Geschöpf wird uns durch die Ikone folgende Antwort gegeben: Jeder nach dem Ebenbild Gottes Erschaffene stellt gleichsam die Ikone seines Schöpfers dar.

Dieses Abbild hat durch den Sündenfall seine einstige vollkommene Schönheit verloren. Die Züge sind vom Ruß und Staub der Erde entstellt, brüchig und rissig geworden; in manchen Fällen sind sie bis zur Unkenntlichkeit nachgedunkelt. Doch singt die Kirche in einem Hymnus der Großen Fastenzeit: „Einst Abbild Deiner Herrlichkeit, verzweifle ich, der Sünder, nicht an meiner Rettung." Denselben Satz finden wir in einem der großen Kommuniongebete. Diese Grundeinstellung war in der Seele des gläubigen russischen Menschen tief verankert; sie wurde in jener scheuen Ehrfurcht vor den „Unglücklichen" — und das will heißen, vor den Verbrechern — sichtbar, in denen das Volk stets Menschen sah, die vom gemeinsamen Feind, der *Sünde*, besonders augenfällig und grausam geschlagen worden waren. Vor deren tragischem Los war man selbst eher durch die bewahrende Gnade Gottes als durch Verdienst und Tugend verschont geblieben. Es hätte auch anders sein, es hätte einen genauso und noch härter treffen können.

Aber auch ein bis zur Unkenntlichkeit entstelltes Abbild Gottes bleibt, solange es auf Erden wandelt, Sein Bild. Durch die Katharsis der Reue und Sühne gegangen, kann es noch in seinen ursprünglichen Farben aufleuchten. Darum sollte es niemand wagen, vor dem Jüngsten Gericht den Stab über den Sünder zu brechen.

Ein Versuch, die Cherubimische Hymne der Liturgie zu interpretieren

Wie ein zarter Hauch
Aus den Tälern Jerusalems
Setzt der Gesang
Der geheimnisvollen Cherubimhymne ein.
In diesem Augenblick
Öffnen sich vor den Blicken der Sterblichen
Die Himmelstüren.
Und die Seele bemüht sich
Ihr vergängliches Alltagskleid abzuwerfen
Denn sie hat ihr Vaterland erblickt.

Wenn das Mühen
Einer reinen Seele
Ihre irdischen Wünsche überwindet,
Dann –
Werden im Altarraum Schwingen sichtbar,
Und die geheimnisvollen Augen
Der Cherubim
Richten ihren Blick
Auf sie.

Brüder, laßt uns die Sorgen vergessen,
Alle Sorgen ums Irdische und Vergängliche!
Möge der Cherubimische Lobgesang
Himmel und Erde erfüllen.

Nächste Seite (Bildtafel IX): Christus Pantokrator, 19. Jh.
Übernächste Doppelseite (X/XI): Die Kuppeln der Teremkirchen
im Kreml zu Moskau

Ein Moskauer Priester liest die Apokalypse

Der folgende Text ist zu uns im Handgepäck eines jungen Mädchens gelangt, das im Jahre 1942 Zárskoje Seló mit den deutschen Truppen verlassen hatte und jetzt als Nonne im Heiligen Land lebt. Die eschatologische Betrachtung, die von einem Moskauer Erzpriester im Jahre 1880 niedergeschrieben wurde, ging in der Stalinzeit in unzähligen Abschriften von Hand zu Hand. Der bemerkenswert knappe, aus dem Russischen übersetzte Text wird hier zum ersten Mal veröffentlicht.

*

Die Geheime Offenbarung des Johannes, Apokalypse genannt, richtet sich nicht nur an Auserwählte, sondern an die Gesamtheit der Christenheit. Sie besteht aus Schauungen, die bald die eine, bald die andere Seite des metahistorischen Geschehens umfassen. Vieles ist an keine Chronologie gebunden, da es nicht die Entwicklung, sondern den Zustand der Dinge schildert. Zum chronologischen Teil der Offenbarung gehören:

1. Die Sendschreiben an die 7 Gemeinden und das mit ihnen *eng verknüpfte* Eröffnen der 7 Siegel durch das Lamm.
2. Der chronologische Bericht über die Endzeit, zu dem auch die Posaunen der Engel gehören.

Das 20. Kapitel ist ein Rückblick auf den bereits geschilderten Kampf Satans gegen Gott. Die letzte, durch das 19. Kapitel eingeleitete Vision betrifft den Neuen Himmel und die Neue Erde.

Man nimmt an, daß die Geheime Offenbarung im Jahre 91 stattfand. Die Sendschreiben waren ursprünglich an die Gemeinden von Ephesus, Smyrna, Pergamos usw. gerichtet, doch symbolisieren sie zugleich die Existenzphasen der Kirche Christi in der Welt.

Das EPHESUS-Zeitalter umfaßt die apostolische Verkündung von den Erdentagen des Erlösers bis zur ersten Christenverfolgung. Das Wort Gottes zollt der Urkirche hohes Lob. Als sieghafter gekrönter Reiter auf einem Schimmel sitzend, tritt das erste christliche Zeitalter in die Geschichte. Zu ihm gehört das Erscheinen des mit der Sonne bekleideten Weibes. Doch macht die Offenbarung Ephesus einen Vor-

Bild gegenüber (Bildtafel XII): Madonna von Wladimir, 15. Jh.

wurf: Es habe seine ERSTE LIEBE verlassen. Denkbar wäre, daß dieses Wort sich auf den Verlust jenes einmaligen Geistes bezieht, bei dem es in der Kirche weder Reiche noch Arme gab (Apg 2,44). „Bedenke, von welch einer Höhe du gefallen bist, und tue die ersten Werke. Wenn nicht, werde Ich deinen Leuchter von seiner Stelle stoßen“ (2,5). Der „Leuchter“ Jerusalems, dessen Gemeinde als höchster Ausdruck der Kirche galt, stand dann viele Jahrhunderte abseits vom Geschehen. Ein Patriarchat wurde dort erst im Jahr 451 errichtet.

Die zweite, die SMYRNAER Periode, ist die Zeit der blutigen Christenverfolgungen. Die erste von ihren zehn „Wellen“ ist bekanntlich auf eine Verleumdung der Juden zurückzuführen, die die Römer auch in der Folge immer wieder gegen die Christen aufhetzten. Das Wort Gottes ermahnt die Gläubigen, vor den „zehn Tagen“ nicht zurückzuschrecken und verspricht ihnen die Krone des Lebens. „Das Weib, das mit der Sonne bekleidet ist“, bringt ihr Kind unter großen Schmerzen zur Welt; der Drache nähert sich ihr, „um das Kind zu verschlingen“. Nach dem Öffnen des Zweiten Siegels erscheint ein Reiter auf einem blutroten Pferd. Ihm ist „ein großes Schwert gegeben“. Das Zeitalter der christlichen Märtyrer dauert nahezu drei Jahrhunderte und endet erst unter Kaiser Konstantin. Das Wort Gottes macht der Kirche von Smyrna keinen einzigen Vorwurf. Der Herr kennt die Trübsal der „bis zum Tod Getreuen“. Im 7. Kapitel sehen wir vor dem Thron Gottes und vor dem Göttlichen Lamm Menschen in schneeweißen Gewändern, mit Siegespalmen in den Händen. Der Engel aber spricht zu Johannes: „Das sind jene, die von der großen Trübsal gekommen sind.“

PERGAMOS, das dritte christliche Zeitalter, ist dadurch gekennzeichnet, daß die Kirche — nunmehr Reichskirche — ihre Wohnstätte dort hat, „wo Satans Thron steht“, d. h. daß sie im Schnittpunkt weltlicher Beziehungen leben muß. Die ungewohnte und schwierige Situation hat jedoch ihre Treue nicht erschüttert, und das ist ein besonders hohes Verdienst. Beim Öffnen des Dritten Siegels kommt uns ein Rappe entgegen, und dessen Reiter hält eine Waage in der Hand. Man hört Gespräche über Weizen, Gerste und Öl. Das mit der Sonne bekleidete Weib hat sich in der Wüste niedergelassen. Das kann sowohl die stark veränderte Atmosphäre symbolisieren als auch auf die Massenabwanderung der „radikalen“ Christen nach Ägypten, Palästina und Syrien hinweisen, wo das Mönchtum entsteht: Es will Hüter jenes *Urverständnisses* des Christentums sein und bleiben, das in der Frühzeit die *Norm* war. Die Welt birgt jetzt viele Gefahren für das Seelenheil. — Die Offenbarung wirft der Kirche das Vorhandensein von falschen Lehren vor, doch verspricht Christus, die Ketzer mit dem „Schwert Seines Mundes“ zu bezwingen. Zweifellos ist Pergamos die Epoche der Konzile und der großen, von Gott erleuchteten Kirchenväter, die sich mit den Irrlehren auseinandersetzen und im Jahre 325 das Credo von Nicäa proklamieren. Man kommt nicht am wundervollen Wort vorbei, der Herr werde den Seinen „vom geheimen Manna“ zu essen und einen „weißen Stein mit ihrem neuen Namen“ geben. Bedeutet das nicht den Übergang der Kirche zu einer gewissen Unsichtbarkeit? Es ist nicht leicht zu erkennen, wer wirklich und wer nur nominell zu ihr gehört. Diejenigen, die den „neuen Namen“ empfangen haben, wissen aus ihrer Glaubenserfahrung heraus, daß sie Christus gehören. Was aber alle anderen betrifft, die die Gotteshäuser in hellen Scharen füllen, so ist es ungewiß, ob sie dort ihr Heil suchen. Hierzu gehört das Bild der Schlange, die nach dem Weibe „ein Wasser schoß wie einen Strom“, in der Absicht, es zu vernichten. Pergamos dürfte im Osten die frühe Epoche des Byzantinischen Reichs, im Westen das Zeitalter Karls des Großen umschließen. Jetzt, da sich die Kirche über viele Länder verbreitet hat, wird es schwieriger, die einzelnen Phasen zu unterscheiden. Das Ende des Mittelalters dürfen wir auf jeden Fall erst im nächsten Zeitabschnitt suchen.

THYATIRA ist das Zeitalter, das sich bis tief in die Neuzeit erstreckt. Die Offenbarung bestätigt, daß das Leben der Kirche Glaube und Liebe ausstrahlt. So dient Thyatira im ganzen der Sache Gottes. Auch wird ihm die Macht zugebilligt, die Heiden „mit dem eisernen Stab“, d. h. mit großer Autorität zu weiden, was durchaus das Merkmal des christlichen Staates vom 13. Jahrhundert an — und noch früher — ist. Europa bringt unzählige heidnische Völker und Stämme unter seine Herrschaft und bekehrt sie mit Eisen und Blut zum Christentum. Die Heiden ihrerseits, die „wie des Töpfers Gefäße“ zerschmettert werden, reagieren mit grausamen Verwüstungen der christlichen Länder. Im „Weibe Isebel“ wirft die Offenbarung Thyatira *Ehebruch* vor; auch ist von „satanischen Tiefen“ die Rede. Darunter darf man nicht nur die zahlreichen Sekten der Templer und Freimaurer verstehen, die ihr verhängnisvolles Treiben beginnen: In Thyatira wird auch der Große Abfall eingeleitet, der Übertritt des Menschen von der Kindschaft Gottes zur Autonomie: Er proklamiert sich zum Maß aller Dinge. Die Hybris zieht Revolutionen und Kriege nach sich, und unter dem Vierten Siegel tritt uns ein fahler Reiter, dessen Name *Tod* ist, entgegen. In dieser Phase des großen Umbruchs *warnt* Christus seine Kirche vor *Neuerungen:* Halte, was du hast, daß niemand deine Krone nehme.

Wo kann man den Schlußstrich unter Thyatira ziehen? Sollten wir uns jetzt nicht in Rußland umsehen?

Unser Vaterland wurde in der Epoche von Pergamos geboren und nahm regen Anteil an Thyatira. In ihm entwickelte sich der starke, konservative, christliche Staat. Auch fiel dem russischen Reich eine bedeutende Rolle im „Weiden der Heiden mit dem eisernen Stab" zu. Wenn man eine Reihe weiterer Faktoren der russischen Geschichte in Betracht zieht, könnte es scheinen, daß das Ende von Thyatira auf die Mitte unseres 19. Jahrhunderts fällt.

Mit dem Einbruch des fünften, des SARDISCHEN Zeitalters hat eine schlimme Zeit begonnen. Der Name *Sardes* symbolisiert Geld, Gold, Gier, Begierden. Das apokalyptische Sardes war die uralte Hauptstadt des sagenhaft reichen Königs Krösus. Die göttliche Charakteristik setzt uns bereits das Spiegelbild unserer lauen, pseudo-christlichen Zeit vor: „Ich kenne deine Werke . . . Du hast den Namen, als wenn du lebtest, doch bist du tot." Die Welt trägt die Bezeichnung einer „christlichen" nur noch als leere Hülle. Der Widerspruch zwischen hoher Berufung und leerem Scheinglauben ist aber nirgendwo erschreckender, als in Rußland. „Denke daran, *was* du empfangen hast . . .", mahnt der Herr. ER findet für Sardes kein Wort des Trostes. Zwar mahnt Er zur Buße — das wird Er sogar noch bei Laodicäa tun —, doch spricht Er zugleich die Drohung aus, über die *hurerische* Welt „wie ein Dieb in der Nacht" zu kommen. Denn nur wenige Namen gibt es in Sardes, „die ihre Kleider nicht besudelt haben"; ihnen verspricht der Herr, sie mit *weißen* Gewändern zu bekleiden, also, wie man annehmen muß, mit dem Martyrium. Es ist die Zeit eines so unerhörten sittlichen Verfalls, einer so schamlosen und offenen Hurerei, einer so bedingungslosen Veruntreuung aller hohen Werte, daß die Seelen der Verstorbenen das letzte Gericht über die Welt fordern. Es ist nicht auszuschließen, daß es in der Sardischen Epoche wieder Blutzeugen für Christus geben wird. Sind *sie* es nicht, die ihre Stimmen vor dem Herrn erheben? „Und als Er das fünfte Siegel auftat, sah ich unter dem Altar die Seelen derer, die erwürgt wurden um des Wortes Gottes und um des Zeugnisses willen, das sie abgelegt hatten. Und sie riefen mit lauter Stimme und sprachen: „Herr, Heiliger und Wahrhaftiger! Wie lange richtest Du nicht und rächst unser Blut nicht an denen, die auf Erden wohnen?" Die Langmut Gottes ist aber noch nicht erschöpft; die Seelen werden ermahnt, sich noch „eine Weile zu gedulden, bis daß ihre Zahl vollendet werde durch ihre Mitknechte und Brüder, die auch getötet werden sollen." Es könnte sein, daß das Gericht Gottes bei uns in Rußland beginnt: Wir fordern die Langmut des Herrn in einer besonderen Weise heraus . . .

Mit Sardes geht aber die Geschichte der Menschheit noch nicht zu Ende. Diese so abgrundtief gefallene Epoche birgt in sich Energien zur Wiedergeburt. Sie kommen der nächsten, der vorletzten zugute. Hier stellt sich die Frage: In welch eine Zeit fällt das Erscheinen des apokalyptischen Tieres? Dazu müßte man die Visionen der Offenbarung durch die eschatologischen Stellen der Johannes- und Paulus-Briefe ergänzen. Paulus berichtet, daß der vom Auferstandenen besiegte Satan ein „Geheimnis der Bosheit" ersonnen habe. Dieses Geheimnis regte sich schon zur Zeit der Apostel, doch machte *ein* Faktor das Erscheinen des Antichrist noch unmöglich: Der Apostel nennt ihn „der Aufhaltende". „Es regt sich schon das Geheimnis der Bosheit, doch der es jetzt aufhält, muß (zuerst) hinweggetan werden" (2. Thess 2,7). Obwohl es zu jeder Zeit — auch zur Zeit der Apostel — „lokale" Antichristen gab und gibt, ist das Erscheinen des großen, mit gewaltiger Macht ausgestatteten Widersachers bis heute nicht möglich gewesen. Er existiert in der *Potenz* und ist jeden Augenblick bereit, die Welt zu betreten, während das Erscheinen der großen Hure bereits in unsere sardische Zeit zu fallen scheint. In der Offenbarung wird sie als eine „große Stadt" beschrieben, „die Macht hat über die Könige der Erde", das in der (geistlichen) Wüste angesiedelte Babylon, Wohnstätte der Dämonen. Die Hure ist in ein scharlachrotes Gewand gehüllt, wohnt bei allen Völkern, Stämmen und Sprachen, ist „trunken vom Blut" (der Märtyrer) und „betört die Völker mit ihrem Wein". Dieser „Wein" dürften gegen den Schöpfer gerichtete, seinen Namen lästernde Lehren sein. Wenn man unsere Gegenwart mit wachen Sinnen beobachtet, wird man sich auch hier die Frage stellen müssen: Könnte die Hure Rußland sein? Kein Volk auf Erden liebte den Herrn glühender als das russische, kein Herz schlug für Sein Reich inbrünstiger als das russische Herz: Rußland wurde in der Stunde seines Bundes mit dem Herrn *geboren;* und es verband — ungeachtet aller seiner Sünden und Vergehen — sein geschichtliches und nationales Dasein stets mit *Ihm.* Das ist vorbei. Ein großer Fall reißt einen leeren Raum auf; in diesem Raum siedeln sich Dämonen an. Wenn unser bescheidener Versuch einer Deutung zutreffen sollte, so müßte das Gericht über unser Vaterland schon bald hereinbrechen.

Das nächste Zeitalter ist das PHILADELPHISCHE. Die Weltmission des Christentums ist noch nicht zu Ende. Philadelphia bringt einen mächtigen Aufschwung des Glaubens. Der sechsten Gemeinde macht der Herr keinen einzigen Vorwurf — dessen konnte sich nicht einmal die Urkirche rühmen. Nur Smyrna, die Blutzeugin für Christus, und Philadelphia erreichen das hohe Ziel. Die Gemeinde ist zahlenmäßig begrenzt — „du hast eine kleine Kraft" —, doch hat sie eine mächtige Ausstrahlung: Sie strahlt Christi *Liebe* aus. Während ihrer Bruderliebe (denn das bedeutet ihr Name) findet die Bekehrung des Volkes Israel zu Christus statt, von der Paulus mit solch einer Entschiedenheit spricht. Im siebten Kapitel der Offenbarung ist diese wundervolle Vision vorweggenommen: Vor dem Eröffnen des Siebenten Siegels, folglich in der Periode von Philadelphia, wird den Knechten aus allen Stämmen Israels ein *Zeichen* auf die Stirn gedrückt. Besiegt durch die Liebeskraft der Kirche, bekehrt sich das jüdische Volk zu seinem Messias. Wir wissen nicht, ob das alle Juden im ethnographischen Sinne sein werden; Paulus spricht zwar vom Volk Israel, fügt aber hinzu, daß nicht alle, die von Israel stammen, Israeliten seien. Wie auch immer — Israel wird aus der „Synagoge des Satans" austreten. Der Herr verspricht der Kirche, „daß sie kommen werden und anbeten zu deinen Füßen und erkennen, daß Ich dich geliebt habe". Auch verspricht Er dieser Kirche, sie „vor der Stunde der Versuchung, die über den ganzen Erdkreis" kommen wird, zu bewahren. Denn beim Öffnen des Sechsten Siegels sehen wir schon die furchtbaren Anzeichen des nahenden Endes. Es ist der späte Abend der Weltgeschichte; so ermahnt der Herr „Seine geschmückte Braut", die bis ans Ende der Tage bestehen wird: „Siehe, Ich komme bald. Halte, was du hast." Die übrige Menschheit fällt immer tiefer, die Welt mündet in ihre letzte, die siebente Phase ein, in die von LAODICÄA, die Christus aus Seinem Munde ausspeit. Mit dem Charakter dieser Epoche werden wir uns nicht befassen. Sie strotzt vor Schrecken und findet in jenem, die ganze Welt betreffenden Kataklysmus ihr Ende, der in der Offenbarung ausführlich beschrieben ist.

*

Kann die Zeit des Weltendes berechnet werden? Die einzelnen Phasen waren, wie wir sahen, von sehr unterschiedlicher Dauer. Wieviel Zeit wird die Philadelphische Ära brauchen, damit alle gerettet werden können, die zu retten sind? Das Ende könnte eintreten, wenn sich keine einzige Seele mehr zu Christus bekehrt, wenn die Zahl der Aufgenommenen abgeschlossen ist. „Schadet der Erde nicht", rief der Engel, der das Siegel hielt, „bis wir versiegelt haben die Knechte Gottes an ihren Stirnen." Vom Tag und der Stunde weiß niemand etwas, die Termine gibt Gott nicht bekannt. Er befiehlt uns nur, in ständiger Bereitschaft zu leben: Wachet und betet. Paulus schreibt: Wenn sie sagen werden „Friede, Friede! Die Gefahr ist gebannt", dann wird das Verderben über sie kommen.

Die Prophezeiungen dürfen uns aber nicht zum Rätselraten verleiten; wir dürfen nicht vergessen, daß das Ende schon zur Zeit der Apostel erwartet wurde, und zwar so intensiv, daß diese sich gezwungen sahen, die Gemeinden zu beschwichtigen. Das Warten auf die Wiederkunft Christi wiederholte sich in der Geschichte immer wieder. Die Antwort ist aber einfacher, als man glaubt: Die Termine sind uns nicht als etwas Unvermeidliches aufgezwungen, sondern im Sinne einer göttlichen Vorausschau angedeutet. „Vorausbestimmt" ist alles, doch nur, weil der Herr allwissend ist: Vorausbestimmt ist, was Er voraussieht. Das Zukünftige sieht Er, wie wir das Vergangene. Die Vernunft, die dem Menschen und in einem noch höheren Maße den Engeln (auch den gefallenen) gegeben ist, kann nur das voraussehen, was eine Schlußfolgerung aus einem Sachverhalt zuläßt. Hier liegt die Erklärung dafür, daß Satan nie wissen kann, ob es ihm gelingen wird, den Menschen zu Fall zu bringen. Er weiß nur, daß der Mensch, seiner augenblicklichen (körperlichen und seelischen) Verfassung nach, fallen kann und vielleicht sogar fallen wird. So tritt er an ihn mit der Versuchung heran. Aber der Angefochtene behält seinen freien Willen, und das Wirken dieses Faktors ist für Satan undurchschaubar. Darum spielt im Kampf von Gut und Böse der Wille des Menschen *die* entscheidende Rolle. Von ihm hängt letztlich auch die Dauer der apokalyptischen Phasen ab. Hier zwingt sich der Gedanke auf: Ist vielleicht gerade der sich in Liebe frei zu Gott bekennende Mensch jenes „Aufhaltende", das dem Antichrist den Eintritt in die Welt verwehrt? Er, das apokalyptische *Tier*, der mit großer Machtfülle ausgestattete Widersacher Christi, ist *bereit* zu erscheinen, sobald ihm Einlaß gewährt wird! Er wartet nur darauf, die Weltherrschaft anzutreten. Gottes Langmut ist aber bereit, uns davor zu bewahren. Die Entscheidung fällt der Mensch. Er ist es, der die Termine bestimmt. In der Abhängigkeit, von unserem Verhalten dem Herrn gegenüber, liegt die Erklärung, warum sie uns „vorenthalten" werden. Abgesehen davon, daß ein solches Wissen für uns unerträglich wäre, würde es auf eine verhängnisvolle Weise unseren Willen lähmen. Uns Christen tut lediglich die Fähigkeit not, das *Ausreifen* der Welt für den letzten Tag zu beobachten und da, wo wir stehen, der Sache Gottes zu dienen. Auch dort — und gerade dort —, wo „Satans Thron steht". Zu diesem Zweck und in diesem Sinn ist uns die Geheime Offenbarung gegeben.

„Das sicherste Zeichen des nahen Endes und des hereinbrechenden Jüngsten Gerichts wird die allgemein als Norm akzeptierte Hurerei sein, wenn das außereheliche Zusammenleben der Geschlechter zur Selbstverständlichkeit geworden ist. Die Sünde wird von einem noch nie dagewesenen materiellen Wohlstand begleitet sein, der die Menschheit für das Reich Gottes und das eigene Schicksal in der Ewigkeit vollkommen blind macht."

Bischof Ignatij Brjantschaninov † 1867
in seinem Werk „Asketische Briefe"

Teil III

Aus dem mystischen Leben der Ostkirche

Ikone des hl. Seraphim von Saróv.

Eine russische Vita

> Bei Hypothesen, die Kultur und Politik betreffen, genügen dem Wissenschaftler sein gesunder Menschenverstand und die eigene Lebenserfahrung. Doch verläßt ihn beides, sobald er mit dem Phänomen des Pneuma konfrontiert wird, d. h. mit Ereignissen, die außerhalb seines Verstandes und seiner Erfahrung liegen. Noch gibt es keine Wissenschaft über das mystische Leben; sollte es in Zukunft eine geben, werden für sie die Gesetze eines solchen Lebens dennoch nicht erfaßbar sein: Das Reich des Pneuma ist das Reich der Freiheit. Das verpflichtet den Forscher, mit seinem Urteil äußerste Zurückhaltung zu üben.
>
> *G. F. Fedótov*

Der heilige Sergius von Rádonesch und der heilige Seraphim von Saróv sind die kostbarsten Perlen in der Krone der russischen Orthodoxie. Sie sind zugleich der höchste Ausdruck der russischen Volksseele und ihrer Frömmigkeit.[28])

Bergriesen stehen selten vereinzelt; ihr Vorhandensein zeugt von der Nähe ganzer Bergketten. Solch eine erhabene Bergkette stellt die lange Reihe der russischen Heiligen dar. Es ist die Intuition des Volkes, die sie zu allererst entdeckt; dann wallfahren zum neuen Auserwählten Gottes alle Stände und Volksschichten Rußlands. Die säkularisierten Jahrhunderte mit ihrem aufgeklärten Unglauben und ihrer zur Tugend erhobenen Skepsis allem gegenüber, was Transzendenz heißt, erleben Wunder evangelischer, apostolischer Dimension. Selbst die bloße Möglichkeit des Erscheinens eines Seraphim zeugt vom Wiederaufleuchten einer großen, mystischen Tradition, jener Tradition, die in Rußland mit dem heiligen Sergius begonnen hatte und über Nil Sorski und Tichon von Sadonsk zum heiligen Seraphim führt. Die heutige Generation orthodoxer Christen ehrt in ihm den größten Heiligen sowohl des mittelalterlichen als auch des nach-petrinischen Rußland.

Der Mönch Seraphim, geboren und getauft auf den Namen Prochoros Moschnin, war ein Zeitgenosse Goethes, Puschkins und Beethovens. Er wurde 1759 geboren, starb 1833 und wurde 1903 heiliggesprochen. Sein Erscheinen und seine Sendung fallen somit in den Vorabend des finstersten Abschnitts der russischen Geschichte. Es scheint, als wenn er gekommen wäre, um seinem Volk im voraus zu helfen, den Sinn des folgenden Jahrhunderts zu erfassen und es von innen heraus zu überwinden. „Verlaßt euch nicht auf Fürsten und auf Menschensöhne" (Psalm 145), ruft uns die Kirche in der Göttlichen Liturgie zu. Die großen Namen der Weltpolitik bedeuten wenig für die Kinder der Ostkirche; nicht sie sind es, die Rußland aus dem letzten Kreis der Hölle hinausführen werden. Der heilige Seraphim steht dem gläubigen Russen näher als alle Zeitgenossen und strahlt mehr Realität aus als die Mächtigen der Welt. Der heilige Starez von Saróv sah vieles voraus. Sein Wissen um das heraufziehende Unheil und sein „Vermächtnis" erhellen den Weg durchs finstere Tal. Wer tausend Tage mit erhobenen Armen auf einem Feldstein zu knien vermochte, dessen ungebrochene Gebetskraft kann auch jetzt einem Volk, das in Ausweglosigkeit versinkt, auf den Fels des Glaubens hinüberhelfen.

*

Der kleine Prochoros erblickte am 19. Juli jul. Stils 1759 als Sohn sehr frommer Eltern das Licht der Welt. Sein Vater, Isidor, war Bauunternehmer; die Mutter, Agafja, half ihrem Mann im Geschäft. Der heilige Starez bat, für das Seelenheil seiner Eltern zu beten; er versprach denen, die das tun werden, seine Fürbitte vor dem Thron Gottes.
Der Vater starb, als Prochoros drei Jahre alt war. Die Mutter führte das Baugeschäft mit großer Umsicht weiter; sie galt aber auch weit und breit als der Engel der Armen, vor allem jener jungen Mädchen, die keine Aussteuer besaßen. Sie versah sie reichlich mit allem, was zur Gründung eines Haushalts gehörte.
Von Kindheit an zeigte Prochoros einen ungewöhnlichen Hang zum Gebet. Als er sieben Jahre alt war, nahm ihn die Mutter auf den Glockenturm eines Kirchenneubaus mit, der dem heiligen Sergius von Rádonesch geweiht werden sollte. In einem unbewachten Augenblick stürzte der Junge in die Tiefe, schlug auf Steine und Baumaterialien auf und blieb unverletzt. Einige Jahre später erkrankte er schwer; man gab jede Hoffnung auf seine Genesung auf. Da träumte ihm, daß die allheilige Theotokos an sein Bett trat und ihm Gesundheit versprach. Prochoros erzählte das der Mutter, die mit unerschütterlicher Zuversicht auf die Erfüllung des Versprechens zu warten begann.

Eines Tages wurde das berühmte Gnadenbild „Das Zeichen der Muttergottes“ in feierlicher Prozession durch die Straßen von Kursk getragen. Als die Prozession sich dem Haus der Agafja Moschniná näherte, entlud sich ein schweres Gewitter, und der Wolkenbruch trieb die Menschen in die umliegenden Häuser. In großer Eile wurde das Gnadenbild in Agafjas Flur hineingetragen. Von einer plötzlichen Eingebung erfüllt, riß die junge Frau Prochoros aus dem Bett und ließ ihn, unter Strömen von Tränen, die Hand der Maria küssen. Im selben Augenblick genas Prochoros. Die entschwundenen Kräfte strömten in den ausgezehrten Körper zurück. Einige Tage später war der Junge munter wie nie zuvor. Sein Hang zum Gebet und dem Besuch der Gottesdienste war jetzt noch stärker geworden. Er mußte aber auch dem älteren Bruder im Geschäft helfen und tat es ohne Widerspruch. Seine Kirchenbesuche beschränkte er auf die Matutin, zu der er sich im Morgengrauen einfand. Im übrigen schärfte er seinen Blick für das Jenseits an den diesseitigen Dingen. Im Prozeß des Kaufens und Verkaufens, des Errechnens der Gewinne, erkannte er *Symbole* eines klugen christlichen Verhaltens und lernte den tiefen Sinn der evangelischen Gleichnisse besser verstehen. So sog er aus dem prosaischen Alltag eines Bauunternehmens den süßen Nektar der Erkenntnis. Noch im hohen Alter erinnerte er sich gern an diese Jahre.

Als Prochoros siebzehn Jahre alt wurde, bat er seine Mutter um die Erlaubnis, in ein Kloster einzutreten. Die fromme Agafja willigte ein, und der Jüngling begab sich — wie es in diesem Fall Brauch war, zu Fuß — nach Kiew, ins Höhlenkloster (Petscherskaja Lawra), wo er einen Starez aufsuchte und ihn um Rat bat. Er wurde ins entlegene, wenig bekannte, in den Wäldern des Gouvernement Tambov versteckte Kloster Saróv gewiesen. Auf dem Rückweg besuchte er zum letzten Mal die Mutter; wie alle tiefgläubigen russischen Mütter machte sie keine Anstalten, den geliebten jüngsten Sohn vom harten Weg der Mönchsaskese abzuhalten. Sie segnete ihn mit einem kupfernen Kruzifix, das er bis zu seinem Tode auf der Brust trug.

Am Abend des 20. November 1778, der Vigil des Festes Mariä Opferung, klopfte Prochoros ans Tor des Klosters. Er wurde als Novize aufgenommen. Hier war es ihm beschieden, fünfundfünfzig Jahre zu wirken und zur letzten Ruhe einzugehen.

Als Novize arbeitete Prochoros als Flößer und Holzfäller, als Bäcker,

Tischler, Glöckner. Ein Hüne von Gestalt, mit außergewöhnlicher körperlicher Kraft versehen, verrichtete er im Kloster die schwersten Arbeiten. Während der Liturgie stand er unbeweglich da, mit tief gesenktem Kopf, und vergoß Ströme von Tränen.

Acht Jahre dauerte das Noviziat. Zu den großen Heimsuchungen jener Zeit gehörte auch eine Wassersucht. Drei Jahre schleppte sich Prochoros damit hin, dann brach er zusammen. Sein Körper wurde unbeweglich.

Mit Kummer sah die Klostergemeinschaft die tägliche Verschlimmerung der Krankheit und bangte um das Leben des Novizen. Einen Arzt zu empfangen lehnte er hartnäckig ab. Nach der Wegzehrung sah Prochoros eine Erscheinung: Wieder trat die Königin des Himmels an sein Bett, von den Aposteln Petrus und Johannes begleitet. „Dieser hier ist von unserem Geschlecht“, sprach Maria. Sie legte die Rechte auf seine Stirn und berührte mit der Linken seine Hüfte. An dieser Stelle bildete sich ein Loch, aus dem Wasser zu fließen begann. Prochoros genas. Für die Klostergemeinschaft blieb es ein Rätsel.

Bald darauf wurde er auf Wanderschaft geschickt, um Geld für den Bau einer neuen Klosterkirche zu sammeln. Von früh bis spät zu Fuß, tagaus, tagein, bei jedem Wetter, ging es jetzt durch die russischen Städte und Dörfer. Eine Ikone auf der Brust, den Opfertopf in der Hand, in den die Armen und Ärmsten ihren Groschen und ihre Kopeke, die Wohlhabenden ihren Silberrubel warfen, so kam er auch nach Kursk, besuchte das Grab seiner Mutter und sprach beim reichen Bruder vor, der ihm eine ansehnliche Geldsumme mitgab. Der 22jährige Novize aber sagte dem Bruder bei diesem letzten Wiedersehen den Tag und die Stunde seines Todes voraus.

Am 13. August 1786 empfing Prochoros die Mönchsweihe; im Oktober desselben Jahres wurde er zum Diakon geweiht, wobei er den Namen Seraphim, „der Flammende“, erhielt. Die Nächte vor den Liturgien verbrachte er in der Kirche, betete auf dem kalten Boden mit dem Gesicht nach unten liegend. Während der Gottesdienste sah er Engel, die um den Altartisch standen. Ihre Gestalten ähnelten dem Blitz, die Gewänder waren golddurchwirkt. Nichts auf Erden kam ihrem Gesang gleich. „An solchen Tagen war ich besinnungslos vor Freude, wußte nicht, wo ich war und was um mich herum geschah . . . Bewußt war mir nur der Augenblick, in dem ich die Kirche betrat, und der, in dem ich sie verließ.“

Einmal sah Seraphim Christus.

„Vater Pachomios und ich zelebrierten am Heiligen und Großen Donnerstag der Karwoche. Die Göttliche Liturgie wurde, wie immer an diesem Tag, von der Vesper eingeleitet. Nach den alttestamentlichen Lesungen trat ich auf den Ambo und sang, die Stola in der erhobenen Hand: HERR, errette die Frommen und erhöre uns. Dann betrat ich den Altarraum, wendete mich um und schloß, mit dem Gesicht zur Gemeinde, wie immer mit den Worten: Und in die Ewigkeiten der Ewigkeiten. — In diesem Augenblick brach ein Strahl, wie von einer unsichtbaren Sonne, ins Gotteshaus. Ich schaute auf und sah unseren HERRN, in der Gestalt eines Menschensohnes, in voller Glorie, von unaussprechlichem Licht umflutet. ER war von einer lichten Wolke, wie von einem Bienenschwarm, von Cherubimen und Seraphimen umgeben. Der HERR ging durch die Luft — von der nördlichen Altartür zur südlichen —, blieb in der Mitte, vor der Königlichen Pforte, stehen und segnete die Zelebranten und die Betenden. Dann trat Er in Seine Ikone ein und verklärte sich in ihr. Die Angesichter der Engel leuchteten . . . Mich, der ich Staub und Asche bin, geruhte der HERR gesondert zu segnen. Mein Herz . . . Wie soll ich das beschreiben? Es zerschmolz vor Seligkeit und vor Liebe zum HERRN.“

Während dieser Vision hatte auch Vater Seraphim sein Aussehen verändert. Er konnte sich nicht von der Stelle bewegen, nicht sprechen. Zwei Diakone traten zu ihm und stützten ihn. Sie führten ihn in den Altarraum zurück. Zwei Stunden stand er dort, unbeweglich; sein Antlitz wechselte von Augenblick zu Augenblick die Farbe, war bald weißglänzend wie Schnee, bald von einem tiefen Purpurrot. Sprechen konnte er nicht; die Vision setzte sich in seinem Inneren fort. Erst eine geraume Zeit danach erzählte er sein Erlebnis den Beichtvätern.

Im Jahre 1793 wurde Diakon Seraphim zum Priester geweiht. Und am 20. November 1794 — es war wieder der Vorabend von Mariä Opferung — zog er sich in die Klausur zurück, in seine „kleine Einsiedelei“, ein leeres Holzhäuschen, das 6 km vom Kloster entfernt, inmitten des großen Kiefernwaldes stand. Dort gab er sich ganz dem Gebetsleben hin. Die Heilige Schrift las er im Stehen, sie zugleich innerlich *vollziehend*, nach dem Wort des Apostels „Seid nicht bloße Hörer des Wortes, sondern Täter". Schon im Kloster war seine Enthaltsamkeit von Nahrung und Schlaf beispiellos; jetzt aß er nur viermal in der Woche — meist nach Sonnenuntergang — trockenes Brot, das ihm an bestimmten Tagen aus dem Kloster gebracht wurde, oder Gemüse, das er auf einem Fleckchen gerodeter Erde anbaute. Mit der Zeit verzichtete er auch auf Brot und Gemüse und ernährte sich nur von einer Graspflanze, die er zu Brei zerrieb. Die langen Nächte waren mit der viele Stunden währenden Gebetsregel des heiligen Pachomios des Großen (5. Jahrhundert) ausgefüllt, der Schlaf auf dem Fußboden auf ein Minimum reduziert. Tagsüber verrichtete er nach wie vor die Arbeit eines Holzfällers. Die Stunden, die übrigblieben, waren der Kontemplation, dem Lesen der Heiligen Schrift und der Väter gewidmet. Die Klause blieb auch während der Winterzeit ungeheizt, und außer dem Lämpchen vor den Ikonen gab es keine Beleuchtung. Doch nach dem Zeugnis der Überbringer der Brotrationen „leuchtete das Antlitz Seraphims wie die Sonne". Der Abglanz dieses Leuchtens schien sich auf das Waldgelände zu verbreiten, denn wie im Garten Eden strömten zur Tür des Klausners Bären, Hasen, Füchse und Wölfe, um aus seiner Hand ein Stückchen Brot zu nehmen. Ein Klosterbruder, der ihn heimlich beobachtete, meinte, daß aus dem kleinen Bastkorb eigentlich unverhältnismäßig viele Tiere gefüttert wurden. Einmal in der Woche erschien der Eremit im Kloster und las dort in der Kirche die Vesper und die Matutin; die Göttliche Liturgie zu zelebrieren hielt er sich für unwürdig.

Von den Versuchungen, die er in der Waldabgeschiedenheit durchzustehen hatte, ist nichts bekannt. Die asketische Erfahrung besagt aber: in der Welt kämpft man mit Versuchungen wie mit Schmetterlingen, im Kloster wie mit Raubvögeln, als Einsiedler wie mit Leoparden. Wurde der heilige Seraphim gleich Antonius oder Sergius von dämonischen Visionen heimgesucht, von den Angriffen der Finsternis bedroht und geplagt? Als man ihn Jahrzehnte später darüber befragen wollte, gab Seraphim nur die eine Antwort: „Dämonen sind ekelerregend . . ." Die gewaltige Versuchung aller Eremiten, die Gefühle der Einsamkeit und Verlassenheit (Fort! Fort von hier!), das innere Entsetzen vor den endlosen Winternächten im tief verschneiten Wald, die Schrecken hereinbrechender blasphemischer Gedanken, Stunden und Tage der Verzagtheit und der seelischen Depressionen werden auch

Seraphim nicht erspart geblieben sein. In manchen Nächten schrie er zu Gott, zur Muttergottes, bat um Beistand, um Hilfe ... Bei Morgengrauen stürzte er sich mit verdreifachter Energie auf die schwere, an den Kräften zehrende Arbeit.

Am 12. September 1804 überfielen ihn Räuber, die in der Klause „Goldmünzen" vermuteten. Sie richteten Seraphim fürchterlich zu, wobei er ihnen sein Holzfällerbeil widerstandslos überließ. Erst nach einigen Tagen konnte er sich bis zum Kloster schleppen, wo er auch liegenblieb. Wieder trat die Theotokos in Begleitung der Apostel Petrus und Johannes an sein Lager, wieder war die Genesung spontan und unerklärlich ... Dennoch blieb der Rücken Seraphims krumm, und er ging fortan tiefgebeugt am Stock. Als die Räuber gefangen und zur Identifizierung zu Seraphim gebracht wurden, drohte dieser, für den Fall ihrer strengen Bestrafung das Kloster zu verlassen, unverzüglich und für immer, ja, für immer!

„Ziehet Christus an." In den langen Jahren und Jahrzehnten der *Kenosis*, der letzten Entäußerung in der Gefolgschaft des Göttlichen Meisters, hatte Seraphim dieses Gebot erfüllt. Engelhafte Reinheit, der nie abreißende Kontakt mit Gott, Demut, das Ertragen von Kränkungen und Spott (auch von den „falschen Brüdern", auch vom ehrgeizigen und neidischen Abt) ohne Zorn und Ressentiments — auch das Tragen der Wundmale Jesu am eigenen Leib —, das waren die Früchte jener Jahre.

In den Jahren 1804—07 sehen wir den heiligen Seraphim nicht mehr bei der Waldarbeit. Er wird Stylit. Draußen in der Welt toben die Napoleonischen Kriege. Tausend Tage kniet Seraphim im Walde auf einem Feldstein und wiederholt mit erhobenen Armen ein einziges Gebet, das Gebet des Zöllners: Gott, sei mir Sünder gnädig.

1807 beendet er das Stylitentum und nimmt die asketische Übung des absoluten Schweigens auf sich. „Worte sind die Waffen dieser Welt, das Schweigen — das Sakrament der zukünftigen." Wenn ihm ein Mensch begegnet, fällt Seraphim auf sein Antlitz und verharrt in dieser Stellung so lange, bis der andere fort ist. Der Abt befiehlt ihm kategorisch, ins Kloster zurückzukommen; der Heilige befolgt die Weisung ohne Widerspruch. Am 8. Mai 1810 beginnt für ihn die Zeit der letzten Abgeschiedenheit von der ganzen Schöpfung. Er schließt sich in einer winzigen, unbeheizbaren Zelle ein, empfängt nur noch den

Priester mit den Sakramenten. Seine Ration, ein Stück Brot oder eine Handvoll Sauerkraut, wird ihm jeden zweiten Tag durch ein Klappfenster gereicht. In den ersten Jahren ist ein Sack mit Steinen sein Lager, später sein selbstgezimmerter Sarg; zuletzt schläft er kniend, das Gesicht am Boden, zwischen den Händen verborgen. Seine tägliche Gebetsregel ist nach wie vor die des großen Eremiten Pachomios. Darüber hinaus liest er in seiner ihm eigenen Weise jeden Tag ein ganzes Evangelium, von Montag bis Donnerstag. Freitags liest er das Offizium des Kreuzes, samstags das Aller Heiligen. Dazu tausend Metanien, alles vor der einzigen Ikone in der Zelle, der Muttergottes Eleussa, die der Heilige die „Freude aller Freuden" nennt. Die Kraft und Inbrunst seines Gebets sind in diesen Jahren so groß, daß das Öllämpchen vor der Ikone schon bei den ersten Worten aufflammt ... Während dieser fünfzehn Jahre trägt er am nackten Körper ein schweres, eisernes Kreuz: „Ich quäle den, der mich quält." Am 25. November 1825 erscheint ihm die Muttergottes und befiehlt, die Klausur zu beenden, die Zelle zu verlassen und den Dienst an den Menschen, als ihr Arzt, Tröster und Ratgeber, zu beginnen ... So bildet das Starzentum die letzte Etappe seines Lebens.

Die Geschichte der Kirche Christi kennt — abgesehen vom Martyrium — viele Arten des asketischen, mystischen Tuns. In frühchristlicher Zeit das Stylitentum, das Leben in der Wüste, die totale Klausur, das Bekennertum, das Lehramt. In Seraphim von Saróv sind sie alle vereint.

Die Kunde von ihm, sein geistlicher Ruhm, hatten schon Jahre zuvor ganz Rußland durcheilt. Jetzt kamen sie aus allen Gebieten und Enden des weiten russischen Reiches, die Armen, die Kranken, die zu Tode Betrübten, und fragten nach dem wunderbaren Starez. Von den Mitgliedern der kaiserlichen Familie bis zum letzten Bäuerlein, der sein sieches Kind durch halb Rußland in seinen Armen getragen hat, gab es keinen Stand, der den seligen Greis in der Abgeschiedenheit der Saróvschen Wälder nicht aufgesucht hätte.

Er kehrte wieder in seinen geliebten Wald zurück — jetzt aber stand sein neues Häuschen näher zum Kloster. Von früh bis spät hörte er dort das Wehklagen der Kranken, Gelähmten und vom Schicksal Geschlagenen an, die Fragen und Bitten der Ratsuchenden. An manchen Tagen erreichte die Zahl der vor seiner Klause Lagernden nahezu tausend. Dostojewski hielt ein solches Bild in jenem Teil der „Brüder Karamasov“ fest, den er „Der russische Mönch“ betitelt. Er verwendete dafür nicht das aus dem Griechischen übernommene Wort „Monach“, sondern das russische „Inok“, das nichts anderes bedeutet als der „anders Geartete“, bzw. der „dem Anderen Zugeordnete“. Unser modernes, exaktes, aber flaches Bewußtsein, das um seine Tiefendimension und um seine mannigfachen pneumatischen Gaben und Fähigkeiten gekommen ist, tut sich schwer mit einer Erscheinung wie Seraphim, steht ungläubig staunend vor ihm, skeptisch, ohne rechtes Verständnis, wie man es gewohnt ist, „Wundern“ gegenüberzustehen. Es gab diese Geisteshaltung auch im 19. Jahrhundert, gab sie auch in Rußland, an dem das achtzehnte nicht spurlos vorbeigegangen war. Aber es gab immer noch das warmherzige, tiefgläubige, das Antlitz Christi suchende und in seinem Innern bewahrende russische Volk, das sich der Realität einer anderen Welt nie verschloß.

Seraphim antwortete auf tausend Fragen, gewiß auch auf einfältige; er antwortete mit warmer Freundlichkeit, mit unendlicher Geduld, mitunter auch mit Humor, ohne jemals eine Spur von Ermüdung oder des Unwillens zu zeigen. Nie gebrauchte er fromme Gemeinplätze oder rhetorische Sprüche, seine Worte waren stets an das tiefste Innere des Fragenden gerichtet. Seine Gabe, in den Herzen der Menschen zu lesen, in ihnen Verborgenes zu erkennen, war beispiellos. In Liebe nahm der „Flammende“ alle an sein Herz, den Letzten wie den Ersten, ohne Ansehen der Person. „Christus ist auferstanden! Freut euch! Glaubt an Seine Liebe!“ so begrüßte er jeden. Einem solchen Eins-Sein mit Gott mußten Wunder entspringen. Und es *gab* Wunder, große und kleine, sichtbare und unsichtbare, die sich tief im Innern der Menschen vollzogen; auch unzählige Krankenheilungen.

Der erste Mensch, der die Kraft des Heiligen an seinem kranken Körper erfuhr, war der gelähmte M. W. Manturov. Die Reaktion Seraphims auf den Dank des geheilten, zu seinen Füßen liegenden Mannes war: „Wissen Sie nicht, daß es nicht Sache des armseligen Seraphim ist, über Leben und Tod zu entscheiden? Das steht allein unserem *Herrn* zu, der den Willen derer erfüllt, die Ihn fürchten.“

Auch Nikolai Motowilov, der mit ihm später — 1831 — das berühmte Gespräch über den Sinn des Lebens und die Gaben des Heiligen Geistes führte, wurde vom heiligen Seraphim geheilt:

„Ich war von rheumatischen Schmerzen geplagt, die Krankheit hatte bereits die völlige Lähmung beider Beine bewirkt. Ich ließ mich zu Vater Seraphim tragen. Er sagte mir, ich solle mich an die Ärzte wenden, er sei kein Arzt. Ich erzählte ihm meinen Fall in allen Einzelheiten und gestand, daß mich die Ärzte aufgegeben hätten. Meine einzige Hoffnung bleibe die Barmherzigkeit Gottes, den ich selbst, meiner Sünden wegen, nicht zu bitten wage. Es entwickelte sich folgender Dialog:
‚Glauben Sie, daß unser Herr Jesus Christus Mensch geworden ist?'
‚Ja, ich glaube es.'
‚Glauben Sie, daß Seine allerreinste Mutter stets Jungfrau war und es *in* und *nach* der Geburt des *Herrn* geblieben ist?'
‚Ja, ich glaube es.'
‚Glauben Sie auch, daß der Herr, genauso wie damals, als Er auf Erden weilte, auf die Fürbitte Seiner Mutter hin auch jetzt mit einem einzigen Wort alle Gebrechen heilen kann?'
‚Ja, ich glaube es.'
‚Dann stehen Sie auf. Sie sind gesund.'
Vater Seraphim befahl meinen Dienern, mich loszulassen.
‚Befürchten Sie nichts! Stehen Sie fest. Sie werden nicht fallen, Sie werden sich nicht wehtun. Sie werden sichere Schritte machen.'
Ich begann zu gehen.
‚Sind Sie nun überzeugt, daß Gott Sie geheilt, daß Er Ihnen die Sünden vergeben hat? Glauben Sie an unseren Erlöser! Haben Sie Vertrauen zu Seiner Liebe! Danken Sie auch der Gottesmutter und hüten Sie Ihre Gesundheit als ein kostbares Geschenk Gottes!'
Er entließ mich, und ich kehrte ohne jede fremde Hilfe in die Klosterherberge zurück."
Soweit der Bericht N. Motowilovs, dem es nur wenige Monate später vergönnt war, Augenzeuge einer *Verklärung* des Starez zu werden. Noch davor durfte Iwan Tíchonov einem solchen Phänomen beiwohnen:
„Eines Tages", sprach Vater Seraphim, „las ich im Evangelium des Johannes die Worte des Erlösers: In Meines Vaters Hause sind viele Wohnungen. Ich wurde vom Verlangen ergriffen, diese Stätten zu sehen. Fünf Tage und fünf Nächte bat ich den *Herrn* um diese Gnade. Der *Herr* schenkte mir den Trost, und ich sah die himmlischen Woh-

nungen. Ich elender Erdenpilger schaute sie *einen* Augenblick lang; ob ich innerhalb oder außerhalb meines Körpers war, weiß ich nicht. Ich weiß nur, daß die Schönheit, die ich erblicken durfte, unaussprechlich war.“ Vater Seraphim schwieg. Er neigte sich ein wenig nach vorn, schloß die Augen und legte seine rechte Hand auf sein Herz. Sein Antlitz begann sich zu verwandeln; nach und nach wurde es von einem unbeschreiblichen Licht durchleuchtet ... Zuletzt konnte ich nicht mehr hinschauen. Der Gesichtsausdruck Vater Seraphims war so entrückt, daß man ihn als den eines Engels bezeichnen muß. Während der ganzen Zeitspanne seines Schweigens schien er etwas zu betrachten. Nach einem tiefen Seufzer sagte er: „Wenn du wüßtest, welch eine Wonne die Seelen der Gerechten erwartet, wärest du bereit, hier auf Erden jede Drangsal, Not, Verleumdung und Verfolgung mit Dank zu ertragen ... Auch Würmer, die Tag und Nacht an deinem Leib fräßen, würdest du in Kauf nehmen. Doch wie sollte meine Zunge das beschreiben können, was der Apostel Paulus zu beschreiben nicht imstande war?“

Eine weder von den Annalen des Klosters Sarόv noch von der Kirche verbürgte, aber von der mündlichen Tradition hartnäckig weitergegebene Begebenheit vom Dezember 1825 soll hier, ohne Anspruch auf Authentizität, erwähnt werden. Eine Gruppe junger Offiziere kam nach Sarόv und wollte den „seligen Greis“ sprechen. Aber der über alle Begriffe Demütige, der vor jedem Besucher wie vor einer Engelserscheinung niederfiel und ihn mit den Worten „Christus ist erstanden!“ begrüßte, befahl den jungen Leuten, das Gelände des Klosters zu verlassen. Am nächsten Morgen kamen sie wieder und knieten lange vor dem Fenster des Starez. Es wiederholte sich dasselbe, Seraphim wies sie mit strengen Worten an heimzufahren. Er verschloß seine Tür von innen.

Ein Novize, der Zeuge des Geschehens war, konnte seine Neugier nicht bezwingen: „Vater, warum hast du diese freundlichen Herrschaften so schlecht behandelt? Du bist doch sonst zu allen gütig und barmherzig?“

„Komm mit“, sagte der Heilige, „ich werde dir etwas zeigen.“ Sie gingen zu einem Brunnen im Walde. „Schau hinein.“ Der Novize sah ungewöhnlich klares Wasser, das tief und durchsichtig war. Jeder Kieselstein auf dem Grunde war deutlich zu erkennen.

„Und jetzt?“ fragte Seraphim, „was siehst du nun?“
„Ich sah“, berichtete der Novize, „daß das Wasser sich allmählich zu trüben begann. Es wurde immer aufgewühlter, als werde es von einem unsichtbaren Quirl aufgewirbelt. In wenigen Sekunden war der Brunnen grau und undurchsichtig geworden.“
„So etwas wollen die mit Rußland machen“, sagte Vater Seraphim, „und wollten für ihr böses Vorhaben meinen Segen erzwingen.“
In das Jahr 1825 fällt noch eine Erscheinung der Theotokos. Als Seraphim nach fünfzehn Jahren Klausur zum ersten Mal seine alte Waldklause aufsuchte, sah er *sie* auf einem Hügel in Begleitung von zwei Heiligen stehen. Die Muttergottes berührte mit einem Stab die Erde, und es entsprang eine Quelle. Danach löste sie sich mit ihren Begleitern in der Luft auf.
An dieser Quelle weilte der Heilige oft; hier baute er einen kleinen Gemüsegarten an, hackte Holz und fütterte einen großen Bären. Das Wasser der Quelle hatte Heilkraft. Auch in diesem vorgerückten Alter trug Seraphim stets einen mit Sand und Steinen prallgefüllten Sack auf dem gebeugten Rücken. „Ich quäle den, der mich quält.“ So hatte er es beim hl. Ephraim dem Syrer gelesen.

*

Groß war die Fürsorge, die Seraphim dem benachbarten Frauenkloster Divéjevo zuwendete. Die erste Vorsteherin der kleinen Schwesterngemeinschaft, die im Jahre 1789 entstand, war die Witwe Agafja Melgunówa: Sie gründete das Kloster einem Befehl der Muttergottes gehorchend und starb noch im selben Jahr. Vor ihrem Tode sandte sie eine Botschaft nach Saróv zum damals dreißigjährigen Diakon Seraphim mit der Bitte, sich im Auftrag der Gottesmutter um die kleine Klostergemeinschaft zu kümmern. Seraphim erfüllte den Auftrag gewissenhaft, was bei dem Abt von Saróv zunehmenden Unmut erweckte. Erst als Seraphim ihm gestand, daß Maria auch ihm erschienen war, und zwar mit dem ausdrücklichen Befehl, Divéjevo besonders sorgfältig zu betreuen, gab sich der Abt damit zufrieden.

*

Das Erdenleben des heiligen Starez ging seinem Ende zu. Am frühen Morgen des 25. März 1831, dem Tag Mariä Verkündigung, besuchte ihn die Theotokos zum zwölften und letzten Mal. Dieses einmalige Ereignis hatte eine Zeugin: Die greise Nonne des Klosters Divéjevo mit Namen Eupraxia Jefrémowa, die den Heiligen noch vor der Matutin aufsuchte, um Weisungen für das Kloster zu empfangen, durfte das große mystische Geschehen miterleben. „Ich warte schon auf dich", rief Seraphim, als sie sein Häuschen betrat, „welch eine Gnade hat uns die Allerreinste Gottesgebärerin an Ihrem Fest zugedacht! Groß ist der heutige Tag für die Menschheit, herrlich wird er für uns sein. Komm, wir wollen beten." Der Starez nahm seine Toga ab und warf sie Eupraxia über. Dann begann er zu beten; einige Minuten später erhob er sich von den Knien und sagte zu der Nonne: „Fürchte dich nicht."

„Ich vernahm ein Rauschen", berichtet Eupraxia, „wie das Rauschen eines Waldes im Wind. Dann wurde alles still, und man hörte Kirchengesang. Die Tür der Zelle flog auf, und der Raum wurde von Licht und Wohlgeruch überflutet ... Vater Seraphim sagte noch einmal: ‚Fürchte dich nicht. Gott schenkt uns Gnade, die Glorreiche kommt, die Allerreinste, die Mutter unseres *Herrn.*' Er fiel auf die Knie. Zwei Engel traten ein, blühende Zweige in den Händen. Ihnen folgten Johannes der Täufer und Johannes der Theologe. Dann erblickte ich die Muttergottes mit einer Strahlenkrone auf dem Haupt, von der die Zelle so hell wurde, als wäre sie von Abertausenden von Kerzen erleuchtet. Der Theotokos folgten zwölf Jungfrauen, die dann einen Kreis um ihre Königin bildeten.

Ich fiel fast besinnungslos zu Boden und drückte mein Gesicht gegen das Holz des Bretterbelags ... Doch Maria berührte mich und sprach: ‚Fürchte dich nicht. Meine Begleiterinnen sind Jungfrauen wie du. Frage sie, und sie werden dir ihre Namen sagen.' Ich trat zitternd in deren Kreis, während die Muttergottes mit Seraphim sprach. Sie sprach unendlich gütig, doch die Worte des Gesprächs konnte ich nicht verstehen. Die Jungfrauen waren: Die Märtyrerinnen Barbara und Katharina, Thekla und Marina, Irene und Pelagia, Dorothea und Justina, Juliana und Anisia. Zuletzt richtete ich meine Frage an die hl. Makrina und meine Patronin, die hl. Eupraxia. Sie alle erzählten mir kurz ihre Leidensgeschichte, fast alle hatten ihr Leben für Christus hingegeben.

Dann hörte ich die Muttergottes sagen: ‚Schon bald, Vielgeliebter, wirst du bei mir sein.' Sie segnete ihn. Es segneten ihn Johannes der Täufer und der Apostel Johannes. Die Jungfrauen nahmen Abschied mit dem heiligen Kuß. Das letzte, was ich vernahm, war eine Stimme, die zu mir sprach: ‚Diese Begegnung ist dir um Seraphims willen geschenkt worden.' Im Bruchteil einer Sekunde wurde alles unsichtbar."

War das eine „Vision"? Kaum. Unter Vision versteht man das mystische Schauen der Transzendenz mit den irdischen Sinnen. Hier aber scheint etwas anderes stattgefunden zu haben, was man mit der *Materialisierung des Reiches Gottes* in Zeit und Raum bezeichnen muß.
Am 2. Januar (jul. Stils) 1833 spürten die Mönche von Saróv einen Brandgeruch, der aus dem Häuschen des Heiligen zu kommen schien. Eine vom Leuchter heruntergefallene Kerze hatte Bücher zum Glimmen gebracht. Seraphim kniete vor der Ikone der Muttergottes Eleussa, der „Freude aller Freuden". Es ist eine der wenigen Ikonen, die Maria ohne das Jesuskind darstellen. Als man ihn, im Glauben, er wäre eingeschlafen, wecken wollte, erwies es sich, daß er zur letzten Ruhe eingegangen war.
Man bestattete ihn im Sarg, den er sich selbst gezimmert hatte und der immer in seiner Zelle stand. Tausende kamen, um ihm das Geleit zu geben. Am Grabe begann eine Reihe wunderbarer Krankenheilungen. Seraphim wurde unmittelbar nach seinem Tod als Heiliger verehrt. Die offizielle Heiligsprechung erfolgte aber erst nach siebzig Jahren in Anwesenheit der kaiserlichen Familie und einer unübersehbaren Menschenmenge, die aus ganz Rußland gekommen war.
Der heilige Seraphim von Saróv ist die vollkommene Verkörperung jenes Ideals, das die russische Kirche als das höchste von allen erreichbaren Idealen aufzeigt und das als Sehnsucht stets in der gläubigen russischen Volksseele verankert war: die Transfiguration des Menschenbildes in das Bild Christi, auch Theosis genannt; die Durchdringung vom Licht des Berges Tabor.
Am Vorabend der Katastrophe hat sich alles, was Rußland einst geholfen hatte, die Wirren und Leiden seiner Geschichte zu überstehen, noch einmal und in ungeahnter Größe in der Person des heiligen Seraphim kristallisiert: Die Gabe des flammenden Glaubens an die lebendige Nähe Christi, Beharrlichkeit im Ertragen von Leiden, Demut, Liebe, Opferbereitschaft. Kurz, all das, was Kljutschewski den „Gold-

fonds" Rußlands nennt und was der russische Mensch nach und nach zu veruntreuen, zu vergeuden und zu verschütten begann. Ohne die Rückkehr zur „Goldwährung" wird es für Rußland keine Wiedergeburt geben. Erlebt die Welt diese Rückkehr, von der Dostojewski mit solcher Entschiedenheit sprach? Dieser Weg scheint sich bereits *anzubahnen.*

Ein Gespräch im Jahre 1831

Es war an einem Donnerstag. Der Tag war trüb, und der Schnee lag hoch. Als Vater Seraphim das Gespräch begann, schneite es in dicken Flocken. Er bat mich, auf dem Stumpf eines von ihm soeben gefällten Baumes Platz zu nehmen; selbst hockte er sich mir gegenüber in den Schnee.

„Der Herr hat mich wissen lassen", begann der Starez, „daß Sie von Kindheit an nach dem Ziel eines Christenlebens fragen. Sie wandten sich dabei an viele in geistlichen Dingen erfahrene Personen." (Ich muß gestehen, daß mich dieser Gedanke seit meinem zwölften Lebensjahr beschäftigte und mir zeitweise keine Ruhe gab . . . Die Antworten der Geistlichen befriedigten mich nicht; Vater Seraphim konnte jedoch davon nichts wissen.)

„Niemand", fuhr er fort, „war imstande, Ihnen etwas Bestimmtes darüber zu sagen. Es hieß: Geh zur Kirche, bete und befolge die Gebote. Darin liegt der Sinn des christlichen Lebens. Mehr wurde nicht gesagt. Und jetzt soll ich, der armselige Seraphim, Ihnen erklären, was Sie so brennend wissen wollen.

Das Gebet, das Fasten, die Nachtwachen, die Enthaltsamkeit und noch viele andere Tugenden sind zwar wichtig, können aber nicht das Ziel des Lebens sein. Sie sind nur die Mittel. Das Ziel ist das Erringen des Heiligen Geistes. Und die Tugenden, die wir um Christi willen vollbringen, dienen als Mittel, dieses Ziel zu erreichen."

„Wieso erringen?" fragte ich, „das verstehe ich nicht ganz."

„Ja, erringen, erwerben, gewinnen", erwiderte der Starez. „Das Ziel eines Weltmenschen ist es ja auch, möglichst viel Geld zu verdienen, die Einnahmen zu steigern, Vermögen zu erwerben. Genau so ist es mit dem Heiligen Geist. Auch hier gilt es, Kapital anzulegen, mit dem Unterschied nur, daß man es ausschließlich mit Hilfe der Gnade tun kann und es für die Ewigkeit angelegt wird. Christus selbst vergleicht unser irdisches Leben mit einem Markt und unsere Taten mit einem Kauf. Jedes gute Werk, das im Namen Christi vollbracht wird, macht uns der Gnade des Heiligen Geistes teilhaftig. Vor allem ist es das Gebet. Beten kann jeder, ob er arm oder reich, gesund oder krank, tugendhaft oder ein Sünder ist. Das Gebet ist eine große Macht: Es erschließt uns sofort den Zugang zum Herrn. Was die Werke betrifft, so darf man, wie ich schon sagte, eines nicht vergessen: Nur, was wir um Christi willen tun, bringt uns die Gnade des Heiligen Geistes ein. Alles andere, mag es noch so gut gemeint sein, trägt in sich keine Früchte des ewigen Lebens. Darum sagt uns der Herr: ‚Wer nicht mit Mir sammelt, der zerstreut.' Da aber dem Herrn ‚in jedem Volk angenehm ist, wer ihn fürchtet und tut, was recht ist' (Apg 10,35), tut Er selbst alles, um einem guten Menschen die Möglichkeit zu geben, für seine Taten den himmlischen Lohn zu bekommen. Dem heidnischen Hauptmann Kornelius erschien ein Engel und befahl ihm, Simon Petrus in sein Haus zu holen, ‚um von ihm Worte zu hören', durch die er selbst und seine Angehörigen das Heil erlangen können. Kornelius besaß alle Tugenden; ihm fehlte allein der Glaube an den Sohn Gottes und damit die Gnade des Heiligen Geistes. Denn nur Er, der Geist, ist es, der unser Herz für das Reich Gottes weit macht und uns den Weg zur Seligkeit weist. Das ‚Angenehme' der Werke, die nicht um Christi willen, sondern aus anderen Gründen, z. B. ‚um des Guten willen' getan werden, beschränkt sich darauf, daß der Herrgott diesem Menschen die Möglichkeit bietet, sein Herz dem Heil zu öffnen. Ob er das Angebot annimmt, liegt an ihm. Tut er das, so werden ihm alle guten Werke nachträglich angerechnet; weist er die Gnade zurück, hat er kein Recht zu klagen, daß das Gute im Nichts versinkt. Das kann jedoch nie mit einer Tat geschehen, die im Namen unseres Erlösers getan wurde: Die ‚Krone der Gerechtigkeit', d. h. mit anderen Worten, die Gnade des Heiligen Geistes, ist ihm zugesichert.

Sie sehen, mein Freund, es gilt Kapital zu gewinnen; wenn es auch Mühe macht, so ist das Lebensziel der Kinder dieser Welt, das Jagen nach Geld, Gut, Ehren und Würden, nicht weniger mühevoll. Die Anstrengungen halten sich die Waage.

‚Kauft die Zeit aus!' mahnt uns der Herr, und das heißt nichts anderes als: Seid klug, erringt euch himmlische Güter durch irdische. Im

Gleichnis von den klugen und törichten Jungfrauen wird den törichten geraten, in zwölfter Stunde zum Markt zu laufen und das fehlende Öl für die Lampen zu kaufen. Es ist aber zu spät. Viele denken, der Mangel an Öl bedeute Mangel an Tugenden. Das stimmt nicht. Die höchste aller Tugenden, die Reinheit, besaßen ja die törichten Mädchen. Der engelhafte Zustand der Jungfräulichkeit, der allein schon alle Tugenden ersetzen könnte, fehlte ihnen durchaus nicht. Aber die Tugendhaften verließen sich auf ihre Tugendhaftigkeit und gaben sich damit zufrieden. Sie schliefen ein. Die Notwendigkeit, gerade *durch* die Tugend den Heiligen Geist zu gewinnen, bekümmert sie nicht.

Im Menschen wirken: 1. Der vollkommene und für uns höchst heilsame Wille Gottes, 2. der eigene, meist farblos-neutrale Wille, 3. der Wille der Dämonen, und das heißt nichts anderes als der Wille Satans, der uns in zeitliche und ewige Verderben stürzen will. Dieser dritte Wille lehrt uns — entweder gar keine oder (‚um des Guten willen') *Scheintugenden* zu üben. Was unseren eigenen Willen betrifft, mahnt er uns ständig zur Bequemlichkeit und zum Wege des geringeren Widerstands.

Nur der Wille Gottes bewegt uns, Gutes zu tun, um die Gabe des Heiligen Geistes zu erringen, denn sie ist der einzige Schatz, der seinen Wert in den Äonen der Äonen behalten wird, das Öl in der Leuchte unseres Lebens. Die törichten Jungfrauen hatten das nicht in Erwägung gezogen. Sie glichen selbst kunstvoll verzierten Lampen, die nicht brennen und folglich keine Leuchten sind, die man bei hereinbrechender Dunkelheit benötigt.

Sie würden gern die Göttliche Liturgie hören, doch gibt es in der Nähe kein Gotteshaus. Sie möchten Armen helfen, aber es fehlen die Mittel. Sie wollen jungfräulich bleiben, aber ihre Konstitution läßt das nicht zu. Das Gebet dagegen ist eine Waffe, die stets in ihrer Hand ist. Und wie gewaltig die Kraft des Gebets ist, können Sie an folgender Begebenheit ermessen: Als eine verzweifelte, dem Wahnsinn nahe Mutter, deren einziges Kind soeben in ihren Armen gestorben war, einer Hure begegnete, die gerade das Lager der Schande verlassen hatte, fiel sie, vom Schmerz überwältigt, halbtot nieder. Die Hure, von der Gewalt dieses Leides erschüttert, rief: ‚Nicht um meinetwillen, Herr, denn ich bin nur eine Verruchte, sondern um der Tränen dieser Mutter willen, laß Dein Erbarmen walten!' Und das Unglaubliche geschah, das Kind kehrte zum Leben zurück. Die Hure war die künftige große Heilige Euphimia. So groß ist die Macht eines *jeden* Gebets, auch wenn wir es nicht wahrnehmen; dementsprechend ist auch die Fülle des Heiligen Geistes, die es auf den Beter herabzieht. Beten sollte man aber nur so lange, bis man die Wirkung des Heiligen Geistes spürt. Wozu denn noch rufen ‚Komm, Heiliger Geist', wenn Er schon da ist und uns getröstet hat?"

„Vermitteln alle Tugenden die gleiche Fülle des Heiligen Geistes?" fragte ich.

„Sammeln Sie Schätze, wo immer Sie können und wo sich Ihnen eine Gelegenheit dazu bietet. Wenn Ihnen das Wachen und Beten den höchsten Gewinn bringt, wachen und beten Sie. Ist es das Fasten — fasten Sie. Sind es die Werke der Liebe und Barmherzigkeit, dann geben Sie, geben Sie! Verteilen Sie Ihre irdischen Güter unter die Armen mit vollen Händen! Sehen Sie, meine Familienangehörigen sind Kaufleute. In meiner frühen Jugend mußte ich in unserem Laden aushelfen. Wir kauften und verkauften alles, am liebsten jedoch solche Waren, die den größten Gewinn abwarfen. Es geht ja nicht nur um den Prozeß des Kaufens und Verkaufens; man muß auch zusehen, daß dabei Gewinn herausspringt. So ist es mit dem Leben des Christen. Es geht nicht ums Beten und Fasten als Übung in diesen Tugenden. Der Apostel schreibt: Ich möchte lieber fünf Worte mit Vernunft als Tausende mit der Zunge aussprechen. Die christliche Klugheit empfiehlt uns, nicht die Menge der guten Werke zu vergrößern, sondern ihre Qualität zu verbessern und dadurch die Gnade des Heiligen Geistes herabzuziehen. Wer den Geist Gottes hat, kann jederzeit vor den Richterstuhl treten — er hat nichts zu befürchten."

„Und wie", fragte ich, „erfährt man, ob der Heilige Geist in einem wohnt oder nicht? Meine guten Werke kann ich wahrnehmen, nicht aber ihre Frucht."

„Heutzutage", erwiderte der Greis, „sind wir alle so lau und kalt und so wenig um unser Heil besorgt, daß uns viele Bibelstellen unverständlich geworden sind. Was heißt bei Paulus: ‚Wir gingen nach Achaia, und der Geist Gottes ging nicht mit uns; wir gingen nach Mazedonien, und der Geist Gottes ging mit uns!'? Unsere moderne ‚Bildung' hat uns in solch eine Wüste der Erkenntnislosigkeit geführt, daß wir von Dingen, die den Alten eine Selbstverständlichkeit waren, überhaupt nichts verstehen. Als die Freunde Hiob vorwarfen, er lästere Gott, antwortete er: ,Wie kann das sein, wo ich doch den Odem Gottes ... in meinem Atem spüre?' In Klarschrift heißt das: ,Wo doch der Heilige Geist in meinem Herzen wirkt. Nach der Lästerung würde Er mich verlassen haben. Aber siehe, Er ist da, ich spüre Ihn in meinem Atem.'

Wir sehnen uns viel zu wenig nach dem Geist Gottes, wir ringen nicht um Ihn. Und das Ergebnis? Wir sind blind und taub, und auf unserem Leben liegen dunkle Schatten. Der Herr schuf den Menschen im Dreiklang Leib — Seele — Geist. Mit dem ,Odem' Gottes wurde er zum Menschen und zur Krone der Schöpfung erhoben. Adam, dem gottähnlichen Geschöpf voller Wissen und Weisheit, dem Erben der Unsterblichkeit, dienten von nun an Kreatur und Elemente. Alles bewunderte den Liebling Gottes, dessen Odem ihn zum erkenntnisreichsten Geschöpf des Alls gemacht hatte. Im Besitz der Vollkraft des Heiligen Geistes konnte er Gott ins Antlitz schauen, mit Ihm wie ein Sohn sprechen, Dinge erkennen, die für uns Gefallene zeitlebens verborgen und verschlossen bleiben, und die Sprache der Engel, Tiere und Pflanzen verstehen. Dieselben Eigenschaften besaß natürlich auch Eva.

Der Sündenfall entriß den beiden die Gnade des Heiligen Geistes. Bis zur Inkarnation des Herrn gab es in der Welt nur einen schwachen Abglanz Seiner Kraft. Er ruhte auf den alttestamentlichen Propheten, und in den jüdischen Synagogen lehrte man, Sein Wirken von anderen Erscheinungen zu unterscheiden. Auch auf den heidnischen Sibyllen, auf den Philosophen der Antike und allen, die ,dem unbekannten Gott' von ganzem Herzen dienten, lag ein Schimmer des göttlichen Geistes. Nur durch ihn konnten die Menschen den in die Welt gekommenen Messias erkennen.

Die flammende Fülle des Heiligen Geistes kam erst am Pfingsttag wieder. Sie verbannte die metaphysische Finsternis und machte blinde Augen sehend."

„Und wie kann ich feststellen", fragte ich Vater Seraphim, „ob ich mich in der Gnade des Heiligen Geistes befinde oder nicht?"

„Das ist ganz einfach."

„Wenn es auch einfach ist, verstehe ich es dennoch nicht. Ich muß es aber unbedingt wissen. Was sind die Merkmale?"

Vater Seraphim sah mich an und sagte dann:

„Wir beide, mein Freund, sind jetzt im Heiligen Geist ... Warum schauen Sie mich nicht mehr an?"
Ich antwortete:
„Ich kann nicht, Vater. Aus Ihren Augen sprühen Blitze. Ihr Antlitz blendet mich mehr als die Sonne. Meine Augen ... Ich kann nichts mehr sehen, Vater ... Vater!"
„Fürchten Sie sich nicht. Auch Sie sind im gleichen Zustand. Auch Sie stehen in der Fülle des Heiligen Geistes. Wäre es anders, könnten Sie mich gar nicht sehen." Er neigte den Kopf und sprach: „Danken Sie, danken Sie Gott dafür, daß Er Sie einer solchen Gnade teilhaft werden ließ. Auch den Eremiten wurde diese Fülle nicht immer zuteil; aber Ihr bekümmertes und suchendes Herz will der Herr trösten, wie einen seine Mutter tröstet. Nun sehen Sie mir ins Antlitz, sehen Sie fest und ruhig, befürchten Sie nichts. Der Herr ist mit uns."
Und wieder überliefen mich Schauer. Stellen Sie sich den Sonnenkreis inmitten eines dichten Strahlenkranzes vor, ein flammendes Rund in der Mittagsglut. Und in diesem Feuerball das Gesicht eines Menschen, der mit Ihnen spricht. Sie sehen den Ausdruck seiner Augen, die Bewegung seiner Lippen; Sie hören seine Stimme. Seinen Körper sehen Sie nicht und ebensowenig ihren eigenen, denn alles ringsherum ist von Licht überflutet. Dieses unbeschreibliche Licht ergießt sich über die ganze Umgebung, liegt auf der Schneedecke, und auch die in der Luft tanzenden Schneeflocken sind von seinem Glanz erfüllt.
„Was empfinden Sie?"
„Vater, ich empfinde eine wundervolle Stille, die ich nicht in Worte fassen kann."
„Das ist", sagte Seraphim, „jener Friede, von dem der Herr gesagt hat: Meinen Frieden gebe Ich euch; nicht gebe Ich, wie die Welt gibt. Euer Herz verzage nicht und fürchte sich nicht. — Was empfinden Sie noch?"
„Eine unfaßbare Glückseligkeit!"
„Es ist das Glück, von dem die Schrift sagt: Du wirst mich mit den Strömen Deiner Süße laben. Diese Seligkeit kann man mit Worten nicht beschreiben; das Herz zergeht vor ihr in der Brust."
„Eine nie empfundene, unaussprechliche Freude!"
„Wenn sich der Heilige Geist ins Menschenherz ergießt, füllt Er es mit dieser Freude. Er macht alles glücklich, was Sein Odem berührt. Und

dennoch ist diese Freude gering im Vergleich mit jener, die ‚Kein Auge gesehen und kein Ohr gehört hat' und die der Herr ‚denen bereitet hat, die Ihn lieben'. Das Unterpfand jener Freude kennen Sie jetzt, mein Freund. Sie haben im Leben viel trauern und weinen müssen; jetzt tröstet Sie der Herr."
„Ich fühle eine ungewöhnliche Wärme."
„Was sagen Sie? Wärme? Aber wir sitzen doch mitten im Wald, es ist Winter. Schnee unter uns, Schnee über uns. Von welch einer Wärme sprechen Sie?"
„Es ist eine Wärme, wie man sie in einem gut geheizten Bad empfindet.
„Und der Duft? Der Duft einer Badstube?"
„O nein", sagte ich. „Es gibt auf Erden nichts, was diesem Duft gleichkommen würde. Als ich noch die Welt liebte und Bälle besuchte, pflegte meine Mutter mein Taschentuch mit dem feinsten Parfum zu bestäuben, das es in der Stadt zu kaufen gab. Und doch kann dieser Duft mit jenem gar nicht verglichen werden."
Vater Seraphim sagte mit einem unbeschreiblich angenehmen Lächeln: „Ich wußte das alles, mein Freund! Uns hüllt die Wärme und der himmlische Duft des Heiligen Geistes ein. Es ist wie in einem Bad, aber der Schnee schmilzt weder an Ihnen noch an mir. Also ist das eine innere, verborgene Wärme. Mit dieser Wärme waren die heiligen Eremiten und Bewohner eisiger Höhlen und Felsspalten bekleidet und spürten keine Kälte; die göttliche Wärme umgab sie wie ein kostbarer Pelzmantel. Das ist das Reich Gottes, das ‚inwendig' in uns ist . . . Und jetzt, Geliebter, brauchen Sie nicht mehr zu fragen, *wie* das ist, wenn ein Mensch sich im Heiligen Geist befindet. Behalten Sie die Erinnerung daran Ihr Leben lang."
„Ich fürchte, Vater, daß ich nicht würdig bin, mir diese Stunde so einzuprägen, daß sie mir bis zum Tode gegenwärtig bleibt!"
„Ich dagegen", erwiderte der heilige Greis, „glaube fest und bin davon überzeugt, daß der Herr Ihnen helfen wird, die Erscheinung mit allen Einzelheiten im Gedächtnis zu behalten. Sonst wäre Er nicht so bereitwillig auf die Bitte seines niedrigen Knechts eingegangen. Nicht um Ihretwillen allein ist uns diese Stunde geschenkt worden, sondern auch, damit die Welt von ihr erfährt. Daß Sie ein Weltmensch sind und kein Klosterbruder, spielt dabei keine Rolle. Der Herr sucht Her-

zen, die mit Liebe zu Ihm und zum Nächsten erfüllt sind; um dieser Liebe willen ist Er bereit, die Fülle Seiner Gnade auf uns auszugießen. ‚Mein Sohn, gib Mir dein Herz.' Das ist der Thron, den Er sich erwählt."

Vater Seraphim erhob sich aus seiner Hockstellung.

„Und nun gehen Sie in Frieden. Mögen der Herr Jesus Christus und Seine Hochgebenedeite Mutter stets mit Ihnen sein, jetzt und in der Ewigkeit der Ewigkeiten. Amen."

Während dieses ganzen Gesprächs, vom Augenblick an, als das Antlitz des Starez im Zentrum der himmlischen Sonne erschien, und bis zu seinen letzten Worten, hörte die wundervolle Erscheinung nicht auf. Seraphim sprach zu mir im selben, unveränderten Zustand. Alles, was ich hier niedergeschrieben habe, sah ich mit eigenen Augen und hörte es mit meinen eigenen Ohren.

1831 Nikolai Motovilov.

Der Anruf

(Aus der Praxis der Ostkirche)[29])

> Wer um das Anrufen des Namens Jesu ringt, müht sich um Liebe, Demut und Geduld. Nur in diesen christlichen Tugenden findet der HEILIGE GEIST seine Wohnstätte.
>
> *Makarios der Große*
> *(330—390)*

I

Der Anruf kann auf mehrere Arten erfolgen. Man sollte eine seinen Bedürfnissen und Möglichkeiten adäquate Form wählen. Welche Form man aber auch immer wählt, es ist stets der *Name* allein. Das Wort Jesus bildet den Mittelpunkt und das Herzstück des Anrufs. In ihm liegt das Zustandekommen der Verbindung.

Man kann den Namen allein aussprechen, man kann ihn auch in eine erweiterte Form einrahmen. Die gebräuchlichste in der tausendjährigen Praxis der Ostkirche ist:

„Herr Jesus Christus, Sohn Gottes, erbarme Dich meiner, des Sünders." Diese Formel kann man verkürzen und sich auf „Herr Jesus Christus, erbarme Dich meiner" oder auf „Herr Jesus, erbarme Dich" beschränken. Auch auf ein einziges Wort, das Herzstück des Gebets ... Denn der heiligste Name *ist* ein ganzes Gebet. Man kann ihn halblaut aussprechen oder schweigend denken, es bleibt das gleiche. Wenn das Anrufen mit ausgesprochenen Worten sehr konzentriert war, geht es allmählich sowieso in ein gedankliches Gebet über und stimmt die Seele zur Betrachtung.

Man kann den Namen überall und jederzeit anrufen, auf der Straße, bei der Arbeit, während eines Gesprächs. Außer diesem an keine Regel gebundenen Anruf ist es jedoch gut, für ihn ein paar stille Augenblicke und einen geeigneten Ort zu finden. Für den Anfänger ist das sogar notwendig. Die Lage des Körpers spielt dabei keine Rolle, man kann stehen, liegen, sitzen oder knien. Die beste Lage ist immer die, die Demut ausdrückt und die meiste Sammlung gewährleistet.

Zuerst sollten wir in unserem Herzen Frieden herstellen. Dann fangen wir an. Um zu gehen, muß man den ersten Schritt tun, um zu schwimmen, ins Wasser springen. Dasselbe gilt für das Gebet. Beginne also ruhig, den Namen des Herrn auszusprechen. Halte dich an ihn, wiederhole ihn leicht, gelassen, ganz ohne Hast. Der Fehler aller Anfänger besteht darin, daß sie das Anrufen mit Spannung und gesteigerter Kraft beginnen und bemüht sind, in die Worte einen besonderen Ausdruck zu legen. Den heiligsten Namen sollte man *nicht* so anrufen. Dem Propheten Elias erschien der Herr weder in Sturm und Erdbeben noch im Feuer. Er erschien ihm im Wehen eines sanften Windes ... Das Ringen um Intensität ist im Anrufen des Namens Jesu fehl am Platze. Wiederhole diesen Namen ruhig. Sammle um ihn deine Gedanken, deinen Willen ... Möge dieser Name in deine Seele wie ein Tropfen kostbarer Narde eindringen, der sich langsam verbreitet und allmählich das ganze Tuch durchtränkt. Die exakte Wiederholung des Namens braucht nicht ununterbrochen zu erfolgen; sie kann verlangsamt oder in Schweigsamkeit ganz angehalten werden. Man kann sie mit dem Flügelschlag eines aufsteigenden Vogels vergleichen: Er ist weder hastig noch verkrampft, sondern ruhig und in des Wortes ursprünglicher Bedeutung *graziös.* Wenn der Vogel die gewünschte Höhe erreicht hat, schwebt er und bewegt die Schwingen nur noch, um sich in der Luft zu halten. So kann auch die Seele, die den Herrn erreicht und von Seinem Licht getrunken hat, aufhören, den heiligsten Namen anzurufen und in Gott ausruhen.

II

Wenn wir mit dem Anrufen des Namens beginnen, hoffen wir natürlich, ein positives Ergebnis zu erzielen: Das Gefühl, in Kontakt mit Gott zu sein, zumindest aber den Saum seines Gewandes zu berühren. Dieses Glück ist der ersehnte Gipfel des Anrufs. Aber wir wollen uns nicht übermäßig nach solchen Empfindungen sehnen: Die religiöse Ekstase, in die man sich hineinsteigern kann, ist dem Geist dieses Gebets fremd; sie könnte überdies zu einer verkappten Form spiritueller Wollust führen. Wenn wir eine gewisse Zeit den Namen des Herrn angerufen und dabei nichts empfunden haben, bedeutet das nicht, daß unsere Mühe fruchtlos geblieben ist. Im Gegenteil: Das „dürre" Gebet kann Gott wohlgefälliger sein als Augenblicke seliger Entzückung, weil ein solches Gebet frei ist von jedem egoistischen Streben nach Genuß. Das Gebet ist ein Akt des Willens. Wir sollten darum das tägliche Anrufen auch dann üben, wenn unser Herz dabei kalt bleibt. Der Dienst der *heiligen Nüchternheit* am Namen unseres Herrn kann nur Gnade auf uns herabziehen.

Aber das Anrufen des Namens läßt nur selten im Zustand der Kälte. Menschen, die auf diesem Gebiet Erfahrung haben, bezeugen, daß es fast immer von einem heiteren Gefühl von Freude und Wärme begleitet wird.

Setze das Anrufen stets nur so lange fort, wie du es willst und kannst. Wenn das Gebet von einer natürlichen Müdigkeit unterbrochen wird, zwinge dich nicht, weiterzumachen. Sobald du dich aber zu ihm hingezogen fühlst, beginne, ungeachtet des Ortes und der Stunde. Mit der Zeit wirst du merken, daß der Name Jesus in deinem Geist und Gemüt heimisch geworden ist, daß er in dir gleichsam zu wohnen beginnt, wenn auch in einem verborgenen Zustand. Dein Schlaf wird tiefer und ruhiger werden und dennoch mit dem Gedanken an Jesus und Seine Nähe erfüllt sein.

Das Anrufen kann zu einer Episode in deinem Leben werden. Oder zu einem Weg unter anderen Wegen. Es kann aber auch *dein* Weg sein. Anders ausgedrückt, kann das Anrufen des Namens ein Gebet sein, das wir von Zeit zu Zeit üben und von dem wir zu anderen Gebetsformen übergehen. Es kann ein Gebet werden, das wir als Bereicherung und Ergänzung anderer Gebetsformen benutzen. Und

schließlich kann es zu jener Verbindung mit dem Herrn werden, um die herum wir unsere ganze Existenz aufbauen. Das hängt sowohl von unserer Berufung als auch von den Umständen ab. Nach Gutdünken sollten wir uns dem Anruf nicht verschreiben: Zu diesem Gebet muß man von Gott hingeführt werden. Wenn wir es aber zu unserer Hauptgebetswaffe erwählen, sollte diese Wahl nur Gehorsam gegenüber einem Ruf sein. Jedes Tun, das auf Willkür beruht, wird in Kürze sowieso zusammenfallen.
Unsere Ratschläge gelten denen, die sich über das Anrufen des Namens Jesus Grundkenntnisse zulegen wollen und denen, die mit dem heiligsten Namen erstmalig in Berührung kommen. Diejenigen, die diesen Weg bereits gehen, bedürfen dieser Ratschläge nicht.
Wir sagten, daß wir zu diesem Weg gerufen sein müssen: Gerufen durch den Heiligen Geist. Ein unfehlbares Merkmal dafür, daß wir für den Anruf geeignet sind, gibt es kaum. Es könnte aber Hinweise darauf geben; die sollten wir in Demut prüfen. Wenn wir uns zum Anrufen des Namens Jesu unwiderstehlich hingezogen fühlen und wenn dieser Gebetsakt in uns Reinheit, Demut, Liebe, Geduld und den inneren Frieden vermehren, wenn es uns schließlich schwer fällt, danach andere Gebetsformen zu gebrauchen, können wir mit Sicherheit annehmen, daß dieser Weg für uns geeignet ist.

III

Jeder, der den heiligsten Namen anruft, sollte sich davor hüten, andere Gebetsformen geringer einzuschätzen. Nie sollte man sagen: Das Anrufen des Namens Jesu ist das beste aller Gebete: Für jeden ist jenes Gebet das beste, zu dem ihn der Heilige Geist drängt. Auch sollte man es nie anderen Menschen aufzwingen. Es ist gut, Gottes Geheimnisse zu wahren.
Mit voller Gewißheit können wir folgendes sagen: Das Anrufen des Namens vereinfacht unser inneres Leben und macht es gesammelter. Es gibt kein Gebet, das einfacher wäre, als das Anrufen des Namens. Komplizierte und lange Gebete ermüden und zerstreuen uns oft. Der Name Jesus zieht alles in sich und zu sich. Er eint und einigt. Die gespaltene, zerbröckelnde Persönlichkeit, aus der in unseren Tagen be-

sonders vernehmlich die Worte „mein Name ist Legion“ herauszuhören sind, findet zu ihrer ursprünglichen Ganzheit zurück.

Das Anrufen des Namens darf man aber keinesfalls als einen Weg betrachten, der uns von der Notwendigkeit asketischer Läuterung befreien kann. Es gibt keine abgekürzten Fußwege. Das Anrufen setzt ein ständiges Wachen über das eigene Herz voraus: man muß mehr denn je die Sünde meiden. Es gibt Menschen, die ihren Geist und ihren Willen vor der Sünde abschirmen, um den Namen Jesus mit größerer Liebe aussprechen zu können; und solche, die den Namen anrufen, damit Er das Gestrüpp der Sünden versengt. Dieser Weg ist der bessere. Denn der Name ist ein Mittel zur Läuterung und Vollendung, der Filter, durch den die Gedanken und Worte gehen müssen. Eigentlich sollte man nichts, was aus dem Innern der Seele aufsteigt, akzeptieren, ohne es zuvor durch den Namen Jesus gefiltert zu haben. Der Name *verbrennt* die Elemente der Unreinheit und der Sünde. Ein Herz, das mit dem heiligsten Namen bis zum Rand erfüllt ist, kann mit einem Gefäß voll köstlichen Nardenöls verglichen werden . . . Das aber verlangt schon die Ausschaltung des eigenen Ich und ein langsames Sterben in dem Maße, in welchem der Name Jesus an Leben gewinnt.

Das Anrufen ist mit absolutem Schweigen vereinbar. Wir dürfen aber, wie gesagt, nicht vergessen, daß in jedem Augenblick *die* Gebetsform die beste ist, zu der uns der Heilige Geist ruft. Sich am Anfang einem erfahrenen Führer anzuvertrauen wäre sehr gut, eine dringende Notwendigkeit dazu besteht aber nicht.

Unsere „konventionellen“ Gebete begnügen sich meist mit Reue, Bitte, Fürbitte. Das alles kann man in den Anruf schließen. An erster Stelle sollte aber in jedem Fall die reine Anbetung stehen, das Ergreifen des Saumes: Mein Herr und mein Gott!

Das Anrufen muß uns das Bewußtsein der Gegenwart des Herrn schenken. Name und Person sind identisch; andernfalls würde das Anrufen zu einer heidnischen Beschwörungsformel werden. Inhalt und Wesen des Anrufens haben ihr Ziel in der Gegenwart des Herrn. Ein tiefinnerliches, behutsames und liebevolles Aussprechen des Namens Jesus ist identisch mit dem Wissen, daß Gott *alles* und wir *nichts* sind. In dieser Gewißheit beten wir Ihn an.

Ist aber der Herr anwesend, so ist Er als Retter und Erlöser anwesend. Sein Name bedeutet Heil, Heilung, Heiland. Es gibt keinen anderen unter dem Himmel, in dem wir selig werden könnten. Jesus hat seine irdische Tätigkeit mit der Vergebung der Sünden und mit Krankenheilungen begonnen. Beides steht miteinander in tiefem Zusammenhang. Im Anrufen Seines Namens erfassen wir unser persönliches Heil. Darum bringt es uns Errettung aus *allen* Nöten. Der Name des Erlösers und Heilands trägt nicht nur zur Linderung der Not und der Befriedigung unserer Bedürfnisse bei, sondern lindert und befriedigt sie alle durch sich selbst.

Wenn wir also Hilfe brauchen, müssen wir den Namen aussprechen und dabei glauben, daß wir alles, worum wir bitten, in diesem Namen bekommen werden. Der Wert des Anrufens liegt nicht in der Erfüllung der Bitte in der Zukunft, sondern in deren Erfüllung im selben Augenblick, in dem wir atmen. Jesus ist mehr als der Geber, Er ist auch die Gabe. Er ist gleichzeitig Geber und Gabe. Sein Name ist meine Nahrung, meine Genesung, meine Wärme, meine Befreiung, meine Reinigung, meine Rechtfertigung, meine Erlösung. Das ist etwas anderes als die Erhörung einer Bitte. Im Namen Jesu, als dem Heilsgeheimnis, können wir alles finden, was Er selbst ist.

IV

Der Name des Herrn bringt uns den Sieg in der Anfechtung. Wenn sich die Versuchung wie eine Sturmflut erhebt, dürfen wir mit der Begierde keinen Kampf aufnehmen; wir dürfen überhaupt keinen Augenblick verlieren. Wir klammern uns dann an den Herrn und rufen Seinen heiligsten Namen an. Als Petrus sich inmitten des stürmischen Sees „zu fürchten" begann, sank er in die Fluten. Durch die dunklen Wogen unserer Begierden gehen wir zum Herrn, unseren Blick und unser Herz auf Ihn gerichtet. Er wird Seine Hand ausstrecken und uns auffangen und halten; Sein Name wird zur mächtigen, realen Gestalt mitten im Sturm und übernimmt den Widerstand gegen die irrlichthaften Phantome der Versuchung: Es ist der Name des Herrschers über Elemente, Natur und Kosmos. Er wird Frieden geben und selbst unser Friede sein.

Der Name Jesu schenkt Vergebung. Wenn wir gesündigt haben, dürfen wir Seinen Saum ergreifen: Name und Person sind das Pfand der Vergebung. Wir warten nicht und zögern nicht, wir sprechen, ungeachtet unserer Unwürdigkeit, den heiligsten Namen aus. Denn die Nacht ist vergangen, und ein neuer Tag bricht an. Jesus steht am Ufer. Als Petrus vernahm, es sei der Herr, sprang er ins Meer. Machen wir es wie er. Und Gott wird dort beginnen, wo wir Ihn verlassen haben. Keine Entfremdung und keine langen Erklärungen; Sein Wunsch ist es, daß wir ihn wiederfinden und Ihn in unser Herz und unser Leben aufnehmen, mit Ihm unseren Fisch und unseren Honig teilen. Wir werden wieder einmal in die Realität Seines Kreuzestodes und unserer Erlösung hineingeführt und begreifen, *was* das bedeutet: Das Lamm Gottes, das hinwegnimmt die Sünde der Welt.

Das alles widerspricht nicht den Mitteln, die uns die heilige Kirche im Sakrament der Buße und Vergebung darreicht. Es hebt sie nicht auf, macht sie auch nicht geringer oder unbedeutender. Im Anrufen des Namens werden sie nur vorweggenommen. Es ist die Vergebung, die dem Zöllner im Tempel zuteil wurde und von der es heißt: Er ist gerechtfertigt heimgegangen.

Der heilige Name ist aber nicht nur Erfüllung unserer Bedürfnisse, Sieg über unsere Anfechtungen, Vergebung unserer Sünden und Offenbarung des Heilsgeheimnisses. Wir können auch noch das Geheimnis der Fleischwerdung für uns in Anspruch nehmen: Es gibt uns das Bewußtsein der *Einheit* mit Ihm. Es ist der *Gottmensch*, durch den unsere Beziehungen zu allem, was Er geschaffen hat, tiefer und sinnvoller werden und dem sich uns eine neue Seinsdimension eröffnet: Die *Theosis*, die Verklärung der Schöpfung. Wir dürfen die Natur als das sichtbare Symbol der unsichtbaren Realität betrachten. Aber auch das genügt nicht: Die Schöpfung ruht nicht, sie ist ständig in Bewegung, sie kämpft und seufzt und sehnt sich nach Christus (Röm 8,22). Sie wartet, wie auch wir Menschen, auf ihre Erlösung und Gotteskindschaft. Elemente, Felsen, Meer und Früchte, Brot und Wein haben seit der Fleischwerdung des Logos eine neue Bedeutung bekommen und sind entweder zu Symbolen oder zu Mitteln der Gnade geworden. Die ganze Schöpfung spricht geheimnisvoll den Namen „Jesus" aus (Lk 19,40). Wir Christen müßten es hören können. Indem wir den heiligsten Namen über dem Stein, der Frucht, der Blume, der Ähre, der Rebe aussprechen, bringen wir das geheime Wesen der Schöpfung zum Vorschein und *antworten* auf ihr langes, stummes Warten. Auch die Welt der Tiere kann von uns verklärt werden. Der Erlöser war vierzig

Tage in der Wüste und „bei den Tieren". Wir wissen nicht, was dort geschah, aber wir können sicher sein, daß kein Geschöpf ohne die Wirkung Seiner Gegenwart blieb. Wenn wir den heiligsten Namen über den Tieren aussprechen, gleichen wir Adam, der ihnen ihre Namen geben sollte. Und wir geben den Tieren ihre ursprüngliche Würde wieder, die wir sonst so leicht vergessen: die Würde der Kreatur, die vom Vater durch den Sohn und für *den* Sohn erschaffen worden ist.

V

Durch die Inkarnation des Logos ist die Verklärung des Menschen möglich geworden. Der Auferstandene erschien den Jüngern unter einer veränderten Gestalt (Mk 16,12). Als Reisender auf dem Wege nach Emmaus, als Gärtner in der Nähe des Grabes, als Unbekannter am Ufer des Sees Genesareth war Er für sie nur schwer erkennbar. Jedesmal war es aber die Gestalt eines Menschen, wie er uns im Alltag begegnet. So und nicht anders offenbart sich uns Seine Gegenwart, und nur so bekommen die Worte ihren Sinn: Ich war hungrig . . . Ich war durstig. Ich war fremd und nackt und krank und im Gefängnis. Was ihr einem der Geringsten meiner Brüder getan habt, das habt ihr Mir getan (Mt 25). Der Herr erscheint uns jetzt nur noch in der Gestalt unserer Mitmenschen; wenn wir es wollen, können wir Ihm an jedem Ort und zu jeder Stunde ins Antlitz schauen. Moderne Menschen sind Realisten. Sie halten nichts von Illusionen. Wenn Heilige ihnen verkünden: Wir haben den Herrn gesehen, so antworten sie mit Thomas: Solange ich meine Hand nicht in Seine Wundmale lege, glaube ich nicht. Christus nimmt die Herausforderung an. Er erlaubt uns, in der Gestalt der Menschen die Hand in Seine, und das heißt – in *ihre* Wundmale zu legen. Denn die Menschen sind Sein eigener durchbohrter Leib. An ihnen können wir sowohl Seine Auferstehung als auch unseren Glauben prüfen. Wenn wir Ihn nicht sehen, liegt es an unserer Verstocktheit und Blindheit.

Der heiligste Name ist ein mächtiges Mittel zur Verklärung des Menschen. Darum sollten wir an diesen Menschen, sei es am Arbeitsplatz, während einer Reise, in der Gesellschaft oder in der eigenen Familie, mit dem heiligsten Namen im Herzen herantreten und diesen Namen über ihm aussprechen. Der wahre Name des Menschen ist nämlich kein anderer als der Name Jesus. Nennen wir die Menschen im Herzen nur noch bei diesem Namen, beten wir in ihnen unseren Herrn an: Er ist in vielen dieser Männer, Frauen und Kinder wie in einem finsteren Gelaß vermauert. Befreien wir Ihn mit dem wortlosen Erkennen: Es ist der Herr! Wenn wir durch die Welt mit diesem Wissen gehen, wird sie sich um uns herum verklären. Je mehr wir bereit sind, der in unseren Mitmenschen allmählich sichtbar werdenden Ikone Christi zu dienen, umso deutlicher werden vor unseren Augen ihre Konturen hervortreten und ihre Farben aufleuchten, umso klarer wird das Ur-Bild auf uns zukommen. Das Sehen aber und die *Gabe* können voneinander nicht mehr getrennt werden. Darum sagte Jakob zu Esau bei der Versöhnung:

„Wenn ich vor deinen Augen Gnade gefunden habe, dann mußt du meine Gabe annehmen. DENN ICH HABE DEIN ANTLITZ GESEHEN, ALS WENN JEMAND DAS ANTLITZ GOTTES GESEHEN HÄTTE.“

Teil IV

Schicksale – Portraits

Wie ein Philosoph denken heißt:
Vom Vertrauten ausgehend,
sich dem Fremden erschließen,
im Fremden aber
einer neuen Wirklichkeit begegnen.

Paul Valéry

Ikone „Der Engel Gabriel mit dem goldenen Haar", ca. 12. Jahrhundert, Russisches Museum in Leningrad.

Der hanseatische Kaufherr

Jedes Volk hat seine Berufung, seine ureigensten Aufgaben, seinen historischen Auftrag. Und wenn man dem deutschen Volk zugestehen muß, daß es im Lauf seiner Geschichte dem göttlichen Gebot „Macht euch die Erde untertan“ in vorbildlicher Weise nachkam, so wird man das vom russischen nicht in dem Maße behaupten können. Dafür erfüllte es andere wichtige Aufgaben.
Am vollkommensten wird der Auftrag eines Volkes durch heiligmäßige Menschen wahrgenommen; denn die eigentliche Kultur einer Nation wird letzten Endes dadurch bestimmt, ob es in ihrem Bereich noch Heilige gibt. Nicht nur das Gesicht und das Niveau einer Nation — auch ihre Zukunft steht im engen Zusammenhang mit dieser Frage. Das gilt heute in besonderem Maße für Rußland. Ohne Heilige wird es für dieses Land keine Zukunft geben; seine Kultur wird sich dann in der sowjetischen Kultur auflösen. Zum Glück sieht es aber heute nicht mehr so aus.
Wir wollen den Eindruck vermeiden, Rußland und die orthodoxe Kirche seien identische Begriffe. Sie sind es nicht. Zwar ist Rußland ohne die Orthodoxie undenkbar; dennoch ist das russische Thema ein nationales, das orthodoxe aber ein universales. Das ist eine gerechtfertigte, realitätsbezogene Auffassung, die mit dem „Dritten Rom“ nicht das geringste zu tun hat. Im Gegenteil: Sie muß die Russen von einer mehr oder minder primitiven Hybris bewahren, die auch heute noch in manchen Köpfen spukt und die jungen Christen der Sowjetunion bedrohen könnte. Den Nicht-Russen sollte aber klar werden, daß die Ostkirche kein exotisches, folkloristisches Gebilde ist und daß die Meinung, sie sei der westlichen Mentalität fremd und müsse ihr für immer fremd bleiben, ein verhängnisvoller Irrtum ist.
Rußland hat zum Thema Orthodoxie in den letzten tausend Jahren Gewaltiges beigetragen. Oder krasser ausgedrückt: was wäre die Orthodoxie ohne den russischen Beitrag? Die pneumatische Erfahrung des Heiligen Rußland war immens. Doch wie so oft, stoßen wir auch hier auf die Tragödie nicht des geistlichen, wohl aber des geistigen Rußland, auf das ungelöste Rätsel eines sich über Epochen hinziehenden geistigen Defizits, einer jahrhundertelang gehemmten intellektuel-

len Entwicklung. Dabei ging es doch stets um ein von Natur aus „heiles“ Volk. Diese — im Vergleich mit den byzantinischen „Ahnen“ und der Entwicklung Westeuropas — erstaunliche Wort-Losigkeit, die seltsame „Aporie“, wie es Florowski nennt, hat es nicht vermocht, von der einzigartigen Erfahrung des russischen Mittelalters, von der Goldenen Ära seines 14. und 15. Jahrhunderts, handfeste schriftliche Zeugnisse zu hinterlassen. Es bleibt beim Fragmentarischen. Ohne die Schriften des hl. Nil Sorski (1435—1508) würden wir über die Quellen, aus denen die mittelalterliche russische Heiligkeit gespeist wurde, wenig wissen. Zwar sind es dieselben Quellen, aus denen schon ein Jahrtausend zuvor der ganze asketische christliche Osten seine Kraft bezogen hatte, doch ohne Nil wären ihre Auswirkungen, ihre *Strahlenbrechungen* in Rußland unbekannt. Es bliebe bei den stereotypen, sich ständig wiederholenden Aufzeichnungen der offiziellen Viten. In Wirklichkeit handelte es sich aber um eine unglaubliche Vielfalt, um ein ganzes Spektrum russischer Heiligkeit mit feinen und feinsten Farbnuancen. Jede dieser begnadeten Persönlichkeiten besaß eine ausgeprägte Individualität und war zugleich nur Rebe am Weinstock, die sich in der Stille der Waldklausen oder der Klostermauern entfaltete und sich der russischen Kirche als Morgengabe darbrachte. Das nachpetrinische Reich, das sich im Laufe der Zeit das ganze Instrumentarium westlicher Kultur und Zivilisation, folglich auch die Methoden effektiver wissenschaftlicher Forschung aneignete, ging am mittelalterlichen Heiligen Rußland mit einer erstaunlichen Gleichgültigkeit vorbei. Die köstlichen Früchte, die das auf den Weinstock Christus aufgepfropfte Rußland hervorgebracht hat und die zum unveräußerlichen Grundbesitz des russischen Volkes gehören, blieben bis in unser 20. Jahrhundert hinein verschüttet.

In diesem Beitrag behandeln wir ein Stück frühes russisches Mittelalter, in dessen Mittelpunkt ein Nicht-Russe steht. Es ist das Porträt eines Mannes, der als Ausländer in der Freien Hansestadt Nowgorod am Wólchov lebte. Wie so viele, ja unzählige (denn der Trend hielt bis zum Ersten Weltkrieg an), fühlte er sich in der fremden Stadt, in dem fremden Land mit seiner mangelnden Zivilisation und seinen zahlreichen unansehnlichen Wunden und Schwären so heimisch, daß er es nicht mehr verlassen wollte, sich nicht mehr in die westlichen Lebensformen (oder deren Inhalte) einfügen konnte. Es ist Prokop, der Deutsche aus Lübeck, der Hanseat, der erfolgreiche Kaufherr, der in Nowgorod einen blühenden Handel betrieb (womit?; die Quellen berichten nichts darüber), immer wohlhabender wurde und es zuletzt zu einem Vermögen brachte.

Was stellte Nowgorod im 13. bzw. 14. Jahrhundert dar? Eine Stadtrepublik, und das heißt eine reiche, buntbewegte Handelsstadt *und* ein zu ihr gehörendes Gebiet von gigantischen Ausmaßen, das sich bis zum Weißen Meer hinzog. Formell wurde Nowgorod von einem Fürsten aus der Rurikidendynastie regiert — man erbat oder holte ihn aus Kiew oder aus den befreundeten Teilfürstentümern, wo es an jüngeren Söhnen und Brüdern nie mangelte. In Wirklichkeit jedoch herrschte in Nowgorod der berühmt-berüchtigte Thing, den der Geschichtsforscher W. O. Kljutschewski († 1911) wie folgt beschreibt:

„Eine Abstimmung gab es nicht. Die Entscheidungen wurden nach Augenmaß, genauer noch nach Ohrenmaß getroffen, d. h. nach Dauer und Stärke des Gebrülls. Wenn der Thing sich in mehrere Parteien spaltete, konnte der endgültige Entschluß nur noch durch wildes Raufen erzwungen werden. Die Belange jener Partei, die die Oberhand behielt, wurden vom ganzen Thing anerkannt. Da dieser auf der breiten Wólchov-Brücke stattfand, die zwei Stadtteile miteinander verband, kam es nicht selten vor, daß der Gegner in den Fluß gestoßen wurde. Mitunter artete der Thing zu einem wahren Bürgerkrieg aus, der mit dem Begriff eines Things nichts mehr zu tun hatte. Wenn der Klerus es versäumte, so rasch wie ihn die Füße trugen herbeizueilen und die Gegner auseinanderzureißen, entwickelten sich auf der Brücke wilde Schlachten. In einer alten Legende heißt es: Als die Nowgoroder dem Befehl Wladimirs, des Großfürsten von Kiew, Folge leisteten und ihren Hauptgötzen Perun in den Wólchov stürzten, warf der Davonschwimmende der am Ufer versammelten Menge einen dicken Knüppel zu: ‚Zur freundlichen Erinnerung!'“

Im Verlauf des 11. und 12. Jahrhunderts hatte Nowgorod eine große Bautätigkeit entwickelt und eine Vielzahl von Kirchen und Klöstern errichtet. Sie entfernten sich schon bald von der Bauweise der byzantinischen Lehrmeister und zeigten deutlich ihren eigenen, unverwechselbaren Charakter, den „Nowgoroder Stil“, dessen herbe, archaisch-monumentale Einfachheit an assyrische und altägyptische Bauformen erinnerte. Das Hauptaugenmerk ist bei diesen Gotteshäusern auf die

Ostseite mit ihren drei großartigen Auskragungen des Altarraums gerichtet; auch auf die facettenreichen ornamentalen Umgürtungen der Mauern und Giebelfelder, die eine Fülle von Lichtbrechungen und Schattenspielen hervorbringen. Der Zentralbau ist vielfach ein von einer goldschimmernden Kuppel gekrönter Kubus. Dazu gehören natürlich mächtige, tonnenschwere Glocken. Das Hauptheiligtum Nowgorods, die Sophienkathedrale, die wie der Dom in Kiew der vorweltlichen Weisheit Gottes geweiht ist, bildet nicht nur das Wahrzeichen, sondern auch das Herzstück Nowgorods, um das sich das ganze Leben der Stadtrepublik dreht. Das Innere der Kathedrale und der anderen Kirchen ist mit Fresken und Ikonen der Nowgoroder Schule ausgestattet. So ist die Stadt, in der der reiche hanseatische Kaufherr Prokop lebt — vielleicht auch nur zum Teil — ein Spiegel der Mentalität der Menschen, mit denen er es Tag für Tag zu tun hat. Wie in den meisten mittelalterlichen russischen Chroniken, fließen die Quellen zu unserem Bericht nicht üppig, zum Glück aber auch nicht so spärlich, daß man auf dem historischen Hintergrund nicht das unfaßbare Geschehen erkennen könnte.

Von der erhabenen Schönheit und Tiefe des orthodoxen Gottesdienstes, vor allem der Göttlichen Liturgie ergriffen, vielleicht auch ins Herz getroffen, macht sich Prokop den Besuch der Gotteshäuser Nowgorods zur Regel. Da hört er am Tage der Kreuzerhöhung das Apostelwort von der Torheit des Kreuzes. Sicherlich hört er es nicht zum ersten Mal; aber es ist ihm, als höre er es zum ersten Male. Ob er von einer — für das damalige Rußland ungewöhnlichen — Art der Askese, die auf dieses Wort zurückgeht, gehört hatte, wissen wir nicht. Wenn, dann können es griechische Quellen gewesen sein. Auch ist uns der innere Prozeß, der Prokop auf den in der Kirchengeschichte nur vereinzelt dastehenden Weg geführt hat, unbekannt. Wir kennen nur das Ergebnis: Der angesehene Lübecker Kaufherr verteilt sein Vermögen unter die Ärmsten und entschließt sich, ein *Tor*, oder wie es öfter heißt, ein *Narr in Christo* zu werden.

Wenn in der Kirchengeschichte oder Slawistik einigermaßen Unterrichtete auf dieses Phänomen stoßen, verweisen sie es mit Sicherheit nach Rußland. Vor den Augen des Bildungsbürgers taucht dann eine zerlumpte und barfüßige Gestalt aus der Oper „Boris Godunóv“ auf. Diese Einschränkungen sind nicht gerechtfertigt. Die Kirche Griechenlands hat sechs heiliggesprochene „Narren“ (saloi); über zwei bestehen ausführliche Viten. Der berühmteste von ihnen ist der heilige Andreas von Byzanz, ein gebürtiger Skythe, der im 10. Jahrhundert in Konstantinopel lebte und durch eine großartige Vision in die Kirchengeschichte eingegangen ist. Bei einer Belagerung der kaiserlichen Hauptstadt durch die kriegerischen Horden der an der gegenüberliegenden Küste des Schwarzen Meeres siedelnden slawisch-warägischen Stämme der *Rus* sah er während der Vigil in der Kirche des Stadtteils Blacherna die Mutter Gottes, die über das betende Volk und die bedrohte Stadt ihren weißschimmernden Schutzmantel ausbreitete. Ebenso bezeichnend wie bewegend ist die Tatsache, daß der Gedenktag der wunderbaren Errettung Konstantinopels (1./14. Oktober) gerade in Rußland sehr feierlich begangen wurde und von allen gläubigen Russen auch heute noch begangen wird. Was die russischen „Narren in Christo“ betrifft, so kamen sie selten in den Genuß ausführlicher Lebensbeschreibungen. Die tiefe Paradoxie ihres einzigartigen, erschütternden Lebensweges, des dornigsten, den die Askese kennt, ließ sich nicht von jedem beliebigen, der Routine verpflichteten klösterlichen Chronisten in den Griff bekommen. Groß war die Zahl derer, die sich für das Außerordentliche entschieden, nie gewesen. Zu denken gibt besonders *ein* Umstand: Je mehr sich die Kirche der späteren moskowitischen Ära in eine schwerfällige, ritenbezogene Sakralität zurückzog, je größer die Bedeutung war, die einer bis ins Letzte sakralisierten und festgelegten Lebensweise beigemessen wurde, umso zahlreicher wurden — wie zum Ausgleich — die Narren in Christo. Ihr hohes Ansehen, die tiefe Verehrung, die ihnen das russische Volk stets entgegenbrachte, nahmen bis 1917 und noch weit darüber hinaus nicht ab, eher zu. Und das, obwohl ihr Erscheinen in der Öffentlichkeit seit Peter I. verboten war.

Was steckt hinter dem Leben und Verhalten eines „Narren in Christo“? Die asketische Literatur der Ostkirche, vor allem der griechischen, gibt auf diese Frage präzise, wenn auch das Phänomen nicht bis in seine letzten Tiefen ausschöpfende Antworten.

An erster Stelle steht das Niederringen der eigenen *Eitelkeit*, jener unverwüstlichen, unausrottbaren, raffiniert getarnten, schlüpfrig-glitschigen Schlange, die der Feind Nummer eins einer jeden guten Tat

und eines jeden selbstlosen Opfers ist. Von den schillernden Nuancen der „weltlichen“ Eitelkeiten soll hier nicht die Rede sein.
Zum anderen ist es das Aufzeigen, das Offenbaren vor der Welt des abgrundtiefen Unterschieds und der im Alltag kaum zu überbrückenden Kluft zwischen der göttlichen Wahrheit und dem „gesunden Menschenverstand“. Schließlich ist es der Dienst am Menschen durch eine besondere Art von Predigt, die an den einzelnen gerichtet, meist aus Andeutungen besteht, oft aber stumm bleibt und nur durch die Persönlichkeit des „Narren“ wirkt. Diese Persönlichkeit fließt mit der Kraft des in ihr wohnenden und wirkenden Geistes zu einer Einheit zusammen und manifestiert sich in der Gabe, Verborgenes zu sehen, in den Herzen der Menschen zu lesen: In der Gabe der Prophetie. Mit „Hellsehen“, das die Massen fasziniert, hat diese hohe Gabe, die *alle* „Narren“ besaßen, nichts zu tun. Die „Unterscheidung der Geister“, die im Altertum in den jüdischen Synagogen gelehrt wurde, ist aus unserem modernen Bewußtsein verschwunden. Wir können sie aus der Apostelgeschichte (16,16—18) lernen und sollten wissen, daß die Gabe der echten Prophetie eine sich schon hier auf Erden manifestierende Belohnung für die Geringschätzung des eigenen Ich und seiner falsch verstandenen Würde ist.
Mit der Gabe, Verborgenes zu sehen, ist das furchtlose Auftreten gegenüber den Mächtigen dieser Welt verbunden. Selbst Iwan IV., der Schreckliche, der den höchsten Hierarchen der russischen Kirche nach dessen anklagenden Worten erdrosseln ließ, nahm die schweren Bezichtigungen, die ihm in einem Gemisch aus Zorn und Spott unter freiem Himmel von dem stadtbekannten Barfüßler Wassilij (Basilius) ins Gesicht geschleudert wurden, stillschweigend entgegen, und der Tyrann wagte es nicht, auf sie anders zu reagieren als mit den Worten: „Bete für mich.“ Den radikalen Wendepunkt im Wesen des Zaren erlebte Wassilij allerdings nicht: er starb im Jahre 1552, noch bevor das Unheimliche im Wesen des Tyrannen zum Durchbruch kam. Er wurde in der eigenartig schönen Kirche zum Schutzmantel Marias auf dem Roten (d. h. dem Schönen) Platz beigesetzt und im Jahre 1588 als „Narr in Christo“ heiliggesprochen. Seitdem wird diese Moskauer Kirche im Volksmund die Basilius-Kathedrale genannt.
Das Narrentum in Christo hat seine Dialektik. Es verführt die Unerleuchteten zu Hohn und Gelächter, provoziert sie zu groben Anpöbe-

Isaaks-Kathedrale in Petersburg/Leningrad (1819—1858).

Mariä Himmelfahrt. Innenansicht der Mariä-Entschlafens-Kathedrale im Kreml zu Moskau.

X

lungen und Handgreiflichkeiten gegenüber dem schutz- und wehrlosen „Narren". Darum betete Andreas von Byzanz mit besonderer Inbrunst für diejenigen, denen seine Erscheinung zum Ärgernis werden konnte und vielleicht mußte. Andererseits wurden für ihn selbst jene Menschen, die seine begnadete „Innenseite" intuitiv erkannt hatten und ihm als einem Auserwählten begegneten, zu einer inneren Gefahr. Somit ist das Leben eines Narren in Christo eine Gratwanderung.

Das Abendland kannte keine Heiligen dieser Art. Am nächsten dürften ihnen Franz von Assisi und Jacopone da Todi stehen.

Im Leben des Prokop muß es einen Augenblick gegeben haben, in dem er sich vor den Augen der Nowgoroder zum ersten Mal als ein *anderer* darstellte. War es eine laue Sommernacht oder eine frostklirrende Winternacht, in der er sein leeres Haus verließ, um nie wiederzukehren? Er wird sich zu einer Kirche begeben und sich auf deren Stufen niedergelassen haben. Danach sieht man ihn auf den Straßen, Plätzen und Märkten Nowgorods umherlaufen, barfuß und in Lumpen, zum Gaudium der Kinder und Straßengaffer auf zwei eiserne Schürhaken gestützt. Die meisten Menschen werden ihn nicht erkannt haben. Vielleicht hatte sein Haar zunächst ein ordentliches, ein „bürgerliches" Aussehen; später wird es verklebt und verwildert sein, einem verlassenen Vogelnest ähnlich. Die nie geschnittenen Fußnägel werden sich zu Krallen verbiegen. Das lange Leinenhemd, das einst weiß gewesen war, wird nicht das einzige Gewand sein, das ihn umhüllt; bildlich gesprochen, ist es das Gewand des Wahnsinns, das er sich zugelegt hat. Er humpelt, trippelt und hüpft, leise vor sich hinmurmelnd oder kichernd; er belästigt die Vorübergehenden, verletzt gute Sitten und Bräuche, provoziert den Unwillen und den Zorn der Menschen, wird beschimpft und gestoßen. Es kann durchaus passieren, daß er am Karfreitag mit einem Stück Wurst in der Hand herumläuft, Huren anspricht, Streit anzettelt. Es wird vorgekommen sein, daß er auf den Marktplätzen Kisten mit Gemüse umgekippt und zappelnde Fische aus den Bottichen gerissen hat, um sie in der Luft herumwirbeln zu lassen. Nach solchen Untaten rennt er fort, wird eingeholt, geschlagen, getreten und bespien. Er nimmt alles mit einem Lächeln hin, das die Leute ein „blödes Grinsen" nennen. Er schläft — vor Kälte blau- und starrgefroren — auf den Stufen der Sophienkathedrale und anderer Kirchen, ernährt sich von Almosen, die ihm die Armen hinwerfen — die Zuwendungen der Reichen weist er zurück. So kann es vorkommen, daß er drei oder vier Tage überhaupt nichts zu essen hat.

Wann seine übersinnlichen Gaben zum ersten Mal offenkundig wurden, wissen wir nicht. Doch die Nowgoroder, diese ungemein freiheitliebenden, selbstbewußten Republikaner, die in Handelsgeschäften gerissen, den Fremden gegenüber jovial und aufgeschlossen sind, besitzen außer ihrer merkantilen Mentalität und ihrer ungezügelten Rauflust offensichtlich auch ein gewisses Gespür für das „ganz Andere". Nicht umsonst wurde ihre Kathedrale — und zwar schon im Jahre 989, also vor dem Bau des berühmten Kiewer Doms — dem Namen des Unergründlichsten geweiht, das neben dem Mysterium der Heiligen Dreifaltigkeit besteht: Der *SOPHIA*, der Vorweltlichen Weisheit Gottes. Von ihr spricht König Salomo in Andeutungen und Symbolen von prophetischem Tiefgang und hoher Poesie:

„Die Weisheit baute sich ein Haus und gründete es auf sieben Säulen. Sie schlachtete das Opfer und mischte den Wein im Kelch und bereitete das Mahl. Sie sandte Knechte aus, die mit lauter Stimme zum Teilhaben am Kelch aufriefen und sprachen: Wer der Klugheit entbehrt, der wende sich Mir zu; und wen es nach Erkenntnis dürstet, der komme und esse von Meinem Brot und trinke von Meinem Wein. Laßt die Unvernunft fahren, und ihr werdet leben" (Spr 9,1—3).

Auf der Nowgoroder Ikone ist die Weisheit Gottes in der Gestalt eines feurigen Engels dargestellt, der in ein königliches, von einem juwelensprühenden Gürtel zusammengehaltenes Gewand gekleidet, auf einem von sieben Säulen getragenen Thron sitzt. Das Antlitz des Engels, seine Schwingen und seine beschuhten Füße sind von der Farbe des Feuers. Er sitzt inmitten des mit Sternen übersäten Weltraums; in der einen Hand hält er die Waage, in der anderen eine Papyrusrolle. Zu seiner Rechten steht Maria mit dem vorweltlichen Emanuel im Schoß, zur Linken Johannes der Täufer, auf dessen halbentrolltem Papyrus die Worte „Ich bin Zeuge" zu lesen sind.

Wer ist der feurige Engel?

Es ist der Engel des Großen Rates (Jes 9, 6), der vorweltliche *Logos* (Joh 1, 3), Christus *vor* seiner Inkarnation. *Er* und niemand sonst ist *Sophia*, die Weisheit Gottes, der Seiende. „Von Ewigkeit *bin* Ich, und am Anfang des Weltbeginns war Ich zugegen" (Spr 8, 23; 27).

Die geheimnisvolle Sophiologie ist nicht das einzige, was die Gemüter der Nowgoroder in einer besonderen Weise beschäftigt (und die russischen Theologen und Religionsphilosophen des 20. Jahrhunderts beschäftigen und zu widersprüchlichen Auffassungen führen wird). Die Nowgoroder „Grablegung" wird schon bald zur einsamen Spitze der hohen Ikonenkunst gehören, ja, die ganze mittelalterliche Ikonographie der Nowgoroder Schule wird Weltrang erlangen und mit Gold nicht aufzuwiegen sein. So sieht die „andere Seite" der janusköpfigen Stadt aus. Aber könnte man das nicht auch von ganz Rußland sagen? Also richtet sich das Augenmerk der Stadtbewohner allmählich doch noch auf Prokop. An heiligmäßigen und nach ihrem Tode heiliggesprochenen Männern, vor allem Bischöfen, fehlte es Nowgorod nie. Heiligkeit ist hier nichts Fremdes oder Außergewöhnliches. Hoch anzurechnen ist diesen Menschen dagegen, daß sie den Begnadeten in einer ganz ungewöhnlichen Verkleidung erkannt haben: Prokop, der Deutsche, war der erste dieser Gattung in Rußland.
Die Achtung, schließlich die Verehrung der Mitbürger treibt ihn aus der Stadt. Monatelang ist er unterwegs, durchquert Wildnis, endlose Wälder, gefährlich tiefe Sümpfe, denn so sind die unermeßlichen Weiten der Republik Nowgorod beschaffen, die selbst die Reiterhorden der Mongolen vor dem Einfall zurückgehalten hatten. Prokop kennt keine Furcht, er geht und geht, bis er die Dwiná erreicht, dann die Stadt Ustjug. Hier will er bleiben, „weil es ihm die schönen Kirchen und Klöster angetan hatten". Es werden die gleichen herben, asymmetrischen Bauten der Nowgoroder Schule gewesen sein mit ihren tiefen Glockenstimmen und dem Facettenreichtum der ornamentalen Umgürtungen, in denen sich Licht und Schatten brechen. Es scheint auch, daß ihm hier von der Mentalität der Bevölkerung her keine Gefahr droht, als ein Auserwählter erkannt zu werden. Ustjug ist nicht Nowgorod. Jahre, vielleicht auch Jahrzehnte danach sieht man ihn eilig durch die Straßen der Stadt humpeln, wobei er an jeden einzelnen den eindringlichen Appell richtet, *Buße* zu tun, die sündhaften Gewohnheiten, die heidnischen Bräuche abzulegen, die Gebete zu verdoppeln. Er ruft laut: „Erwacht! Nichts, aber auch gar nichts ist sicher. Jeder von uns ist fehlbar. Es kommt eine Wolke auf Ustjug zu, sie wird die Stadt zerstören!"
Eine radioaktive Wolke? Nein, wir sind erst im 13. Jahrhundert. In

Ustjug hört kein Mensch auf Prokop. „Uns wird schon nichts passieren." Der Narr steht tagelang vor dem Portal der Kathedrale, das eine Ikone der Mutter Gottes schmückt. Er steht mit erhobenen Armen, wie Moses während der Schlacht mit Amalek; nur gibt es hier keinen Aaron und keinen Hur, die ihn stützen würden. Die Bewohner Ustjugs gehen achtlos an ihm vorbei: Es ist der Narr, nichts weiter. Erst als am Firmament ein zottiger Feuerball erscheint und die Stadt gleichzeitig von heftigen Erdstößen erschüttert wird, bricht Panik aus. Die Menschen sehen den Weltuntergang kommen, stürzen in die Kirchen, weinen, flehen, stammeln Gelübde. Prokop steht — wie seit Tagen — vor dem Portal der Kathedrale, die Arme zur Ikone der Mutter Gottes erhoben. Das langhaarige, glühende Ungetüm wälzt sich über das ganze Stadtgebiet hinweg, schüttet seinen Inhalt ein paar Kilometer weiter, über einer riesigen, brachliegenden, von Wäldern umgebenen Fläche aus. Tausende von Tonnen spitzer Eisklumpen von nie gesehener Größe stürzen dort mit einem Getöse nieder, das Ustjug erschauern läßt. Sie mähen die Wälder wie trockene Halme ab. Zweihundert Jahre später wird das Ausmaß der Naturkatastrophe vom 8. Juli 1295 noch deutlich erkennbar sein.

Ob die Stadtbewohner ihre Errettung mit der Fürbitte des Prokop in Zusammenhang brachten, muß bezweifelt werden. Er bleibt unbeachtet wie eh und je in Ustjug, es ändert sich nichts. Bei klirrendem Frost einer eisigen Winternacht hält er es — wohl zum ersten Male — auf den Stufen eines Kirchenportals nicht mehr aus. Er klopft an eine Tür und bittet um Einlaß. Es ist das Häuschen des Psalmenlesers Simeon. Er kennt Prokop, ist über den Besuch verwundert, vielleicht auch erfreut. Prokop wirft einen Blick auf Simeons junge schwangere Frau Maria, die sich zaghaft im Hintergrund zeigt, und sagt ihr auf den Kopf die Geburt eines Sohnes zu, der ein großer (ja, ein großer!) Missionar der Heiden werden wird. Die Prophezeiung geht in Erfüllung: Der Sohn ist der künftige heilige Stephan von Perm, Bischof, Gelehrter, Hellenist, der das Griechische wie seine Muttersprache beherrschen, seine glänzenden intellektuellen Gaben und seine wissenschaftliche Laufbahn aber jenen armen Heiden aufopfern wird, deren Siedlungen dicht an seine Vaterstadt Ustjug stoßen. Es sind die Völker der Permjaken und Syrjänen, heute Komi genannt, die längs der Flußläufe der Petschora, Kama und Wýtschegda siedeln und uralte, zur permischen Sprachgruppe zählende Idiome sprechen. Diesen Heiden wird Stephan das Evangelium bringen, unter ihnen wohnen und ihnen sein Leben weihen. „Groß" nennen wir nicht nur Menschen, die ein weites Herz oder ungewöhnliche Erfolge haben — Stephan hatte beides —, sondern auch solche, die ihrer Zeit um Jahrhunderte voraus sind. So weigerte sich der hl. Stephan vom ersten Augenblick an, die Verkündigung der Botschaft Christi mit der Russifizierung der Syrjänen und Permjaken zu koppeln. Mehr noch: Er weigerte sich, diese Botschaft in der kirchenslawischen Sprache zu bringen, nahm einen Kampf mit der kirchlichen Obrigkeit auf, siegte und übersetzte Teile des Alten und große Teile des Neuen Testamentes sowie die wichtigsten gottesdienstlichen Texte in die komi-syrjänische und komi-permjakische Sprache, wobei er zu diesem Zweck eine Schrift entwickelte, der er die uralten Runen dieser Völker zugrunde legte.

Doch zurück zu Prokop.

An einem strahlenden Julimorgen fand man ihn nicht, wie gewohnt, auf den Stufen vor einem Kirchenportal, sondern vor dem Tor des Erzengelklosters liegend. Er wachte nicht mehr auf. Das Lächeln, das auf seinem Antlitz lag, würde jetzt niemand mehr als ein „blödes Grinsen" bezeichnen. Es war das Lächeln eines Engels, der seinen Auftrag auf Erden erfüllt hat und auf dem Weg zur paradiesischen Heimat die ersten Umrisse des himmlischen Jerusalem erblickt. Man schrieb das Jahr 1303.

Mit seltsamer Einmütigkeit beschlossen der Klerus, die Notabeln und die Einwohner Ustjugs, den wunderlichen Fremden mit dem Engelslächeln auf dem toten Antlitz in ihrer Kathedrale beizusetzen.

Prokop von Lübeck und Ustjug — er wurde im 16. Jahrhundert kanonisiert — hatte weder in Nowgorod noch sonstwo in Rußland Vorgänger gehabt; in späteren Jahren diente er seinen Nachfolgern als das große leuchtende Vorbild. W. O. Kljutschewski, der Großmeister russischer Geschichtsschreibung, erwähnt in seinem Werk zwei Nowgoroder Bürger aus dem 14. bzw. 15. Jahrhundert, die voneinander getrennt, diesseits und jenseits des Wólchov lebten und nicht selten die berühmt-berüchtigte Brücke betraten, um in den anderen Teil der Stadt zu gelangen. Keiner der beiden ließ den anderen herüber, und vor den Augen der Nowgoroder entbrannte jedes Mal eine Rauferei, die ihnen ihre eigenen Gepflogenheiten während der Thingtage sehr eindringlich vor Augen führte. In einem jedoch unterschieden sich diese von jenen wesentlich: Nachdem die beiden „Narren" ihre Kämpfe ausgetragen und die Stadtbewohner zur Genüge nachgeäfft hatten, sprangen sie ins tiefe, schiffbare Wasser des Wólchov — und setzten ihre Rauferei auf den Wellen fort.

Wir wissen, daß die Narren in Christo alles andere als „geistig Arme" im landläufigen, ironischen Sinne dieses Wortes waren. Das Gegenteil ist der Fall. Doch wird es auch Ausnahmen gegeben haben. Wie so vieles, was man dem alten Rußland heute in die Schuhe schiebt, ist auch der Vorwurf, die russische Kirche habe kaum missioniert, unbegründet und ungerechtfertigt. Beginnend mit dem 10. Jahrhundert, als die junge russische Kirche ihren zähen Kampf mit dem kaum greifbaren, im Untergrund wesenden altrussischen Heidentum aufnahm — über die erste Missionsschule in dem soeben eroberten tatarischen Bollwerk Kasan (16. Jahrhundert) und bis zur Gründung der japanisch-orthodoxen Kirche im 19. Jahrhundert —, hörte die Kirche Rußlands nie auf, den Heiden das Evangelium zu verkünden. Der Moskauer Metropolit Alexios († 1378) heilte — nach Karakorum gerufen — die todkranke Lieblingsfrau des Chans, Taidula, ohne jegliche den Glauben betreffende Auflagen. Dennoch ließen sich viele Tataren im Reich der Goldenen Horde taufen; ein junger Tatare vornehmen Geblüts — Peter — wurde heiliggesprochen. An dieses Vorbild hielt sich auch der große Priester und Wundertäter Johannes von Kronstadt († 1908), der in St. Petersburg unzählige moslemische Tataren heilte. Von den Besonderheiten der eigentlichen russischen Missionsgebiete erzählt Nikolai Ljeskóv in seiner Novelle „Am Rande der Welt", die wir jedem, der sie noch nicht kennt, ans Herz legen.

Ungefähr gleichzeitig mit Alaska wurden von der russischen Kirche die Alëuten christianisiert, jener große Inselbogen zwischen dem Stillen Ozean und dem Beringmeer, der noch bis 1867 zum russischen Kaiserreich gehörte. Im Abstand von wenigen Jahren kamen Missionare und Bischöfe auf die Inseln, um die zarte Pflanze des neuen Glaubens nach dem Wort des Apostels zu „begießen". So geschah es, daß auch der Bischof Innokentij (Innozenz) Wenjaminov von Alaska (1797—1879) in jenen fünfziger Jahren die Alëuten besuchte. Ihm wurde u. a. berichtet, daß zwei Männer aus der Zahl der scheinbar erfolgreich missionierten und getauften Inselbewohner überhaupt nicht zu beten wüßten und weder das Glaubensbekenntnis noch das Vaterunser konnten. Sie begnügten sich mit der wenig Aufwand erfordernden Formel „Herr, erbarme Dich“, die sie, wo immer sie gingen und standen, vor sich hinmurmelten. Der Bischof besuchte die armen Männer, es waren Brüder, und brachte ihnen mit viel Liebe und Geduld das Gebet des Herrn bei. Doch die Belehrten vergaßen das Gelernte, suchten ihren Lehrer immer wieder auf und baten um Wiederholung des Unterrichts. Sie flehten ihn an, mit ihnen Geduld zu haben, sie würden die heiligen Worte bestimmt noch behalten. So ging es ein paar Wochen hin und her, bis für den Missionar der Tag der Abreise gekommen war. Am Vorabend schien es endlich zu gelingen. Als das Schiff schon abgelegt hatte, sah man jedoch zwei Verzweifelte, die wie um ihr Leben rannten und mit den Armen Aufschub signalisierten. Da der Abstand zwischen Anlegestelle und Schiff immer größer wurde, sprangen sie aufs Meer und liefen dem Schiff wie auf glattem Parkettboden nach. Innokentij, der an der Reling stand, kniete nieder und sprach: „Verweigert mir euren Segen nicht, Brüder. Und betet für mich, den Unerleuchteten.“ Alles hier Erzählte betrifft die Paradoxie des Kreuzes. Für die „Juden“ ein Ärgernis, für die „Griechen“ eine Torheit, wandelt es sich für die Verstoßenen und Gemarterten, Erdulder und „Narren“ vom Werkzeug der Erniedrigung und der Qual zum Symbol und zum Pfand des Sieges.

Der Höfling

Wir befinden uns am Ausgang des späten russischen Mittelalters, auf der Schwelle, die vom alten Moskowiterreich zum petrinischen Imperium führt. Und das heißt: In der Mitte des 17. Jahrhunderts, zur Zeit der Regierung des Zaren Alexéj Micháilowitsch (1645—76).

O, diese nicht zu Unrecht so scharf kritisierte, bisweilen sogar schonungslos gebrandmarkte und dennoch nicht ganz zu Unrecht nostalgisch geliebte Moskauer Ära der russischen Geschichte! Es ist jener ihrer Abschnitte, den man am schwersten in den Griff bekommt, der zu viele Gesichter aufweist und sich durch keine einheitliche Formel festlegen läßt. Wieviel Intrige und Niedertracht, Machtgelüste, Zügellosigkeit und Borniertheit, aber auch wieviel Ringen um Licht, wieviel Opferwillen und heiligmäßiges Leben verbergen sich unter dem schweren, goldgewirkten, zobelverbrämten Brokatmantel Alt-Moskowiens!

Wenn wir im Rückblick dessen Anfänge betrachten, sehen wir auf dem Hintergrund einer undurchdringlichen Finsternis, die das Mongolenjoch mit sich gebracht hatte, nur jenen Schein, der von den Klöstern und den tief in den Wäldern verborgenen Eremitenklausen in das gemarterte Land ausgeht. Alles andere versinkt in schwarzer Nacht. Es ist nicht nur der große wirtschaftliche Niedergang, der kulturelle Verfall und der Abbruch aller Beziehungen zum Westen, die diese Nacht bewirken, es ist die Sklaverei, die die asiatischen Zwingherren über Rußland gebracht hatten. Sie konnte nicht ohne einen Einfluß auf die Mentalität der Menschen bleiben, mußte auf die Dauer das Heranreifen entarteter Früchte fördern: die Vergröberung des Charakters des Volkes, das von einer permanenten Todesangst bestimmt war. Man hatte gelernt, vor jedem mongolischen Steuereintreiber einen krummen Buckel zu machen und sich durch eilfertige Erfüllung seiner Forderungen so schnell wie möglich aus der Affäre zu ziehen. „Das Wachsen und Erstarken des Fürstentums Moskau ist ... von widerlicher Servilität gegenüber den Mächtigen und vom Niedertreten des Schwachen und Wehrlosen gezeichnet“ (Schmemann).

In dieser Epoche des nationalen Unglücks und des drohenden Absinkens in die Barbarei leuchten in Rußland wie helle Sterne am nachtschwarzen Himmel große Heilige. Nein, das bläuliche Licht ferner

Sterne ist kalt — diese Männer aber sind *Sonnen,* die leuchten und wärmen, die den vor Leid erstarrten Boden der Volksseele auftauen und aus ihm neues Leben hervorsprießen lassen.
Bei der Begegnung mit den Starzen überzeugt sich das dem Untergang geweihte Volk, daß es noch absolute Werte gibt. Und nur darauf kommt es an. Denn mit dem Bösen, in dessen Mitte das Volk lebt und das in ihm selbst mächtig zu werden droht, ist es im Grunde nicht einverstanden; es will sich nicht mit ihm identifizieren.
Obwohl die Polarisierung von Licht und Finsternis in dieser Epoche unvorstellbar groß ist, sollte man sie, wie jede andere geschichtliche Epoche auch, nicht nach ihren Fehltritten, sondern nach dem *Ideal* beurteilen. Wichtig ist, zu erkennen, *wie* die Epoche ihr Ideal verwirklichte, noch wichtiger, zu wissen, *worin* dieses Ideal bestand.
Dann kommen die Jahrhunderte der zunächst geschwächten, dann endgültig abgeworfenen mongolischen Herrschaft. Wir können die außerordentliche Vielschichtigkeit der folgenden Zeiten nicht ausleuchten, können nur daran erinnern, daß das Gesicht der Moskowiter unter jedem Großfürsten und Zaren wesentlichen Veränderungen unterworfen wurde. Das gilt für die Zeit von Iwan I. Kalitá (1325—41) bis zur Regentin Sophie (1682—89), der Stiefschwester Peters I. Von einem zersplitterten ethnographischen Gebilde wandelt sich das russische Volk zum selbstbewußten Erben des untergegangenen byzantinischen Reichs und damit zum „Dritten Rom".
Spätestens von da an hagelt es in der modernen russischen Geschichtsschreibung negative Aussagen über das Moskowiterreich. „Es ist unfaßbar, aus welch einer ungeheuren Aberration des religiös gefärbten Nationalismus ausgerechnet die Moskauer Periode das Bewußtsein so vieler Russen verzaubert (oder verhext) und sie zum Maßstab für das Heilige Rußland macht" (Schmemann).
Zusammenfassend heißt es bei Florowski, Schmemann und Fedótov: Eine jahrhundertelange engstirnige Abkapselung gegen West und Ost ... Der Realität gewordene theokratisch-autokratische Traum Moskaus verwirklicht sich im erstarrten Byzantinismus, der unverkennbare asiatische Züge zeigt ... Die jeder Kreativität beraubte Orthodoxie wandelt sich zur Religion der sakralisierten Materie. Der versteinerte Ritus wird zum Selbstzweck ... Die wahre Orthodoxie muß angesichts dieser Entwicklung in den Untergrund fliehen. Ohne wi-

dersprechen zu wollen, denn in jedem dieser Urteile, die Todesurteilen gleichen, ist mehr als nur ein Gran Wahrheit enthalten, muß man dennoch Einwände riskieren und auf mildernde Umstände hinweisen. Geht der tonnenschwere Eiserne Vorhang der zweihundertfünfzigjährigen Mongolenzeit etwa auf die Engstirnigkeit der Russen zurück? War *er* es nicht, der Rußland vom lebendigen Blutkreislauf der Ökumene abgeschnitten hatte? Der Westen war nicht bemüht, das *Vertrauen* des im tödlichen Würgegriff Asiens dahinsiechenden christlichen Volkes zu gewinnen. Die Nachbarländer ergriffen jede Gelegenheit, die Situation in skrupelloser Weise für sich auszunutzen, ob das nun im Jahre 1240 durch die Schweden oder zwei Jahre später auf dem Eis des Peipussees, durch die militanten Schwertbrüder und Deutschherrenorden geschah. Beides ging in der apokalyptischen Phase der mongolischen Invasion vor sich, und man hatte es, was die Orden betrifft, auf die Vernichtung der innersten Substanz des russischen Volkes abgesehen. Vierzig Jahre zuvor hatten die Kreuzritter das orthodoxe Byzanz in einer geradezu unvorstellbaren Weise verwüstet und aller seiner Schätze beraubt. Von den unermüdlichen Bemühungen Roms, Rußland aus dem Schoß seiner Mutterkirche zu reißen, soll hier nicht gesprochen werden. Es genügt, die mit Blut, List und Gewalt zustandegebrachte Brester „Union" zu erwähnen oder das mitten in den schweren Wirren von 1610—12 in Rußland einfallende Polen, das den Auftrag hatte, das Volk um jeden Preis zu „latinisieren".
Die Florentiner Union von 1430, die das im Todeskampf gegen Asien verblutende Byzanz mit dem Papsttum verband, nahm Rußland mit einer verzweifelten, hilflosen Verwirrung auf — im eschatologischen Licht. Byzanz war jetzt zum Verräter an der Orthodoxie geworden. Nun war man gezwungen, Verantwortung zu übernehmen. Das geschah, nicht mit Hybris, wofür die ganze Haltung des Moskauer Großfürsten Wassilij II. (1425—62), dem diese Mission zufiel, spricht. Sollte man die Dinge nicht aus ihrer Zeit und ihrem Gedankengut heraus verstehen lernen? Letzten Endes geht der Begriff des „Dritten Rom" nicht auf die Heirat Iwans III. (1462—1505) mit der byzantinischen Zoë und nicht auf die Übernahme des byzantinischen Doppeladlers zurück, sondern auf die Bewahrung des orthodoxen Erbes, und das schon im Licht der Eschatologie.
Danach gab es viel Hochmut. Man brüstete sich mit der „Perle" und

überließ sie der Gefahr, blind zu werden. Auch in der Kirche sind sündige Menschen am Werk, die Schuld auf sich laden. Aber es gibt Dinge, die auseinandergehalten werden müssen. „Auch die römische Kirche hat es gelernt, Renaissancepäpste, machthungrige Bischöfe und im Namen der Kirche ausgeführte Verbrechen von der *Substanz* zu unterscheiden" (Lobkowitz).

Es gab im moskowitischen Zarenreich nie die Verleugnung des Kreuzes, nie ein Infragestellen des Sinnes des Leidens, nie eine Auflehnung gegen den „Würgegriff der Kirche". Was es gab, war eine pathologische Angst vor der Verfälschung des Glaubensgutes. Diese Angst war es, die die katastrophale Kirchenspaltung, den *Raskól,* hervorrief, dessen Schatten sich bis ins 20. Jahrhundert hineinziehen. Sie war es auch, die sich allen Neuerungen, die es vom Westen zu übernehmen galt, in den Weg stellte. Hinter seinem Eisernen Vorhang hatte Moskau es versäumt, mit dem Fortschritt Europas Schritt zu halten. Das rächte sich, und dafür genügt ein einziges Beispiel: Mit den vorsintflutlichen Waffen konnte man sich der Aggression der Nachbarländer nicht erwehren. Auch der „Traum vom Meer" mußte ein Traum bleiben. Man sah sich gezwungen, Ausländer zu berufen, die dem zurückgebliebenen Land helfen sollten, das Versäumte nachzuholen. Welche Gefahren bargen solche Vorhaben? Wie „abgekapselt" man in Moskowien auch immer lebte — ohne Informationen war man nicht. Man wußte, daß sich in Europa auf der Schwelle vom 16. zum 17. Jahrhundert verweltlichte alternative Auffassungen zu den christlichen Lehren entwickelt hatten, daß man dort im Begriff war, sein Leben als autonomer Mensch, an Gott vorbei, zu gestalten. Mit der Entwicklung der Wissenschaften und der Technik waren säkularisierte Wertmaßstäbe entstanden, die für das christliche Bewußtsein unakzeptabel waren. Wir können unseren Beitrag nicht zu einem religionsphilosophischen Traktat ausbauen, müssen uns auf komprimierte Aussagen beschränken, die den Inhalt nicht erschöpfen, sondern nur streifen.

Da war z. B. die These Luthers von dem *sola fide,* woran sich die einströmenden Scharen der Lutheraner halten würden, jene Militärberater, Techniker, Zunftmeister und Fachleute, deren man bedurfte. Die eigene junge Generation würde mit ihnen zusammenarbeiten. Diese Generation hatte aber, wie alle vorausgegangenen Generationen, von

ihrer Mutterkirche gelernt, daß die Nachfolge Christi Anstrengung und persönliche Askese in keiner Weise überflüssig mache.
In ihrem geistigen Gepäck würden sie Abweichungen von der Lehre der Kirchenväter mitführen, die Fastenzeiten mißachten, mittwochs und freitags Eier und Milchprodukte konsumieren, während die Moskowiter an diesen dem Leiden und Sterben des Herrn geweihten Tagen sich auch von Brot und Wasser zu enthalten pflegten. War das so abwegig? Die Moskowiter wurden trotzdem sehr alt! Von der Ausstrahlungskraft von Medjugorje in Jugoslawien fasziniert, reisen heute Tausende junger Menschen dorthin; sie wollen sich eine neue Wirklichkeit erschließen und — durch das uralte Mittel des Fastens — transparenter für das „ganz Andere" werden. Man scheute das „Ärgernis", man scheute die Verweltlichung der Jugend. Wie wir heute wissen, kann so etwas sehr schnell eintreten und sich wie ein Flächenbrand ausbreiten. Waren die langbärtigen Gralshüter Altmoskowiens vielleicht doch recht gute Menschenkenner, die in mancher Beziehung gründlicher über das wankelmütige und von anarchischer Sehnsucht nach „Morgenluft" erfüllte Menschenherz orientiert waren, als es viele der hohen Hierarchen in unserem „psychologisch geschulten" Jahrhundert gewesen sind?
Für unser „Porträt" haben wir keinen Helden und keinen Heiligen gewählt. Es ist der Repräsentant einer kleinen, aber einflußreichen Gruppe, die es nach den Worten Kljutschewskis „in Rußland weder je zuvor, noch je nachher" gegeben hat. Es ist Fjodor Micháilowitsch Rtischtschev (Rtiščev, 1625—73), ein Mann, der mit beiden Beinen im bewegten Leben und Treiben der alten Hauptstadt steht, ihre Parteien beobachtet und deren immer erbitterter werdenden Diskussionen über die Wege, die Rußland und seine Kirche zu gehen haben, zuhört. Die von tiefem Mißtrauen gegenüber dem Westen geprägte Haltung der Moskowiter ist ihm bekannt. Dieser Westen war ja Rußland auch in der Tat nie freundschaftlich gesonnen gewesen, immer darauf bedacht, aus dessen Unglück Kapital zu schlagen. Darüber hinaus war er häretischen Lehren verfallen. Aber man brauchte ihn, und da lag das Dilemma.
Rtischtschev gehörte einem alten Adelsgeschlecht, jedoch nicht der Hocharistokratie, nicht dem Bojarentum, an. Er war sehr reich. Sein Leben spielte sich zu einem großen Teil in einem Milieu ab, das in be-

vorzugtem Maße für Ehrgeiz, Rivalitäten und Intrigen verantwortlich gemacht wird: Am Hofe. Was seinen höfischen Rang betrifft, so war er in älterer Zeit wohl zwischen „Mundschenk" und „Betthüter" des Zaren angesiedelt; in der anbrechenden neuen Zeit ist es der eines Hofmarschalls. Damit ist die Tätigkeit dieses Mannes nicht erschöpft. Er ist engster politischer Berater des Zaren (und sein Freund seit früher Kindheit), hoher Beamter des Auswärtigen Amtes, zeitweise auch dessen Chef. Und er ist Erzieher des früh verstorbenen Sohnes des Zaren aus dessen erster Ehe gewesen. Gott sei es geklagt, daß es dabei bleiben mußte! Denn das Peterchen aus Alexejs zweiter Ehe, im Jahre 1672 geboren, war im Todesjahr Rtischtschevs erst ein Jahr alt und konnte die Vorzüge einer Erziehung durch Fjodor Micháilowitsch nicht genießen. Nach dem Tod des Vaters wird Peter, dank widriger familiärer Verhältnisse, eine „Erziehung" bekommen, die man nur in Anführungszeichen setzen kann — die Erziehung eines Schlüsselkindes. Sein Intellekt, sein Herz und sein Gemüt werden leer bleiben oder mit brennenden Haßgefühlen gegenüber der ehrgeizigen Halbschwester Sophie, ihrer Leibgarde und Hofhaltung, dem Klerus, den Bojaren und den „Altgläubigen" erfüllt sein. Niemand wird ihm die für einen souveränen Herrscher notwendige Achtung vor der Würde des Menschen beibringen.

Man weiß nicht genau, ob Fjodor Micháilowitsch eine eigene Familie gehabt hat; wahrscheinlich war er früh verwitwet. Er speiste an der Tafel des Zaren. Zar Alexej (Regierungszeit 1645—1676), rundlich, mit einem zuweilen aufbrausenden, aber verträglichen und gutmütigen Charakter, war nicht übermäßig profiliert, nicht genial, vom Schicksal aber an einen wichtigen Punkt der Geschichte — auf der Schwelle zur Neuzeit — gestellt. Er war nicht sehr willensstark und konsequent, aber auch nicht halsstarrig, nicht in überlebten Begriffen eingerastet, für so manches Neue, das in der Luft lag und Gestalt zu gewinnen suchte, durchaus zugänglich. Zu Ehren dieses sympathischen Ahnherrn, des zweiten Romános auf dem russischen Thron, trug der 1918 von den Bolschewisten ermordete Thronfolger den Namen Alexej.

An der Zarentafel wurde in der Passionszeit, die bekanntlich sieben Wochen dauert, sowie in der zweiwöchigen Fastenzeit, die dem Fest des Heimgangs Mariens am 15. August vorangeht, nur einmal täglich gegessen. Die Gerichte bestanden aus Gemüse, Pilzen und Obst und

waren ohne Öl zubereitet (von tierischem Fett konnte in den Fastenzeiten überhaupt nicht die Rede sein). Montags, mittwochs und freitags wurde weder gegessen noch getrunken. Sowohl der Zar als auch sein Freund waren Männer, die — den besten russischen Traditionen folgend — ihr sehr persönliches, warmes und waches religiöses Gefühl ganz selbstverständlich mit körperlicher Askese verbanden. Zweifellos färbte solch ein Verhalten auch auf die staatliche Führung und auf die Beziehungen zu den Untertanen ab. Zwar huldigte Alexej durchaus jener überhöhten Auffassung von der Zarenwürde, die die altrussische Gesellschaft schon vor Jahrhunderten herausgebildet hatte; doch das Bewußtsein, autokratischer Herrscher zu sein, wurde bei ihm durch die Tugenden eines überzeugten Christen in Schranken gehalten. Er vergaß nie, sich selbst und „die anderen" als fehlbare, allein auf die Barmherzigkeit Gottes angewiesene Menschen zu betrachten. Darum war auch seine Haltung gegenüber dem Bojarentum tolerant, während dieser Stand von seinen Vorfahren nur geduldet, oft gehaßt und von Iwan IV. blutig und grausam bekämpft wurde.
Rtischtschev setzte sich für die „westliche", d. h. für die *europäische* Bildung mit der ganzen Kraft seiner Persönlichkeit und mit allen ihm zur Verfügung stehenden Mitteln ein. Er tat es nicht, um den technischen Rückstand aufzuholen — das überließ er anderen. Auch nicht, um die Schätze der christlich-morgenländischen Tradition in ihrer Bedeutung zu schmälern. Er tat es, um diese Schätze vor der endgültigen Erstarrung zu bewahren, um der kostbaren Perle der Orthodoxie ihren ursprünglichen Glanz wiederzugeben. Die mangelhafte geistliche Führung des Klerus und die äußeren Umstände hatten das spirituelle Leben Altmoskowiens in eine Sackgasse geführt. Man durfte es nicht dem Ritus und den immer mehr zur Routine erstarrenden frommen Bräuchen überlassen: es mußte ein Durchbruch gesucht werden, die Gemüter sollten nicht „aufgeklärt", sondern *erleuchtet* werden. Dieses Wort steht in der russischen Sprache für jene Bildung, die man von einer geistigen *Elite* erwartet. Sie sollte helfen, die in der Orthodoxie enthaltenen Schätze einer höheren *Begrifflichkeit* zu erschließen. Die Wahrheit lief infolge der Engstirnigkeit der Menschen Gefahr, durch die überhöhte Bedeutung von Nebensächlichkeiten verdeckt zu werden; ihre Inhalte faßte man zu vereinfacht auf. Über dem Vorhaben Rtischtschevs stand die Mahnung des Apostels, den Verstand nicht in

seinen Kinderschuhen zu belassen — nicht um des Verstandes, sondern um der Wahrheit willen. Fjodor Micháilowitsch gründete aus eigenen Mitteln ein Kloster. Es war dem Apostel Andreas geweiht, von dem es heißt, er habe die Botschaft des Evangeliums bis nach Skythien, dem künftigen *Rus*, getragen. Er berief aus Kiew dreißig hochgelehrte Mönche und erteilte ihnen den Auftrag, Werke aus dem Griechischen und Lateinischen ins Russische zu übertragen und sie zu kommentieren. Parallel dazu mußten die alten Sprachen und eine Einführung in die Philosophie gelehrt werden. Jeder, der Lust hatte, seine Kenntnisse zu erweitern, war in der Akademie des St.-Andreas-Klosters hochwillkommen.

Und wie sahen diese „Kenntnisse" aus? Sie hatten *einen* Fehler: Sie beschränkten sich in der Regel auf die höheren Gesellschaftsklassen. Mit fünf Jahren setzte man sich vor das ABC, dessen Lesevorlagen die Zehn Gebote bildeten. Ihnen folgten im zweiten Jahr die biblische und die Apostelgeschichte, im dritten das Stundenbuch mit seinen Psalmen und Gebeten. Mit acht Jahren erlernte man das Schreiben, mit neun den Kirchengesang, wobei man sich der uralten, von Kiew übernommenen Notenhaken bediente. Hand in Hand mit dem Singen, das Schülern aus begüterten Kreisen von den Kirchenchorsängern des Zarenhofes beigebracht wurde, ging das Studium des Gottesdienstes vor sich. Man begann mit Vesper und Matutin, ging zur Göttlichen Liturgie über und beendete die Ausbildung mit den ergreifenden Gesängen der Karwoche. Das geschah spätestens im zwölften Lebensjahr.

Rtischtschev war klug genug, um den fundamentalen Wert einer solchen Ausbildung richtig — und das heißt: sehr hoch — einzuschätzen. Er ahnte, daß ohne diese Grundlage keine wahre „Erleuchtung" durch Philosophie und hellenistische Antike möglich sein würde. Er wollte aber jenes verhängnisvolle Defizit ausgleichen, das ein Jahrtausend zuvor im alten Kiew entstanden und übersehen worden war. Daß dieses Unterfangen sich als schwierig erwies, merkte Rtischtschev schon bald: Die „Akademie" erfreute sich keines großen Zuspruchs, das Mißtrauen überwog. Vor allem war es das Mißtrauen gegenüber den gelehrten Kiewer Mönchen (über das Entstehen des „Kiewer Mönchtums" mehr im Beitrag „Bei Tichon"), doch galt es auch dem Unterrichtsstoff und dem Latein. Moskowien war in hohem Maße gegen jede Art von Häresie sensibilisiert und bestimmte als Maßstab für alles das Seelenheil, bzw. dessen potentielle Gefährdung. Kenntnisse, die dem Irdischen dienten, mußten dem spirituellen Prinzip unterstellt sein, als Selbstzweck waren sie nicht gefragt. Doch hatte man sich daran gewöhnt zu übersehen, daß die erstrebte Spiritualität längst einer nur im moskowitischen Altertum beheimateten Sakralität den Rang überlassen hatte. Das verdiente von Mal zu Mal in Frage gestellt zu werden.

Rtischtschev war erst vierundzwanzig Jahre alt, als er seine „Akademie" zu gründen und den Kampf gegen den erschreckend engen geistigen Horizont seiner Zeitgenossen aufzunehmen begann. Er unterließ keinen Versuch, die Wände, die man errichtet hatte, um sich vor den Gefahren aus dem Westen zu schützen, nicht einzureißen (wie es in der Folge durch Peter I. geschah), sondern sie behutsam auseinanderzuschieben. Neben dem Hauptziel verfolgte er wichtige Nebenziele: Die zugunsten des moskowitischen Altertums fortschreitende Loslösung von der Ökumene aufzuhalten und Rußland der geistigen Heimat Europa wiederzugeben.

Die mißtrauisch-abwartende Haltung der Gesellschaft gegenüber der Akademie wird ihren Begründer besonders umsichtig gemacht und ihn davor gewarnt haben, den Bogen zu überspannen. Er begriff, daß jedes Ding seine Zeit braucht. Doch war er der erste, der sich in die Liste der Studenten einschrieb und Griechisch, Latein und Philosophie belegte. Es ist verbrieft, daß er ganze Nächte im Gespräch mit den gelehrten Mönchen verbrachte. Zweifellos haftete diesen Mönchen ein Hauch römischen Katholizismus' an; von der Orthodoxie divergierende Dogmen waren es nicht, eher von einem katholischen „Kolorit" gefärbte Praktiken, die der „heiligen Nüchternheit" der Ostkirche widersprachen. Das mußte hingenommen und — mit der Zeit — überwunden werden. Eine Alternative gab es nicht. Rußland wurde die Rechnung für einen jahrhundertelangen Dornröschenschlaf präsentiert.

Das Thema der gehobenen Bildung blieb bis zuletzt Rtischtschevs Herzensanliegen. Aber sein wacher Blick reichte weiter: Wenn er es auch nie im Sinne haben konnte, die Bedeutung der privaten Wohltätigkeit zu relativieren, trat er dennoch als erster für eine vom Staat getragene, allgemeine Wohlfahrt ein und wurde auf diesem Gebiet nicht

Peter der Große (1672–1725), Zar und Kaiser.

Zarin Katharina II. die Große (1729–1796).

zum Rufer in der Wüste: Seine Ideen, die zunächst ungewöhnlich erschienen, trugen noch in seiner eigenen Generation Früchte. Als der siegreiche Polenfeldzug (der 1667 vom Vertrag von Andrússowo gekrönt wurde) zu Ende war, stellte es sich heraus, daß die Moskauer Münzprägeanstalt nicht über genügend Silber verfügte, um den Kriegern den Sold auszuzahlen. Es war der Hofmarschall, der auf die Idee kam, Kupfermünzen besonderer Art mit dem Wert von Silbermünzen prägen zu lassen.

Wie war sein Verhalten gegenüber dem Raskól, dem großen Kirchenschisma, das mitten in seine Zeit fiel und Land und Volk in ihren Grundfesten erschütterte? Um das Thema auszuschöpfen, müßte man weit zurückgreifen und diesen Beitrag um ein Dutzend Seiten erweitern. Wir wollen aber die Frage mit einem einzigen Satz beantworten, der aus dem Munde Fjodor Micháilowitschs kam und an die Fürstin Urussowa gerichtet war, die sich — wie so viele ihresgleichen — für das Martyrium zugunsten des „alten Glaubens" entschieden hatte:

„Traurig macht mich, Fürstin, nur eins: Ich weiß nicht, ob Sie wirklich für die Wahrheit leiden werden."

Wir überlassen das Wort W. O. Kljutschewski († 1911).

„Rtischtschev gehörte zu jenen seltenen Menschen, die nicht nur ohne jeden Ehrgeiz sind, sondern scheinbar auch kein Ehrgefühl haben. Entgegen den ureigensten Neigungen des Menschen erfüllte er das Gebot der Nächstenliebe nur zum Teil: Um des Nächsten willen liebte er sich selbst überhaupt nicht. Ein Mann, der direkt aus dem Evangelium zu kommen schien. Seine rechte Wange bot sich jedem, der auf die linke geschlagen hatte, ohne jedes Pathos dar, als ob das keine Großtat der Demut, sondern ein rein physikalisches Gesetz wäre. Rtischtschev reagierte auf keine Kränkungen und kannte keine Rachegefühle, so wie mancher keinen Geschmack am Wein findet. Ein gewisser O., der von Rtischtschev große Wohltaten erfahren hatte und nur dank dessen Hilfe die Kiewer Akademie absolvieren konnte, wurde in der Folge zu seinem erbitterten Gegner. Rtischtschev war sein Chef, wollte aber den Mann seine Macht nicht fühlen lassen und versuchte immer wieder, das Vertrauen und die Neigung seines Untergebenen zu gewinnen. Er klopfte bescheiden an seine Tür, wurde mit groben Worten abgewiesen, kam nach einiger Zeit wieder, als wenn nichts geschehen wäre. Als O. einmal die Geduld platzte, rief er Rtischtschev herein und überschüttete ihn mit Schimpfworten. Dieser ging und begrüßte den Untergebenen am folgenden Tage still und freundlich wie immer. Als O. starb, bestattete ihn Rtischtschev auf eigene Rechnung, und zwar so, wie man nur seine liebsten Angehörigen bestattet. — Von allen Tugenden, die Altrußland vom Christentum übernommen hatte, erwählte er für sich jene, die dem russischen Menschen schon immer die allerliebste war und zu der er in einer besonderen Affinität stand: Die Demut. Zar Alexej Micháilowitsch, der zusammen mit ihm aufgewachsen war, hing an dem Freund mit bewundernder Liebe. Rtischtschevs Einfluß bei Hof und weit darüber hinaus war groß, und er nutzte ihn, um Frieden zu stiften, Rivalitäten zu verhindern, Rachegefühle zu eliminieren. Starke und halsstarrige Männer, wie es der Reformpatriarch Nikon und sein Widersacher, der Erzpriester Abbakum waren, lud er zu sich ein und versuchte sie zu beschwichtigen und zu einem „mittleren Weg" zu überreden. Die Rolle des Friedensstifters war ihm auf den Leib geschrieben, denn er besaß die seltene Gabe, die Wahrheit zu sagen, ohne zu verletzen. Da er keinen Ehrgeiz kannte, stachen seine Vorzüge niemandem in die Augen. Er haßte es, seinem Hofrang entsprechend liebedienerisch behandelt zu werden, und wies den ihm für die Erziehung des Zarewitsch angetragenen Bojarenrang zurück." Soweit W. O. Kljutschewski.

Der kaiserliche Gesandte Meyerberg, der Rtischtschev wahrscheinlich von einer diplomatischen Mission her kannte, behauptete, daß dieser — noch nicht vierzigjährig — an Verstand alle ihm bekannten älteren und erfahreneren Männer übertroffen habe. Dennoch war die Tätigkeit, bei der er sich am wohlsten fühlte, weder das Hofamt noch die Diplomatie: Es war der Dienst am leidenden Menschen. Während des Polenfeldzugs im Jahre 1654, den der Zar selbst anführte, begleitete ihn Rtischtschev mit einem langen Troß Reisewagen und Schlitten, in die er Sieche und Krüppel, die ihm unterwegs begegneten, aufnahm. Zuletzt mußte er, aus Ermangelung eines Sitzplatzes, auf den Rücken der Pferde umsteigen. In den Kirchdörfern, die auf dieser Strecke lagen, brachte er die armen Menschen provisorisch unter, wobei er die Pflege fürstlich bezahlte. Später wurden sie eingesammelt und in das große Armen- und Siechenheim gebracht, das Rtischtschev in Moskau unterhielt. Dorthin kamen auch Greise und Krüppel, die in der Hauptstadt vor den Kirchenportalen lagerten und bettelten. Große

Summen flossen aus seiner Tasche an die Tataren als Lösegelder für die gefangengehaltenen Russen, aber auch für Hilfsaktionen zugunsten ausländischer Gefangener in Moskau und für den Freikauf von Familienvätern, die für ihre Schulden eingekerkert waren.
Wie reich war Rtischtschev? Anfangs sehr reich. Doch alles hat einmal ein Ende. Im Jahre 1671 brach in Wólogda infolge mehrerer Mißernten eine schwere Hungersnot aus. Rtischtschev organisierte eine Expedition — unzählige mit Korn und Mehl beladene Fuhren — und entsandte sie in das Hungergebiet, wobei er als Absender einen erfundenen Namen angab. Die Aktion erschien ihm bald als unzureichend, und er schickte noch einige tausend Rubel hinterdrein. Jetzt, zwei Jahre vor seinem Tode, mußte er zu diesem Zweck schon einen Teil seiner kostbaren Hofgarderobe und einige Pelze verkaufen. In der Folge wurde ein kleines Landgut zu Geld gemacht. Rtischtschev reduzierte dessen Preis beträchtlich, verlangte aber vom Käufer einen vor dem Kruzifix abgelegten Eid, daß den leibeigenen Bauern keine weiteren Frondienste auferlegt werden sollten. Einen großen Landbesitz hatte er schon lange zuvor der Stadt Arsamass geschenkt, die ihn aufs dringendste benötigte, die Mittel zum Kauf aber nicht aufbringen konnte.
Von einem amerikanischen Zeitgenossen stammt das geflügelte Wort, es sei keine Schande, reich zu sein, wohl aber beschämend, reich zu sterben. Als Rtischtschev starb, war er nicht mehr reich; die Tugend der Klugheit hatte es ihm aber verboten, zu weit zu gehen und seine Erben — die es immerhin gegeben hat — leer ausgehen zu lassen. Ein Mann wie Rtischtschev provozierte kein böses Blut. Doch flehte er auf dem Sterbebett die Verwandten an, die nunmehr in deren Besitz übergehenden Leibeigenen „um des Seelenheils willen" wie Brüder zu behandeln. Einer ganzen Reihe von ihnen hatte er zuvor die Freiheit geschenkt.
Fjodor Micháilowitsch hoffte und glaubte, daß die kostbarste Tradition des Christentums, die im ständig fortschreitenden Prozeß der persönlichen Heiligung, der *Theosis,* des allmählichen Reifens und Wachsens des „inneren Menschen" besteht, zusammen mit dem „Ablegen der Kinderschuhe" auch das soziale Gewissen der Epoche aufrütteln würde. Er irrte sich nicht. Der Nachfolger des Zaren Alexej, Zar Fjodor Alexéjewitsch (1676—82), setzte viele Ideen Rtischtschevs in die Tat um und leitete zumindest die Anfänge einer im Gesetz veranker-

ten staatlichen Wohlfahrt ein. Das Einmalige der Erscheinung Rtischtschevs in der russischen Geschichte aber bleibt, daß er nicht das „Moskauer Altertum", sondern die kostbaren christlichen Traditionen Altrußlands mit seiner eigenen, tief persönlichen Frömmigkeit und diese beiden mit einer durch nichts zu erschütternden Überzeugung verband, Rußland müsse sich in Befolgung des Apostelwortes „Prüfet alles, das Gute behaltet" Europa und der Neuzeit erschließen. Die Nachfolger des früh verstorbenen jungen Zaren Fjodor, seine Schwester Sophie und sein Halbbruder Peter, brachten das nicht zuwege. Sie schlugen eine diametral entgegengesetzte Richtung ein, bauten auf einem Grund weiter, der die Prinzipien des Glaubens und der christlichen Ethik weit hintansetzte oder vollständig mißachtete.

Rtischtschev war eine Gestalt, in der sich alle Sehnsüchte Altrußlands wie in einem Brennpunkt konzentrierten. Alles, was sich die spirituelle Elite in Jahrhunderten von Gott erflehte und in strenger Askese zu verwirklichen versuchte, hatte in diesem mitten in der Welt stehenden Mann eine reale Gestalt angenommen. Dennoch bleibt er im Vergleich mit vielen anderen, ungleich weniger bedeutenden Persönlichkeiten seiner Epoche, im Schatten der Geschichte stehen, so, wie er bei Lebzeiten stets im Schatten des Geschehens blieb. Etwas anderes würde auch nicht zu ihm gepaßt haben.

Bei Tichon

Das Ende des achtzehnten Jahrhunderts glich in Rußland keineswegs seinem Anfang. Es begann mit dem brutalen Experiment Peters I., den Russen den Rationalismus aufzupfropfen und die Funktionen der Kirche weitgehend dem Staat zu übertragen. Der Versuch, der Kirche ihr mystisches Geheimnis zu entreißen und sie einer Art protestantischer Reform zu unterziehen, mißlang dagegen.

Wir sind weit davon entfernt, jenen Standpunkt zu vertreten, der die Reformen des gewalttätigen Zaren in Grund und Boden verdammt und das Heil in der Rückkehr zum vorpetrinischen Moskowien sieht. Man muß annehmen, daß die — nicht zahlreichen, aber konsequenten — Vertreter dieser Richtung sich mit dem Gegenstand ihrer Träume nicht gründlich genug auseinandergesetzt haben. Das, was sie suchen — nämlich nichts Geringeres als das Heilige Rußland —, gab es im Moskowiterreich schon lange nicht mehr. Jene Innigkeit, Liebesausstrahlung, jenes Beflügeltsein für das Göttliche, aus dem die Ikonenkunst des russischen Mittelalters entstanden war, verflüchtigte sich schon gegen das Ende des 15. Jahrhunderts. Der Abstieg vollzog sich stufenweise. Mit Josef von Wolokolamsk kam die reglementierte Frömmigkeit, die von einer allmählich immer anwachsenden Anzahl religiöser Verrichtungen begleitet war und nicht nur die andersgläubigen Ausländer, sondern auch die in Moskau lebenden orthodoxen Griechen in Staunen versetzte. Wir haben nicht das Geringste gegen religiöse Verrichtungen und Bürden, die sich der Mensch aus Liebe zu Gott und zum Nächsten freiwillig auferlegt. Beides hat eine tiefe Bedeutung und seine Begründung im Evangelium. Nur darf die Hauptsache nicht durch Nebensachen verdrängt oder ersetzt werden; das *Salz* darf nicht wie aus einem schadhaften Gefäß ausrinnen. Daß ähnliche Erscheinungen vorhanden waren, daß im Gesamtbild des orthodoxen Reichs vieles nicht stimmte, ersieht man auch daraus, daß der jugendliche Bojarensohn Fjodor Kólytschev, der künftige Metropolit Philipp, ins Solowetzki-Kloster, und das heißt ans Ende der Welt geflohen war, weil er das Verhalten der Menschen zueinander, genauer: gegeneinander, mit allen sich daraus ergebenden Konsequenzen nicht mehr ertragen konnte.

Wir zitieren den Kirchenhistoriker G. Fedótov († 1952):
„Das frühmittelalterliche Rußland sah sich vor die Wahl gestellt, sich entweder für die Kultur oder für die Heiligkeit zu entscheiden. Beides zugleich schien nicht möglich zu sein. Es entschied sich für die Heiligkeit. Das spätmittelalterliche, schon der geistlichen Hybris verfallene Moskowiterreich beanspruchte für sich, das einzige christliche Land der Welt zu sein; doch hatte es gegen Ende des 17. Jahrhunderts keine Kanonisierungen mehr aufzuweisen. Peter brauchte nur noch eine ihres Inhalts beraubte Hülle zu entfernen, was er mit unguter Freude tat. Dafür, daß es wirklich nur eine Hülle war, spricht u. a. die Tatsache, daß seine Reform auf einen so geringen Widerstand stieß."
Allerdings. Aber wohl nur deshalb, weil der religiös *widerstandsfähige* Teil des Volkes — die „Altgläubigen" nämlich — zu diesem Zeitpunkt längst an den Rand des Geschehens gedrängt worden war. War das gut, war das schlecht? Auf diese Frage gibt es keine Antwort. Die schmerzvolle delikate Operation mußte an Rußland, das sich in der Isolation seiner moskowitischen Sackgasse wundgestoßen hatte, auf jeden Fall vorgenommen werden. Daß sie nicht nach den fairen Regeln der chirurgischen Kunst, ja nicht einmal mit einem sauberen Skalpell, sondern mit einem triefenden Küchenmesser durchgeführt wurde, zog ein langanhaltendes Siechtum des Patienten nach sich. Doch bewirkte der brutale Operateur, der aufs Ganze ging, mehr: Er gab Europa das zurück, was von Anbeginn zu Europa gehörte. Rußlands Geburtsort *ist* Europa. Es nach Moskowien, Eurasien oder Asien verbannen zu wollen, ist nicht nur eine Sünde wider die Geschichte, sondern ein Irrtum, der für Europa verhängnisvoll werden könnte.
Es gibt keine tragischere europäische Geschichte als die des russischen Volkes. Die Verflechtungen und Verstrickungen, in denen sich sein tausendjähriges Schicksal vollzog, sind ohne Beispiel. Der Bruch, der gleich am Anfang seiner nationalen Existenz steht, bewirkte das Hinauskatapultieren Rußlands aus der Familie der europäischen Völker, und zwar mitten aus einer großen kulturellen Entwicklung. Die Invasion des Tschingis-Khan-Enkels Batú begann im Winter 1237/38. Sie wälzte sich ins Land in einer Breite von 1000 Kilometern, über vereiste Seen und Flüsse hinweg, und machte vom ersten Augenblick an jeden Widerstand aus eigener Kraft illusorisch. Mit der Zerstörung der glanzvollen Residenz Kiew und der bestialischen Ausrottung ihrer

noch vorhandenen Bevölkerung (deren Abwanderung nach Nordosten ging schon seit 1150 vor sich) begann für Rußland das vielschichtige Verhängnis. Es dauerte zweieinhalb Jahrhunderte. Wir wissen heute, daß schon zwölf Jahre und sogar bedeutend weniger genügen, um das Antlitz einer Nation zu verändern und es zum Schrecken der ganzen Welt zu machen. Daß Rußland auch unter der Tatarenherrschaft noch lange ein zutiefst christliches Land blieb, verdankt es der ungeheuren Zähigkeit, mit der es zu allen Zeiten an seiner Kirche festhielt; aber auch dem europäischen Sauerteig, auf dem es aufgegangen war. Peter riß das Volk aus der sich zum Keil verengenden moskowitischen Sackgasse heraus, doch sein modus operandi muß zu den Tragödien Rußlands gezählt werden.

Das nach-petrinische achtzehnte Jahrhundert ist eine Zeit, in der das Reich zu imperialer Macht und Größe aufsteigt, in der es wieder in den Kreis der „europäischen Familien“ aufgenommen wird. In seiner neuen Residenz an der breit dahinfließenden Newa entwickelt es nicht nur Pomp und Glanz, sondern schlichtweg Schönheit. Sie begeistert auch heute die Welt. Das Glaubensleben und die Kirche, das *Rückgrat* Rußlands, sind aber in die sozialen Niederungen verbannt, die Orthodoxie ist zur Religion leseunkundiger Bauern und verschlafener Spießer degradiert. Der von Peter vollzogene operative Schnitt, der sich zu einem klaffenden Riß erweiterte, trennte die Oberschicht der Gesellschaft von der Masse des russischen Volks und blutete noch im Jahr 1917. Er wurde in erster Linie auf dem Gebiet des Glaubens vollzogen. Die neuen „westlich“ Gebildeten, unter ihnen zahllose Halbgebildete, infizierten sich rasch mit den agnostisch-atheistischen Ideen der Aufklärung und verfielen ebenso rasch der pseudo-mystischen Verführung des Freimaurertums, das plötzlich wie aus dem Boden gestampft dastand. Die freimaurerische „Askese“ hinderte niemanden daran, sich neben den pseudo-mystischen Aktivitäten einem ausufernden Lebensgenuß hinzugeben. Die einst übernommene *evangelische Perle,* um derentwillen Altrußland bereit gewesen war, „alles zu verkaufen“, wurde jetzt den Säuen vorgeworfen und von ihnen in den Schlamm getreten.

An diesem wolkenverhangenen Himmel geht aber nun ein Stern erster Größenordnung auf. Es ist die für Rußland in mancher Hinsicht ungewöhnliche Gestalt des Tichon von Sadónsk. Sein Leben begann im Jahre 1724 in einem kleinen Dorf in der Nähe Nowgorods und verlief unter den Regierungen von drei Kaiserinnen: Anna (1730—40), Elisabeth (1740—62) und Katharina (1762—96). Zuerst ist es Anna, die Nichte Peters und Witwe eines kurländischen Herzogs, deren Favorit, der kurländische Adlige Ernst Johann von Biron (aus dem westfälischen Hause der von Büren), seine uneingeschränkte Machtposition nicht nur dazu benutzte, in alle wichtigen Hof- und Staatsämter Deutsche und eine ausufernde Vetternwirtschaft einzuführen, sondern der das ihm verhaßte russische Volk mit stalinistischen Methoden terrorisierte. Diesem Paar unseligen Angedenkens folgte Peters Tochter Elisabeth, die tanzlustige, aber milde Kaiserin, die bei ihrer Thronbesteigung das Gelübde ablegte, während ihrer Regierungszeit kein Todesurteil zu unterzeichnen. Sie vollendete die Europäisierung des Hofes, nahm an der Seite Österreichs am Siebenjährigen Krieg teil, erbaute das Winterpalais mit seinen tausend Prunksälen und andere architektonische Juwelen der Residenz, führte ein — im Grunde harmloses — Lotterleben mit Kartenspiel und Tanz (zu ihrer Hinterlassenschaft zählten fünfzehntausend Roben) und fuhr nach durchtanzten Nächten, mit einem dunklen Umhang über dem Ballkleid, zur Matutin. In diese turbulente Zeit fallen die entbehrungsreichen, von schwerer körperlicher Arbeit und ständigem Hunger gezeichneten Kindheitsjahre des Knaben Timotheus. Als Sohn eines armen, kinderreichen Psalmenlesers geboren, ergibt sich der kleine Junge dem Kind von Bethlehem mit einer so bedingungslosen Inbrunst, daß der Entschluß, Ihm das Leben zu weihen, nur die natürlichste Folge einer solchen Liebe sein konnte. Der aus bitterer Not gefaßte Entschluß der Eltern, den Kleinen einem Fuhrmann zur Adoption zu überlassen, scheitert am verzweifelten Protest des älteren Bruders. Man nimmt an, daß er es gewesen war, dessen Bemühungen Timotheus den Besuch einer der spärlich gesäten Schulen ermöglichte: Mit dreizehn Jahren kommt er in die Elementarschule am bischöflichen Sitz in Nowgorod. Der Junge brennt vor Wißbegier, legt größten Lerneifer an den Tag, wechselt zum lateinsprachigen theologischen Seminar, nach dessen Absolvierung er Lehrer und Mentor der geistlichen Zöglinge wird.

Das vorpetrinische Rußland kannte keine theologische Wissenschaft. So abwegig, wie das klingen mag, ist es aber nicht. Die „Theologie" war für das tiefgläubige, einst „heilige" Rußland in den Beschlüssen der sieben Ökumenischen Konzile (325—787) enthalten, die von den großen Kirchenlehrern getragen wurden. Deren Theologie war alles andere als die Frucht menschlicher Spekulationen und Konstruktionen; sie war in einem — über Jahrhunderte währenden — *Ringen* um die Erleuchtung durch den Heiligen Geist gewonnen worden. Das Bedürfnis, an diesem gewaltigen Erbe zu rütteln, es zu bearbeiten und „weiterzuführen", bestand in Rußland nicht. Man kann darüber verschiedener Auffassung sein. Rußland betete, fastete, nahm an den Sakramenten teil, vollbrachte Werke christlicher Nächstenliebe, baute Kirchen, malte hervorragende Ikonen, bemühte sich, die hohen Gebote der Bergpredigt zu erfüllen, führte in zahllosen Klöstern und Einsiedeleien ein kontemplatives, asketisches Leben, vollzog Krankenheilungen und wirkte Wunder. War die Richtung falsch? Mit dem Gedanken, das Glaubensgut theoretisch zu zerlegen, sich mit ihm auseinanderzusetzen, es schriftlich zu fixieren, befaßte sich außer dem hl. Nil Sorski († 1508) kaum jemand. Die Notwendigkeit eines theoretischen Wissens auf dem Gebiet der Theologie stellte sich zum ersten Mal im 16. und 17. Jahrhundert, als in den westlichen, im Laufe der Geschichte von Litauen und Polen eroberten, jedoch auch weiterhin von orthodoxen Gläubigen *dicht* besiedelten Gebieten eine Auseinandersetzung zwischen den litauisch-polnischen Luther-Proselyten und den Jesuiten der Gegenreformation entbrannte und auch die Orthodoxen in ihren Strudel hineinriß. Um sich gegen die Angreifer zu wehren, mußten sie sich, wissenschaftlich unbeschlagen wie sie waren, ihr theoretisches Rüstzeug zunächst vom Gegner entleihen, was im Endergebnis zum Entstehen der sogenannten „Kiewer Orthodoxie" führte, d. h. einer orthodoxen Schule, der in einigen Punkten (nicht in den Dogmen) etwas „Katholisches" anhaftete, und zwar in manchen Auffassungen und Praktiken in einem katholischem „Kolorit". In Moskau stieß diese „ukrainische Orthodoxie" auf tiefstes Mißtrauen. Ein latinisierter Glaube? Und dennoch blieb nichts anderes übrig, als die leicht „anrüchigen", dafür aber gelehrten und pädagogisch geschulten Kiewer Mönche nach Moskau zu holen und ihnen — mit großem Vorbehalt — die Ausbildung der Jugend anzuvertrauen. Mit welchen Methoden und vor allem in welcher Sprache — ob griechisch oder lateinisch — das geschehen sollte, darüber gingen die Meinungen jahrzehntelang kraß auseinander und sorgten für erbitterten Diskussionsstoff. In der Folge besetzte Zar Peter I. die Theologischen Seminare ausschließlich

mit diesen Gelehrten, da es auch zu seiner Zeit noch immer keine Alternative gab.
Dann aber entwickelten sich die Dinge. In den Theologischen Seminaren mit dem „ukrainischen Anstrich“ bürgerte sich eine Lehrmethode ein, nach der der Katholizismus gegen den Protestantismus und der Protestantismus gegen den Katholizismus ausgespielt wurden. Lapidar ausgedrückt: Kein Papsttum, aber auch kein falsch verstandenes sola fide. Man mengte, mischte, wog ab, addierte, dividierte, abstrahierte. Man verhielt sich so, als wenn man goldhaltigen Sand waschen und sieben würde.
Timotheus tritt erst mit dreiunddreißig Jahren ins Kloster ein — für einen russischen Novizen ein ungewöhnliches Alter. Jetzt heißt er Tichon. In relativ jungen Jahren wird er Abt, Erzabt, Bischof. In diesem Amt belehrt er fünf Jahre lang seine hoffnungslos verweltlichten, unerleuchteten, unwissenden, religiös tumben und indifferenten Gemeinden durch Hirtenbriefe, aufwühlende Predigten, ein aus tiefstem inneren Erleben kommendes Zeugnis. Zuletzt durch seine gotterleuchteten Werke. Unter die Ärmsten der Armen, die Siechen und Krüppel, Blinden und Obdachlosen verteilt er nicht nur sein Einkommen, sondern auch seine bescheidene persönliche Habe. Bei einem heldenhaften Einsatz für eine christlichere Welt schont er seine schwache Gesundheit nicht. Es sind aber nicht nur die Pfarrgemeinden, die in dieser „aufgeklärten“, freidenkerischen und der Vergnügungssucht verfallenen Epoche Anlaß zu schweren Sorgen geben; auch die Klöster befinden sich fast durchweg in einem desolaten Zustand der Verwahrlosung. Der Klerus ist rechtlos, arm, gedemütigt, an den Rand der Gesellschaft gedrängt, erschreckend unwissend, nicht selten demoralisiert, der Simonie und der Trunksucht ergeben. Seiner hohen Berufung und den Anforderungen, die eine der Kirche entfremdete, am Rande des Abfalls taumelnde Welt an ihn stellt, ist er nicht gewachsen. In der Bevölkerung treiben Aberglaube und uralte heidnische Bräuche ihr Unwesen. Was die Lehre der Kirche betrifft, herrscht weit und breit totale Unwissenheit. Alles bedarf des Wachrüttelns, der Unterweisung, der Erneuerung, einer Predigt, die von apostolischer Kraft und dem Geist des Pfingstwunders getragen ist. Diesen übermenschlichen Anforderungen gilt die nie erlahmende, nie aussetzende Tätigkeit Tichons. Sie besteht vor allem im Gebet, das ein Ringen mit Gott ist.

Den Unglauben bekämpft er mit Argumenten, die ihre unwiderlegbare, ewige Gültigkeit haben. Im persönlichen Erleben mit Gott, im unaussprechlichen Glück des Gebetsgesprächs, wird der untrügliche Beweis der Gottesexistenz erbracht. Das geschieht in jedem einzelnen Fall und mit jedem Menschen zutiefst persönlich; das Merkwürdige dabei ist, daß alle, die in den Jahrtausenden diesen Weg gingen, die gleichen Erfahrungen gemacht haben.

Zu dieser Zeit ist die junge ehrgeizige Prinzessin Sophie-Friederike-Auguste von Anhalt-Zerbst schon eine Reihe von Jahren in Rußland. Sie hat den „russischen Glauben" angenommen und den russischen Thronfolger Karl Peter Ulrich von Holstein, alias Peter III. von Rußland, geheiratet. Er ist ein Neffe Elisabeths. An deren unentwegt tanzendem Hof und in ihrer eigenen, wie gemunkelt wird, unvollzogenen Ehe mit dem sonderbaren, puppenspielenden Landsmann langweilt sich Friederike fast zu Tode, beginnt dann aber zu lesen, liest sehr viel. Sie will sich ein breit gefächertes Wissen, Welt- und Menschenkenntnis, eine profunde Staatskunst, vor allem aber die Kunst, mit Menschen umzugehen und sie zu beherrschen, aneignen, was ihr in der Folge auch gelingt. Von Friedrich dem Großen vermittelt — die eigene Schwester war ihm für Rußland zu schade —, „schlich sie sich in St. Petersburg im Besitz von einem halben Dutzend Hemden und drei Kleidern ein". So Altmeister Kljutschewski. Auf die Frage des gestrengen Vaters, eines Generals in preußischen Diensten und unbeugsamen Lutheraners, was denn das für eine Religion sei, die seine vierzehnjährige Tochter anzunehmen habe, wurde ihm von den Vermittlern die Antwort erteilt, die „russische Religion" sei der lutherischen „sehr ähnlich". „Die verehren doch hoffentlich keine Heiligen?" insistierte der Fürst. „Aber nein." So entließ der besorgte Vater die künftige Kaiserin Katharina, genannt die Große, ins Land der Barbaren.

Am Hofe der zwar keine Todesurteile unterzeichnenden, aber nichtsdestoweniger querköpfigen Elisabeth hatte Katharina kein leichtes Leben. Ohne die Bücher, vor allem ohne den über alles geschätzten Voltaire, würde sie die achtzehn tristen Jahre ihrer Ehe nicht überstanden haben. Im Jahre 1762 ging ihr großer, von Jugend an gehegter Traum in Erfüllung: Sie stürzte ihren Mann und wurde Alleinherrscherin von Rußland. Mehr noch: Die Verkörperung eines ganzen Zeitalters, ähnlich wie Elisabeth I. es für England wurde. Katharina führt und gewinnt epochemachende Kriege, beteiligt sich dreimal an der Teilung Polens, dehnt das ohnehin riesige Reich fast bis zu seinen natürlichen Grenzen aus, verschenkt in großzügigster Weise staatliche Ländereien, macht freie Bauern zu Leibeigenen, gewährt dem Adel die volle Verfügungsgewalt über die Leibeigenen, kümmert sich viel um die Erziehung und Bildung ihrer Untertanen, gründet die Eremitage, korrespondiert mit Voltaire und Diderot, schließt 700 Klöster, verbannt deren Mönche nach Sibirien, übersetzt die Schriften der französischen Aufklärer ins Russische, legt sie dem lesenden Publikum warm ans Herz.

So ist die Welt und so die Zeit, in der Tichon lebt. Doch fühlt er sich auch für die neue Elite verantwortlich: Für die hochgebildeten Adepten der Aufklärung und die Bewunderer Voltaires hat er eindringliche Worte: Die christliche Wahrheit ist ein unerschöpflicher, unversiegbarer Quell der Erkenntnis. Darum sollte die Theologie die höchste Berufung eines jeden denkenden Menschen sein. Die Vertiefung in die Offenbarung und in die Werke der Kirchenväter führen zum höchsten uns auf Erden zugänglichen Wissen, der *Gnosis* im absoluten Sinne dieses Wortes. Die christliche Gnosis ist die mystische Erleuchtung des menschlichen Geistes durch die Wahrheit. Sie zu suchen, muß das Bestreben eines jeden denkenden Menschen sein.

Der Kampf auf einsamem Posten erweist sich — je länger, desto mehr — als eine übermenschliche Aufgabe. Auch macht *eine* Schwalbe noch keinen Sommer. Stimmt das aber? Gottes Mühlen mahlen langsam. Und die Auswirkungen einer unter Einsatz aller Kräfte ausgeübten charismatischen Arbeit für das Reich Gottes sind nicht einem Kassensturz vergleichbar, der Abend für Abend vorgenommen werden kann. Im Alter von dreiundvierzig Jahren bittet Tichon die Obrigkeit, ihn von seinen bischöflichen Pflichten zu suspendieren, und zieht sich mit zerrütteter Gesundheit in die Stille eines Klosters bei Sadónsk zurück. Dort widmet er sich ganz dem Gebet und seinem literarischen Schaffen. Die Nachwelt verdankt Tichon Werke von hohem theologischem und pastoralem Rang. Unter anderem ist es sein berühmtes Buch „Vom wahren Christentum“. Nach seinen eigenen Worten schrieb er „für eine verlorene und ihr Heil nicht mehr suchende Welt“. Was er dieser Welt zu sagen hatte, sagte er in einer neuen Sprache. Die kostbarste Eigenschaft seiner Werke ist, daß sie durchweg von Tichons lebendiger Erfahrung ausgehen und von ihr zeugen. In einer Epoche, in der geistliches Schrifttum nur zu oft auf scholastischen Konstruktionen fußte und selten etwas mit in Gebet und Askese errungenen Erkenntnissen zu tun hatte, war das Schaffen Tichons außergewöhnlich. Die Abende verbrachte er in der Zurückgezogenheit seiner Klosterzelle beim Studium der Heiligen Schrift und der Kirchenväter. Ihre Lektüre gehörte zum eisernen Bestand des Tagesablaufs. Es waren nicht nur die morgenländischen Kirchenlehrer, sondern auch die des Abendlandes, für einen russischen Mönch keine Selbstverständlichkeit. Seine Vorbilder waren Augustinus und Chrysostomos, deren Grundthesen, besonders die des sprachgewaltigen „Goldmunds", mit Tichons ureigenstem Anliegen korrespondierten: mit der auf christlicher Liebe aufgebauten sozialen Gerechtigkeit und dem Begriff der Liebe schlechthin, dessen Auslegung er bei Augustinus fand. Der große Kirchenlehrer sprach viel und tiefgründig von der machtvollsten Tugend. Tichon fragte sich, ob das Wort „Liebe deinen Nächsten wie dich selbst" eine an den Menschen „von außen" herangetragene Forderung sei; er kam zum Schluß, daß dieses Gebot nur darum statuiert werden konnte, weil im Menschen bereits alle Voraussetzungen für dessen Erfüllung vorhanden — wir würden heute sagen „programmiert" — waren. Sie wurden ihm im Schöpfungsakt als Pfand seines göttlichen Ursprungs gegeben.

Wir zitieren einige Gedanken Tichons, die aber nichts anderes zum Inhalt haben als die zweitausendjährige Lehre der orthodoxen Kirche:

„Die Ekklesia ist keine Organisation, die getaufte Individuen umfaßt, sondern der Weinstock, an dem die Reben wachsen und mit dem Lebenssaft des Heiligen Geistes ernährt werden. Sie manifestiert sich in der Welt sichtbar durch die sieben Sakramente; ihr innerstes Leben vollzieht sich jedoch unsichtbar, in der konstituierenden und erhaltenden Kraft des Heiligen Geistes, aus der ihr — wie am Pfingsttage — ihr mystisches Leben zufließt."

„Eine Reihe von christlichen Märtyrern erlangte das Heil, ohne ein Sakrament, auch nicht das der Taufe, empfangen zu haben. Dennoch erlangt das Heil niemand, der nicht am Glauben, der Hoffnung und der Liebe der Kirche teilnimmt bis zur Bereitschaft, für sie sein Leben zu lassen."

„In der Urkirche wurden unbußfertige Sünder nach dreifacher Ermahnung aus der Gemeinschaft ausgeschlossen. Allein auf diese Weise konnte die Ekklesia ihre Reinheit und Heiligkeit bewahren. Heute geschieht das durch die Selbstausstoßung des unreinen Gliedes. Es ist die Unbußfertigkeit, die den Sünder dem Schoß der Kirche entreißt, auch dann, wenn er — sich selbst und Gott betrügend — an einem ‚leichten Sakramentalismus' teilnimmt. Die abgetrennte Rebe verdorrt dann umso schneller. Die unsichtbare *Ausstoßung* des Sünders aus der Kirche ist ein höchst realer Vorgang: Nur so kann die Bezeichnung der Kirche als der *heiligen* aufrechterhalten werden, aufhören, fromme Rhetorik zu sein. Etwas anderes ist die Reue. Im Sakrament der Beichte wird vor dem aufrichtig Bereuenden nur das bekräftigt, wozu alle Voraussetzungen schon vorhanden sind: ‚Herr, wiedervereinige Deinen Knecht (vereinige ihn *wieder*) Deiner heiligen, allgemeinen, apostolischen Kirche!'" Wird durch diese bedeutungsträchtigen Worte *nicht* deutlich genug gemacht, daß der Betreffende sich bis zu diesem Zeitpunkt nicht in der Kirche befand?[30])

. . . „Was können wir tun, um unseren unsichtbaren Ausschluß aus der Kirche Christi zu verhindern, wo wir doch — was der Apostel ohne Umschweife zugibt — ‚allemal Sünder sind' (Jak 3,2)? Die Antwort ist einfach, der heilige Ephraim der Syrer hat sie mit einem einzigen lapidaren Satz ausgesprochen: ‚Die Kirche unseres Herrn ist die Kirche der reumütigen Sünder.' Wir, die wir auf Schritt und Tritt sündigen, müssen in einer bußfertigen Grundhaltung des Herzens leben. Sie ist es, die uns helfen wird, unsere Hybris zu bezwingen. Die kirchlichen Morgen- und Abendgebete, die von den großen Lehrern der Christenheit verfaßt sind, geben dazu wirksame Hilfe . . . Doch was vermag nicht allein Davids Bußpsalm — dieses Hohelied der Reue, wenn es aus demütigem, dem Herrn geöffnetem Herzen gesprochen wird? Alles!"

Die Nächte verbrachte Tichon im Gebet. Er lag dann in Kreuzesform auf dem Boden ausgestreckt. Das stets wachsende Gefühl der eigenen Unzulänglichkeit verbot es ihm mit der Zeit, die Göttliche Liturgie zu zelebrieren. (Wenige Jahre später werden wir dasselbe beim heiligen Seraphim von Saróv beobachten.) Dem großen Mysterium wohnte Tichon im Altarraum bei, wo er es mit gesenktem Kopf und geschlossenen Augen nachvollzog. Öfter noch mischte er sich unter die Chorsänger und Psalmenleser. Unter die Ärmsten, von denen in seinem Kloster stets eine große Anzahl beherbergt wurde, verteilte er seine ganze ihm von der Krone zustehende Pension. Alles, was er den Menschen — schriftlich und mündlich — zu sagen hatte, sagte er auf eine neue Weise. Tichon war ein Mann der neuen Epoche und einer neuen Sprache, die jeder schwerfälligen Sakralität bar, einfach und durchsichtig war und es bis heute bleibt. Seine charismatische Gabe, durch das Wort Seelen zu beeinflussen, sie schon beim ersten Gespräch zu gewinnen, war beispiellos. Die Leichtigkeit seines Stils kann man mit dem federnden Schritt eines mit keinerlei Gepäck belasteten Pilgers vergleichen, der sich auf seinem Weg von den umliegenden Dingen weder ablenken noch aufhalten läßt. Doch diese Leichtigkeit war nicht angeboren — er hatte sie erkämpft. Tichons Gemüt litt viele Jahre unter schweren Depressionen, bei denen es ungewiß bleibt, ob sie wesensbedingt waren oder aus einer Welt lichtloser Geister emporstiegen ... Anfälle abgrundtiefer, schwarzer Verzagtheit, Stunden unerträglicher Schwermut kamen und gingen mit der Regelmäßigkeit von Ebbe und Flut; sie bewirkten eine qualvolle Lethargie, die bis zu einer völligen körperlichen und geistigen Erstarrung ging. Auch das sind in der Geschichte der russischen monastischen Tradition ganz ungewöhnliche Erscheinungen. Tichon stand ihnen lange hilflos gegenüber; er versuchte sie zu „überlisten", ihnen auszuweichen, indem er fluchtartig das Kloster verließ und in den Häusern seiner Beichtkinder Ablenkung suchte. Nichts half. Die schwere Heimsuchung wich erst nach einem bis ins Äußerste intensivierten Gebet. Tichon schrie buchstäblich um Hilfe. Danach verschwand der grausige Spuk, Tichon war frei. Die rätselhafte, sinistre Plage hinterließ in ihm weder Narben noch Spuren. Seine Seele war leichter und lichter denn je zuvor geworden.

Sein Lebenswerk, die gottferne, abgefallene Gesellschaft ins Haus des Vaters heimzurufen, vernachlässigte er nie. Der ihm beigeordnete Klosterbruder erinnert sich in seinen Aufzeichnungen: „Des hochwürdigen Bischofs Worte flossen wie ein mächtiger Strom, so daß ich Mühe hatte, mit dem Schreiben nachzukommen ... Wenn er merkte, daß die Stimme in ihm nicht mehr klar und vernehmlich sprach, schickte er mich fort, warf sich in Kreuzesform auf den Boden und verharrte in dieser Lage, Tränen vergießend und um den Beistand des Trösters flehend ... Dann rief er mich zurück, und seine Worte flossen wieder ungehemmt; meine Feder vermochte kaum, sie aufzuzeichnen."

In der letzten Lebensphase hatte Tichon lichtdurchflutete Visionen. Fast täglich brach in die Klosterzelle das Licht der Verklärung, das Licht des Berges Tabor ein. Die Auferstehung der Toten lebte in seinem Innern nicht minder real als die Welt, die er mit den leiblichen Augen wahrnahm. Das Jenseits sah er in der Gestalt eines ewigen Frühlings auf der von Gott neugestalteten Erde. „Die Entschlafenen brechen wie erwachende junge Keime aus dem Erdreich ... Sie werden mit dem Gewand der Unsterblichkeit bekleidet und empfangen aus der Hand des Herrn die Krone der Gerechtigkeit, die Krone des ewigen Lebens." — Die auch in weit zurückliegenden Zeiten, besonders aber in unserem Jahrhundert in der „linken" Theologie bald stärker, bald schwächer ausgeprägte Meinung von der allgemeinen und für die Ewigkeit bestimmten Wiederherstellung (Apokatastase) des ursprünglichen Weltzustandes (d. h. dem vor dem Sündenfall) und der sich daraus von selbst ergebenden bedingungslosen Glückseligkeit für *alle* („die Hölle gibt es, aber sie ist leer"), vertrat Tichon nicht. Für ihn behielten die Worte des Evangeliums von der Trennung der Böcke von den Schafen, vom Wurm, der nicht aufhört zu nagen, von den Flammen, die nicht aufhören zu brennen, ihre volle und unabdingbare Gültigkeit.

Tichon war — wir sagten es schon — ein Mensch der Neuzeit.

Dennoch stammen von ihm Gedanken und Worte, die nichts mit dem verwässerten religiösen Liberalismus der neueren Epochen zu tun haben. Ein gewichtiger Grund dafür ist sicherlich, daß er stets die lebendige *Erfahrungstheologie* predigte. In jenem achtzehnten Jahrhundert, das in Rußland von innerer Zerrissenheit und vom Verlust des christlichen Weltbildes geprägt war, rief er die Menschen mit der ihm eigenen charismatischen Kraft zur *Sammlung des Geistes* auf. Das Fazit seines Lebenswerks kann mit kurzen Worten umrissen werden: Am Ende dieser unermüdlichen, weder von Zweifeln noch von Resignation umschatteten Arbeit auf den steinigen Äckern dieser Welt erwies es sich, daß sie eine einschneidende Wandlung im Bewußtsein unzähliger Menschen bewirkt und ihnen den Zugang zu jenen Quellen wiedereröffnet hatte, die hoffnungslos verschüttet zu sein schienen. Die Fragwürdigkeit der neuen Wege, die von diesen Quellen immer weiter wegführten, wurde von der Elite Rußlands — denn eine solche gab es — immer deutlicher erkannt und als eine Vergewaltigung der Seele empfunden. Als Tichon von Sadónsk am 13. August 1783 in den ewigen Frieden einging, strömten zu seinem Totenschrein unübersehbare Menschenmassen. Waren das — zumindest zum Teil — nicht dieselben Zeitgenossen, die ihre Wertmaßstäbe und ihren inneren Kurs noch ganz vor kurzem verloren zu haben schienen? Wie es in Rußland bei herausragenden Ereignissen dieser Art stets der Fall war, vollzog sich an Tichons Sarg eine Reihe wunderbarer Krankenheilungen. Das war nichts Unerwartetes. Tichon galt schon zu Lebzeiten als der „Wundertäter von Sadonsk". Offiziell heiliggesprochen wurde er am 13. August 1860. Zu diesem Zeitpunkt hatten sich die Religionsphilosophen Alexej Chomjakóv und Iwan Kirejéwski schon längst mit dem Gedankengut Tichons vertraut gemacht. Auf diesem Grund — vor allem auf der Lehre vom Wesen der Kirche — hatte Chomjakóv sein großartiges theologisches Gebäude errichtet.

Wie gesagt: Das Ende des achtzehnten Jahrhunderts glich in Rußland keineswegs seinem Anfang. Wir beobachten die Wiedereröffnung der von Katharina II. aufgelösten kontemplativen Klöster, das Wiederaufblühen der monastischen Tradition, das Entstehen des Starzentums, die Übersetzung der Philokalie[31]), einen stürmischen Aufschwung des Glaubenslebens. Das noch vor der Manifestation des „Dritten Rom" im Moskowiterreich ins Abseits geratene „innere Tun", die tief im Herzen bewegten Worte: „Herr Jesus Christus, Sohn Gottes, erbarme Dich meiner, des Sünders", beginnt weite Kreise zu ergreifen.

Nach dem heutigen Stand der Literaturforschung ist der Prototyp des Starez Sossíma in den „Brüdern Karamasov" von Dostojewski nicht — wie lange angenommen — der heiligmäßige Ambrosius Grenkóv (1812—91) vom Kloster Óptina, sondern Tichon von Sadónsk. Das gilt erst recht für die „Dämonen". Erinnern wir uns an den Besuch Nikolai Stawrógins beim kränkelnden, in klösterlicher Zurückgezogenheit lebenden Bischof. Dieses Kapitel, das erste in der russischen Literatur, das mit genialer Meisterschaft die Begegnung zwischen dem metaphysischen russischen Nihilismus und dem Heiligen Rußland, zwischen dem Glauben und der Apostasie schildert, wurde erst spät im Nachlaß Dostojewskis gefunden und in den Roman eingefügt. Es trägt die Überschrift: Bei Tichon.

Der Pionier

Wir verweilen noch im achtzehnten Jahrhundert, greifen sogar chronologisch ein wenig zurück. Die Entwicklung der russischen Sprache und die erste Aufbereitung des Bodens für die Entstehung der russischen Dichtung fällt in die Zeit der Kaiserin Elisabeth (1741–62). Während ihrer Regierungsjahre erwacht die bereits nach westlichen Vorbildern gestaltete Literatur und zieht eine tiefe Zäsur zu allem zuvor Gedruckten und Geschriebenen; zu jener schwerfälligen und ausdrucksarmen, von Kirchenslawismen durchsetzten Sprache, aus der keine zeitgemäße Literatur erwachsen konnte. Aus der Gruppe der ersten, nicht sehr zahlreichen Dichter des fortschreitenden achtzehnten Jahrhunderts hebt sich die überragende Gestalt Michail Lomonossovs ab. Als Kind eines armen Fischers 1711 in einem kleinen Dorf am Weißen Meer geboren, zeichnet sich der Junge schon früh durch einen beinah fanatischen Wissensdurst aus, den er in der heimatlichen Umgebung nicht stillen kann. Er lernt lesen und schreiben, im armseligen Kirchlein, das durch einen weiten Fußweg zu erreichen ist, singen und psalmodieren. Schweren Herzens hält er es in der elterlichen Fischerkate bis zum siebzehnten Lebensjahr aus, fährt mit dem Vater aufs eisige, unwirtliche Meer und hilft ihm beim Fischfang; daheim flickt er die Netze, versorgt die wenigen Haustiere und liest. Doch sind Bücher kaum zu beschaffen, und bald ist es um ihn geschehen. In einer Winternacht, mit drei Rubeln in der Tasche – man rätselt bis heute, wer sie ihm geliehen haben konnte –, schleicht er aus dem Haus und schließt sich einem vorbeifahrenden Fuhrenzug an, der gefrorenen Fisch geladen hat und unterwegs nach Moskau ist. Den Jungen läßt man hinterherlaufen. Was enthält scin Bastsack, den er über die Schulter geworfen hat? Ein wenig Proviant natürlich, gedörrten Fisch und Brot und den kostbaren Schatz – die Bücher. Auch Schuhwerk, made in Russia. Es ist dasselbe, das der russische Bauer im Nordosten schon seit dem 11. Jahrhundert trägt und noch bis ins 20. hinein tragen wird: strapazierfähige, für jede Jahreszeit geeignete, aus Lindenbast geflochtene und mit einer kräftigen Sohle aus gedrehten Hanfschnüren versehene Schuhe. Direkt auf die Haut gehören kühle leinene, darüber warme wollene Fußlappen. Einen Fußmarsch von

100 Kilometer halten sie schon aus. Doch bis Moskau sind es tausend, und darum ist es ratsam, mit dem mitgeführten Vorrat sparsam umzugehen: er muß zwei Monate herhalten, denn diese Zeitspanne brauchen die Fuhrleute für die Strecke.
Die drei Rubel wagt der Junge nicht anzutasten, ernährt sich, als die eigenen Vorräte verbraucht sind, von dem, was ihm die Fuhrleute aus Mitleid zustecken. Man übernachtet in Herbergen, man trinkt heißen Mohrrübentee, seltener den schwarzen, der Leib und Seele zusammenhält. Nach langen Wochen des von Strapazen, Hunger und Kälte gezeichneten Fußmarsches, mit wundgelaufenen Füßen und halberfrorenen Zehen, erreicht der nunmehr Achtzehnjährige die alte Hauptstadt. Zunächst leidet er große Not, wird dann von einem Abt, dem der angenehme und aufgeschlossene junge Mensch auffällt, probeweise in die Klosterschule aufgenommen. Es ist eine der immer noch dünn gesäten „griechisch-lateinischen" Schulen, die aus drei Klassen bestehen: Sie sollten nach Möglichkeit in drei Jahren absolviert werden. Michail ist aber mit dem Lehrstoff in knapp zehn Monaten fertig. Was nun? Die staunenden „Kiewer Mönche" und die kirchliche Obrigkeit machen das Unmögliche möglich: Das angehende Genie wird auf Kosten der Krone auf die Kiewer Akademie, dann nach St. Petersburg und schließlich nach Deutschland geschickt, wo er in Freiburg und Marburg Mathematik, Physik, Chemie, Geologie (Bergbau), Geographie, Astronomie, Geschichte und Philologie studiert. Für seine hervorragenden Arbeiten auf dem Gebiet der Physik und der Astronomie bekommt er hohe wissenschaftliche Auszeichnungen. Er heiratet ein deutsches Mädchen und kehrt 1741 – als Dreißigjähriger – nach Rußland zurück. Frau und Töchterchen bleiben zunächst in Deutschland, da Lomonossov nicht sicher ist, was ihn im fernen Vaterland erwartet.
Die Zeitungen berichten über das Land in den nördlichen Regionen in knappen Worten; die in den Prachtstraßen spazierenden Eisbären bilden noch immer einen wesentlichen Teil der Berichte. Peter I., der Zar, den Lomonossov bewundert und immer bewundern wird, hatte sich 1725, bei der Rettung eines in der eisigen Newa Ertrinkenden, eine tödliche Lungenentzündung zugezogen und ruhte in der Kaisergruft der Peter-Paul-Festung. Da er keine Zeit gefunden hatte, die Erbfolge festzulegen, war der russische Thron Kindern, Intriganten, Abenteurern und Verbrechern überlassen worden. Das Regiment An-

nas und ihres kurländisch-westfälischen Favoriten von Büren (in Rußland *Biron* ausgesprochen), der in Rußland eine Art neuer Tatarenherrschaft eingeführt hatte, lebte noch schmerzlich in Lomonossovs Erinnerung. Jetzt aber regierte die lustige Tochter des Reformators, die keine Todesurteile unterschrieb und auch am Fördern der Künste und Wissenschaften interessiert war.

In der Residenz wird der Gelehrte zum Direktor des von Peter gegründeten „Mineralogischen Kabinetts" ernannt; er selbst gründet an der Akademie das Institut für Chemie. Obwohl er alles andere als ein „Deutschenfresser" ist — er hat seine hohe wissenschaftliche Ausbildung in Deutschland bekommen und eine Deutsche zur Frau —, bleibt ihm dennoch nichts anderes übrig, als einen erbitterten Kampf mit der Überfremdung aller wissenschaftlichen Institute durch die zum Teil unfähigen und trägen Kreaturen der Bironzeit aufzunehmen, die dem hochbegabten Mann zunächst mit dem üblichen zentraleuropäischen Hochmut, dann aber mit offener Feindschaft entgegentreten. Sie bangen um ihren Status akademischer Alleinherrscher, um Privilegien und fette Pfründen. Bevor Lomonossovs überragende Persönlichkeit sich im eigenen Vaterland durchsetzen kann, hagelt es gegen ihn Denunziationen, Schmähbriefe und Intrigen der niedrigsten Art. Nur der berühmte Schweizer Mathematiker Leonhard Euler (1707—83), der an der Petersburger Akademie Vorlesungen über Astronomie, Mechanik und Optik hält, stellt sich an die Seite des genialen Mannes, der inzwischen von einer Reihe ausländischer Akademien zum Ehrenmitglied ernannt worden ist. Er akzeptiert und bewundert ihn ohne jegliche Vorbehalte.

Lomonossov ist nicht „nur" Physiker, Chemiker, Astronom, Geologe und Geograph — er ist auch Sprachtheoretiker und -wissenschaftler. Die Beeinflussung der Muttersprache, ihre Umgestaltung zur modernen Hoch- und Literatursprache, macht er zu seinem eigentlichen Lebenswerk. Er verfaßt die erste wissenschaftliche russische Grammatik und schafft damit den entscheidenden Schritt zu jener reichen, biegsamen und klangvollen Schriftsprache, die fortan nicht nur allem Hohen und Tiefen, sondern auch allem Leichten und Grazilen in der Dichtung Ausdruck zu verleihen imstande sein wird. Lomonossovs Sprachlehre unterscheidet sich nicht wesentlich von der heutigen; ihre „Normalität" entspricht durchaus dem Sprachempfinden der Moder-

ne. Und er, Lomonossov, war es, der dem Genie Alexander Puschkin den Weg zur Sprachvollkommenheit geebnet hat: Dem jungen Löwen war nur noch der letzte königliche Sprung zu ihr vorbehalten.
Der Sprachreformator selbst verfaßte Hunderte von Oden und Gedichten, in denen er — unter vielem anderen — den menschlichen Geist preist, dem die hohe Gabe der Erkenntnis zuteil geworden ist. Im Jahre 1755, zehn Jahre vor seinem Tod, gründet er die Moskauer Universität, die heute seinen Namen trägt.
Die Sowjets haben den großen Sohn Rußlands nicht nur durch diese Namensgebung geehrt. Sie haben seinen Namen auch jener Inselgruppe im Nördlichen Eismeer verliehen, die bis 1928 „Franz-Josephs-Land" hieß, und auch — was vielleicht seltsam anmutet — einer das Polarmeer durchziehenden Felsschwelle. Doch wiegen diese Ehrungen keinesfalls die plumpen Lügen auf, die sie ebenfalls mit Lomonossovs großem Namen verbunden haben.
Unter den im Moskauer Prawda-Verlag erscheinenden Büchern gibt es eines von einem gewissen Prokofjev, das den Titel „Von der Unversöhnlichkeit von Religion und Wissenschaft" trägt. Auf Seite 17 wird das epochemachende Genie nach bewährtem sowjetischen Muster mit Haut und Haaren für den Kommunismus vereinnahmt und als „Materialist und Atheist" gerühmt. Auf den folgenden Seiten wird seine entschiedene Parteinahme für das kopernikanische Weltbild und die wissenschaftlichen Kommentare zu Kopernikus' Hauptwerk „De revolutionibus orbium coelestium, libri VI" als „Kampf und Sieg für den Atheismus" bezeichnet. In Wirklichkeit war Michail Lomonossov ein erleuchteter Christ und ein glühender Apologet des Glaubens. In seiner Kindheit und frühen Jugend sang und psalmodierte er mit Hingabe im ärmlichen Kirchlein seiner engsten Heimat, schloß sich als Vierzehnjähriger einer religiösen Sekte an, verließ sie aber schon nach wenigen Wochen, um für immer in den Schoß der orthodoxen Mutterkirche zurückzukehren. Aus welchen Gründen hätte er die kopernikanische Lehre ablehnen oder bekämpfen sollen? Wahr ist, daß seine glänzende wissenschaftliche Stellungnahme dazu sowohl der Wissenschaft als auch der Religion das ihnen Gebührende zuerkennt. Das, was der russische Religionsphilosoph S. L. Frank († 1950) in einem Vortrag an der Sorbonne behauptete, nämlich daß sich Religion und Wissenschaft nur in dem Maße widersprechen könnten, in dem es die

Gesetze der Astronomie gegenüber den Gesetzen des Geldumlaufs tun, hatte Lomonossov — sinngemäß — schon zweihundert Jahre zuvor gesagt. Er scheute sich nicht, die berüchtigte „Unvereinbarkeit" als eine Frucht der Halbbildung und eines bornierten Verstandes anzuprangern. So schrieb er, daß das Menschengeschlecht von seinem Schöpfer *zwei* Bücher erhalten habe: In dem einen offenbare Er Seine Allmacht, in dem andern verkünde Er Seinen Willen. Das erste sei die ganze sichtbare Schöpfung, in der auch die Naturwissenschaften und deren Gesetze ihren festen Platz hätten; im zweiten redeten zu uns Seine Propheten und Apostel. „Töricht wäre der Mathematiker, der den göttlichen Willen mit dem Zirkel ausmessen wollte; noch törichter der Theologe, der in der Bibel nach den Gesetzen der Physik suchte."

Die Oden Lomonossovs sind ein Lobpreis des Schöpfers und Seiner Schöpfung. Er wußte, was er seinem Jahrhundert schuldete, und sagte es in Worten von großer dichterischer Kraft; sie sind von seinem freien und von der neuen Zeit geprägten Geist bestimmt. Nie, auch nicht in Jahrtausenden — so schrieb er — könnten in den Naturwissenschaften Entdeckungen gemacht werden, die stichhaltige Gründe für ein atheistisches Weltbild liefern könnten. Die Eroberung des Weltalls durch den menschlichen Geist werde in zunehmendem Maße beweisen, daß unsere natürliche Erkenntnisfähigkeit nie über die äußeren Peripherien unserer Welt hinauszugreifen vermag und in ihr zeitlebens eingefangen bleiben müsse. Die „Tiefe" aber, das Göttliche, werde auch in Äonen nur dem *pneuma* des Menschen vorbehalten sein; dieses allein könne zur „letzten Realität" vordringen.

Man sollte den Verlegern der Prokofjevschen Schrift nahelegen, dem russischen Volk die ungekürzte Ausgabe der Werke Lomonossovs zugänglich zu machen, damit es sich seine eigene Meinung über einen seiner Größten bilden könnte. Lomonossovs dichterisches Schaffen, darunter die großen Oden „Nordlicht" und „Betrachtungen über die Größe Gottes", zeichnet sich durch eine ebenso kühne wie bildhafte Sprache aus, die die Elemente des Lyrischen und des Abstrakten meisterhaft verbindet. Der enge Rahmen dieses Beitrags verbietet es, größere Kostproben davon zu bringen; wir müssen uns mit wenigen, an die Zeitgenossen gerichteten Zeilen begnügen und zugleich betonen, daß auch sie nur eine Übersetzung sind:

Ihr wißt nicht, wie ihr deuten sollt
Was hier auf Erden noch geschieht.
Wie wird's, wenn ihr erklären wollt
„Was keines Menschen Auge sieht"?
Erhebt darum noch hier den Ruf:
Groß ist der Herr, der dieses schuf.

Als im Jahre 1752 die sterblichen Überreste des Metropoliten Dimitrij von Rostóv (1651—1709) wegen eines Umbaus der Kathedrale provisorisch umgebettet werden mußten und diese Aktion plötzlich von einer Reihe unerklärlicher Krankenheilungen begleitet wurde, bat man Lomonossov, für die neue, ebenfalls provisorische Grabplatte des Metropoliten eine Inschrift zu verfassen. Sie lautete so:
„Der Allmächtige und Unerforschliche, der uns Seine Herrlichkeit in der Schöpfung geoffenbart hat, tat es erneut in unseren Tagen, indem Er diesen Seinen hier ruhenden Knecht Dimitrij, den hochwürdigen Metropoliten von Rostóv, für seinen Glauben, seine Demut und seine unermüdliche Arbeit im Weinberg Christi vor unser aller Augen wunderbar verherrlicht hat."
Eine schön formulierte Inschrift. Und ein erfüllter Auftrag. Doch wäre Lomonossov nicht Lomonossov gewesen, wenn er nicht wüßte, was er seiner Zeit, diesem achtzehnten Jahrhundert, noch sagen müsse. Und darum folgen nach einer Pause, die auf der Platte durch einen Stern symbolisiert wird, diese Worte:
„Ihr, die ihr vor diesem Grabmal steht, bedenkt, was der hohe Mann, ein Engel unter Engeln, euch lehrte. Beugt eure Knie, verlaßt die Engpässe des fleischlichen Denkens, vertraut der Gnade, versöhnt euch mit der Kirche, die unser aller Mutter ist."
Die Propaganda gibt Lomonossov noch heute für einen Atheisten aus.

Die Geschwister

Im Jahre 1776 vermählte sich der russische Thronfolger Paul, der Sohn Katharinas II., genannt die Große, mit Sophie Dorothea von Württemberg, der späteren Kaiserin Maria Fjodorowna.[32]) Aus dieser Ehe gingen zehn Kinder hervor, von denen wir hier nur fünf nennen:
— Alexander, der nachmalige Kaiser von Rußland und Bezwinger Napoleons;
— Maria, seit 1804 mit dem Großherzog von Sachsen-Weimar vermählt, als Freundin und Gesprächspartnerin Goethes in die Literaturgeschichte eingegangen;
— Katharina, die vierte Tochter des Thronfolgerpaares, geboren 1788 in Zárskoje Seló;
— Anna, die spätere Königin der Niederlande;
— Nikolaus, seit 1825 Kaiser von Rußland, der erste seines Namens.
Am 11. Mai 1788 (jul. Stils) schrieb Kaiserin Katharina an ihren Günstling Grigorij Potjomkin, den Fürsten von Tauris:
„Gestern wurde die Großfürstin mit einem Töchterchen gesegnet, das meinen Namen bekommen wird. Als ich die der Mutter drohende tödliche Gefahr erkannte, befahl ich meinen Ärzten sofort, ihr Leben zu retten. Dafür sind mir die Eltern zutiefst dankbar." In der „St. Petersburger Zeitung" vom 10. Mai desselben Jahres lesen wir: „Das freudige Ereignis wurde am Abend durch Kanonensalven von beiden Festungen verkündet. In allen Kirchen fanden Dankgottesdienste statt, die mit Kniebeugungen und Metanien verbunden waren."
Am 22. Mai schreibt dieselbe Zeitung: „... wurde die heilige Taufe an Ihrer Kaiserlichen Hoheit vollzogen. ... Die Patin war die Kaiserin selbst. Sie war es auch, die die Großfürstin nach der Göttlichen Liturgie eigenhändig an den heiligen Kelch herantrug, aus dem diese die Sakramente empfing. Danach legte die Kaiserin auf das Kleid des Täuflings die Ordensschärpe mit dem Orden der Großmärtyrerin Katharina. An der Festtafel mit 156 Gedecken wurden beim Umtrunk auf die Gesundheit der Neugeborenen 31 Kanonensalven abgefeuert; die Gesundheit der Kaiserin wurde von 51 und die der großfürstlichen Eltern von 31 Schüssen begleitet."
Eine Woche später schreibt Kaiserin Katharina an Friedrich Caspar

Grimm: „Die Verzweiflung der Mutter über die Geburt der *vierten* Tochter habe ich dadurch gelindert, daß ich der Kleinen meinen Namen gab."

Diese Großmutter, die bekanntlich mit ihrem Sohn und Thronfolger Paul in denkbar gespannten Beziehungen stand und ihn von allem fernhielt, was ihm in der Öffentlichkeit Sympathien und Popularität einbringen konnte, nahm — keinen Widerspruch duldend — die Erziehung ihrer Enkelkinder, vor allem die des Ältesten, Alexander, fest in die eigene Hand. Auch trug sie sich lange mit dem Gedanken, diesen ihren ausgesprochenen Liebling — an Paul vorbei — zu ihrem Nachfolger zu machen. Unter den Auswirkungen des von der Großmutter bis ins letzte Detail ausgearbeiteten Lehr- und Erziehungsplans, der von den Prinzipien Rousseaus geprägt war und zur Ausführung dem Schweizer Republikaner und Agnostiker La Hârpe übertragen wurde, hatte Alexander sein Leben lang zu leiden. Zwar war seine Bildung von hohem humanistischem Rang und hatte ihm neben den alten und neuen Sprachen ein gediegenes klassisches Wissen — vor allem auf dem Gebiet der Antike — vermittelt; doch stand diese Bildung in keiner Beziehung zur russischen Wirklichkeit und bereitete den künftigen Herrscher über das riesige und komplexe Reich in keiner Weise auf seine Aufgaben vor. Auf diese Tatsache näher einzugehen, verbietet uns der Rahmen dieses Kapitels; doch sei erwähnt, daß Alexander, trotz seines weltweiten Ruhmes als Sieger über Napoleon, seiner gewinnenden Leutseligkeit und seiner jugendlich strahlenden Erscheinung, die ihm alle Herzen zufliegen ließ, alles andere als glücklich war. Am Ende eines tragischen, von persönlichen Schicksalsschlägen gezeichneten und seit dem Tode des Vaters von Gewissensnot umdüsterten Lebens, zog er sich — noch keine fünfzig Jahre alt — auf eine rätselhafte und bis heute nicht geklärte Weise vom Thron und seinem Volk zurück.

Doch wir sind noch in den Kinder- und Studierstuben des „russischen Potsdam", wie das Palais des exerzierwütigen Thronfolgers Paul in Gátschina genannt wurde. Ein Bildungsgang wie der Alexanders konnte den fünf Töchtern nicht schaden; er machte sie zu hochgebildeten Frauen. Die erste Erzieherin der kleinen Katharina war — von der englischen Kinderfrau abgesehen — die baltische Baronin von Lieven (später bekam die Familie den Fürstentitel), von der es heißt, daß

im ganzen Palais nur die winzige Großfürstin ihre kalten, strengen Mienen in ein freundliches Lächeln umwandeln konnte. Als Katharina zwei Jahre alt war, schrieb die Großmutter an Grimm: „Was soll ich von ihr sagen? Sie ist bei weitem nicht das, was ihre Geschwister in ihrem Alter waren. Sie hat zwar hinreißend schöne Augen und schwätzt, mit ihren Spielsachen in einer Ecke sitzend, ununterbrochen vor sich hin, doch sagt sie dabei nichts Bedeutsames."
Die Mutter schreibt zur gleichen Zeit ihren Eltern: „Cathérine ist ein süßes, herziges Püppchen, Mamas ausgesprochener Liebling. Sie ist sehr zärtlichkeitsbedürftig und schenkt auch selbst, wo sie nur kann, Wärme und Zärtlichkeit."
Und die Lehrer? Herr von Krafft, Monsieur de Puygé und Herr von Storch, die Katharina in Mathematik, Geographie, Geschichte, Staatswissenschaften und Fremdsprachen unterwiesen, wunderten sich über die rasche Entwicklung ihres Verstandes, der über alle anderen Eigenschaften zu dominieren schien. Katharina legte einen großen Fleiß an den Tag, und — was für ihr Alter ganz ungewöhnlich war — sie verstand es, ihre Zeit selbst einzuteilen, tat es vernünftig und hielt den selbstgemachten Tagesplan eisern ein. Ein Zeichen ihrer — lebenslangen — Beschäftigung mit der Heiligen Schrift ist die ihr von der Mutter schon im zarten Kindesalter geschenkte Bibel, von der sich Katharina keinen Tag ihres Lebens trennte und die sie mit zahllosen Randbemerkungen versehen hat.
Nach dem Tode der Kaiserin im Jahre 1796 wich der Druck von der Familie des Thronfolgers; sie atmete auf und gab sich freudigen Zukunftshoffnungen hin. Doch gingen die Hoffnungen nicht in Erfüllung. Nach der Thronbesteigung erwies sich Kaiser Paul I. als ein höchst schwieriger, durch die jahrzehntelange vernichtende Behandlung der Mutter innerlich verkrüppelter, verbitterter, rachsüchtiger und vom Geist des Widerspruchs geplagter Sonderling. Im März 1801 wurde er von einer Gruppe junger Adeliger ermordet; sie glaubten, sein wütendes und unberechenbares Regiment nicht mehr vor dem Vaterland verantworten zu können. Die nach jener Nacht in der Residenz aufgekommenen und zäh sich haltenden Gerüchte sprachen von einer maßgeblichen Beteiligung Englands an dieser Ermordung. Völlig unglaubhaft ist die Vermutung nicht; kurz zuvor hatte Paul den Plan erwogen — auch er konnte seinem krankhaften Widerspruchsgeist

entsprungen sein —, an die Seite Frankreichs zu treten und sich mit Napoleon gegen England zu verbinden.
Rußlands Thron bestieg Alexander, dem das russische Volk, als dem Bezwinger des Korsen, den Beinamen „der Gebenedeite" gegeben hat. Ein jugendlicher, strahlender, liebenswürdiger Monarch. Nach dem kurzen, aber unsagbar düsteren Regiment Pauls „belebte er" — wie Wilhelm von Kügelgen schreibt — „die Hoffnungen aller dortigen Menschenfreunde".
Die kleine Katharina wuchs heran. Über ihre Entwicklung schreibt die Hofdame Winográdowa:
„Sie war eine vollendete Schönheit mit wundervollen, ungemein gütigen braunen Augen und einer großen Fülle kastanienbraunen Haares. Wo immer sie sich auch zeigte — in ihrer Gegenwart wurde es heller im Raum. Doch lag das weniger an ihrer Schönheit als an ihrem Wesen."
„Heute sprach die Gesellschaft bei der Prinzessin Luise von Preußen von den Reizen und Verdiensten der Großfürstin Katharina. Für mich war es ein Genuß zu hören, wie man ihr auch hier, in der Fremde, die schuldige Gerechtigkeit widerfahren ließ" (Gesandter Fürst Kurákin an Kaiser Alexander. Aus Memel, den 12./24. Mai 1807).
Während der Erfurter Fürstentage machte Talleyrand dem Kaiser im Auftrag Napoleons Andeutungen darüber, daß durch eine Heirat mit der Großfürstin Katharina das enge Bündnis mit Rußland noch fester werden könnte. Alexander schien nicht abgeneigt zu sein, stieß aber sowohl bei Katharina als auch bei der Kaiserin-Mutter auf solch einen Widerstand, daß er sofort nachgab. Katharinas authentische Worte sollen bei dieser Unterredung so gelautet haben: „Ich werde lieber den letzten russischen Ofenheizer heiraten als diesen korsischen Abenteurer."
Der nächste Bewerber um ihre Hand war Kaiser Franz I. von Österreich, der zum zweiten Mal Witwer geworden war. Alexander gab sofort eine abschlägige Antwort, und auch Kurákin äußerste zu diesem Thema Bedenken: „Die Persönlichkeit des Kaisers paßt zur Großfürstin überhaupt nicht: Er ist willenlos und ohne Kraft und Energie. Auch ist er so furchtsam, daß er nicht einmal im Galopp zu reiten wagt. Mit den Eigenschaften Katharina Páwlownas stimmt das alles nicht überein, denn sie besitzt Geist, Mut und Willenskraft. Furcht-

samkeit kennt sie nicht, die Kühnheit, mit der sie feurige Pferde reitet, erweckt in jedem Mann Neid und Bewunderung“ (Kurákin aus Tilsit am 10./22. Juni 1809).

Der Kronprinz von Bayern und Prinz Heinrich von Preußen sind die nächsten Bewerber. Darauf Kurákin aus Tilsit: „Ich gestehe Ihrer Majestät, daß keiner von beiden der Hand ihrer Kaiserlichen Hoheit würdig ist und daß sie mit keinem von ihnen glücklich werden würde. Eine Verbindung mit Bayern wäre schon allein deswegen unmöglich, weil der Kronprinz auf der Seite der Franzosen gegen Rußland gekämpft hat.“

Über den Kronprinzen Wilhelm von Württemberg, der gleichzeitig mit den österreichischen Erzherzögen Ferdinand und Johann auf der Bildfläche erscheint, urteilt Kurákin (der allem Anschein nach ein Bevollmächtigter des Zaren in diesen delikaten Angelegenheiten ist), folgendermaßen: „Zwar steht der königliche Prinz Wilhelm den Österreichern in nichts nach — er ist klug, liebenswürdig und hat ein ansprechendes Äußeres —, doch bin ich nicht davon überzeugt, daß seine Grundsätze ebenso fest sind wie die der Erzherzöge, die ja aus dem tiefgläubigen Hause Kaiser Leopolds kommen. Ferdinand steht im Ruf glänzender Tapferkeit, die er im Feldzug von 1805 bewiesen hat, und was Johann betrifft, so ist er in allem vortrefflich: Er hat Charakter und Grundsätze und ist sehr fleißig. Das ist viel, aber noch nicht alles. Auf meine Frage, was für eine Stellung er nach der Heirat einnehmen, welch einen Unterhalt man ihm aussetzen werde und auf welch eine Weise der Wohlstand seiner Nachkommenschaft gesichert sei, bekam ich keine zufriedenstellenden Antworten. Ich schlug dann vor, den Erzherzog zum Statthalter von Böhmen zu machen und dem jungen Paar Prag als Residenz anzuweisen.“

Nach langen Verhandlungen fiel auch dieser Plan ins Wasser. Kaiser Franz weigerte sich, die Zukunft der Nachkommen seines Bruders sicherzustellen. Außerdem — so sagte er — wäre es unter den jetzigen Verhältnissen ganz unmöglich, eine neue Statthalterstelle zu schaffen.

Wir überspringen die weiteren Bewerber und kommen ans Ziel. Katharina heiratet — wie man es von ihr nicht anders erwarten konnte — den Mann ihres Herzens. Es ist der vier Jahre ältere Prinz Georg von Holstein-Oldenburg, der mit seinem Vater nach St. Petersburg kommt. Der Zufall will, daß er mit einem anderen Bewerber zusam-

menstößt — mit dem in russischen Diensten stehenden Generalmajor Prinz Leopold von Sachsen-Coburg (nebenbei gesagt, einem schönen und außerordentlich liebenswürdigen Mann). Die Wahl wird schwierig gewesen sein. Katharina wußte, daß sie nicht nur ihr Herz sprechen lassen sollte, sondern auch die „Tugend der Klugheit“ zu Rate ziehen mußte, jene Tugend, die sie als orthodoxe Christin, gemäß der Lehre der großen griechischen Kirchenväter, höher einzuschätzen hatte als selbst die Liebe. Doch Katharina hatte Glück; ihr Herz *und* ihre Tugend sprachen einstimmig für Georg. Eine Vielzahl gemeinsamer geistiger Interessen auf den Gebieten der Literatur und Geschichte erwiesen sich als zusätzliche Gaben aus dem Füllhorn des Glücks. Die Hauptsache aber war: Georg willigte sofort und ohne Umschweife in Katharinas Bitte ein, für immer in Rußland zu bleiben.
Drei Monate vor der Hochzeit schreibt Joseph de Maistre an einen italienischen Freund: „Der Prinz gehört, wie auch der Kaiser, dem Holsteinischen Haus an. Die Heirat mag ungleich sein, aber sie ist vernünftig; auch ist der Prinz der Großfürstin, deren Schönheit, Güte und Liebreiz unvergleichbar sind, durchaus würdig. Im übrigen handelt heute jede Prinzessin, deren Familie sich der schrecklichen Freundschaft Napoleons erfreuen muß, richtig, wenn sie sich ein wenig bescheidener vermählt. Denn der Franzose ist unberechenbar, und wer hätte schon Lust, auf sein Geheiß einen Fürsten zu heiraten, der seiner Herrschermacht unterworfen ist? Auch kann die Großfürstin noch immer nicht vergessen, daß zwei ihrer jungen Schwestern ins Ausland heirateten und dort verstarben ... Ihr heißer Wunsch, im Vaterland bleiben zu dürfen, ist in Erfüllung gegangen. Den Prinzen aber erwartet hier eine mehr als glänzende Zukunft.“
Nun, der Prinz wurde zunächst zum Generalgouverneur der Provinzen Twer, Nowgorod und Jaroslawl ernannt. Zur Residenz des Paares wird das umgebaute und neu hergerichtete Palais in Twer, das es nach der Hochzeit, die am 18./30. April 1809 stattfindet, bezieht. Die Mitgift seiner Lieblingsschwester bestimmt der Kaiser; sie beträgt — Preziosen und die kostbare Ausstattung nicht mitgerechnet — zwei und eine Viertel Million Rubel.
Die schönen Tage von Twer sind mit Glück und Harmonie erfüllt. Und schon im Jahr darauf wird dem jungen Paar der erste Sohn geboren. Kaiser Alexander will dem Kind, falls es nach orthodoxem Ritus

getauft wird, den Großfürstentitel verleihen, doch lehnt das Prinz Georg, der das Protektorat über die lutherischen Gemeinden in Rußland übernommen hat, ab. Der Junge wird lutherisch auf die Namen Friedrich Paul Alexander getauft und bleibt ein kleiner Prinz von Oldenburg, ein Name, der in Rußland bis 1917 und noch darüber hinaus in hohem Ansehen stehen und einer Reihe von Akademiemitgliedern gehören wird.

Im Jahre 1811 besucht Alexander die Schwester in Twer. Gleichzeitig findet im Schloß das erste Treffen mit dem berühmten Historiker Karamsín statt, dem noch weitere hochwillkommene Besuche des Gelehrten im Palast folgen. Die Zwischenpausen überbrückt eine lebhafte Korrespondenz zwischen Karamsín und Katharina, auch zwischen Katharina und dem zärtlich geliebten Bruder. Sie umfaßt religiöse und geschichtsphilosophische Themen und zieht sich über Jahre hin. Die Atmosphäre, die im Hause Romanoff-Oldenburg herrscht, geben die Erinnerungen eines der Sekretäre des Prinzen sehr genau wieder:

„Ich konnte nie erwarten, vom Prinzen und der Großfürstin mit solch einer Güte empfangen zu werden; nie zuvor wurde mir eine so herzliche Begrüßung zuteil. Der Prinz stellte mich der Kaiserin-Mutter vor, und diese sagte: ‚Seien Sie nicht nur willkommen, seien Sie einer der Unsrigen!' — Die Großfürstin ließ kaum einen Tag vergehen, ohne ins Arbeitszimmer zu kommen. Mit einem reichen, glänzenden Verstand verband sie eine bezaubernde Lieblichkeit der Rede . . . Sie wollte stets genaue Auskunft über jene Personen haben, deren Angelegenheiten wir gerade bearbeiteten, traute aber nicht jeder allgemein gehaltenen Auskunft, drängte auf Einzelheiten . . . Ihre Schlußfolgerungen waren kurz und treffend. Es gibt Seelen, die sich nur mit dem Vollkommenen zufrieden geben und alles, was mit Mängeln behaftet ist, als niedrig und verletzend empfinden. ‚Ich fürchte', sagte sie einmal, ‚daß die divergierenden Ansichten der Richter nicht immer aus ihren Meinungen, sondern sehr oft aus ihrer Parteilichkeit hervorgehen.' Der Prinz und ich waren mitunter erstaunt, wenn wir sie reden hörten."

An Festtagen fanden im Schloß glänzende Empfänge und Bälle statt. Nur zwei kurze Jahre waren vergangen — „die allerglücklichsten meines Lebens", wird Katharina später sagen —, als die welterschütternden Ereignisse des Jahres 1812 hereinbrachen. Napoleon war in seiner Dreistigkeit bereits so weit gegangen, daß er Katharinas Schwiegervater den ultimativen „Vorschlag“ machte, Oldenburg an Frankreich abzutreten; dafür erlaubte er dem alten Herzog, sich „Erfurt zu nehmen“. Als das Anerbieten strikt abgelehnt wurde, besetzten Frankreichs Heere ganz Oldenburg. Der Herzog floh nach Rußland, Alexander aber forderte kategorisch die Wiederherstellung des Herzogtums und den Abzug aller fremden Truppen. Als der Krieg zwischen Napoleon und Alexander entbrennt, nimmt Oldenburg an ihm teil und stellt für die mörderische Schlacht bei Borodinó am 7. September 1812 eine Legion auf, die vom Bruder des Prinzen, Georg, angeführt wird. Während dieser Schlacht kommt Katharina in Jaroslawl mit ihrem zweiten Sohn, Peter, nieder. Der kleine Prinz wird in der alten schönen Kirche der Großmärtyrerin Barbara nach orthodoxem Ritus getauft.

Alles, was eine Frau und junge Mutter von ihrem Hause aus für das Wohl und die Rettung ihres Vaterlandes im Kriege tun kann — Katharina hat es getan. Als nach der Besetzung Moskaus durch die napoleonischen Heere in Jaroslawl Panik ausbricht, erläßt Prinz Georg folgenden Tagesbefehl:

„Die Großfürstin Katharina Páwlowna, ich und unser jüngstes Kind werden hier bleiben. Ich gebe mein Wort, daß ich die mir anvertraute Stadt nicht verlassen werde, es sei denn im alleräußersten Notfall und im allerletzten Augenblick. Mein Versprechen stützt sich nicht nur auf meine tiefe Ergebenheit dem Kaiser gegenüber, sondern auch auf meine aufrichtige Anhänglichkeit und Sympathie für die Bevölkerung Jaroslawls.“

In Twer wurden zahlreiche Lazarette eingerichtet. Prinz Georg besuchte sie, sah nach dem Rechten, unterhielt sich mit den Verwundeten. So steckte er sich mit Typhus an. In der Vorahnung des nahenden Todes rief er nach seinem älteren Söhnchen, sah es aber nicht mehr, und starb in den Armen Katharinas. Seine sterblichen Überreste wurden Anfang Januar 1813 nach St. Petersburg und im Jahr 1826 nach Oldenburg überführt.

Katharina war es versagt, die Dinge vorauszuahnen; doch sie begriff sofort, daß der Tod Georgs sie für Zeit und Ewigkeit verändern wird. In ihrem Wesen vollzog sich ein Bruch. Heftige, mit unerträglichen Schmerzen verbundene Krämpfe, die den ganzen Organismus erschütterten, wechselten mit tiefen, langandauernden Ohnmachten ab. Ihr

Lebensmut und ihre Energie waren dahin. Das Bild des Todes, des Grauens und des Schreckens wich nicht mehr vor ihren Augen. Wie an einer dunklen Wasserscheide trennten sich die vorausgegangenen Jahre von den Jahren, die vor ihr lagen, und das waren Jahre auswegloser würgender Verlassenheit und unfaßbarer Sinnlosigkeit. — Mit unendlicher Behutsamkeit wurde sie von Jaroslawl in das Palais von Páwlowsk gebracht und der Obhut der Mutter und der Geschwister übergeben. Aber auch in dieser Umgebung fanden die Anfälle auf dem Hintergrund derselben schwarzen Verzweiflung statt. Nichts konnte Katharina aus den hintergründigen Regionen herausführen, an die sich ihre Seele klammerte, in denen es aber für Lebende keinen Aufenthalt geben darf. Als auch nach Wochen keine Besserung zu vermerken war, bestanden die Ärzte auf einer sofortigen Abreise ins Ausland, zu den österreichischen und böhmischen Heilquellen. Die Reise mußte mitten im russischen Winter, in geschlossenem Schlitten, angetreten werden.

„Kind, Gott wird dir die Kraft geben, die du brauchst."

„Kind, der Tod ist nur die Rückkehr des Lebens zu seinem Ursprung." Und das über der Kranken unzählige Male wiederholte Zeichen des Kreuzes, Ausdruck der segnenden, vertrauenden Fürbitte.

Am 8. Februar schreibt Karamsín an einen Freund: „Die Großfürstin ist fort. Man hört, daß sie keinen Menschen sehen will. In solchen Zeiten ist man immer allein. Sie lebt nur dem Schmerz, der sie zugrunderichtet. Noch immer begleiten sie lange, tiefe Ohnmachten."

Die österreichischen Bäder helfen Katharina nicht. Sie reist nach Böhmen, zwingt sich dort zu einem Brief an die Mutter: „Ungeachtet meines Bittens und Flehens, mein Inkognito zu wahren, hat Kaiser Franz befohlen, mir dieselben Ehrenbezeigungen zu erweisen wie ihm selbst. Wenn man mich erblickt, ruft man nach Alexander, als dem Retter Europas. Hier in Prag befindet sich zur Zeit der König von Sachsen mit seiner Familie, doch hat er mich gottlob nicht besucht, da er noch immer nicht entschieden hat, auf wessen Seite er sich stellen soll."

Aus Karlsbad schreibt Katharina: „Mein Schwiegervater ist hier, die einzige Freude und der einzige Heilerfolg, den Karlsbad mir bieten kann." Nach dem Abschluß des Bündnisses zwischen Rußland, Preußen und Österreich reist Katharina nach Wien, wo sie nicht nur mit höchsten Ehren, sondern auch mit warmer Herzlichkeit aufgenommen wird und sich eng an die Kaiserin Maria Ludovica anschließt. Der Umgang mit neuen, ihr in liebevoller Teilnahme zugewandten Menschen, der Wechsel schöner, mit mildem Klima gesegneter Orte, beginnt — sehr, sehr langsam — den schwarzen Vorhang der Verzagtheit, der Katharinas Leben von der Außenwelt trennt, ein wenig aufzuhellen. In Begleitung des Erzherzogs Johann reist sie durch die Steiermark: Sie will nach Böhmen. Unterwegs erreicht sie die Nachricht von der Völkerschlacht bei Leipzig. Es ist der Sieg der 250.000 Verbündeten über 160.000 Franzosen. In einer Anwandlung matter Freude beschließt Katharina, ihre Schwester Maria in Weimar aufzusuchen.

Obwohl viele Bücher, die von Goethe handeln, auch von dieser Frau berichten, wollen wir hier dennoch eine Skizze von ihr entwerfen. Es ist Maria Páwlowna, Kaiserliche Hoheit und Großfürstin von Rußland, Erbherzogin, später Großherzogin von Sachsen-Weimar. So schön wie ihre Schwester Katharina war sie bei weitem nicht, diese hohe Frau, deren Bild mit dem ihrer berühmten Schwiegermutter Luise so eng verbunden ist. Aber sie ist ohne Makel. „Von jeher war sie für das Land ein Engel gewesen und wird es immer mehr, je länger sie ihm verbunden bleibt", sagte Goethe im Jahre 1828 zu Eckermann, „weil sie in edelster Gesinnung ihre großen Mittel dazu verwendet, um Leiden zu lindern und gute Keime zu wecken." Er kannte sie seit ihrer Verheiratung, diese hochgewachsene, hochgegürtete, schlanke, junge Großfürstin mit dem zarten, von hellblauen Augen bestrahlten und von dunklen Locken umrahmten Gesicht. Damals wartete das hochkultivierte Weimar mit Spannung und gemischten Gefühlen auf die Prinzessin aus dem barbarischen Rußland. Zuerst kamen die hundert Fuhren mit ihrer Aussteuer; jeder, der es wünschte, hatte Zutritt zum Schloß, wo die Schätze — für die Weimarer eine nie gesehene Pracht — in mehreren Sälen ausgestellt waren: Purpur, Hermelin, Geschmeide, Gold, Juwelen, kostbarstes Tafelgeschirr, mit Zobel und Nerz gefütterte Samtmäntel, Tapisserien, Handarbeiten, Spitzen. Die Altargeräte der mitgeführten orthodoxen Hauskapelle waren aus massivem Gold. Für die Bevölkerung Weimars ein Gesprächsstoff für Monate. Goethe, den die Kunde von den russischen Reichtümern mit Sicherheit auch erreichte, wird aber über Maria Páwlowna in der Folge diese schönen und gewichtigen Worte sagen:

„Sie ist eine der bedeutendsten und besten Frauen unserer Zeit. Und sie würde es auch dann bleiben, wenn sie keine Fürstin wäre. Das ist es, worauf es ankommt: Daß, wenn der Purpur abgelegt wird, die Größe bleibt."

Diese Worte werden auch noch hundert Jahre später für Marias Blutsverwandte, die Blutzeugen von 1918, gelten.

Die hochgebildete junge Großfürstin fand in Weimar sicherlich ihrem Niveau gemäße Gesprächspartner. Abgesehen von Goethe, der im großherzoglichen Palais ein häufiger und gern gesehener Gast war und den Maria Páwlowna später bei der Erziehung ihrer Kinder zu Rate zog, gab es bei Frau von Stein, bei Charlotte von Schiller und anderen hochgestellten Damen der Weimarer Gesellschaft Teeabende, bei denen illustre Gäste durchaus keine Seltenheit waren: Weimar zog die großen Geister jener Zeit wie ein Magnet an. „Ich beobachtete die Großfürstin, die die Seele aller Gespräche war ... Zumal mit dem Meister, den sie auf eine feine und leise Art versteht und gewähren läßt. Er ist entzückt ... Und in solch einer Sozietät auch selbst geistreich und gewandt" (Charlotte v. Schiller). Ab und zu hält die Erbherzogin in ihrer Bibliothek halböffentliche wissenschaftliche Vorträge. Ihre Ehe ist nicht sonderlich glücklich. Was die Kinder betrifft, so folgen auf den früh verstorbenen Sohn zwei Töchter, von denen die jüngere, Augusta, später die Gemahlin Kaiser Wilhelms I. werden wird. Der ersehnte Erbprinz, Carl Alexander, kommt erst nach vierzehn Ehejahren.

Maria Páwlowna wäre keine tiefgläubige orthodoxe Russin gewesen, wenn sie sich auf die Dauer mit dem Hoftreiben, der Etikette und den gesellschaftlichen Zerstreuungen der kleinen Residenzstadt begnügt hätte. Gelangweilt wird sie sich in Weimar nicht haben, wohl aber unausgefüllt und unbefriedigt gewesen sein. Darum suchte und fand sie für sich eine Reihe lohnender Aufgaben. Weimar verdankt der stillen russischen Prinzessin unendlich viel. Auf sie gehen die Landesanstalten für die Armen- und Krankenpflege zurück, ein Waisenhaus, ein Erziehungsheim für verwahrloste Kinder und Jugendliche, ein Hilfsverein für entlassene Sträflinge, Suppenküchen für verarmte alte Bürger, ein Frauenverein zur Linderung sozialer Notfälle, ein Ausschuß zur Pflege bedürftiger Wöchnerinnen, eine Reihe von Spinnstuben für ältere Frauen, über zwanzig Nähstuben für junge Mädchen; dazu eine

Gartenbauschule und — last not least — auch die erste, im Jahre 1821 eröffnete Sparkasse Weimars. Alles Werk und Initiative Maria Páwlownas, alles — fast ausnahmslos — aus ihrer Privatschatulle finanziert.

Wir verlassen das Weimar der Goethezeit, ohne Katharinas Besuch abzuwarten.

Sie reist und reist noch immer. Obwohl ihre ausweglose Verzagtheit allmählich ihrer angeborenen tiefen Religiosität weicht, obwohl sie sich dem Willen Gottes zu beugen beginnt, hat der Gedanke an eine Rückkehr nach Rußland immer noch etwas Erschreckendes und Würgendes. Der realen Konfrontation mit den Erinnerungen fühlt sie sich nicht gewachsen; lieber nimmt sie die schweren Strapazen des Reisens per Achse und Schlitten auch weiter auf sich. In Hof trifft sie mit Alexander zusammen, genießt die Liebe des Bruders und den Trost des geschwisterlichen Gesprächs. Dann geht die Reise durch Württemberg, wo ihre Erscheinung allgemeines Aufsehen erregt. In Schaffhausen trifft sie Johann Georg Müller, den gelehrten Bruder des berühmten Staatstheoretikers. Obwohl es in Katharinas Innerem düster aussicht, sucht sie jetzt das Gespräch. Müller schreibt in sein Tagebuch: „Ich fühle mich bei ihr in einen hohen Gedankenkreis erhoben. Sie hat nichts weiblich-Tändelndes an sich, ist im Besitz eines männlichen Verstandes und der seltenen Gabe des Nachdenkens. Ihre Gedanken spiegeln sich in ihren Augen. Was für eine süße Anmut."

In Wiesbaden scheint die Kur anzuschlagen — das schafft die bessere Gemütsverfassung. In Oldenburg tröstet sie ihren Schwiegervater, ordnet die Erbschaftsangelegenheiten ihrer Söhne. Ihre warme Mütterlichkeit begeistert die Oldenburger. Dann geht es durch die Niederlande, wo sie in verschiedenen Städten eine Reihe von Bildergalerien besichtigt. Das nächste Ziel ist England. Der Hof empfängt sie mit höchsten Ehren. Es ist Anfang April 1814. Da schlägt wie eine Bombe die Nachricht ein, daß die französische Hauptstadt gefallen sei und die verbündeten Monarchen — allen voran Alexander — feierlich in Paris eingezogen sind. Napoleon entsagt in Fontainebleau der Krone und zieht sich auf die Insel Elba zurück. — Die kaum zu fassende, weltbewegende Kunde entfacht in London einen Freudentaumel; deren Wirkung auf Katharina ist aber unbeschreiblich. Ihre Seele schwingt sich aus dem dumpfen Kellerloch, in dem sie jahrelang gefangen war, in den strahlend blauen Aprilhimmel, die Krämpfe verschwinden, die schwarzen Gewänder werden abgeworfen, Katharina zieht helle Kleider an. Der Triumph des Vaterlandes, der Ruhm Alexanders, der Jubel Europas verscheuchen die letzten Schatten der Vergangenheit. Katharina spricht, scherzt, lacht wieder! Und — was für ein Jubel — die Monarchen kommen nach London! Alexander will England kennenlernen, er liebt das englische Volk, bewundert seinen Fleiß, seinen Erfindungsgeist. Auf Wunsch des Bruders begleitet Katharina die illustre Gesellschaft nach überall hin, auch nach Oxford, wo den Siegern in einem feierlichen Akt die höchsten akademischen Würden verliehen werden. Katharina freut sich unsagbar — sie ist für jede Freude so empfänglich, so dankbar geworden! Die Engländer staunen über ihr makelloses Englisch, über ihre Kenntnisse in den Künsten und Wissenschaften. Im Gefolge des Kaisers befindet sich der Kronprinz Wilhelm von Württemberg, derselbe, den der alte Kurákin einst — war das in einem anderen Leben? — unter seine mürrisch-mißtrauische Lupe genommen und verworfen hatte. Drei Monate Studienreisen durch England sind auch Monate gesellschaftlicher Festivitäten; sie verfliegen wie drei Tage. Dann fährt Katharina in Begleitung des Württembergers von Dover nach Calais. Ihre Gespräche sind nirgends aufgezeichnet.

Katharina ist gesund, aber sie zögert noch immer, in die gewohnte Umgebung zurückzukehren. Etwas schreckt sie davor ab. Darum trifft sie sich im Spätherbst 1814 noch einmal mit der älteren Schwester und vertrauten Freundin Maria. Die Begegnung findet in Wien statt. Dort tagt schon der Kongreß, jene legendäre Versammlung von Souveränen und Staatsmännern aus zweihundert Staaten, die ihre Faszination bis in unsere Tage hinein bewahrt hat. Die Signatarmächte des Ersten Pariser Friedens, Rußland, Österreich, Preußen, England, Frankreich, Spanien, Portugal und Schweden, sind glanzvoll vertreten. Der Präsident des Kongresses ist Fürst Metternich, der am meisten bewunderte und umjubelte Monarch — Alexander von Rußland, der bedeutendste Staatsmann — Talleyrand. Der Kongreß tagt nicht nur — er tanzt auch. Und wie er tanzt! Denn es wimmelt nur so von Prinzen, Erbprinzen, Kronprinzen, Regenten und Diplomaten. Der alte Fürst von Ligne, der seinerzeit die Kaiserin Katharina auf ihrer Reise durch die Krim begleitet hatte, sagt von den beiden Schwestern:

Die Großherzogin Maria fesselt alle Herzen an sich, die Großfürstin Katharina aber nimmt sie im Sturm. — Da schlägt wie ein Blitz die Nachricht ein, daß Napoleon sein Domizil auf Elba verlassen habe und in Cannes gelandet sei; jetzt befinde er sich auf einem unaufhaltsamen Vormarsch nach Paris. Die große Bestürzung läßt einen Teil der Kongreßteilnehmer aufbrechen und in Eile den Heimweg antreten. Katharina hat es nicht eilig; sie reist nach Ungarn und besucht dort das Grab der sehr jung verstorbenen Schwester Alexandra. Dann richtet sie sich für drei Monate in Wiesbaden ein, wo die Heilquellen ihre Gesundheit voll und ganz und ohne den geringsten Rückstand wiederherstellen. In Frankfurt aber erwartet sie der Württemberger.

„Ich will, daß junge Witwen wieder heiraten, Kinder gebären, den Haushalt führen und keinen Anlaß zu übler Nachrede geben." So steht es in Katharinas Neuem Testament geschrieben. Es ist das fünfte Kapitel des Ersten Paulusbriefes an Timotheus. Und der hochbeglückte Kronprinz Wilhelm erhält ihre Hand und ihre freudige Einwilligung, mit ihm ein neues Leben zu beginnen!

Und jetzt — nach Hause, nach Hause, nichts wie nach Hause!

Nach drei Jahren Abwesenheit umarmt Katharina — strahlend vor Glück — die Kinder, die Mutter, die Geschwister. Der Kronprinz reist ihr nach, hilft beim Abwickeln der letzten Pflichten und Formalitäten. Kaiser Alexander will die kleinen Oldenburger in Rußland behalten, sie für den russischen Staatsdienst erziehen lassen, ist jetzt bereit, beiden den Großfürstentitel zu verleihen. Wilhelm aber protestiert, beschwört Katharina, sich nicht von den Söhnen zu trennen; sie sollen mit nach Stuttgart, er will ihnen der treueste und liebevollste Vater sein. Die Mutter ist überglücklich; so kann sie an ihren Kindern alles gutmachen, was die tragischen Umstände und ihre zerrüttete Gesundheit drei lange Jahre verhinderten. Die Jungen werden in der Obhut der besten und liebreichsten Eltern groß werden.

Am 12./24. Januar 1816 findet in St. Petersburg die mit Glanz und Pracht gefeierte Hochzeit statt. Das Paar bleibt noch einige Wochen in der Residenz, um die Vermählung der jüngsten Schwester, Anna, mit dem Kronprinzen der Niederlande mitzufeiern.

In diesen Wochen wird Katharina ihrem deutschen Gemahl mit Sicherheit die Hauptstadt gezeigt haben. Es werden nicht nur Spazier-

fahrten, es werden auch Spaziergänge gewesen sein. Immer vom Winterpalais aus.
Fangen wir mit dem Reiz eines frostklirrenden Wintermorgens an der Newa an. Es ist eine strenge Jahreszeit, in der sich die glutvolle Schönheit eines solchen Morgens präsentiert, wenn die Sonne — ein riesiger Feuerball — im frostigen Nebel aufgeht, in ihm hängenbleibt und gleichsam schwimmt. Der im Schatten noch blaue, von funkelnden Diamanten übersprühte Schnee knirscht unter den Füßen. Es glüht die altgoldne Kuppel der sich ihrer Vollendung nähernden Isaaks-Kathedrale — eines Traums aus Malachit und Marmor. Es glühen die goldenen, sich zu einer Nadel verjüngenden Turmspitzen der Peter-Pauls-Festung und der Admiralität. Von der Festung fallen in sekundenlangen Abständen, klirrend, die gefrorenen Splitter der Bortnjanski-Hymne: Ich bete an die Macht der Liebe. Eigentlich gibt es diese Worte nur in der Übersetzung; im russischen Original lauten sie:

Wie ruhmreich bist Du, Gott
Und unser Herr in Zion!

Die in Granit gefaßten Ufer der sonst breit und majestätisch dahinfließenden, jetzt aber in einem weißen Panzer gefangengehaltenen Newa werden von den Fassaden der Adelspaläste aus dem 18. Jahrhundert gesäumt. Mit ihren weißen Ornamenten und Fensterkreuzen, die dem Petersburger Barock die spezifische petrinische Note verleihen, prunken sie in zartem Pistazien- und Apfelgrün, in Ocker, Elfenbein und Weinrot, oder sie sind mit dunklem Marmor verkleidet. Sonst pflegen sich diese Paläste im Strom und den Kanälen zu spiegeln, jetzt scheinen sie, wie alles ringsumher, vor Kälte erstarrt. Es frieren die kahlen, schwarzen Bäume des Sommergartens, dessen sorgfältig geschaufelte Spazierwege durch mannshoch aufgetürmte Schneewehen führen. Es frieren die von Ast zu Ast flatternden Vögel. Das von Rauhreif überzogene, schwarzgoldne Prachtgitter strömt Eiseskälte aus. Selbst der über allen Kaminen stehende blaugraue Rauch, der von den dicken Birkenscheiten kommt, die drinnen mit krachenden Salven in den runden Kachelöfen brennen, scheint in der Luft erstarrt zu sein. Die Newa ist spiegelndes weißes Parkett, auf dem, parallel zum Schloßkai und seinen Fortsetzungen, ebenfalls Schlitten dahingleiten. Die auf den Fluß zustrebenden Kanäle, die Brücken mit ihren durchbrochenen schmiedeeisernen Geländern, die breiten, zum Strom hinabsteigenden Treppen, vor allem aber sie selbst, die im Licht der Sonne mit Aquamarinen und Diamanten übersäte Newa, bilden jenes unwiederholbare Ensemble und weltberühmte Panorama, das Peter, Elisabeth und Katharina erschaffen haben.

Die aus den finnischen Sumpfeinöden gestampfte, dem Reich grauer Meereswellen entrissene Residenz ist vor allem das Werk Peters. Steht diese Stadt auf den Knochen ihrer Erbauer? Jedes große Werk hat seinen Preis. Auch St. Petersburg forderte Opfer. Aber jene Zahlen, die man bei uns so gern in die Dimensionen der beim Bau der Pyramiden Umgekommenen hineinsteigert, sind genau solch eine Legende, wie es im 20. Jahrhundert die Heldentaten der „Aurora" und der „Sturm" des Winterpalais sein werden.

Es ist Peters Verdienst, seinen französischen, italienischen und holländischen Stadtplanern widersprochen und die Newa in das großartige Stadtbild einbezogen zu haben. Sein Werk sind die raumverschlingenden Plätze, die strahlenförmigen Achsen der sich in weite Fernen flüchtenden Straßen, der viereinhalb Kilometer lange Newski-Prospekt, auf dessen mit achteckigen Eichenklötzen gepflastertem Fahrdamm in jeder Richtung fünf Prunkkarossen nebeneinander fahren konnten. Auch der Sommergarten, aus dessen dunklem Laub die weißen Marmorgötter und -göttinnen hervorschimmern und hinter dessen Alleen sich das Sommerpalais verbirgt, geht auf Peter I. zurück, wie auch der breite, untersetzte, ornamentreiche Palast seines Freundes und Mitstreiters Menschikoff.

Elisabeth, Peters tanzlustiger Tochter, verdankt die neue Residenz das atemberaubende Winterpalais mit seinen zwei Kilometer langen Fronten und tausend Prunkräumen; das Smolny-Kloster, dessen blau-rosa Rokoko-Kathedrale unter den violetten Schleiern des Petersburger Abendhimmels wie ein Rosenstrauß erglüht. Und die Paläste der Stróganoffs und Scheremétjews. Das Petersburg der Kaiserin Katharina präsentiert sich im Stil Ludwigs XVI. Da sind die Kunstakademie und der erste, nur eine begrenzte Anzahl von Gemälden fassende Eremitage-Pavillon; da ist das Taurische Palais, das die Kaiserin Grigorij Potjemkin zum Geschenk machte — als Gegengeschenk für das von ihm eroberte und ihr zu Füßen gelegte Taurien.[33]) Und da ist das

Falconet-Denkmal über der Newa, mit dem sich die Zarin zur Ideenwelt Peters bekennt: Petro Primo — Catharina Secunda. Aus Erz ist der mächtige Reiter in der kurzen römischen Toga, im schwarzgelockten Haar der Lorbeerkranz. Den Arm richtungsweisend ausgestreckt, ist er im Begriff, auf dem sich aufbäumenden Hengst, unter dessen Hufen sich auch der rosafarbene Granit-Monolith aufbäumt, über den Abgrund zu fliegen. Dreizehn Jahre hat Falconet an diesem Kunstwerk gearbeitet, und es gibt kaum ein zweites Denkmal, das eine größere Faszination ausstrahlt.
Auch Wilhelm, der Kronprinz von Württemberg, wird dem Zauber dieser Stadt für immer verfallen sein. Doch ist es nicht nur der Schauplatz einer großartigen Architektur am Wasser, den Katharina, das Kindeskind, ihrem Mann zeigen kann. Auch das alexandrinische Petersburg ist im Entstehen, nein, es ist schon fast vollendet. Die von einer mattschimmernden Goldkuppel gekrönte, von den Bögen kostbarer Malachitkolonnen umstandene Kathedrale der Mutter Gottes von Kasán ist vor wenigen Jahren fertiggestellt worden. In ihrem Inneren, dessen Herzstück die wundertätige Ikone ist, stehen und hängen in langen Reihen die einstigen Banner, Fahnen und Feldzeichen der Napoleonischen Heere. Vollendet sind die mächtigen Granitbögen des Generalstabs, das Alexandrinen-Theater, die Börse. Doch wir wollen nicht mit den Reiseführern wetteifern; wir wollen nur darauf hinweisen, daß es in Petersburg auch schon das zarte gelb-weiße „russische Empire“ gibt. Es wird das Petersburg aller großen Schriftsteller, Dichter und Lyriker sein, vor allem das Alexander Puschkins, der jetzt, im Jahre 1816, ein schwarzgelockter Knabe mit bräunlichem Teint und glutvollen abessinischen Augen, im Park von Zárskoje Sseló zwischen Seen und weißen Schwänen wandelt und seine ersten Begegnungen mit den Musen feiert.
Trotz der vielen Baustile — es sind Rokoko, Barock, Klassizismus, Empire — ist die Residenz wie aus einem Guß geraten. Sie jubelt in ihren Brücken, Bögen, Balustraden, Karyatiden, Obelisken, Arkaden, Rosetten und Schiffsschnabelsäulen. Nichts stört, nicht einmal die altägyptischen Hieroglyphen und die aus dem heißen Theben gekommenen geflügelten Löwen, die sich auf den Brücken niedergelassen und, wie es scheint, nicht ungern in das großartige Panorama eingefügt haben. Doch könnte es sein, daß sie sich in den sternklaren, frostklirren-

den Winternächten der „nordischen Semiramis“ nach dem Kreuz des Südens und dem heißen Sand der Wüste sehnen.
Petersburg wird alle großen Dichter zwingen, ihm gegenüber Stellung zu beziehen, sei es in Prosa oder in Versen. Viele von ihnen werden ihrem alptraumartigen, mystischen Erschrecken Ausdruck verleihen, viele werden behaupten, die Stadt sei irreal, und man sehe sie nur im Traum. Dieser und jener wird daran erinnern, daß St. Petersburg während der Bauzeit verflucht worden ist. Nicht so die ganz Großen. Alexander Puschkin und Anna Achmátowa werden ihre Liebe zur schönen Stadt in hinreißenden Versen bekunden.
Was Katharina ihrem Gemahl nicht zeigen kann, sind die Petersburger Weißen Nächte, wenn vom perlmutterfarbenen, opalisierenden Himmel ein geisterhaftes Licht auf die schlafende Stadt rinnt und die gesteigerte nervöse Aufgeschlossenheit der Menschen jeden Gang durch die entmaterialisierten Straßen zu einer traumwandlerischen Vision macht. Ja, dann, im Mai und Juni, wird die Stadt irreal, sie wird zur Legende über spiegelndem Wasser. Man sollte dann zu den Inseln im Newa-Delta hinausfahren, wo die Gärten der palastartigen Villen in einem Meer von Flieder versinken.
Am 2./14. März 1816 erfolgt die Abreise nach Deutschland. Vor das Portal des Winterpalais fahren geschlossene, mit Rappen und Apfelschimmeln aus dem kaiserlichen Marstall bespannte und mit Proviant, Kissen, Pelzdecken und Wärmflaschen versehene Schlitten vor. Wieder schwebt — beschwörend und fürbittend — das Zeichen des Kreuzes über der Tochter und Schwester:
„Der Herrgott behüte euch! Viel, viel Glück! Und auf ein baldiges Wiedersehen!“
Die lange, beschwerliche Reise führt über die Ostseeprovinzen Livland und Kurland; ob über Polangen oder Tauroggen, steht noch nicht fest, das hängt von der besseren Schlittenbahn ab. Einen Monat später erfolgt der festliche Einzug des Kronprinzenpaars in Stuttgart.
Der Regierungsantritt Wilhelms von Württemberg, der seinem Vater schon im Oktober auf den Thron folgte, fiel in eine trübe Zeit. Das von den Kriegshandlungen schwer mitgenommene Land war mit Schulden beladen, die Bevölkerung von untragbaren Steuern niedergedrückt und fast an den Bettelstab gebracht. Auf den verregneten und kalten Sommer waren Mißernten und Teuerung gefolgt. Regierung

und Stände kämpften um die Verfassung. So lagen die Dinge, als Wilhelm und Katharina in Stuttgart eintrafen. Die kostbare Mitgift, die auf zahllosen Fuhren aus Petersburg nachgekommen war, wurde, wie üblich, in den Sälen des Schlosses ausgestellt. Auch hier war sie — wie einst bei Maria in Weimar — ein faszinierender Anblick: Smaragde und Diamanten, schimmernde Perlen, Diademe, Pelzwerk. Bei vielen Württembergern erweckte der Anblick dieser Pracht Befürchtungen, das verarmte Königreich könnte jetzt gezwungen sein, einen großfürstlich-kaiserlichen Hofstaat zu errichten. Aber es geschah nichts dergleichen: Die Kronprinzessin nahm die Verwaltung des Hofstaates sofort in die eigene Hand, kürzte — nicht immer zur Zufriedenheit der Höflinge — die Ausgaben um fast die Hälfte und machte die ersparte Summe zum Grundstock ihrer geplanten Hilfsaktionen. Aus Rußland hatte sie einen verschwindend kleinen Hofstaat mitgebracht: ihre alte englische Kinderfrau, die die Oldenburger betreute, eine einzige Kammerzofe und den Diener ihres verstorbenen Mannes. Mit der im Jahre 1812 in Twer zurückgelassenen, mit kostbaren Ikonen und Altargeräten ausgestatteten Hauskapelle kamen Katharinas Beichtvater und ein paar Chorsänger mit. Wie ihre Schwester Maria war auch Katharina mit ihrem Wesen in der Ostkirche verwurzelt; dennoch begleitete sie ihren Mann in die lutherischen Gottesdienste und folgte ihnen mit sichtlicher Andacht.

Katharina wäre nicht Katharina gewesen, wenn ihr nicht alle Herzen zugeflogen wären. Ihr Liebreiz verzauberte jeden, der mit ihr in Berührung kam, ihre Gesundheit ließ nichts zu wünschen übrig, ihre alte Energie erfüllte sie wie eh und je. Innerhalb von drei Jahren schenkte sie dem König zwei kleine Prinzessinnen, Marie und Sophie (die künftige Königin der Niederlande). Die Harmonie der Ehe war ungetrübt. Und dennoch sagte die Königin eines Tages unvermittelt und ohne sichtbaren Zusammenhang mit dem vorher Gesagten:

„Mir bleibt nicht viel Zeit übrig. Ich muß mich beeilen, Gutes zu tun. Das Ende kommt mitunter sehr schnell.“

Sie hatte einen hellen Blick für die Nöte der Menschen und für die Pflichten einer Landesmutter. Der Bevölkerung mußte schnell und unbürokratisch geholfen werden. Das tägliche Brot war bei den meisten viel zu knapp geworden. Für die Rettung der verwahrlosten, sich auf den Straßen herumtreibenden Kinder mußte erst recht eilig gesorgt werden. Daß Katharina ihre eigenen Geldmittel in großzügiger Weise einsetzte, daran zweifeln wir nicht; doch sie wandte sich auch mit Aufrufen an das ganze Land, vorwiegend an die Frauen, d. h. jenen Teil der Bevölkerung, dessen Hauptaufgabe — so die Auffassung der Königin — das Helfen war. Schon Ende 1816 entstand eine über ganz Württemberg verbreitete Gesellschaft, die die Kräfte aller Willigen und Gutgesonnenen bündelte, um das menschliche Elend zu lindern, ja, wenn möglich, auf ein Minimum zu reduzieren. Das königliche Paar ging mit seiner Großzügigkeit und Freigebigkeit allen voran; die Aufteilung und Verwendung der Geldspenden und Gaben nahm Katharina in die eigene Hand, und zwar gemäß ihrer das ganze Werk bestimmenden Überzeugung: Arbeit verschaffen hilft mehr als Almosen geben. Sie rief in ganz Württemberg Arbeitsanstalten ins Leben, darunter zahlreiche Näh- und Handarbeitsstuben für Frauen und Mädchen, deren Erzeugnisse zu einem soliden Preis, auch nach Rußland, verkauft wurden. Es entstanden Werkstätten, Lehrstellen, Lager von Industriewaren. Katharina freute sich über die sichtbare Erleichterung der armen Frauen, die ihr Leben nicht mehr von gelegentlichen milden Gaben zu fristen brauchten, sondern es durch ihre gut bezahlte Arbeit in die eigene Hand nehmen durften. Für die Alten und Arbeitsunfähigen wurden Speiseküchen eröffnet. Die größte Sorge Katharinas, die verwahrlosten Kinder und Halbwüchsigen, die in den Straßen herumlungerten und denen das Anbetteln der Passanten zur zweiten Natur geworden war, wurden von der Straße geholt und in eine eigens für sie gegründete Schule eingewiesen. Das weitläufige Gebäude war ein Geschenk des Königs. In dieser Schule waren Lehrer und Erzieher in einer besonderen Weise dazu verpflichtet, den Kindern nicht nur praktische Kenntnisse und Handfertigkeiten beizubringen, sondern vor allem eine religiös-sittliche Bildung zu vermitteln. Viele Hunderte — vielleicht auch Tausende — von Kindern wurden durch diese Schule dem Diebstahl, dem Müßiggang und der Verwilderung entrissen. Die ständigen Besuche der Königin, die jedes Kind beim Namen kannte, beflügelten Schüler und Lehrer.

Katharina erntete auch heftige Kritik an ihrem Werk, doch nahm sie sich so etwas nicht zu Herzen. „Es liegt in der Natur der Liebe, sich um des Guten willen auch das Böse gefallen zu lassen", pflegte sie zu sagen. Aber sie sagte auch: „Der Schöpfer läßt alle Kinder mit einem

reinen Herzen zur Welt kommen. Was sie verdirbt, ist das böse Beispiel der Umgebung. Darum muß man die gänzlich Verirrten von den anderen trennen, wie man kranke Schafe von den gesunden trennt."
So wurden Kinder und Jugendliche, deren Veranlagung oder Gewohnheiten ein Ausscheiden aus der Schule unvermeidbar machten, aufs Land gebracht und der Obhut dafür geeigneter Ehepaare anvertraut. Diese Aktion überwachte die Königin persönlich und finanzierte sie aus ihrer Privatschatulle.
Katharinas Wunschtraum blieb die Gründung einer Internatsschule für Mädchen nach dem Vorbild der privilegierten kaiserlichen Erziehungsanstalten in St. Petersburg, vor allem des berühmten Smolny. Die kaiserliche Großmutter hatte ja — den Prinzipien der Aufklärung folgend — nicht weniger als 700 Klöster aufgelöst, darunter auch das Smolny-Kloster. In dessen weitläufigen, beinah palastähnlichen Gebäuden gründete sie dann die exklusive Lehranstalt, die jetzt der Enkelin vorschwebte. Ihre unermüdliche Energie schaffte auch das: Im August 1818 wurde das Königliche Katharinenstift eingeweiht. Als die Königin nach dem feierlichen Eröffnungsakt in den Kreis der Mütter trat, sagte sie mit seltsam bewegter Stimme:
„Das Leben hat sehr harte Seiten. Für seinen Ernst muß der Mensch von Jugend an erzogen und gerüstet sein. Nur die sittliche Kraft der Frau und ihr durch eine gute Erziehung veredelter Charakter können Garanten einer besseren Zukunft sein."
Ein anderes Mal sagte sie: „Meine Hoffnungen setze ich auf die Eltern. Wenn sie die Kinder auch daheim im Sinne meiner Erziehungsgrundsätze beeinflussen, wird diese Erziehung Früchte tragen — andernfalls nicht."
Das Jahr 1818 schenkte der Königin die Freude des Wiedersehens mit ihrer Familie. Es kam Kaiser Alexander, es kam der Bruder Michael und auch die Kaiserin-Mutter. Am Neujahrstag 1819 wohnte das Königspaar der Göttlichen Liturgie der Ostkirche bei, dann begab es sich in den protestantischen Gottesdienst. Katharina freute sich unsagbar über die Nachricht, daß Kaiserin Elisabeth, die Gemahlin Alexanders, die bei ihrem kranken Bruder, dem Großherzog von Baden, zu Besuch weilte, auf der Rückreise nach Rußland in Stuttgart einkehren werde. Doch der Besuch fand nicht statt. Am 3. Januar erkältete sich Katharina bei einer Ausfahrt mit dem König. Vier Tage später — es

war das „russische“, d. h. das von der Ostkirche nach dem Julianischen Kalender gefeierte Weihnachtsfest — kam zu der schweren Erkältung eine Gesichtsrose hinzu. Das Fieber stieg von Stunde zu Stunde. Nach dem Stand der damaligen Medizin wußten die Leibärzte mit der Krankheit nicht viel anzufangen; sie verordneten Dinge, die man heute als Hausmittel bezeichnen würde. Schließlich setzte man am Zahnfleisch der Königin Blutegel an und deckte ihren ganzen Körper mit Senfpflastern ab ... Sie wurde immer schwächer, verlor von Zeit zu Zeit das Bewußtsein. Am 9. Januar in der Frühe kam sie für einen kurzen Augenblick zu sich und rief nach ihrem Beichtvater. Unmittelbar danach trat der Tod ein.

Im Schloß erhob sich ein Wehklagen ohne Ende. Es übertrug sich auf die Straßen und Plätze der Residenzstadt und auf ganz Württemberg. Die Menschen weinten laut, wo immer sie sich befanden, ohne von ihrer Umgebung Notiz zu nehmen. Kinder liefen wie verloren umher. Totenämter und Trauergottesdienste folgten fast pausenlos aufeinander. Im Schloß nahm die Bevölkerung Württembergs Abschied von der Königin; dann geleitete sie deren sterbliche Hülle zur Stiftskirche, wo die provisorische Beisetzung stattfand. Man wagte es kaum, auf den König zu schauen, der, die beiden kleinen Oldenburger an der Hand, mit entblößtem Haupt hinter dem Sarg ging.

Im Jahre 1824 wurden Königin Katharinas sterbliche Überreste auf dem Rothenberg oberhalb Cannstatts überführt, wo das ihr vom alten König zum ersten Geburtstag in der neuen Heimat geschenkte Sommerschlößchen steht. Ganz in der Nähe war jetzt eine orthodoxe Kapelle errichtet worden. In ihr fand fünfundvierzig Jahre später auch König Wilhelm seine letzte Ruhestätte.

Große russische Dichter wie Dershawin und Shukowski (der sich 1841 in dieser Kapelle trauen ließ) hatten Katharina Páwlowna schon zu deren Lebzeiten besungen. Ein Gedicht in deutscher Sprache — ein sehr schönes wahrscheinlich — wurde ihr von Ludwig Uhland zugeeignet. Er legte es mit einem kleinen, aus Ähren geflochtenen Kranz auf den Sarg. Von diesem Gedicht ist nur die erste Zeile erhalten:

Muse, einst wandelnd in Trauer zwischen Palästen ...

Es gibt mehrere gute Porträts der Königin. Eines der schönsten ist wohl das von Borowikowski (1757—1825) gemalte. Es hängt in der Porträt-Galerie des Winterpalais zu St. Petersburg/Leningrad.
Wir beschließen den Lebensabriß Katharina Páwlownas mit den Worten, die auf einer zu ihrem Gedächtnis geprägten Medaille zu lesen sind:

In Zeiten der Nacht
Wandelte sie unter uns
Leuchtend und wärmend
Bis wieder die Sonne kam.
Dann ging sie.

Der Gratwanderer

Es war in Paris. Wir — ein kleiner Kreis Gleichgesinnter — hatten vom Bischof der russisch-orthodoxen Kirche eine Einladung zum Tee bekommen. Diese Teestunde sollte den Rahmen für einen Bericht bilden, auf den wir lange und mit gespanntem Interesse gewartet hatten, der aber infolge der angegriffenen Gesundheit des Greises immer wieder hinausgeschoben worden war. Jetzt ging es Seiner Eminenz sichtlich besser, und er hatte uns wissen lassen, daß er das Versäumte nachholen und uns, wie versprochen, von seinem Bruder Leonid erzählen wolle. Zwar hatten wir von diesem schon einiges gehört und auch gelesen; aber die Lebensbeschreibung in allen Einzelheiten aus dem berufenen Munde des Bruders zu hören, war doch etwas anderes. Darum freuten wir uns auf diese Stunde, der noch eine oder zwei weitere folgen sollten.

Um bei dem hochbetagten Herrn nicht einzeln nacheinander zu erscheinen, versammelten wir uns zunächst bei einem der „Unsrigen". Der Anblick der Bücherschränke brachte uns in vorletzter Minute auf den Gedanken, ein Lexikon aufzuschlagen und einiges über die Familie des Bischofs zu erfahren. Es fand sich zwar kein vierzigbändiges, aber ein dennoch ziemlich umfassendes, in dem wir das Gesuchte mühelos fanden.

„Tjen-Schan, 3000 km langes und 600 km breites zentralasiatisches Gebirge. An der russisch-chinesischen Grenze schroff abfallend und stark vergletschert. Höchster Gipfel: 7439 m."

Und beim Zurückblättern:

„Semjonoff-Tjenschánski, Pjotr Petrówitsch (1827—1914), berühmter russischer Geologe und Forschungsreisender, entdeckte das zentralasiatische Gebirge Tjen-Schan und führte bei seinen Expeditionen wertvolle wissenschaftliche Forschungen durch, wonach er und seine Nachkommen dem eigenen Namen den Namen des Gebirges hinzufügen durften. In den erblichen Adelsstand erhoben, wurde er nacheinander von drei Zaren ausgezeichnet."

Das war der Großvater des Bischofs. Wir ahnten jedoch, daß er in dem bevorstehenden Bericht nur eine Nebenrolle spielen werde.

Nachdem der Tee von einem jungen Novizen abgeräumt worden war, sagte unser Gastgeber mit einem Lächeln:
„Ich sehe, ihr wartet schon ... Nun denn, in Gottes Namen.“

*

Mein Bruder Leonid wurde im Jahre 1881 als zweites Kind unserer Eltern geboren. Er unterschied sich von uns anderen Kindern durch ein eigenwilliges, kaum definierbares Charisma und auch dadurch, daß er schon im Alter von vier Jahren richtig lesen und schreiben konnte. Körperlich war er schöner und kräftiger als wir alle, hatte dichtes lockiges Haar und schwarze Augen. Seltsamerweise weckte er nicht nur bei den Eltern, sondern auch bei Außenstehenden und sogar bei uns Kindern das Gefühl, ihn erwarte ein ungewöhnliches Schicksal. Dabei gab er durch Charakter und Verhalten keinerlei Anlaß zu solchen Erwartungen, war ein lebhaftes, fröhliches Kind und zeichnete sich durch Ordnungsliebe und Pflichtgefühl aus, ohne dabei wie ein kleiner Philister zu wirken. Dennoch hatte ich das Gefühl, Bruder Leonid sei etwas Außergewöhnliches. Und wir Geschwister benahmen uns in seiner Gegenwart eine Spur anders, wenn auch nicht so wie vor Respektspersonen. Vor allem aber: Er floß nicht zu einer Einheit mit dem Haus, den Spielkameraden, den Kinderfrauen und der Umgebung zusammen, wie das in der Kindheit oft der Fall ist, sondern stand gesondert da. Waren seine schönen Augen etwa die eines Richters? Ganz gewiß nicht. Aber sie waren wie das Gewissen. In seiner Gegenwart war es unmöglich, die Geduld der Njanja bis zum äußersten auf die Probe zu stellen und den eigenen Launen die Zügel schießen zu lassen. Sich vor ihm auszuzeichnen vermittelte dagegen das Gefühl der Genugtuung. Mit zwölf Jahren begann er früh aufzustehen und für seine Spaziergänge auf dem Majoratsgut unseres Großvaters die entlegensten Wege aufzusuchen. Eine besondere Vorliebe hatte er für Birken. Und allmählich flossen unsere Vorstellungen von dem Bruder mit weißen Birkenstämmen und wehenden grünen Schleiern zusammen. Jede Birke, die wir wo auch immer entdeckten, war „Leonids Birke“. Seine erste Passion wurde das Malen mit Wasserfarben, wohl unter dem Einfluß unserer Tante O. Semjónowa, deren Aquarelle in der Tretjakoff-Galerie hingen. In Anbetracht des jugendlichen Alters des

Malers waren die Bilder recht beachtlich, obwohl ihnen nur ein einziges Motiv zugrunde lag: Birken auf dem Hintergrund einer einfachen, aber reizvollen russischen Landschaft. Auf die Frage, warum er denn nur Birken und keine Tannen oder Ebereschen male, antwortete er: „Weil sie so weiß sind!“ Vielleicht meinte er damit: so rein.

In St. Petersburg besuchten wir Kinder die in der Residenz renommierten deutschen Schulen. Die Eltern wünschten, daß wir auf eine natürliche Weise in eine zweite Kultur hineinwachsen. In der Katharinenschule war der Bruder — durch Jahre — der absolute Primus. Neben der schulischen Pflichtlektüre las er aus eigener Initiative sehr viel und war mit dreizehn Jahren leidenschaftlich in die Gestalten Schillers und ganz besonders in die Jungfrau von Orléans verliebt. In seinen nicht endenwollenden Bemühungen, die Heilige mit Wasserfarben darzustellen, war, wie es mir jetzt scheint, etwas Prophetisches. Aus meiner Erfahrung als Seelsorger weiß ich, daß es auf der Welt nicht wenige Menschen gibt, deren kindliches Tun einen Symbolcharakter für ihr weiteres Leben hat und oft an Prophetie grenzt. Das leuchtet ein. Wer seine Ziele nicht nur im Diesseits absteckt, sondern sich — zuerst unbewußt — zu einem außerzeitlichen Leben hingezogen fühlt, besitzt es in einem gewissen Maße schon hier auf Erden und mit ihm den Blick in die eigene Zukunft.

Mit vierzehn Jahren machte er mit der Malerei Schluß — er war klug genug, um zu erkennen, daß ihm für diese Kunstrichtung die nötige Begabung fehlte. Er ergab sich nun leidenschaftlich der Musik. In seinen sonst noch kindlichen Tagebüchern finden sich Ideen, die an Wagner anklingen und von einer „Verklärung“ der Welt durch Musik sprechen. Diese Ideen erläuterte er ausführlich. Während seiner flammenden Begeisterung für Beethoven und Wagner zeigte sich eine seiner grundlegenden Charaktereigenschaften: Überzeugung und Tat bildeten eine unzertrennliche Einheit. So begann Leonid — der mit Abstand beste Schüler — seine schulischen Pflichten zu vernachlässigen und bis zu sieben Stunden täglich am Flügel zu verbringen. Schließlich trat er an die Eltern mit der Forderung heran, die Schule verlassen und in die Hochschule für Musik eintreten zu dürfen. Die Eltern wollten nichts davon wissen, allein aus dem Grunde, weil sie die Begabung des Bruders für eine Konzertlaufbahn nicht für bedeutend genug hielten. Daraufhin erfand er eine unauffällige Art, sich das Leben zu nehmen:

Er tat alles, um sich eine tödliche Erkältung zuzuziehen, was ihm beinah auch gelungen wäre. Eine Lungenentzündung und eine sich in vielen Rückfällen wiederholende Rippenfellentzündung kosteten ihn fast das Leben. Er gab nach, begann aber in der Schule mittelmäßig, zeitweise auch schlampig zu lernen, was er damit begründete, daß es gemein sei, immer besser als alle anderen sein zu wollen. Er war ein zuverlässiger Kamerad und dennoch sehr einsam.
Unserer Familientradition zufolge immatrikulierte sich Leonid an der Naturwissenschaftlichen Fakultät. Die Musik hatte er, tief von ihr enttäuscht, fallengelassen. Ein Verzicht auf die „saueren Trauben“ konnte das nicht sein, dazu war er zu ehrlich. „Ich glaubte“, sagte er einmal, „die Musik könne, wenn nicht die Welt, dann zumindest einzelne Menschen verändern, sie besser machen. Ich sehe, daß das nicht der Fall ist. Selbst nach einem erlesenen Musikereignis bleiben alle dieselben Materialisten und Egoisten, die sie zuvor waren. Die Worte, die der Chor in Beethovens Neunter singt, verhallen, ohne eine Veränderung im Menschen bewirkt zu haben. Eine gewisse gehobene Stimmung mag ein paar Stunden anhalten, dann hat uns der Alltag mit seinen nichtigen Gefühlen und Gedanken wieder.“ Ein anderes Mal sagte er: „Der überwiegenden Mehrheit des Konzertpublikums geht es um ein animierendes gesellschaftliches Ereignis. Für sie gehören die Ovationen, die sie den Künstlern darbringen, zur Routine und zum guten Ton. Der ungeheuere Aufwand aber, den die Musik verlangt, das jahrelange Studium und lebenslange Üben, das zumindest zur Erhaltung der Technik erforderlich ist, stehen in keinem Verhältnis zu den Ergebnissen, die — wie ich schon einmal sagte — minimal sind. Man muß Ziele suchen, für die es sich lohnen würde, Opfer zu bringen. Ich werde solche Ziele suchen, und zwar so lange, bis ich sie finde.“
Ich wagte es, ihm die Gretchenfrage zu stellen. „Natürlich glaube ich an Gott. Aber es ist nicht der Gott, den eure Kirche predigt. Aus ihrem immer stärker versandenden Rinnsal kann niemand mehr den Durst löschen, nicht einmal unser einfaches Volk, wie es der Zulauf zu den Sekten beweist.“
Leonid spielte nie Karten, tanzte nicht und nahm an keinem Trinkgelage teil. Er hielt einen solchen Zeitvertreib für unverantwortlich. Seine Haltung hatte aber nichts Pharisäerhaftes; sie entsprang seiner Natur und wirkte nie überheblich. Der Bruder kritisierte niemanden und

predigte keine Moral; er hütete sich aber vor Müßiggang, besonders vor Beschäftigungen, die Arbeit vortäuschten und es doch nicht waren. Es gab Gelegenheiten genug, so etwas in unseren „gehobenen" Kreisen zu beobachten.

In jenen Jahren konnte man Leonid trotz seines asketischen Lebenswandels keineswegs mit Aljoscha Karamásoff vergleichen; viel eher mit dessen Bruder Iwan. Im Grunde war er ein sehr verschlossener Mensch.

Außer den Naturwissenschaften, die er mit großem Engagement und Erfolg betrieb, beschäftigte sich Leonid mit vielen anderen Dingen: Er war passionierter Jäger, legte Sammlungen an, ausgezeichnete Herbarien, erwies sich als begabter Regisseur und Schauspieler bei Laienaufführungen. Schließlich riß ihn die Politik mit. Obwohl er — wie unsere ganze Familie — durchaus „rechts" stand, wurde er vom Studentenrat der Universität einstimmig zum Vorsitzenden gewählt. Zusätzlich begann er Philosophie zu studieren, was mit seinem Interesse für Nietzsche zusammenhing, eine Wagnerreminiszenz vielleicht. Die Prüfungen legte er glanzvoll ab. Dann wurde er Mitarbeiter führender literarischer Zeitschriften der Residenz, was ihn in die Kreise berühmter Schriftsteller, Dichter und Philosophen einführte. Das wollte etwas heißen, denn wir befanden uns mitten im „Silbernen Zeitalter" der russischen Kultur. In nähere Beziehungen trat er allerdings nur zu Alexander Block, der ein gern gesehener Gast unseres Hauses wurde. Der Symbolismus, dessen beinah uneingeschränkte Herrschaft in Prosa und Dichtung schon zu einer Selbstverständlichkeit geworden war, schien in Leonids Wesen verwandte Saiten anzuschlagen.

Dann kreuzte der Philosoph Wassilij Rosánov seinen Weg.

Ja, Rosánov. Ein psychologisches Rätsel, und ein fürchterliches dazu. Verführung. Ein Mensch, der als Religionsphilosoph — als der er sich bezeichnete — vom Fleischlichen, von den Sinnen so fasziniert war, daß er deren „Rehabilitierung" seiner ganzen Philosophie zugrunde legte. „La réhabilitation de la chair" — das war sein großes Anliegen. Das Christentum haßte er, ganz besonders die Orthodoxie, die er die Religion der Bestattungsinstitute nannte. Er schrieb — und seine Federführung war brillant — über die Propheten. Doch es „klang" nicht. Mit dem gleichen Mißerfolg setzte er sich mit dem Neuen Testament auseinander. Als er sich über die Bücher des Alten Testaments hermachte, übersah er geflissentlich deren gewaltigen, heiligen Kern und pries die ungehemmte Sinnenlust, die — wie er meinte — von Gott geliebt und gefördert, von der Kirche aber seit Jahrtausenden grausam unterdrückt wurde. Es gelang dem Mann, zu einem christlichen Tod zu reifen. Rosánov versöhnte sich mit der Kirche, die er ein Leben lang angegriffen hatte. Aber das geschah erst im apokalyptischen Jahr 1919, dem das französische 1793 nicht einmal das Wasser reichen kann. In Petersburg wüteten Hunger und Terror. Damals kamen viele Abtrünnige und Spötter zu den Priestern und baten, ihnen die Beichte abzunehmen . . .

Der Bischof schwieg, schien in Erinnerungen versunken. Dann setzte er fort:

Ein Bild aus meiner deutschen Schulzeit. Schillers „Räuber". Eine Waage mit zwei Waagschalen — erinnert ihr euch? Und auf jeder ein Gewicht. Es erschütterte mich als Vierzehnjährigen und erschüttert mich heute noch. Rosánov muß im Himmel und auf Erden mächtige Fürsprecher gehabt haben. Die Heilige Schrift und die ganze Kirchengeschichte bezeugen, daß es nicht in jedem Fall so glimpflich abgeht . . .

Der Einfluß Rosánovs auf meinen Bruder war unheilvoll. Umso mehr, als es — wie ich schon erwähnte — bei Leonid keine Diskrepanz zwischen Überzeugung und Tat gab. Dieser Einfluß zerstörte Leonids erste Liebe und bewirkte, daß er seine frühere asketische Lebensauffassung aufgab. Während dieser, zum Glück nur kurzen, Periode mietete er eine Wohnung auf dem Newskij.[34]) Er wollte selbständig sein, von den Erträgen seiner Arbeit leben, gab Privatstunden in Mathematik. Im Jahre 1904 — Leonid war dreiundzwanzig — erschien sein erster Gedichtband, „Erwartungen". Die Weise, wie diese Lyrik von den großen Dichtern jener Silbernen Ära aufgenommen und bewertet wurde, machte ihn selbstbewußt, ein Zug, den wir an ihm bis dahin nie bemerkt hatten. Diese Zeitspanne nannte er später die miserabelste seines Lebens und bereute sie tief. Auf der Schwelle des Ruhmes sagte er sich von seinem Schaffen los, was ungerecht war; denn viele seiner Gedichte, die nicht nur von einem tiefgründigen und in der Form vollendeten Symbolismus geprägt, sondern auch von einem wahren Prophetismus erleuchtet waren, gelten mit Recht als genial.

Auf Wunsch des Bruders gab es keine weitere Auflage. In seinem Bewußtsein kam diese Lyrik — wie jener ganze Zeitabschnitt — „aus dem Dunkel“.

In den Jahren vor dem Kataklysmus prasselte auf die Menschen eine Flut unheilvoller Worte und Begriffe nieder. Sie blendete, verführte, brachte auf falschen Wegen zu falschen Göttern, ergoß sich wie heiße Lava in die Familien und zerstörte sie. Es war eine Zeit, die von mannigfachen Symptomen der Besessenheit gezeichnet war. Zielvorstellungen und Wertskala waren durcheinandergeraten. Von seinem „religiösen Schmerz“ suchte man in der Theosophie, Anthroposophie und in uralten esoterischen Kulten Heilung, stillte seinen religiösen Durst mit allerhand Abwässern, auch aus Tümpeln.

Den lebensspendenden Wein der Kirche mied man. Tolstois flache, in ihrer geradlinigen Primitivität unerträgliche Heilsbotschaft, die Hunderttausende anzog und in der die Kirche als der Feind Nummer eins der Menschheit gebrandmarkt wurde, nach der das Evangelium „einer durchgreifenden Überarbeitung bedurfte“ (die von Tolstoi dann auch eigenhändig durchgeführt wurde), ließ als das Zersetzungsprodukt ihres moralisierenden Rationalismus den historischen Nihilismus zurück.

„In dieser Zeit“ — schreibt der Kulturhistoriker G. Florowski — „war alles auf eine sonderbare Weise miteinander verzackt, alles war zweideutig und schien in doppelter Ausführung vorhanden zu sein. In der Literatur herrschte der Symbolismus, der bedeutende, mitunter auch geniale Vertreter aufwies und mit der Negierung der ‚alten langweiligen Welt‘ begonnen hatte. Sein großes Ziel war die Überwindung von Gut und Böse durch den Ästhetismus. ‚Es gibt keine zwei Wege, die zum Guten oder zum Bösen führen; unsere Seligkeit besteht darin, daß es egal ist, welchen man wählt; alle führen zu *einem* Ziel‘ (Minski).“

Der russisch-japanische Krieg brach aus und in seinem Gefolge die erste blutige Revolution von 1905. Ein weithin sichtbares Fanal, ein Warnsignal, das nicht übersehen werden durfte. Es wurde auch nicht von allen übersehen. Noch vier Jahre, und es wird der Sammelband „Wechi“ erscheinen, der ein Bekenntnis der Intelligenzia zu Christus enthalten wird.

Leonid, der wieder mit uns lebte, ging nach langem Abwägen zu den Revolutionären über. Es wäre Zeit, sagte er, dem Luxus des intellektuellen Müßiggangs ein Ende zu machen und für die Freiheit des Volkes zu kämpfen ...

Beim Abschied — denn Leonids politischer Auftrag führte ihn aufs Land — sagte er mir: „Es ekelt mich vor dieser Welt." Er fügte hinzu, er wisse, daß jener Zoll, den er ihr entrichtet hat, der Sühne bedürfe. Er glaube fest, daß er werde sühnen *dürfen.*

Zur revolutionären Arbeit kam Leonid durch die Begegnung mit Maria D., einer Schwester des in ganz Rußland bekannten Sektenführers Alexander D. Maria war eine Idealistin reinsten Wassers. Die Begegnung fand zu einem Zeitpunkt statt, als der Bruder mit jedem Tage mehr die Schmach der von ihm aus der Philosophie Rosánovs gezogenen Konsequenzen erkannte und darunter stark litt. Er stand an einem Scheideweg, der ins Nichts zu führen drohte.

Ich sah die junge Revolutionärin nur einmal. Sie war von einer bezaubernden Lieblichkeit; als Mensch von einer außerordentlich ernsten Lebensauffassung, von Liebe zu ihrem Volk beseelt und allem Hohen und Guten verpflichtet. Während des japanischen Krieges arbeitete sie als Schwester an den vordersten Frontlinien und unter besonders schwierigen und gefährlichen Bedingungen. Maria sorgte sich um eine Vielzahl verschiedenster Leute, die ihres Zuspruchs und ihrer aktiven Hilfe bedurften, betete für sie, hatte prophetische Träume und war zweifellos im Besitz des sechsten Sinnes. Trotz ihres asketischen Lebenswandels hatte sie mit dem stereotypen Aussehen einer damaligen Revoluzzerin wenig Gemeinsames, war anmutig, mädchenhaft, voller Charme. Sie kleidete sich zwar sehr einfach — das verlangte „die Revolution" —, aber dennoch geschmackvoll. Sie glühte vor Verlangen, den Menschen zu helfen, ihnen zu dienen — und war gerade darum in den Bannkreis der allgegenwärtigen Revolutionspsychose geraten. In diesem Bannkreis lebten und wirkten damals noch viele echte Idealisten. Mein Bruder folgte ihr nicht (nur) aus Liebe und Bewunderung, sondern weil er endlich die Aufgabe gefunden zu haben glaubte, für die es sich lohnte, Opfer zu bringen. Auch wollte er sich als Sühne für seine Irrungen dem Volk aufopfern. Für ihn war es schon in der Kindheit unmöglich gewesen, in Gegenwart eines Bauern, eines Knechts oder Dieners am Flügel zu sitzen, zu reiten, Tennis zu spielen oder an glühend heißen Sommertagen, wenn alles ringsumher im Schweiße des Angesichts auf den Feldern arbeitete, sich in den kühlen Fluten unseres Sees zu tummeln. Wenn die Leute ihn bei diesen Beschäftigungen sahen, schämte er sich, und seine Wangen wurden rot . . . Aus der Revolution glaubte auch er — wie so viele — die Stimme des Gewissens herauszuhören, die die soziale Ungerechtigkeit verdammte und den (in unseren Kreisen verteufelten und verpönten) Sozialismus zu rechtfertigen schien. So ging er — wenn auch spät — „unters Volk", sprach von der Notwendigkeit einer radikalen Wende, propagierte den Umsturz, versprach das, was alle Revolutionäre versprachen. Sehr wohl war ihm dabei nicht, und er tat es ohne Enthusiasmus. Seine Offenheit, sein absolutes Unvermögen zu lügen und sich zu verstellen, brachten ihn schon bald ins Gefängnis. Dort überfielen ihn die ersten qualvollen Zweifel an der Richtigkeit des gewählten Weges. Je mehr er nachdachte, umso klarer wurde es ihm, daß die Revolution für ihn persönlich keine Sühne und keine Läuterung sein konnte und daß sie dem Volk statt Freiheit und Wohlstand genau das Gegenteil bringen würde. Er erkannte, daß die revolutionäre Tätigkeit, wie er sie jetzt aus der Praxis kennengelernt hatte, im krassen Gegensatz zu seinem ganzen bisherigen Streben stand, sah, daß in den „oberen Etagen" der Bewegung alles andere als Idealismus herrschte und daß deren treibende Kraft ein unstillbarer Machthunger war. Im Gefängnis kam er mit vielen einfachen Menschen, Bauern und Arbeitern, zusammen, die sofort die Gelegenheit ergriffen, mit einem „Gebildeten" über ihre Probleme zu sprechen und ihn mit religiösen und metaphysischen Fragen buchstäblich überschütteten. Auf diese Fragen, die aus ihnen hervorbrachen, ihnen auf den Nägeln brannten, gab es im kargen Katechismus der marxistischen Ideologie keine Antwort. Was den Bruder mitten ins Herz traf, war aber nicht sein eigenes Unvermögen zu helfen, sondern die Erkenntnis, daß es für seine Mitgefangenen viel, viel wichtiger war, ihren religiösen Wissensdurst zu stillen als Probleme der sozialen Gerechtigkeit zu erörtern. Und daß, wenn er, Leonid, Marxist bleiben wollte, er dazu verdammt wäre, dieses Verlangen mit den armseligen Floskeln der Ideologie und einer sich um die eigene Achse drehenden Rhetorik abzuspeisen. In seiner Hilflosigkeit begann er, die Leute ans Neue Testament zu verweisen.

Damit war das Spiel mit der erschreckenden Armut der weltbeglückenden Lehre für ihn beendet. Es gelang ihm, aus dem Gefängnis zu fliehen. Doch es gab ein Nachspiel. Kaum entkommen, bemerkte

er die Verfolgung, schaffte es noch, sich in einer Senke zu verbergen und die Gefängniswärter an sich vorbeirasen zu lassen. Es bestand durchaus die Möglichkeit, hinter ihrem Rücken zu entkommen, denn Hunde waren nicht dabei und das Gelände unübersichtlich. Aber eine innere Stimme befahl ihm, die Wächter zurückzurufen. Gelohnt wurde es ihm schlecht. Man trat ihn mit Füßen und schlug ihn zusammen. Als er im Gefängniskrankenhaus zu sich kam, empfand er Genugtuung; sein Gewissen sagte ihm, daß er richtig gehandelt habe und nichts zu bereuen brauche. War das die Sühne, nach der es ihn verlangte?
Dann traf ihn der schwerste Schlag seines Lebens. Noch im Gefängnis, träumte ihm, daß Maria D. als Braut vor dem Altar stand. Beim Erwachen zog sich sein Herz krampfhaft zusammen und sagte ihm, daß sie gestorben sei. Er täuschte sich nicht. Schon wenige Tage nach seiner Entlassung erreichte ihn die unfaßbare Nachricht, daß Maria D. an ihrem angeborenen Herzfehler gestorben sei. Anscheinend konnte ihr Herz jenem ungeheuren Ausmaß an Liebe und Opferbereitschaft, das es bis an den Rand füllte, nicht standhalten. Keiner von uns hatte geahnt, daß das junge Mädchen dem Bruder so viel bedeutete; er brach zusammen, weinte — das Gesicht in den Schoß der Mutter gepreßt — fassungslos, wie ein Kind. Noch nie zuvor hatte ich Leonid weinen sehen. Ich ahnte, daß diese Tränen einen Umbruch, eine Wende vollzogen, daß er jetzt ein anderer sein werde. Alle Spuren einer früheren Überheblichkeit waren ohnehin schon lange zuvor verschwunden.
Obwohl ich erst siebzehn war, machte er mich zu seinem Vertrauten, was mich mit unbändiger Freude erfüllte. Er berichtete von seinen Erfahrungen und Erkenntnissen, erzählte, wie am Grabe Marias ihre Seele sich ihm fast körperlich zu erkennen gab — als ein kaum wahrnehmbarer Flügelschlag, der sein Gesicht berührte und ihn mit nie gekannter Glückseligkeit erfüllte . . . „Jetzt *weiß* ich, daß es ein Leben nach dem Tode gibt“, sagte er, „ich brauche es nicht nur zu glauben.“
Ich wagte abermals die Gretchenfrage. Wie verschlossen war doch der Bruder, wie wenig kannten wir ihn!
„Natürlich glaube ich an Gott. Gefunden habe ich Ihn noch nicht. Aber ich werde nicht ruhen, bis ich Ihn finde.“
„Und Christus . . .?“
„Jesus von Nazareth ist für mich einer der größten Söhne Gottes.“
„Einer?“

„Ja. Das, wofür ihn eure Kirche hält — den Erlöser der Welt — das ist er für mich nicht."
Ein anderes Mal sagte er:
„Eins ist unbegreiflich. Wie konnten die für ihre Zeit so hochgebildeten Kirchenväter, wie konnten die russischen Heiligen und Starzen, die Gott so nahestanden, daß sie in den Herzen der Menschen wie in einem offenen Buch lasen und mit einem einzigen Wort Sterbende zum Leben zurückriefen, ja, vielleicht — was kann man wissen — auch Tote erweckten, wie konnten diese Männer die Riten und alles Drum und Dran unserer Amtskirche, die vor Heidentum strotzt, so widerspruchslos hinnehmen?"
Wenn wir bei unseren gemeinsamen Spaziergängen an einer der vielen Kirchen, z. B. an der Isaakskathedrale, vorbeikamen und ich gewohnheitsmäßig meine Gymnasiastenmütze zog und mich flüchtig bekreuzigte (in der Schule nannte man das „Knöpfeputzen"), lächelte er, allerdings milde und ohne Ironie, und nannte das Gotteshaus einen Götzentempel. Jetzt, sagte er, wäre ich noch in den Vorstellungen unserer Kinderfrauen gefangen; mit zunehmender Reife würde sich das ändern.
Dann reiste er ab, und niemand wußte, wohin und für wie lange. Im Frühsommer verließ auch ich Petersburg und fuhr für die ganzen Schulferien auf das Majoratsgut unseres Großvaters, in das Gelobte Land meiner Kindheit. Wie immer, verzauberte es mich vom ersten Tag an. Man schrieb das Jahr 1907, und Rußland schien das Paradies auf Erden zu sein.
Groß war mein Erstaunen, als ich erfuhr, daß Leonid in der Zwischenzeit mehrere Wochen bei Leo Tolstoi in seiner Jássnaja Poljána gelebt hatte und zum Adepten seiner Lehre geworden war. Jetzt verhielt er sich dieser Lehre gemäß und arbeitete bei den Bauern der umliegenden Dörfer als Knecht. In groben Zügen kannte natürlich auch ich diese Lehre, aber nicht eingehend genug; ich nahm mir vor, sie in St. Petersburg anhand einschlägiger Literatur genauer kennenzulernen.
Beim Wiedersehen mit dem Bruder spürte ich sofort die neue Kraft, die von ihm ausging. In bäuerlicher Kleidung, mager, braungebrannt, mit einem sich kräuselnden Bärtchen, kam er mir zunächst fremd vor. In seinen Augen brannte ein Feuer, das ich als hart und trocken empfand, aber seinen Mund umspielte ein freundliches und demütiges Lä-

cheln, das bezwingend wirkte und den harten Glanz der Augen milderte. Er sprach mit mir ganz natürlich und normal — mir gegenüber erlaubte er sich überhaupt nie etwas Ungewöhnliches oder „Ausgefallenes". Sonderbar war, daß er, wenn er, was ziemlich selten geschah, in unser hochherrschaftliches Haus kam und an einer Mahlzeit teilnahm, sobald beim allgemeinen Gespräch Themen wie Kunst, Theater, Politik und dgl. angeschnitten wurden, beharrlich schwieg. An Gesprächen über Viehzucht, Heumahd, anfallende Erntearbeiten nahm er gern und zu unserer Verwunderung mit beträchtlicher Sachkenntnis teil. Wenn sich jemand dennoch bemühte, ihn in ein „anderes" Gespräch, z. B. durch direkte Fragen, zu verwickeln, sagte er mit seinem neuen bezwingenden Lächeln, er habe dafür „keine Worte". Er las keine Zeitungen, keine Bücher, und hatte anscheinend allen Beschäftigungen gebildeter Kreise entsagt. Er sprach zögernd, suchte nach passenden Worten, schien sie sorgfältig abzuwägen. Das alles stand im krassen Gegensatz zu seiner früheren temperamentvollen Redeweise, die sofort den Gebildeten erkennen ließ und mit Glanzlichtern eines köstlichen, wenn auch milden Humors bestückt war. Viele sprachen von ihm mit tiefem Bedauern, einige mit Bestürzung; alle gaben der Hoffnung Ausdruck, daß „Es" vorübergehen werde (wie eine Krankheit).

Ich aber mit meinen siebzehn Jahren gab auf diese Meinungen nichts. Ich wußte, fühlte intuitiv, daß es in Leonids tiefsten Tiefen überhaupt keine grundlegende Veränderung gegeben hatte, daß er immer noch derselbe war und daß „Es" nur eine Etappe seines komplizierten Weges war, der dem Streben nach Wahrheit und Vollkommenheit galt. Auch das „Es" führte — wie man es seit seiner Kindheit ahnte — zu einem Ziel, das prophetisch vorgezeichnet und unabänderlich war.

Das Leben besonders stark vom Pneuma gezeichneter Menschen wiederholt mitunter die Heilsgeschichte. Zuerst kommt das Tappen im Dunkeln, das Straucheln und Fallen, das Ringen, schwere Erlebnisse, viel Leid. Dann die Begegnung mit Christus. Die Gotteskindschaft. Schließlich der gewaltsame Tod, der ins eigentliche, ins reale Leben einführt.

Merkwürdig war die Anhänglichkeit und Zärtlichkeit, die dem Bruder einfache Menschen, Kinder und Tiere entgegenbrachten. Ich beobachtete das immer wieder.

Ich habe Euch noch nichts von unserem Großvater erzählt. Gelehrter, Staatsmann, von drei Kaisern persönlich dekoriert, von allen hofiert, für Ehren und Würden — die er ja durchaus verdient hatte — nicht unempfänglich, begegnete er seinem beinah in Lumpen gehüllten, ungepflegten Enkel ohne den leisesten Hauch von Herablassung; im Gegenteil: mit Hochachtung. Er führte mit ihm mehrere Male Gespräche unter vier Augen. Einmal — es war beim Abendessen in Anwesenheit zahlreicher Verwandter und Gäste, aber in Abwesenheit des Bruders — nahm das allgemeine Tischgespräch unerwartet eine Wendung, bei der über Leonid abfällige Meinungen geäußert wurden. Ich saß schweigend da, aber in mein Herz ergoß sich Bitterkeit. Mich ins Gespräch einzumischen wagte ich mit meinen siebzehn Jahren — noch dazu in Anwesenheit des Großvaters — nicht. Brennende Tränen stiegen mir in die Augen. Ich sah zum Großvater hinüber. Er saß wie immer am Kopfende der langen Tafel und schien in Gedanken versunken zu sein. Es war nicht sicher, ob er dem Gespräch, das das Thema gar nicht wechseln wollte und immer lebhafter wurde, überhaupt zugehört hatte. Aber dann erhob sich der imposante Greis von seinem Platz, bat um Ruhe und rezitierte — auswendig — das berühmte Lermontowsche Gedicht „Der Prophet“.

Seit Gott, der ew'ge Richter, mir
Verlieh das Wissen des Propheten,
Des Lasters Runen und der Gier
Mir Tag für Tag entgegentreten.

Ich kündete vom ew'gen Licht,
Beschwor das Heilige und Reine,
Doch hörten mich die Menschen nicht
Und warfen wütend nach mir Steine.

Gehorchend dem Gebot des Herrn
Die Tiere sind mir sanft ergeben,
Und in der Nacht mir lauscht ein Stern
Und freudig seine Strahlen beben.

Eil' ich — der ausgestoß'ne Sohn —
Durch Lärm und Dunst der Menschenmassen,

Dann spricht mit selbstgerechtem Hohn
Ein Greis zum andern in den Gassen:

„Sein Hochmut war's, der Sitt und Brauch
Verwarf. Nun bringt er neue Kunde
Und glaubt — obwohl sein Wort ist Rauch —
Es rede Gott aus seinem Munde.

Zur Abschreckung er Kindern dien'!
Seht, wie er arm ist, bleich und hager!
Ein Haufen Steine ist sein Lager.
Verjagt, verschmäht, verachtet ihn!"

Am Tisch herrschte Totenstille. Der Großvater verließ den Raum mit einem Lächeln. Ein Gespräch kam an jenem Abend nicht mehr zustande, die Gäste gingen wortlos auseinander.

*

So war also der Bruder jetzt ein Anhänger Tolstois, des genialen Autors von „Krieg und Frieden", der schon seit einigen Jahrzehnten ein Abtrünniger, ein unversöhnlicher Feind unseres Staates, unserer Gesellschaftsordnung und unserer Kirche war, die über ihn 1901 den Bann ausgesprochen hatte. Sein letzter Roman, „Die Auferstehung", seine Tagebücher sowie zahllose populär gehaltene Schriften, in denen das Herzstück der Kirche — die Göttliche Liturgie — und darüber hinaus die Sakramente, die Dogmen, die Heilsgeschichte, mit unfaßbaren Blasphemien überschüttet wurden, fanden im ganzen russischen Reich Verbreitung. (Da sage noch einer — fügte der Bischof hinzu, — daß es im alten Rußland keine Pressefreiheit gegeben habe.) Obwohl ich selbst weder übertrieben fromm noch besonders kirchlich war, schmerzte mich Leonids neuer Status. Aber auch hier überwog mein grenzenloses Vertrauen zu ihm. Was mich tröstete, war, daß auch andere dieses Vertrauen hatten. Ein längst im Ruhestand lebender Priester, der meinen Vater getauft und meine Eltern getraut hatte, war hocherfreut, als ich ihn in Begleitung Leonids besuchte, obwohl dieser in seinen Augen nichts anderes als ein verruchter Apostat sein konnte. Man sprach über Allgemeines. Beim Abschied wurde ich aber Zeuge eines denkwürdigen Dialogs. „Ja, Leonid", sagte der Greis mit einem sonderbaren Lächeln, „ich warte noch immer darauf, daß du zur Beichte kommst." „Das kann ich nicht", erwiderte der Bruder leise. Darauf der Alte: „Und dennoch wird das sein." „Nein, das wird nicht sein. Das wird nie sein, weil das nicht sein kann." „Hier", sagte der Priester, „steht dein Bruder Alexander und ist Zeuge: Ich werde nicht sterben, bevor du, Leonid, die heiligen Sakramente empfangen hast." Auch das erwies sich als Prophetie. Der Priester starb im Jahre 1916, genau einen Monat nach Leonids Rückkehr zur Kirche. Ich glaubte ihm schon damals aufs Wort, und zwar nicht, weil ich Vertrauen in seine übersinnlichen Gaben gehabt hätte, sondern weil meine Intuition mir sagte, daß die ganze Veranlagung des Bruders, sein mystisches Suchen nach der Wahrheit, sich auf die Dauer nicht mit jenem zweckgebundenem Pseudo-Christentum begnügen würde, das Tolstois Lehre prägte und aus dem von ihm „bearbeiteten" (es schaudert mich bei diesem Wort) Evangelium entgegenströmte. Ich hielt mit meiner Meinung nicht zurück, doch widersprach der Bruder und sagte, den wahren Tolstoi kenne niemand.

Auf dem Hintergrund unserer schlichten, aber bezaubernden Landschaft drangen das Erscheinungsbild des Bruders, seine abgetragene und verschwitzte bäuerliche Kleidung, vor allem aber der harte Glanz seiner Augen nicht so tief in mein Bewußtsein.

Als rationalistischer Moralprediger, der er als Tolstois Jünger jetzt sein müßte, gab er sich — zumindest mir gegenübr — nicht zu erkennen. Erst im Spätherbst, als wir uns in Petersburg wiedersahen (der Bruder nahm seinen Knechtsdienst bei den Bauern sehr ernst und kam erst Ende September heim), riß zwischen uns eine Kluft auf, die in mir, dem der Bruder alles bedeutete, einen Sturm widersprüchlicher Gefühle entfesselte und zur Qual wurde. Einerseits ging von ihm der Friede unserer Felder und Fluren aus und darüber hinaus noch ein anderer Friede, der aus unbekannten Welten zu kommen schien; andererseits wurde uns der Bruder zur psychischen Belastung. In seiner Gegenwart nahmen alle Gespräche, Sorgen und Interessen eine andere Dimension an, erschienen als etwas Sinnentleertes, Banales und Schäbiges. Der Bruder „richtete" niemanden und predigte keine Moral, aber er schwieg. Und dieses Schweigen kehrte in der Seele das Unterste zu oberst und zwang einen, die Dinge aus einem anderen Blickwinkel zu sehen. Von allen Gesichtern fielen gleichsam Masken; die vertrauten Züge sahen unansehnlich aus. Eine unschuldige Prahlerei, eine Geste der Unzufriedenheit, wuchsen ins Überdimensionale, trieben einem die Schamröte ins Gesicht. Eine abschätzende Bemerkung, ein dummer Witz beschworen flammende Zeichen an der Wand. Konnte man so weiterleben? Oder sollte man auch schweigend dasitzen, Theater machen, den Moralhüter und Heiligen spielen? Nein, der Bruder vertrug keine Lügen und Verstellungen. Wie sollte man sich denn verhalten? Aus Trotz stand ich einmal mitten in der Mahlzeit auf, holte mir eine Zigarette und blies die Rauchschwaden über den Tisch, wobei ich Leonid unverwandt anschaute. Das war kindisch, ich wußte es. Er lächelte und begann ein Gespräch über alltägliche Dinge. Ja, ja, es war klar: Man sollte auf seine Worte achten, man sollte aus ihnen den Kehricht hinausfegen.

„Gehen wir spazieren", sagte er nach der Mahlzeit. Wir gingen der Newa entlang in den Sommergarten. Das welke Laub raschelte unter unseren Füßen. „Sonderbar", sagte er — „daß es hier alle so eilig haben. Vom chaotischen Labyrinth der Gedanken gar nicht zu reden. Wer ist noch Herr über sein Bewußtsein? Niemand scheint davon gehört zu haben, daß man seinen Gedankenfluß lenken kann. Dabei schreiben eure Starzen sehr viel über diese Dinge. Aber das interessiert niemanden. Auch ahnt man nicht, daß es ein verborgenes Ich gibt und wessen es bedarf, um zu leben, oder mindestens zu überleben."

Der Bruder sprach vom heiligen Seraphim von Saróv, den er sehr zu schätzen schien, und auch von anderen Heiligen.

„Ihr Gebildeten", fuhr er fort, „müßt, um das Schöne zu genießen, Reisen in ferne Länder unternehmen. Dabei haben schlichte Birken, Wiesenblumen, Gräser und sogar Steine, an denen ihr achtlos vorbeigeht, eine starke und reizvolle spirituelle Ausstrahlung, die sich unmittelbar an unseren Geist wendet. Zum Unglück haben die Menschen vergessen, daß sie selber Geist sind. Dabei lehrt sogar eure Kirche, die so stark in ihren uralten heidnischen Praktiken gefangen ist, daß der Mensch ein dreidimensionales Wesen sei und aus Leib, Seele und Geist bestehe. Die Seele (Psyche) bedarf der Künste, der Malerei, der Musik. Dem reinen Geist (Pneuma) steht die Musik zwar am nächsten; jene Menschen jedoch, die ihren Geist, ihr Pneuma bereits entdeckt haben, bedürfen auch der Musik nicht, können auch ohne deren Vermittlung die Schönheit dieser Welt (und anderer Welten) wahrnehmen. Ob ich die Musik total verwerfe? Nein. Ich sagte schon, für die in ihrer Psyche Gefangenen kann sie eine Himmelsleiter sein. Die Gefahr liegt nur darin, daß die meisten Menschen auf deren Sprossen hängenbleiben. Die Musik kann aber auch großen Schaden anrichten, dann nämlich, wenn sie als Betäubungsmittel gegen den Schmerz und auch gegen die bei uns so verbreitete Schwermut eingesetzt wird. Diese Schwermut — heute Depression genannt — erfüllt unbefriedigte Herzen. Das narkotische Mittel Musik kann von wirksameren Mitteln ablenken, sie kann von ihnen abhalten und wegführen."

Ich widersprach. „Die Heilige Schrift berichtet, daß Saul durch Davids Harfenspiel die verlorene charismatische Fähigkeit, zu weissagen, wiedergewann. Und außerdem: Sollen wir uns von allen Schätzen unserer Kultur lossagen?"

„Saul war auf dem Weg, von Gott abzufallen, sein Geist war ‚verfinstert'. Davids Spiel hat ihm bei der Überwindung dieses makabren Zustandes wertvollen Dienst geleistet: Es zerstreute die ‚Finsternis' in Sauls Seele. Saul *nutzte* den durch die Musik wiederhergestellten Seelenfrieden, um den unterbrochenen Kontakt mit Gott aufzunehmen. Das ist es, worauf es ankommt. Gott wohnt nicht in einer friedlosen Seele; das ist übrigens ein Gedanke Seraphims. Er rät, den Frieden der Seele ‚mit allen Mitteln' wiederherzustellen, damit Gott in ihr Wohnung nehmen kann. Das beste und verläßlichste Mittel dazu bleibt aber noch immer das Gespräch mit Ihm."

„Also ist das zu Beweisende in der Voraussetzung enthalten?"

„Man kann es auch so definieren. Vergiß nicht, ich sprach von Menschen, die ihr Pneuma schon entdeckt haben. Die Musik wird ihre Leiden nicht lindern; sie wird gegenüber dem ‚Gespräch' sehr stark abfallen. Wir alle müssen darauf bedacht sein, unserer inneren Stimme zu folgen. Diejenigen, die sie zwei- oder dreimal willkürlich überhören, haben es im späteren Leben sehr schwer. Man muß sich von Kindheit an daran gewöhnen (dazu angehalten werden), auf sie zu hören und ihr zu folgen, ohne auf das Gespött der Umgebung zu achten. Laß das Rauchen", sagte er unvermittelt und blieb stehen.

„Aber wieso denn? Das ist doch eine Lappalie!"

„Eine Lappalie ist es beim ersten Mal. Beim zweiten Mal hört es auf, Lappalie zu sein, und wird zur Sucht. Die Seele hat sich einfangen lassen. Jede kleine Abweichung vom Weg ist zunächst eine Lappalie. Irgendwann muß aber ein Strich zwischen dem Ich und den Trieben gezogen werden — dann erst beginnt die schöpferische Phase des Lebens. Glaub mir, es gibt keine schlimmere Sklaverei als die Versklavung an die Dinge dieser Welt."

Auch sagte er bei jenem Spaziergang, es wundere ihn, wie viel hier vom Wohl der Menschheit geredet werde und wie herzlich wenig man sich um das Wohl des „kranken Nachbarn" kümmere; man ahne nicht einmal, daß es ihn gibt.

„Die Liebe ist die größte charismatische Gabe, die einem Menschen zuteil werden kann. Um sie auszustrahlen, muß man sich ihr ganz überlassen. Erst dann sagt sie einem, was zu tun sei."

Auch bei diesem Wiedersehen fiel es mir auf, wie unwiderstehlich der Bruder Kinder und Tiere anzog. Das war umso erstaunlicher, als er mit Kindern nicht umzugehen verstand und mit ihnen weder sprach noch spielte. Die Selbstsicheren mochten den Bruder nicht. Er nahm das mit Bitterkeit zur Kenntnis.

Es schien, als wenn sich die Tolstoi-Phase ihrem Ende näherte. Ich fragte nicht danach, zumal das noch keineswegs eine Änderung seiner Haltung der Kirche gegenüber bedeutet hätte. Sie war für Leonid nach wie vor „der erstarrte Synkretismus des vierten Jahrhunderts".

Sein langgehegter Wunsch, Marias Bruder aufzusuchen, bedeutete für uns eine Trennung für Jahre. Er wollte, wie er sagte, ein unverfälschtes Christentum, eine christliche Gemeinde ohne die Überlagerungen der Jahrtausende kennenlernen. Ich vermute, daß es Baptisten waren. Sie lebten in Südrußland, in einer Kolonie, die den Charakter einer urchristlichen Gemeinde trug, und unterwarfen sich Alexander D. in bedingungslosem Gehorsam. Mein Bruder schloß sich ihnen an und lebte dort zwei Jahre. Ab und zu schrieb er uns, allerdings nur kurz. Alexander sei eine herausragende, allen anderen haushoch überlegene Persönlichkeit. Er, Leonid, fühle sich in dieser Gemeinschaft geborgen.

Ich machte mein Abitur, wurde Student am Technologischen Institut von St. Petersburg. Die Jahre vergingen. Von Dritten hörten wir, daß der Bruder die Kolonie verlassen habe und sich auf einer Wanderung durch Zentralrußland befinde.

Ich sah ihn dann in unserem Majorat bei einem abendlichen Ausritt. Er saß am Waldrand, unbeweglich, von der Abendsonne beschienen.

Ich wagte es nicht, ihn anzusprechen. Ich wußte, daß es für ihn keine müßigen Stunden und Minuten gab; auch nicht, wenn er mit geschlossenen Augen am Waldrand saß. In meinem Inneren klangen die Worte aus unserem letzten Gespräch in Petersburg: Man könne es lernen, sein Bewußtsein zu steuern; auch die Träume. Im Traum könne man Richtlinien und Weisungen erhalten. „Denn Gott wacht immer."

Dann hörten wir von ihm lange Zeit nichts. Gerüchte wollten wissen, daß er sich noch immer — für Kost und ein Nachtlager — als Knecht verdinge, in seinen freien Stunden aber viel lese. Auch hieß es, er wolle hinter den Ural und dort als Einsiedler leben. Man erzählte, daß sich viele bei ihm Rat holten und daß hoffnungslose Trinker nach einem Gespräch mit ihm geheilt zu ihren Familien zurückkehrten. — Einmal wurde der Bruder — auf eine verleumderische Anzeige eines Gutsbesitzers hin, der in ihm einen verkappten Revolutionär vermutete — von der Polizei überrascht. Der Polizist, der ihn zum Verhör abholen sollte, sank beim Anblick Leonids in die Knie und begann von irgendwelchen Verfehlungen zu stammeln. Das Verhör wurde aufgeschoben, und die Bürgschaft des Großvaters machte in der Folge solche Zwischenfälle unmöglich. Doch der Landedelmann ließ nicht locker und erstattete erneut Anzeige, in der er die Behörden darauf aufmerksam machte, daß der Bruder seiner Militärpflicht ausweiche. So etwas wog schwer. Der Bruder wußte schon immer, daß ihm in Verbindung mit dieser Pflicht große Unannehmlichkeiten bevorstehen würden: Die Dienstverweigung eines gesunden jungen Mannes, aus welchen Gründen auch immer, war in Rußland etwas Undenkbares. Die Adepten Tolstois und Sektenangehörige der verschiedensten Richtungen und Schattierungen, allesamt Pazifisten und Dienstverweigerer, wurden schweren Repressalien unterzogen. Was Leonid betrifft, so wurde er, nach wiederholten kategorischen Weigerungen sich zu stellen, nach Sibirien gebracht und dort einem Infanterieregiment einverleibt. Karzer bei Wasser und Brot wurde die Regel; da es nicht half, griff man zu Ermahnungen und „psychischer Einwirkung". Zu diesem Zweck kommandierte man junge, gebildete Offiziere zum Bruder ab. Das Ergebnis war verblüffend: Aus „Ermahnungen" wurden Diskussionen über religiöse und ethische Fragen. Die Offiziere erzählten Leonid ihre Lebensgeschichten, beichteten — fast ungewollt — ihre Verfehlungen und baten um Rat. Der Bruder sagte uns später, daß er

sich mit Militärs viel besser verstehe als mit Beamten und „anderen Zivilisten", weil sie unverbildeter und ehrlicher seien und das Herz auf dem rechten Fleck hätten.
Die Sache mit der Dienstverweigerung nahm nichtsdestoweniger eine bedrohliche Wendung, so daß der Großvater und die Eltern nicht länger untätig bleiben konnten. Der Vater fuhr zum Ministerpräsidenten Peter Stolypin und bat ihn um Beistand. Er bekam eine höfliche, aber entschiedene Absage. Stolypin erklärte, er sei gerade dabei, in Rußland jede Art von Vetternwirtschaft zu unterbinden, und könne, trotz seiner immensen Hochachtung unserer Familie gegenüber, seinen Einfluß in einer solchen Angelegenheit nicht geltend machen. Er riet, Leonid psychiatrisch untersuchen zu lassen, und meinte, daß er dabei vielleicht für „psychisch labil" befunden und daraufhin vom Militärdienst suspendiert werden würde. Der Vater kam bedrückt heim; er versprach sich von dieser Aktion nichts. Dennoch blieb uns keine andere Wahl. Für den Bruder erwuchs daraus eine wahre Tortur. Durch ein fatales Mißverständnis kam er noch vor der Untersuchung in eine Irrenanstalt und auf eine Station mit mehreren Dutzend Geistesgestörten. Was das bedeutete, kann sich jeder vorstellen. Die Ärzte beobachteten Leonid längere Zeit, bezeichneten ihn als einen „interessanten Fall", erklärten ihn dann für gesund und überstellten ihn — aus ganz unerfindlichen Gründen — zu den Reservisten. Praktisch bedeutete das, daß er nur im Kriegsfall und nur vor dem vollendeten dreißigsten Lebensjahr eingezogen werden durfte. Uns dünkte das wie ein Wunder.
Nach diesen qualvollen Wochen und Monaten erholte sich Leonid daheim, und unsere Gespräche kamen — nach Jahren — wieder in Fluß. Er las sehr viel, auch die Kirchenväter. Deren „Goldene Ära", das 4. Jahrhundert, faszinierte ihn. Da waren der hl. Athanasius von Alexandrien, die drei großen Kappadozier Basilius, Gregor von Nazianz und Gregor der Theologe, Johannes Chrysostomus und noch eine ganze Reihe anderer, deren — in ihrem Schrifttum verewigte — Gedankenwelt zu den größten Schätzen der Menschheit gehört.
Wie immer, machte sich der Bruder Notizen, unterstrich, was ihn besonders beeindruckte, versah viele Stellen mit Kommentaren. Einmal sagte er:
„Alexander, in unserer Bildung klafft eine Lücke. Unsere deutsch-pro-

testantischen Schulen streiften die griechischen Kirchenväter nur am Rande; in ihren Werken waren sie kaum vertreten. Es wird auch für dich Zeit, diese Lücken zu schließen. Mit ‚Literatur' und Lyrik allein kommt man in deinem Alter nicht mehr weiter."
„Ist das wirklich so wichtig?"

„Hör zu — nur eine kleine Kostprobe. In der Person der Kirchenväter stand der philosophische Genius des Griechentums nicht nur vor der Notwendigkeit einer tieferen Erfassung der christlichen Offenbarung, sondern auch vor der übermenschlichen Aufgabe, die neuen Dogmen der Trinität und der Christologie aufzustellen. Einen Aufschub durfte es nicht geben, denn die arianische Irrlehre griff wie eine Seuche um sich. Dennoch durften es in keinem Punkt Konstruktionen des Gehirns sein.

Es galt in erster Linie zu zeigen, daß der Sohn Gottes der Sohn des Vaters ist. In der Orthodoxie ist ‚Sohn' ein theologischer Begriff, bei Arius war er ein kosmologischer. Die Orthodoxie der Väter bekennt, daß der Sohn ‚für den Vater' da ist (Joh 6,57), und leitet die *Notwendigkeit* seines Seins allein aus dem unergründlichen inneren Leben der Gottheit ab. Für sie ist der Sohn ‚ad intra'. Bei Arius ist Er dagegen ‚für die Welt' da. In der inneren Ordnung des Allvollkommenen und darum sich selbst genügenden Gottes — so lehrte Arius — gab es keine Motivation für das außerzeitliche Zeugen eines Sohnes."

„Kirchenhistorisch gesehen ist das sehr interessant. Aber doch nicht aktuell, die Kirche hat ja das Arianertum definitiv überwunden."
„Irrtum. Erstens gibt es auch heute noch rein arianische Kirchen; zweitens lebt das Arianertum — und zwar sehr intensiv — mitten unter uns, in Zentraleuropa. Der ganze sogenannte ‚linke', vom Rationalismus geprägte Protestantismus (der als Gegenströmung den Pietismus hervorrief) ist beinah unverfälschtes Arianertum.

Aber bleiben wir bei den Kirchenvätern. Die Dreifaltigkeit ist im Verhältnis zueinander eine *Wesenseinheit,* das heißt im Wesen völlig miteinander identisch. Einheit und Gleichheit sind ganz verschiedene Begriffe. ‚Gleichheit' kann es bei weltlichen Dingen geben— für die Wesenseinheit gibt es auf Erden nichts Adäquates. Unser beschränkter Verstand bedarf auch hier einer Stütze, und die Väter geben sie. Die Einsicht, daß es bei der Dreieinigkeit keineswegs um drei Gottheiten geht, übersteigt unser Fassungsvermögen, zumal jede Person des Dreieinigen Gottes ein eigenständiges und nur in göttlicher Liebe zu den anderen Personen ein mit ihnen auf ewig verbundenes Wesen ist. Was kannst du dir unter dem Begriff ‚vom Vater gezeugt' vorstellen?"

„Ich höre diese Worte bei jeder Göttlichen Liturgie. Sie klingen vertraut und wie selbstverständlich."

„Und dennoch stolperte Arius gerade über sie und riß dabei mehr als die halbe christliche Welt in die Tiefe. Es waren die griechischen Kirchenväter, die es letzten Endes deutlich machten, daß für unseren menschlichen Verstand die Kausalität nur in chronologischer, bzw. räumlicher Abfolge denkbar ist. Dem Kausalgesetz entsprechend, erzeugt unser Gehirn Zwischenräume, und seien es minimale. Es war Origenes, der sie als erster verschwinden ließ, und zwar durch das einzige treffende Wort *sempiternum.* Unsere russische Sprache hat für diesen Begriff ein unirdisch schönes Wort . . . Der Vater und der von Ihm gezeugte Sohn sind nur durch ein logisches *prius* verbunden; unser Verstand sträubt sich dagegen, will das Logische ins Chronologische umwandeln; er ist außerstande, sich von den Kategorien der Zeit und des Raumes freizumachen und die absolute, vollkommene *Außerzeitlichkeit* der göttlichen Personen zu begreifen. Das ist die Versuchung des Verstandes, und ihr erlag Arius."

„Wenn die Kirchenväter solch überragende Persönlichkeiten, eigentlich Giganten des Geistes und dazu noch gotterleuchtet waren — warum dann das jahrhundertelange *Ringen*? Im Grunde doch um Worte?"
„Ja, um Worte. Um Definitionen der bereits errungenen Wahrheit. Im semitischen Bewußtsein, das die Sprache des Alten Testaments geprägt hat, gab es für die völlig neuen Begriffe, die das Christentum mit sich brachte, überhaupt keinen Wortschatz. Für die Formulierung der Grundfragen der Trinität und der Christologie — wenig später auch der Mariologie — mußte man semantische Anleihen bei der heidnischen griechischen Philosophie machen, mit deren Hilfe das bis dahin Unsagbare zu sagen versuchen, in steter Gefahr, die Offenbarung zu verfälschen. Darum war das übermenschliche Werk der Kirchenväter nicht nur vom Ringen um den präzisen Ausdruck der geoffenbarten Wahrheit, sondern in gleicher Weise vom Ringen um die Erleuchtung durch den Heiligen Geist getragen."

Der Bruder schwieg. Ja, von dieser Gedankenwelt ging Faszination aus. Das war starker, herber Wein, der ins Blut ging.

„Leonid, ist das, was du bei den Vätern gelesen und mir so einprägsam wiedergegeben hast, für dich selbst noch immer Theorie, oder gehört das schon zu deinem unveräußerlichen Besitz?"

„Verlegen wir Frage und Antwort auf einen späteren Zeitpunkt. Dann werde ich dir eine definitive Auskunft darüber geben. Du hast übrigens vorhin ein treffendes Wort für die Kirchenväter gefunden: Giganten des Geistes ... Aber ich wollte noch etwas sagen, um dieses Gespräch zu ergänzen und abzuschließen:

Diese Männer kämpften zeitlebens nicht nur für die Wahrheit und die Genauigkeit ihrer Formulierungen, sondern auch gegen die Häresie. Häretiker, Ketzer, was waren, was sind das für Leute? Die üblichen Lehrbücher der Kirchengeschichte stellen sie als die von geistlicher Hybris Verblendeten dar. Das ist, meines Erachtens, nur eine Teilwahrheit. Vielmehr waren es *feige* Menschen, denen es an Mut fehlte, in die schwindelnden Tiefen der neuen Dogmen zu schauen. Furchtsame und darum engstirnige Gedankengänge verbieten es auch heute den meisten Christen, sich in die Glaubensinhalte zu vertiefen, über den Glauben nachzudenken. Sie überlassen das den ‚Theologen' und sind der Überzeugung, daß, je ‚schlichter' ihr Glaube ist, umso sicherer für sie. Diese frommen, in Wirklichkeit aber sehr unfrommen Primitiven vergessen, daß es im Evangelium eine gewichtige Stelle gibt: ‚*Dieses* aber ist das ewige Leben: Dich zu erkennen, den Einzigen, Wahren Gott' (Joh 17,3). Für ihr Bewußtsein ist auch das *Credo* eine Formel, die nichts anderes verlangt oder verdient, als während der morgendlichen Gebetsregel abgespult zu werden, was ein sklavisches Bewahrungsverhalten ist, während dieses wundervolle Bekenntnis eine nie ausgehende Nahrung für den Geist sein kann und soll. Ist es nicht von einer wahrhaft *kosmischen* Dimension? Ich halte übrigens das zähe, ausschließliche und einseitige Festhalten am *Wort* Gottes und *nur* an ihm ebenfalls für Feigheit. Wo wäre heute die Christenheit, wenn die Kirchenväter des 4. und 5. Jahrhunderts so gedacht und gehandelt hätten? Die peinliche Einhaltung einer sterilen Reinheit ging entschieden auf Kosten der Tiefe."

Das war, soweit ich mich erinnern kann, mein längstes Gespräch mit

Leonid — es dauerte mehrere Stunden. Und doch war er zu jenem Zeitpunkt noch kein Christ. Oder täusche ich mich?
Der Bruder lebte noch mehrere Wochen mit uns, und wir gingen nachmittags oft in den Sommergarten, der zu allen Jahreszeiten in seine weiten, stillen Alleen einlud. Bei einem dieser Spaziergänge sagte Leonid, daß die Lehre des hl. Seraphim vom „Erringen" des Heiligen Geistes[35]) eigentlich die vordringlichste Aufgabe der Menschheit sei; nach deren Erfüllung könnten der Neue Himmel und die Neue Erde entstehen. Auch glaubte er Ansätze einer spirituellen, von der Materie aber „zurückgedrängten" Substanz in jedem Wesen zu erkennen und zitierte dabei das Apostelwort von der „seufzenden Kreatur", die sich „nach dem Reich Gottes" sehne ... Daraus erklärte sich wohl sein Verhalten gegenüber den Tieren, die er zärtlich liebte und liebkoste, während diese sich — genauso wie die Kinder — zu ihm in einer Weise hingezogen fühlten, wie ich sie weder vorher noch nachher irgendwo beobachten konnte.
Der Kirche schien er jetzt näherzustehen, bekannte aber, daß er die Sakramente — die Taufe ausgenommen — nicht anerkennen könne und daß ihm unsere Riten nach wie vor fremd blieben. Christus — war Er für ihn immer noch der „größte unter den großen Lehrern" der Menschheit? „Niemand vor ihm hatte es gewagt, Liebe zu den Feinden zu predigen." Der Vorweltliche Logos, die Zweite Person der Heiligen Dreieinigkeit, der Erlöser der Welt — war Er das für Leonid? Mich wunderte nur, daß er mit einer so tiefen Überzeugung von der Notwendigkeit sprach, den Heiligen Geist zu „erringen". Wer war für ihn dieser Geist? War Er denn nicht der *Tröster,* eine der Personen der Heiligen Dreieinigkeit? Und hatte der Bruder während seines zweijährigen Aufenthalts in der Kolonie der tiefgläubigen, ja vor Glauben glühenden Baptisten keine „Erleuchtung", keine „Damaskusstunde" in dieser erstrangigen Frage erfahren? Und wie stand es mit seiner Bewunderung für die Kirchenlehrer?
Ich behielt diese Gedanken für mich.
Wie war das Verhalten des Bruders zur Sexualität?
Anfangs sah er in ihr nur eine natürliche Verrichtung jenseits von Gut und Böse. Dann änderte sich seine Auffassung, wurde strenger. Für diejenigen, sagte er, die den Weg der Spiritualität beschritten hätten, wäre ein Sexualleben undenkbar. Auch schien der Sexualtrieb für ihn

an sich etwas Demütigendes zu haben, eines geistigen Menschen unwürdig zu sein. Daß Leonid seiner ganzen Veranlagung nach ein Asket war und daß ihm die Askese leichtfiel, wußte ich, wußten wir alle. Dennoch erwarteten wir, seine jüngeren Brüder, Studenten, junge Männer, ein letztes Wort. Es kam spät.

„Gott hat es so eingerichtet, daß, wenn ein junger Mensch trotz intensiver geistiger und körperlicher Arbeit, die er sich bewußt auferlegt, unter dem leidenschaftlichen Trieb zu leiden beginnt, ihm auch die passende Frau begegnet, eine, die er ein Leben lang lieben kann. Die eheliche Liebe ist aber in den seltensten Fällen ein Fertigprodukt; ich meine jetzt nicht das rauschhafte Gefühl der Verliebtheit. Die eheliche Liebe ist eine Aufgabe, die mit den Jahren immer schwerer werden kann. In manchen Fällen bedarf es eines ganzen Lebens, um sie zur Vollendung zu bringen."

Das war schön gesagt. Aber . . .
„Und wenn man ‚ihr' nicht begegnet? Oder wenn man ‚sie' nicht gleich heiraten kann? Was dann?"

„Ich bin kein Moralprediger und möchte auch keiner werden. Als Bruder und Freund kann ich aber den Rat geben: Wenn es geht — wartet zu. Die Probleme beginnen erst nach dem *ersten* Fall."
Im Jahre 1913 bemerkte ich Veränderungen in einigen Grundauffassungen des Bruders: Er löste sich von jenen Ideen Tolstois, die das Privateigentum verdammten und die wohl auf seinem eigenen revolutionären Gärstoff aufgegangen sein mochten. Jetzt bejahte er den ethischen Wert des Besitzes, erkannte — mit einigen Vorbehalten — seine ethische und erzieherische Bedeutung. Er bat sich im Forst unseres Majorats ein Grundstück aus, rodete es selbst und baute sich dort eigenhändig ein kleines, winterfestes Holzhaus, bei dessen Errichtung er keinen einzigen Nagel verwendete: Alles beruhte auf statischen Berechnungen, die weder fehlschlugen noch durcheinandergerieten: Holz trug Holz.

Als ein Jahr darauf der Großvater starb, erklärte sich Leonid bereit, dem ältesten Bruder bei der Verwaltung des riesigen Gutes zur Hand zu gehen. Er gestand zwar, daß diese Beschäftigung ihm schwerfallen würde, erwies sich aber in der Praxis als ein glänzender Administrator, legte Sachkenntnis an den Tag, führte technische Neuerungen ein, bestellte — solange Friede war — aus Deutschland und England landwirtschaftliche Maschinen und Geräte, überwachte die Arbeiten.

Der Erste Weltkrieg brach aus. Er tobte und blutete schon ein Jahr, als der Bruder sich zur Verwunderung aller, die ihn kannten, als einen orthodoxen Christen zu bezeichnen begann. Er akzeptierte jetzt, wie er sagte, alle Dogmen der Kirche. Die gottesdienstlichen Formen lehnte er ab. Aber auch das änderte sich. Im Sommer 1916 besuchte er zum ersten Mal das kontemplative Kloster Óptina und seine Starzen. Er konnte ein eingehendes Gespräch mit dem Starez Anatolij führen. Im Spätherbst fuhr er noch einmal zu ihm und kehrte als ein Orthodoxer ohne Wenn und Aber nach Petersburg zurück. Es war seltsam zu sehen, wie er vor den Mahlzeiten über Stirn, Brust und Schultern ein breites Kreuz vollzog und dabei unverwandt auf die Ikone blickte. Noch seltsamer war es, wenn er vor den Kathedralen und Kirchen stehenblieb, den Hut zog und sich in der gleichen andächtigen Weise bekreuzigte. Er nahm auch jetzt an unserem Getratsche bei Tisch nicht teil und schwieg, während wir lebhaft die aktuellen Neuigkeiten des Tages diskutierten. Doch dieses Schweigen war weder bedrohlich noch bedrückend. Es quälte niemanden. Auch war der sektiererische trockene Glanz der Augen und das ständige Angespanntsein der Gesichtszüge verschwunden. Bei einem dummen Scherz flammte an der Wand kein Menetekel auf. Aber wir machten auch keine dummen Scherze, uns war gar nicht danach.

Eine *Norm* hatte vom Bruder Besitz ergriffen. War das eine Rückkehr zu unserer schon immer dagewesenen großbürgerlichen Petersburger „Normalität“? Natürlich nicht. Mir kamen unwillkürlich die Worte eines alten Spruchs in den Sinn: Das Vollkommene ist zugleich das höchst Normale. War der Bruder vollkommen? War es soweit? Würde ich ihn bald verlieren? Wir alle — Eltern und Geschwister — fühlten plötzlich, daß wir, um zu dieser „Normalität“ zu gelangen, einen sehr weiten Weg zurückzulegen hätten. Diese Erkenntnis machte aber unsere Herzen weder schwer noch verzagt, sondern weit und leicht. Die Möglichkeiten, die sich öffneten, waren wie das Warten auf den Lichterbaum hinter verschlossenen Türen. Auch dann, wenn sich diese Türen vor uns nie öffnen würden.

Der Bruder war gealtert; in seinem sich kräuselnden Bärtchen schim-

merten Silberfäden. Was auffiel, war seine sehr schmal gewordene Nase, die an die Züge uralter Ikonen erinnerte.
Ich bat ihn, mir so viel wie möglich von Óptina zu erzählen. Er konnte darüber nicht ohne große innere Bewegung sprechen, verstummte mitten im Satz, kämpfte mit den Tränen, schwieg . . . Es waren nicht Tränen der „Rührung“, sondern Freudentränen. Eine tiefe innere Erschütterung war durch sein ganzes Wesen gegangen.
Er sprach davon, daß er schon lange vor dem ersten Besuch beim Starez die Kirchenväter — vornehmlich die des 4. und 5. Jahrhunderts — studiert hatte und durch sie zur Überzeugung gekommen war, daß sich im Schoß der Orthodoxie unermeßliche Reichtümer verborgen hielten: Fülle, Weisheit, Gnade. Auch habe er immer wieder darüber nachgedacht, wieso Seraphim von Saróv, Tichon von Sadónsk und viele andere hochbegnadete Männer, die sich in Fragen des spirituellen Lebens nie irrten, in Fragen des „Kults“ plötzlich so sehr in die Irre gegangen seien, sich so schwer getäuscht haben sollten. Das war unglaubwürdig. Und so wurde es für ihn immer klarer, daß die „Diskrepanz“ woanders zu suchen sei, ja, daß sie höchstwahrscheinlich in jener ungeheueren Hybris lag, die zweitausend Jahre Heiligkeit und maximaler Gottesnähe einfach vom Tisch fegte. Er wüßte jetzt — fügte der Bruder hinzu —, daß Hybris Blindheit bewirke. Er beschloß, bei Männern Rat zu suchen, die zwar „Diener des Kults“ waren, offensichtlich aber mehr Erfahrung in spirituellen Dingen hatten als er selbst. So fuhr er nach Óptina. Starez Anatolij, der ihn empfing, schien — so unglaublich das auch klingen mag — auf ihn gewartet zu haben. Noch bevor Leonid die ihm auf der Zunge brennenden Fragen aussprechen konnte, holte er ein bedrucktes Blättchen hervor, auf dem die Antworten standen. Dann begann der Starez von unserer Familie zu sprechen, die er gar nicht kannte . . . Von mir — die Rede war zuvor überhaupt nicht um mich gegangen — sagte der Starez Dinge, die völlig unmöglich und abwegig zu sein schienen, die aber in der Folge alle eintrafen. Nachdem er den Bruder lange betrachtet hatte, gab er ihm noch ein Blatt zu lesen, in dem von der himmlischen Glorie derjenigen die Rede war, die eines gewaltsamen Todes starben.
Nach dieser Unterredung bat der Bruder, ihm die Beichte abzunehmen. „Ich war ein verruchter Apostat, ein übermütiger Lästerer, der schon in früher Jugend vom Glauben und von der Kirche abgefallen

war . . ., doch wollte der Starez nichts davon wissen. Er belehrte mich nicht, er versuchte nicht, mich von irgendwelchen Dingen zu überzeugen, er rügte nicht. Über meine Rosánov-Periode wollte er nichts wissen und schnitt mir jedes Mal, wenn ich von ihr zu sprechen begann, das Wort ab . . . Und er stellte mir seltsame Fragen: Ob ich stets meine Pflanzen und Blumen gegossen, ob ich die stumme Kreatur rechtzeitig gefüttert und ihr zu trinken gegeben hätte. Ich stand da und wußte nicht, was ich antworten sollte. So ist der Starez Anatolij" — schloß der Bruder —, „jetzt weißt du es."

Eine heiße Welle stieg in mir auf und schnürte mir die Kehle zu. Eine innere Stimme sagte: Der Bruder hat das Ziel erreicht. Was kommt jetzt? Werde ich ihn bald verlieren?

Man konnte mit den Augen sehen, mit allen Sinnen wahrnehmen, was Leonid erreicht hatte: Sein ganzes Wesen strömte Frieden und Demut aus. Demut aber ist, wenn sie echt, d. h. nicht gespielt ist, eine der am schwersten zu erringenden Tugenden. Ich verstand sofort, warum Anatolij seine „seltsamen" Fragen gestellt hatte: Er sprach nur von solchen Vergehen, zu denen der Bruder noch fähig war.

Nach der Beichte empfing Leonid die Allerheiligsten Sakramente und kehrte für immer in den Schoß der Kirche zurück.

Nach einiger Zeit sagte er mir, daß der Starez ihm geraten habe, Priester zu werden. Er schien ratlos zu sein; die Priesterweihe war untrennbar mit der Ehe verbunden; seit seinem ersten Besuch in Óptina sehnte sich aber das ganze Wesen des Bruders nach dem Mönchtum. Es wäre der heißeste Wunsch, den er je im Leben gehabt habe, sagte er mir. Auch in der Folge wiederholte er einige Male: „Was bin ich denn für ein Ehemann? Und was für ein Familienvater? Ich weiß ja mit Kindern gar nicht umzugehen."

Die Frage blieb offen.

„Es ist ein großes Glück", meinte er bei einem anderen Gespräch, „Russe zu sein, zu einem Volk zu gehören, dem solch eine Kirche anvertraut ist!" Er freute sich unsagbar, als bekannt wurde, daß mehrere seiner „Brüder aus der Kolonie" zu verschiedenen Zeitpunkten und voneinander unabhängig zur Kirche zurückgekehrt waren. Einige von ihnen hatten mehrere Jahre in der Kolonie zugebracht. Von den andern sagte er, daß Gott sie ihres starken Glaubens willen nicht verwerfen werde, daß sie aber nur von den stark abgeschwächten, indirekten Strahlen der *Einen* Ekklesia erreicht werden.

„Um das Geheimnis der Kirche zu begreifen“, sagte er, „um es im unerschaffenen Licht der Heiligen Dreieinigkeit zu sehen, müßte der Mensch alle seine sinnlichen Wahrnehmungen, sein materielles Bewußtsein und seine egoistischen Maßstäbe ablegen. Dann erst könnte er das große Geheimnis, welches die Menschwerdung unseres Herrn ist, noch hier ergründen. Das Durchbrechen der Schranken ist aber für die meisten von uns nicht möglich, und so bleibt die letzte Ergründung des Geheimnisses unzugänglich. Das ist der Grund dafür, daß es verschiedene Auffassungen von der Erlösung und unterschiedliche Arten der Soteriologie gibt. Die römische Kirche beharrt auf der ‚*Genugtuung*‘. Die Hauptsache aber bleibt – und das ist das Unfaßbare –, daß man mit diesem Geheimnis wie mit einem Vater und einem Bruder sprechen kann und an seinen Zielen wie ein Sohn mitarbeiten darf.“

Ein anderes Mal sagte er: „Alles in der Welt verbraucht sich und zerfällt, die Kirche allein bleibt die ‚ewig junge Greisin‘, als die sie der hl. Erma in seinen Visionen gesehen hat. Sie ist die Ziehmutter der Neuen Menschheit, die jene Stadt bewohnen wird, von der die Offenbarung berichtet, daß sie keiner Leuchte bedarf, weil das göttliche Lamm ihre Leuchte ist.“

Grundlegend änderte sich die Auffassung des Bruders von der Ehe. Ihr metaphysisches Fundament, so glaubte er jetzt, sei die Heilige Dreieinigkeit selbst: Die Wesenseinheit in der Vielfalt. Deren Abbild auf Erden sei die „große Ekklesia“ – die Kirche, und die „kleine Ekklesia“ – die eheliche Liebe, die ihren Ausdruck in der Familie findet.

Ich notierte mir fast alles, was der Bruder in der Zeit nach seiner Bekehrung sagte. „Du kannst dir nicht vorstellen, wie demütig und einfach mein Starez ist und wie viel Humor er hat. Unter freiem Himmel begleitet ihn auf seinen Gängen fast immer seine gestreifte Hauskatze. Eine Pilgerin – übrigens eine Dame der besten Gesellschaft – war diesbezüglich ein wenig schockiert und sagte das dem Starez: Vor dem Beichtvater soll man ja nichts verbergen. Vater Anatolij aber erwiderte: ‚Sehen Sie, liebe gnädige Frau, damit verhält es sich so: Die großen Anachoreten und Wüstenväter des Altertums wandelten in Begleitung eines Löwen. Uns kleine, unwürdige Starzen begleitet eine Katze. Jedem das Seine.'"

„Ich habe unendlich viel kostbare, unwiederbringliche Zeit verloren. Das Studium des Marxismus, das Revoluzzertum, Tolstoi, die ‚Kolonie' und selbst meine Dienstverweigerung brauchten nicht zu sein. Ich würde mich jetzt ohne weiteres der Militärbehörde stellen. Das Evangelium bezeugt, daß Christus den Kriegern, die zu Ihm gekommen waren, gar keine Verpflichtungen — außer den üblichen — abverlangte. Viele große Heilige und Märtyrer waren Krieger. — Einmal — es ist lange her — kam ich als Student nach Kiew. Im Hotelzimmer fand ich eine von jemandem vergessene oder zurückgelassene Vita des heiligen Sergius von Rádonesch. Ich nahm das Buch zur Hand, blätterte darin, las die erste Seite, die zweite ... Ich las die halbe Nacht, und deren zweite Hälfte verbrachte ich auf den Knien. Und? Warum blieb alles beim alten? Ich kann es heute nicht fassen, doch hatte mich, als ich spät erwachte, der graue Alltag wieder. Nicht umsonst sagen die Väter, daß das Eintauchen ins spirituelle Leben dem Eintauchen eines Korkens ins Wasser gleiche ... Wie schwer war dann mein Weg! Wie viele Krümmungen, Windungen, Umleitungen und Gratwanderungen brachte er mir! Alles war nur Zeitvergeudung."

Ich widersprach. Ich meinte, nichts wäre überflüssig gewesen, alles hätte der Entwicklung der Persönlichkeit gedient und zum Reifeprozeß beigetragen.

„Nicht unbedingt. Wir Russen waren schon immer Meister im Zeitverlieren; diese Untugend ist uns zur zweiten Natur geworden. Achthundert Jahre haben wir gewartet, bis uns Peter das Denken beibrachte — auf seine barbarische Weise, versteht sich. Und das Revoluzzertum? Generationen gingen falsche, zeitraubende Wege, vergeudeten ihre Kräfte, stellten sie in den Dienst falscher Ideale oder ließen sie brachliegen. Für den Umsturz steigerten sie sich ins hysterische Geschwätz und in kriminelle Handlungen hinein. Anstatt für die Prosperität des Vaterlandes im Schweiße ihres Antlitzes zu arbeiten, überließen sie die Ausführung dieses Gebots ihren Sklaven."

„*Du* kannst dir so etwas nicht vorwerfen."

„Meine Gratwanderungen habe ich hauptsächlich meiner Hybris zu verdanken. Tausende und Abertausende hielten solche Um- und Irrwege nicht für notwendig, sind kürzere und geradere Wege gegangen.

Sieh dir das Kloster Óptina an!“
„Was hältst du im Rückblick vom Marxismus?“
„Es ist schade, das einzige Gehirn, das man besitzt, so schrumpfen zu lassen, daß es nur noch *eine* Idee zu fassen und festzuhalten imstande ist, alle anderen Möglichkeiten aber abstoßen muß . . . Der Marxismus ist die einzige Philosophie (*wenn* er eine ist, worüber man streiten kann), die den geistigen Horizont des Menschen verengt, anstatt ihn zu erweitern. Die terroristischen Akte, die bei uns auf die sozialistischen Ideologien zurückgehen (wie immer diese sich auch bezeichnen mögen, es sind im Grunde Tarnbezeichnungen), sind das Produkt einer Schrumpfung und Verengung. In ihr hat die Wertskala, nach der man Ordnung in die Fülle der Erscheinungen bringt, keinen Platz mehr. Wäre das anders, würde man begreifen, daß Schuld durch Gegenschuld nicht aufgewogen wird und daß gegensätzliche Gedanken in den Morast moralischer Relativierung führen. Der Atheismus, mit dem der Marxismus und seine Nebenprodukte gekoppelt sind, trägt die Hauptverantworung für die Blindheit so vieler Intellektueller und erst recht der verführten Massen.“
Was hielt der Bruder von den Fragen des Iwan Karamasoff? Konnten sie überhaupt beantwortet werden?
„Nur auf einem sehr hohen Niveau. Für diejenigen, die ein solches Niveau nicht — oder noch nicht — erreicht haben, werden sie das bleiben, was das Evangelium als Ärgernis bezeichnet. Für die anderen dürften es keine Fragen mehr sein.“
Wir besuchten zusammen die Kathedrale der Mutter Gottes von Kasán. Es ist jener gewaltige Dom, der mit seinen halbkreisförmigen Malachitkolonnaden vor dem Zentralbau auf dem weiten Platz mitten auf dem Newskij so unübersehbar ist, daß er zu jener Zeit selbst Ungläubige zu einem Gruß mit entblößtem Kopf zwang. Das Innere des Gotteshauses überwältigte den Bruder durch seine erhabene Schönheit; er staunte über die „innere Wärme“ des riesigen Baues. Die kostbare Verkleidung des berühmten Gnadenbildes war mit großen Diamanten, Smaragden und Perlen besetzt; auch in dessen näherer Umgebung hingen zahllose Ringe und Ohrgehänge, von den kostbarsten bis zu den allerbescheidensten, die nur Halbedelsteinchen vom Ural aufzuweisen hatten. „Ist das nicht reines Heidentum, primitiver Aberglaube“, wollte ich wissen, „und außerdem: Sollte man diese Juwelen

nicht verkaufen und den Erlös unter die Armen und Ärmsten verteilen? Wir haben doch ihrer genug."
„Sei vorsichtig, Alexander", erwiderte der Bruder, „du hast soeben, ohne es bemerkt zu haben, buchstäblich die Worte des Judas wiederholt. Nein, nein, das ist kein Heidentum. Jede Perle, jeder Diamant, jedes Uralsteinchen, die aus übervollen, überströmenden Menschenherzen kommen, sind Tränen der Dankbarkeit für die wunderbaren Erhörungen der Gebete. Beim Anblick dieser zu Perlen erstarrten Tränen sollten auch wir weinen, Alexander. Unser Verstand muß sich daran gewöhnen, sein ‚rationales', d. h. fleischliches Denken, abzulegen; wir müssen andere Denkwege beschreiten, die des Menschen würdiger sind."
An der großen Ikone meines Patrons, des hl. Alexander Newsky, die ihn als einen Ritter in silberner Rüstung darstellte, gestand ich Leonid, daß dessen Heiligsprechung mir mitunter Schwierigkeiten bereitet. Ein Krieger mit Frau und Kindern und darüber hinaus ein „Nationalheiliger" . . . In der Tatarenzeit mochte eine solche Heiligsprechung motiviert sein. Aber jetzt . . . Wo wir Heilige von ganz anderen Dimensionen kennen . . . Vergleiche ziehen . . . Die römische Kirche hat von der übereilten Heiligsprechung eines Karl des Großen Abstand genommen.
„Liebe, Liebe war es bei Alexander, flammende Liebe zum gemarterten Volk, zur bedrängten Kirche, zum verwüsteten Vaterland, die ihn die maßlosen, übermenschlichen Opfer auf sich nehmen ließ, die ihn immer wieder dazu zwang, seine mit tödlichen Gefahren verbundenen Reisen ins Reich der Goldenen Horde auf sich zu nehmen! Auf dem Rücken der Pferde, bei sengender Hitze und bei eisigen Schneestürmen, in gesunden und in kranken Tagen! Darüber hinaus war Alexander ein Mann des Gebets, der Gerechtigkeit und einer großen sittlichen Reinheit. Von ihm stammt das berühmte Wort, das er seinen verzagten Kriegern vor einer aussichtslosen Schlacht zurief: ‚Gott steht nicht der Übermacht, sondern der gerechten Sache bei.' Und er siegte. Wir sollten aufhören, an der Kirche herumzunörgeln."
Bei einem unserer letzten Gespräche fragte ich ihn, was er vom Westen halte.
„Wir glaubten und hofften lange, daß er noch das Abendland sei . . . Im Grunde — unsere große Liebe ohne Gegenliebe. In der schwersten

Phase unserer Geschichte fiel er uns in den Rücken, um das Heilige Römische Reich zu erweitern. Zweimal wurde er abgewehrt, und da kommen wir ja wieder auf deinen Patron zu sprechen. Und als die Osmanenherrschaft längst gebrochen war, wurde ‚der kranke Mann am Bosporus' — das Wort stammt von Kaiser Nikolai I. — von Westeuropa künstlich gestützt und gefördert, um ‚Rußlands Macht am Schwarzen Meer zu verhindern'. Dabei wurde ein Angriffskrieg auf Konstantinopel von Rußland zu keiner Zeit in Erwägung gezogen — die Eroberung der Hagia Sophia spukte höchstens in den Gemütern der ‚späten' Slawophilen. Das Bezeichnende ist aber, daß das ‚Abendland' es entschieden vorzog, den Islam zu fördern und Stellung gegen das orthodoxe Rußland bezog."

„Und die Kirche?"

„Sie hat einige hochrangige kontemplative Orden, aber im allgemeinen gibt sie immer mehr von ihrem mystischen Geheimnis preis und ersetzt den Verlust durch die ‚Sorge um die Tische' (Apg 6,2—3). Sie ist bestrebt, dieses Wort umfassend auszulegen. Wenn sie dem *inneren* Menschen noch weniger, oder gar nichts mehr, zu sagen haben wird, wird sie sich mit verdoppeltem Eifer um die ‚Tische' kümmern. Die Kirche muß — so meine ich — ihre Glieder dazu erziehen, die ‚Tische' zu decken, sich selbst jedoch ihren ureigensten Aufgaben zuwenden. Ich kann nur hoffen", fügte er hinzu, „daß unsere morgenländische Kirche, was für Zeiten auch immer kommen sollten, den westlichen Trend nicht mitmachen wird und ihrer ewigen mystischen Aufgabe, der Sorge um den ‚verborgenen Menschen', treu bleibt. Ich halte es aber nicht für ausgeschlossen, daß es einmal um den Preis von Abertausenden von Märtyrern geschehen wird."

Unsere „Teestunde" hatte sich inzwischen noch zweimal wiederholt. Jetzt waren wir vermutlich zum letzten Mal versammelt. —

*

Bei unserem letzten Gespräch, das Anfang Januar 1917 stattfand, sagte mein Bruder: „Rußlands unsagbar schwerer Weg durch die Geschichte, alle Rückschläge, Stockungen und Unterbrechungen in seiner Entwicklung — bis zum Aussetzen des Pulses und beinah des Herzschlags — führe ich darauf zurück, daß es bis auf seine Heiligen und eine eher begrenzte Anzahl herausragender Weltmenschen von den unermeßlichen Schätzen unserer Kirche zu wenig oder einen falschen, oder einen nur theoretischen oder gar keinen Gebrauch gemacht hat. Jene ‚Gebildeten', die sich noch für orthodoxe Christen halten, legen eine erschreckende Unbedarftheit an theologischem Wissen und eine alarmierende Ignoranz in bezug auf Glauben und Kirche an den Tag. Andere wiederum klagen, daß der Gottesdienst ihnen ‚in einem versiegelten Umschlag' geboten wird. Woher diese unsinnige Einstellung? In unseren Kreisen lernt man drei Fremdsprachen, und das bedeutet in keinem Fall weniger als zehntausend Vokabeln; aber man weiß bis zum Lebensende nicht, was in der Cherubimischen Hymne ausgesagt wird, ärgert sich und fragt: Was sollen die alten slawischen Wörter? Ähnliche Klagen habe ich aus dem Mund von Tolstois Ehefrau, der Gräfin Sofja Andréjewna, gehört, die — wie man annehmen muß — ein gebildetes Glied der Kirche ist. Man klagt über das ‚unverständliche Murmeln der Psalmen', dabei geht es um wenig mehr als ein Dutzend, die sich im Gottesdienst ständig wiederholen. Warum sie nicht auswendig lernen? Weißt *Du* denn, worum es in der Cherubimischen Hymne geht?"

„Zufällig weiß ich es. Christus, der *Sieger,* wird von den Engeln auf Speeren getragen."

„Höchste Poesie . . . Wahrheit und Schönheit in einem. Und was ist mit dem ‚immerwährenden Gebet'? Nach den heiligen Sakramenten ist es der gewaltigste Schatz unserer Kirche. In den Religionsstunden, die starr und formelhaft abgehalten werden, wird es nicht so nahegebracht, daß der junge Mensch Lust verspüren würde, es an sich auszuprobieren, es in der Folge vielleicht zum Rückgrat seines Lebens zu machen. Wer es aber tut, *kann* einfach nicht seine Güter verprassen und verspielen, sich hemmungslos der Vergnügungssucht überlassen, die Ehe brechen, die Grundfesten unseres Staates zu erschüttern helfen, Bomben werfen . . . Vom russischen Volk, dem sogenannten ‚einfachen' gar nicht zu reden. Wer hat ihm je geholfen, den ‚versiegelten Brief' mit dem Juwel unserer Kirche zu öffnen? Der allergrößte Teil lebt von den ‚geheiligten Bräuchen' und vom angeborenen religiösen Instinkt. In früheren Zeiten genügte das vielleicht. Da unser Volk auch tiefsitzende anarchische Züge hat, die im Lauf unserer Geschichte nicht gemildert wurden, dürfte das in den uns bevorstehenden Stür-

Zar Alexander I. (1777—1825), Sieger gegen Napoleon, Stifter der Heiligen Allianz und „Retter Europas“ auf dem Wiener Kongreß 1815.

Königin Katharina von Württemberg (1788—1819), Tochter des Zaren Paul von Rußland und der Maria Feddovowna, geb. Prinzessin Sophie Dorothea von Württemberg. Ihr Mann war König Wilhelm I. von Württemberg.

men nicht ausreichen. Wir werden furchtbare Überraschungen erleben."
Die Februarrevolution brach herein. Ich erlebte sie an der Front. Die Kämpfe gingen weiter, obwohl der Kampfgeist, die Disziplin und die Kampfmoral von Tag zu Tag nachließen. Im Sommer 1917 wurde ich schwer verwundet. Nachdem die Verwundung in einem bis zum Bersten überfüllten Lazarett halbwegs — im Grunde völlig unzureichend — auskuriert worden war, durfte ich zu den Eltern nach Zárskoje Seló, um mich daheim gesundpflegen zu lassen. In Zárskoje ereilte uns die Botschaft, daß mein ältester Bruder, der das Majorat verwaltete, und Leonid, der sich in seinem Waldhaus sehr intensiv auf das Priestertum vorbereitete, von einer Bande auf freien Fuß gesetzter Zuchthäusler nachts überfallen und blutig zusammengeschlagen worden waren. Man warf sie die lange steile Steintreppe in den Keller des Herrenhauses hinunter und verriegelte die einzige zu ihm führende Tür. Es dauerte Tage, bis sie vom Personal befreit werden konnten, da die Bande sich die ganze Zeit im Gutshaus aufhielt, plünderte, trank, johlte und alles demolierte. Die Frau des Bruders war mit den kleinen Kindern in den Wald geflohen.
In der Folgezeit lebte Leonid abwechselnd daheim und in verschiedenen umliegenden Klöstern, wo er die Liturgik studierte. Er korrespondierte unentwegt mit dem Starez. Angesichts seiner allgemeinen Vorbildung, seiner Vergangenheit und der völligen Unüberschaubarkeit der weiteren politischen Ereignisse, erließ ihm die kirchliche Obrigkeit bis auf weiteres das Vollstudium der Theologie. Es brach der Rote Oktober herein. Inmitten eines blutigen Terrors, unbeschreiblicher Schrecken und Greuel, dem Schwinden jeglichen Rechts und Rechtsempfindens, jeglicher Legalität und infolgedessen jeder Hoffnung, leuchtete uns dennoch ein fernes Licht, das vom Bruder Leonid auszugehen schien und uns in den tödlichen Gefahren, die uns bei Tag und bei Nacht wie Wasser umgaben, Schutz und Schild war. Unsere Mutter, die — soweit ich denken kann — der Religion vollkommen gleichgültig gegenübergestanden hatte, verbrachte jetzt ganze Nächte im Gebet und flehte in ihren Briefen Starez Anatolij um seine Fürbitte an . . . Dann erschütterte uns eine neue Hiobsbotschaft: Kaum hatte sich der älteste Bruder von seinen Verletzungen erholt, da wurde durch das Fenster eines Zimmers im Seitenflügel, den die Familie nach

der Verwüstung des Hauses bezogen hatte, eine MG-Salve abgefeuert, die den Bruder am Hals streifte und lebensgefährlich verwundete. Leonid, der sich zum Glück im Hause befand, entwickelte eine bis ins Letzte durchdachte Aktivität, holte sofort Arzt und Priester und organisierte schon in den nächsten Tagen die Überführung des Schwerverletzten und den Umzug der ganzen Familie in die Kreisstadt, wo es noch einen Hauch relativer Sicherheit zu geben schien. Auf dem Majorat zu bleiben war undenkbar geworden; eine Flut von Raubüberfällen und Meuchelmorden, vom umherziehenden roten Mob ausgeführt, erschütterte das ganze Gouvernement Rjasán. Nachdem ein Vetter unseres Großvaters auf seinem Gut bestialisch ermordet worden war, flohen die Gutsbesitzer der ganzen Umgegend bei Nacht und Nebel von ihren Gütern. Unser Vater war schon drei Tage nach Ausbruch der Oktoberrevolution am Herzschlag gestorben: Die Schmach und den Untergang Rußlands konnte er nicht überleben.

Leonid hielt sich teils beim Bruder in der Kreisstadt, teils in einem der nahegelegenen Klöster auf, das natürlich auch allerhöchsten Gefahren ausgesetzt war. Sein Studium, das ihn auf das Priestertum vorbereitete, betrieb er mit größter Intensität. Es näherte sich bereits dem zunächst vorgesehenen Abschluß. Seine Tagebücher waren mit Lobpreisungen und Dankgebeten gefüllt. Er pries die Heilige Dreieinigkeit, die Mutter Gottes und jene Heiligen, deren Viten ihn besonders tief beeindruckt hatten, mit bewegenden Worten der Liebe und der Gotteskindschaft.

Die Braut hatte für ihn der Starez selbst ausgewählt. Es war ein junges, stilles Mädchen aus dem engsten Kreis seiner Beichtkinder. Auch hatte er den Tag der Trauung festgesetzt; in wenigen Wochen sollte ihm der Tag der Priesterweihe folgen.

Die letzte Eintragung in Leonids Tagebuch ist mit dem frühen Morgen des 13. Dezember 1917 datiert:

„Für die Urgemeinde war der Begriff der Ekklesia viel umfassender und weitgespannter, als es in unserer Zeit der Fall ist. Im Westen versteht man heute unter ‚Kirche' vor allem eine weltumspannende Organisation. Bei uns *ahnt* fast jeder, daß es sich im Grunde um etwas anderes handelt, doch weiß kaum einer, daß die Ekklesia, nach der Lehre der Urkirche, dem All noch *vor* dem Schöpfungsakt zugrunde gelegt und zugleich zum Endziel der Weltgeschichte bestimmt wurde. ‚Die

Ekklesia ist vor Sonne, Mond und Sternen erschaffen worden', schreibt der heilige Clemens, Apostelschüler und Bischof von Rom († 97).
Und auch der heilige Clemens von Alexandrien nennt die Kirche ‚die Erstgeborene der Schöpfung'. Ähnliche Gedanken finden sich bei anderen Kirchenlehrern. Es heißt: Die Kirche war am Anfang die Kirche der Engel; im Paradies war sie in der überpersönlichen Einheit von Mann und Frau gegenwärtig. Wenn die Kirche das Ziel aller Ziele und der Abschluß der Geschichte ist, die eheliche Gemeinschaft aber *ebenfalls* Kirche, so erledigt sich die Frage nach dem Sinn der Ehe von selbst. Dieser Sinn ist der Ehe immanent, d. h. er liegt allein in jener unvergleichlichen Einheit des ehelichen Paares, die aus zwei Personen *ein* überpersönliches Wesen macht. Das ist eben Sakrament.
Bei einer so vollkommenen, fast gottähnlichen Einheit könnte die Zeugung der Kinder auch unbewußt geschehen, im Schlaf oder in der Weise, wie Eva aus Adam hervorging.
Ich akzeptiere die Ehe nicht nur, ich beuge mich vor diesem Wunder. Und dennoch . . . Herr, Du weißt alles. Du weißt, daß ich Dich liebe. Und Du weißt, wie brennend gern ich Dir im Mönchsstand gedient hätte. Doch Dein Wille geschehe."
Am frühen Nachmittag jenes 13. Dezember war Leonid noch einmal zum Waldhaus zurückgekehrt, um seine Manuskripte und einige persönliche Sachen zu holen. Damit wollte er die letzten Vorbereitungen für die Reise treffen, die ihn am nächsten Morgen in die Stadt führen sollte, wo ihn Priester, Braut und Trauzeugen erwarteten.
Er war auf dem Wege zum Waldhaus, als ihn der MG-Feuerstoß aus dem Hinterhalt traf. Er zerstörte den Kopf des Bruders und machte sein Gesicht unkenntlich. Unbekannte Hände — die Hände des Mörders — warfen die Leiche in einen Wassergraben. Es dauerte mehrere Tage, bis er gefunden wurde.
Da die persönliche Habe des Bruders keinen Anreiz zum Plündern gab, vernichtete der Mörder fast alle Manuskripte.
Nachher stellte es sich heraus, daß Leonid im Spätherbst Starez Anatolij erneut aufgesucht und daß dieser ihn beim letzten Wiedersehen in die Arme geschlossen und bitterlich geweint hatte. Und wieder gab er ihm ein kleines Blatt zu lesen, in dem von der himmlischen Herrlichkeit der Märtyrer die Rede war.

Der Krieg schleppte sich noch einige Tage fort, obwohl alle Fronten in einer chaotischen Auflösung begriffen waren. Als die unfaßbare Nachricht eintraf, machte ich die ersten mühsamen Gehversuche. Auf meinen Lippen ballte sich eine Gotteslästerung zusammen. Dann wurde es Nacht vor meinen Augen.
Als ich zu mir kam, empfand ich eine Zeitlang gar nichts. Dann überflutete mich eine Welle der Glückseligkeit, und meinem Herzen entrang sich Jubel:
Welch ein Ruhm! Welch eine Herrlichkeit! Gepriesen seist Du, Herr, in alle Ewigkeit und in der Ewigkeit der Ewigkeiten! Amen.

*

Der Bischof schwieg. Auch wir schwiegen. Wir wollten uns leise bedanken und auseinandergehen. Aber er bat uns, noch zu bleiben. „Bei einem der Kirchenväter las ich, daß Menschen, die den Gerechten, der ihre Wege kreuzt, nicht zu erkennen vermögen, nicht das Pfand eines echten Glaubens in sich tragen. Ich muß gestehen, daß die meisten, die wir kannten, an Leonid nicht achtlos vorbeigingen. Sie nahmen — bewußt oder unbewußt — bei einer Begegnung mit ihm eine bescheidene, fast könnte man sagen, eine demütige Haltung an und ehrten ihn durch jene stille Aufmerksamkeit, die das Evangelium jedem Menschen gegenüber verlangt. Der Bruder war ein ungewöhnlich starker Charakter, der stärkste, der mir auf meinem Lebensweg begegnet ist. Somit straft er diejenigen Lügen, die — wie Nietzsche — behaupten, das Christentum sei die Religion der Schwachen. Seine Kraft war Liebe, die ihm wie eine helle Flamme den Weg zu Christus wies, zur Sonne der Ekklesia, deren Abbild auf Erden der Bruder sein Leben lang suchte.
Lest, wenn möglich, die Kirchenväter. Es ist eine beinah ebenso wichtige Lektüre wie das Wort Gottes. Es gibt eine kleine überlieferte Anekdote, die ich euch nicht vorenthalten möchte.
Basilius der Große (330—379) hatte an der berühmten — heidnischen — Athener Akademie studiert und sie mit großem Glanz absolviert. Da seine Vernunft nach höherer Erleuchtung dürstete, begab er sich für mehrere Jahre nach Ägypten, Syrien, Karthago und Palästina, wo er Schüler großer christlicher Lehrer und Anachoreten wurde. Nach

Athen zurückgekehrt, suchte er nach seinem hochverehrten Professor, um ihn — zum Dank für die vermittelten Wissenschaften — zum Christentum zu bekehren. Er fand ihn an der Stadtmauer, wo er sich im Kreise anderer Philosophen um die Lösung eines scheinbar unlösbaren dialektischen Problems mühte. Basilius verhüllte sein Haupt, nahm am Disput teil und fand in wenigen Augenblicken die Lösung, wonach er seinerseits den Gelehrten eine Frage stellte. Alle waren sprachlos, allein der Professor rief: Das ist entweder eine unserer Gottheiten, oder Basilius aus Kappadozien!"

*

Die Schreiberin dieses Berichts ist nicht im Besitz jener charismatischen Gaben, die für die kongeniale Übersetzung einer aus tiefstem persönlichen Erleben geborenen mystischen Lyrik erforderlich sind. Das poetische Werk Leonid Semjonov-Tjenschanskis bleibt, gleich einem versunkenem Schatz, auf dem Meeresgrund des Vergessens liegen. Was nach Vernichtung, Fluchten und Erschütterungen der Kriege übriggeblieben ist, umfaßt weniger als ein Dutzend Gedichte. Aber auch ohne sie hinterläßt „Bruder Leonid" einen hellen Schein. Einen Schimmer von ihm zu erhalten, war das Ziel dieser Arbeit.
Wie sagt doch Starez Sossima bei Dostojewski? „Der Gerechte geht, aber sein Licht bleibt."
Es sei so.

Die Gesprächspartner

„Sie kommen — und zwar nur zu Besuch — aus dem ‚Land hinter den sieben Hügeln'. Man könnte es heute noch als das ‚Land mit den sieben Siegeln' bezeichnen. Sie sind jung und ein tiefgläubiger orthodoxer Christ. Wie schätzen Sie die heutige Lage der russischen Kirche ein?"

„Die russische Kirche befindet sich in einer schweren Doppelkrise. Die eine ist ihre — nach wie vor bestehende — babylonische Gefangenschaft im bolschewistischen Staat, wenn es heute auch keine blutigen Verfolgungen und vandalistischen Greueltaten der Lenin-Stalin-Chruschtschow-Ära mehr gibt."

„Wie manifestiert sich das in der täglichen Praxis?"

„In der Praxis bedeutet das: Eine *verschwindend* kleine Anzahl von Kirchen, Klöstern und geistlichen Seminaren im 260-Millionen-Staat; ein überwiegend korrumpierter, d. h. durch Privilegien bestochener Episkopat, der seine Tätigkeit nach dem Willen und den Vorstellungen der Machthaber ausrichtet; das strikte Verbot jeder missionarischen Betätigung außerhalb der Kirchenmauern; das Fehlen von Bibeln und geistlicher Literatur. Die Heilige Schrift ist für den Gläubigen unerreichbar. Dazu kommt die nie aussetzende atheistische Propaganda des Staates, die allerdings — das muß man einräumen — genauso wie die Lehrgänge für Marxismus-Leninismus, vom überwiegenden Teil der Bevölkerung als Zeitvergeudung und Belästigung empfunden wird. Und schließlich das in der Provinz fast völlig erdrosselte kirchliche Leben!"

„Also das sattsam bekannte düstere Bild."

„Nun, die Kirche wird verfolgt. Aber das ist doch ihr natürlicher Zustand. Hat Christus ihn nicht vorausgesagt?"

„Gewiß. Es kommt jetzt darauf an, was Sie unter ‚Doppelkrise' meinten, also erzählen Sie bitte weiter."

„Unsere innere Krise ist schwerwiegender. Die Kirche, oder genauer gesagt die ‚Arbeiter im Weinberg', nützen auch jene begrenzten Möglichkeiten, die ihnen legal zur Verfügung stehen, nicht aus. Es wird bei uns schablonenhaft oder überhaupt nicht gepredigt. Und das entspricht nicht den Erwartungen jener jungen, gebildeten, im Durchschnitt zwanzig- bis vierzigjährigen Menschen, die heute in zunehmendem Maße in der Kirche etwas *suchen.* Ich drücke mich vorsichtig aus; die im Westen verbreitete Meinung von einer religiösen Renaissance, die bei uns eingesetzt habe, teile ich nicht. Aber ein waches Interesse für Kirche und Religion ist durchaus vorhanden. Im 19. Jahrhundert und noch bis 1917 gab es das berühmte kontemplative Kloster Óptina, dessen erleuchtete Starzen die religiösen Bedürfnisse unserer geistigen Elite in hohem Maße zufriedenstellen konnten. Sie haben große Persönlichkeiten der Philosophie und Literatur geformt. Die wenigen Klöster, die in der Sowjetunion bestehen, entsprechen solchen Anforderungen nicht."

„Óptina war auch für Rußland mit seinen eineinhalbtausend Klöstern eine außergewöhnliche Erscheinung. Aber — was stellen die drei Theologischen Akademien dar?"

„Unsere Akademien müßten eigentlich nur elitäre Hirten und Seelsorger hervorbringen, doch das Gegenteil ist der Fall. Bei der Auswahl der Studenten wird ungeheuer gesiebt, und zwar in entgegengesetzter Richtung zu dem, was man sich darunter vorstellen müßte. Es werden diejenigen zum Studium zugelassen, die sich für die hohe Berufung des Priesters am wenigsten eignen: die graue Mittelmäßigkeit."

„Warum drängen sie sich zur Theologie?"

„Ich will nicht für alle sprechen, doch ist es ein offenes Geheimnis, daß die russische Kirche nicht arm ist. Die Opferwilligkeit der Gläubigen ist enorm. Ein Pfarrer hat ein gesichertes und, wie die Dinge einmal sind, kein anstrengendes Leben."

„Und die Resultate?"

„Diese Pfarrer verrichten ‚Dienst nach Vorschriften'. Für die Katechisierung der Gemeinde tun sie wenig, für die getauften Kinder gar nichts; ihre Predigten sind, wie ich schon sagte, schablonenhaft. Die Gläubigen rechtfertigen jedoch die Priester damit, daß diese ‚verängstigt' seien. Das darf aber kein Argument sein. Wer verängstigt ist, sollte Fahrkarten oder Briefmarken verkaufen. Das ‚Verängstigtsein' ist ja nur ein Pflästerchen, das die Geschwulst des Desinteresses und der Routine verdeckt."

„Wie steht es mit den Kindstaufen?"

„Gut. Die überwiegende Mehrheit der Bevölkerung läßt ihre Kinder taufen ... Es gäbe bei uns viel, sehr viel zu tun!"

„Worin äußert sich die Passivität der Seelsorger im einzelnen?“

„Im Kleben am Althergebrachten. Es gibt schon Stimmen — sie sind allerdings nicht zahlreich, eher vereinzelt —, die es so formulieren: Man fühle sich in der Kirche wie in Alt-Moskowien.“

„Ich persönlich würde Alt-Moskowien immer noch Neu-Babylonien vorziehen. Sind das vornehmlich die Stimmen der gebildeten Neugetauften?“

„Seltsamerweise nicht. Diese integrieren sich wortlos in alle Ordnungen. Sie klagen auch nicht über die Sprache, die sie ja nur unzulänglich verstehen.“

„Meinen Sie nicht, daß diese Erscheinung von großer Bedeutung ist? Von großer Tragweite? Daß sie Symbolcharakter hat?“

„Ich mache mir gewiß Gedanken darüber. Aber auch über andere Dinge. Der fundamentale Konservatismus unseres Klerus kann für die russische Kirche im ausgehenden 20. Jahrhundert zu einer Bedrohung werden: Er kann sie zu einem ethnographischen Gebilde stempeln. Wo sie doch in Wirklichkeit die Heilige Apostolische Ekklesia ist und es bleiben muß.“

„Machen Sie sich keine Sorgen, sie wird es auch bleiben. Sie wird ja nicht von passiven Priestern, sondern vom Heiligen Geist regiert. Und ihr Herr ist in Ewigkeit kein anderer als Christus, der Sohn Gottes, dessen Leib sie ist.“

„Wenn es anders wäre, gäbe es keine russische Kirche mehr. Wie hätte sie sonst die Verfolgungen zwischen 1917 und 1941, die schlimmer und blutiger als die diokletianischen waren, überleben können? Und zum zweiten Mal die Verwüstungen durch Chruschtschow? Wenn man diese Erscheinungen mit den Augen eines Atheisten betrachtet, käme man aus dem Staunen nicht heraus. Wir aber glauben an die Verheißung.“

„Und wenn wir an die Abertausenden von Märtyrern denken, sollten wir nie vergessen, daß zu ihnen achtzig Prozent der russischen Priester gehörten. Darunter auch träge, passive, geldgierige und dem Trunk ergebene Geistliche, die an der Revolution — wenn auch indirekt — ein gerüttelt Maß Schuld trugen. Sie brauchten aber nicht in der eisigen Hölle des Eismeerkanals umzukommen, sie brauchten nur Christus zu verleugnen. Sie taten es nicht. Sie wählten das Martyrium.“

„Das Blut ihrer Märtyrer ist für die Kirche unschätzbar. Das kann aber nicht bedeuten, daß es gar keine Änderungen geben darf. Ich sage nicht: Reformen. Ich kenne die Gefahren, die in diesem Begriff stecken. Dennoch wurden in Rußland kurz vor dem Ersten Weltkrieg Reformen geplant."

„Heute wissen wir mehr, als wir vor siebzig Jahren ahnen konnten. Durch Umkrempeln wird nichts Gutes erreicht. Und *was* soll bei uns geändert werden? Die gottesdienstlichen Formen? Die Göttliche Liturgie, um deren Schönheit und Tiefe uns alle Völker beneiden?"

„Täte man das, würde sich das ganze gläubige russische Volk dagegen erheben. Denn die Liturgie wird bei uns nicht als etwas Reformierbares, sondern als das Allerheiligste der Kirche begriffen. Man bereitet sich auf den Empfang der Sakramente mit Beten und Fasten vor. Und die Beichte vor *jeder* Kommunion ist seit zweitausend Jahren unabdingbar: Das Gefäß, in dem der Erlöser Wohnung nimmt, muß rein von Leidenschaften sein. Was sollte denn reformiert werden?"

„In einer beinah völlig säkularisierten Welt, in der die Spiritualität auf den Nullpunkt abzusinken droht, muß die Kirche mit Neuerungen, welcher Art auch immer, besonders vorsichtig sein. Sie darf nicht in den Strudel liberaler Wünsche hineingerissen werden, sie muß der Felsen bleiben, den keine Brandung erschüttern kann."

„Hat man die vor dem Ersten Weltkrieg geplanten Reformen noch in Erinnerung?"

„Gewiß. Sie betrafen hauptsächlich die Länge der Vigilien. Im vollen Umfang sollten sie den Klöstern vorbehalten werden. In gekürzter Form den Kathedralen, d. h. den zelebrierenden Bischöfen. In noch kürzerer Form in den Pfarrkirchen verbleiben. Eine Konzession an die ‚Welt der Arbeit'."

„Keine Reform der Fastenzeiten?"

„Keine. Es wird das *Ideal* hochgehalten. Ein Ideal wird nicht heruntergerissen und zertrampelt. Mögen die Fastentage und -zeiten von jedem nach Maßgabe seiner Kräfte und Möglichkeiten eingehalten werden. Und nach Maßgabe seiner Liebe zu Christus."

„Aber die Kirche hat bestimmte und recht strenge Normen."

„Ja, ich sagte schon, das ist das Ideal: Seid vollkommen, wie euer Vater im Himmel vollkommen ist."

„Bei den meisten also ein belastetes Gewissen."

„Ich würde eher sagen: Grund zur Demut. Und diese ist ja das allerwichtigste für uns alle. Aber reden wir doch konkret: Denken Sie bitte an das Zweite Vatikanische Konzil mit seinen Lockerungen, Erleichterungen, Modernisierungen und Konzessionen. Von wem wurden sie eigentlich gewünscht? Vom katholischen Volk? Ich bezweifle das. Im August 1963 hielt ich mich einige Wochen in einem westfälischen Dorf auf und besuchte sonntags die katholische Messe. Da verkündete der Pfarrer von der Kanzel die soeben spruchreif gewordene Genehmigung, vor dem Empfang der hl. Kommunion zu frühstücken. Wie war die Reaktion der wie immer zahlreich erschienenen Gemeinde? Ob Sie mir glauben oder nicht: Die Leute waren befremdet, wie vor den Kopf gestoßen. Sie sahen einander an, zuckten die Achseln. In den Bauernhäusern gab es Gesprächsstoff für den ganzen Sonntag. Er war nicht von Begeisterung geprägt, eher von herber Kritik. Das katholische Dorf war ja fromm! Nun, ich will keinesfalls verantwortungslos daherreden. Darum sage ich: Ich weiß nicht, ob das, was uns betroffen macht, das Resultat des Konzils ist, oder ob diese Erscheinungen auf Ignoranz, einen erschreckenden Mangel an Menschenkenntnis oder auf menschliche Schwachheit zurückgehen. Ich nenne in erster Linie die völlig ungerechtfertigten Änderungen am Herzstück der römischen Liturgie, auf die ich noch zurückkommen werde; den Ersatz des feierlichen Introitus durch profane Begrüßungsworte, die auch im Bierlokal ihre volle Berechtigung hätten (eine schlechte Einstimmung auf die bevorstehende sakrale Handlung!). Die rationalistischen Erwägungen, aus denen der Altar von seinem sakralen Standort in die Mitte des Kirchenraumes versetzt und damit ‚demokratisiert' wurde. Die Priester sind gezwungen, mit dem Gesicht zur Gemeinde zu zelebrieren, was von vielen als Qual empfunden wird. Vielen Gläubigen behagt die demokratische Tuchfühlung mit dem Sakralen keineswegs. Es folgt das Fallenlassen fast sämtlicher Fastengebote — eine in der zweitausendjährigen Geschichte der Kirche ungewöhnliche Erscheinung. Die Einführung einer unpersönlichen, der protestantischen aufs Haar angeglichenen ‚Gemeinschaftsbeichte' ... Das Frühstücken vor der heiligen Kommunion. Die Profanierung des Gotteshauses durch zwielichtige ‚Darbietungen', die an die Grenze des Rock heranreichen. Das alles hat der Religiosität der Massen durchaus keinen Aufschwung gegeben, sondern sie im Gegenteil auf ein Minimum abgeschwächt."

„An dergleichen ist bei uns nie gedacht worden. Aber erklären Sie mir bitte, warum Sie sich davor scheuen, diese Erscheinungen als die Früchte des Konzils zu bezeichnen?"

„Auch darum, weil parallel zu den Beschlüssen des Konzils Strömungen gelaufen sein könnten, die auf die Zerstörung der christlichen Kirche im allgemeinen bedacht sind. Diese verborgenen Faktoren *gibt* es; sie beim Namen zu nennen, ist heute nicht die große Mode. Lassen wir das; wenden wir uns der menschlichen Unzulänglichkeit zu, der *anarchischen* Veranlagung des ‚natürlichen' Menschen. Die Mär, daß diese Veranlagung nur auf die Russen zutrifft, ist längst widerlegt. Auch der westliche Mensch hat hinreichend bewiesen, wie schlecht er die große Freiheit verträgt, wie wenig er mit ihr umzugehen versteht. Das Lockern der Zügel durch das Konzil, das unsere Kindschaft Gott gegenüber hervorheben sollte, *verführte* statt dessen die Menschen zu eigenmächtigem Handeln, das heute an Blasphemie grenzt."

„Solche Handlungen mußten aber von der katholischen Geistlichkeit zumindest geduldet worden sein?"

„Sie sind von der Mehrzahl der Geistlichen nicht nur geduldet, sondern euphorisch begrüßt worden, als hätte man Morgenluft gewittert."

„Also hat Dostojewskis Großinquisitor doch recht?"

„Nur bis zu einem gewissen Grade. Man muß den goldenen Mittelweg wählen. Dieser war immer das Ideal der morgenländischen Kirche."

„Bitte einen Beweis für offenkundige Blasphemie."

„In neuen Übersetzungen des Evangeliums wurde die Jungfrau Maria als junge Frau bezeichnet. Schon bald nach dem Konzil kamen verschiedene neue Übersetzungen der Evangelien heraus, darunter eine von Heinrich Böll und Walter Jens redigierte. In dieser Übersetzung wurde die Jungfrau Maria durchweg als ‚junge Frau' bezeichnet. In der Liturgie wurden diese Texte so lange verlesen, bis es Proteste zu hageln begann, wonach diese Übersetzung aus dem (liturgischen) Gebrauch genommen wurde. Das entsprach — und entspricht — dem Zeitgeist. In diesem Wortlaut wurde das Evangelium eine lange Zeit im Gottesdienst verlesen."

„Mit dem *einen* Wort sind Evangelium und Christentum ausgelöscht."

„Es geht noch weiter. Eine fatale Fälschung verbirgt sich mitten im Eucharistischen Kanon. Dort heißt es nicht mehr: ‚Mein Blut . . . für viele vergossen . . .', sondern: ‚Für *alle.*' "

„Wer wagte das?“
„Man argumentiert: Gott ist viel barmherziger als . . .“
„Als seine authentischen Worte?“
„Ich sehe das anders. *Wir* sind barmherziger als Er. Auf den ersten Blick ein marxistischer Gedanke, aber im Grunde ein luziferischer, der bis zum Herzstück der römischen Messe vorgedrungen ist und sich dort festgesetzt hat. Stört er jemanden? Die heutigen Kirchgänger sind von einer erschreckenden Ignoranz. Priester, die ich darüber befragte, wischten es als ‚Belanglosigkeit‘ vom Tisch. Sie wollen nicht hinter den Sinn dieser unfaßbaren Fälschung kommen.“
„Dabei müßte jeder Katholik, ob Priester oder Laie, dafür kämpfen, daß die maligne Stelle, die Wucherung einer säkularisierten Exegese, ausgemerzt wird.“
„Durch die Breschen dringen in den Raum der römischen Kirche schwer definierbare Geister ein; einer zieht den anderen nach sich, bis das Räderwerk in vollem Gang ist . . . Paul VI. nannte es den Rauch Satans. Doch wechseln wir das Thema. Was ist Ihnen hier im Westen besonders aufgefallen?“
„Am allerstärksten: Die Entchristlichung der Kultur.“
„Wer das hört, wird Ihnen vorwerfen . . .“
„Natürlich. Aber ich komme aus einem atheistischen Land. Die große Masse unseres Volkes ist ganz offen und offiziell atheistisch . . . Wir haben ein von der Ideologie, nicht vom Zeitgeist, verschüttetes Gewissen. Das ist der Unterschied.“
„Nicht das Zerschlagen der uralten Formen, sondern ihr Verständlichmachen tut not. Verkündigung und Katechisierung sind die vordringlichsten Aufgaben der Kirche: Man darf die Getauften in Rußland ebensowenig wie anderswo im Status unwissender Halbheiden belassen. Ist der Klerus passiv, muß man zur Selbsthilfe greifen. So erzählen Sie, erzählen Sie doch, bitte! Ist es heute für einen Menschen in Rußland leichter, den Weg zu Gott und zur Kirche zu finden?“
„Das ist schwer zu sagen. Es *kann* tausend Wege geben, es muß sie aber nicht geben. In vielen Fällen spürt der Mensch — und das kann sehr plötzlich eintreten — das Fehlen einer Substanz in seinem Leben. Er beginnt zu suchen. Oder man kommt rein zufällig in eine Kirche, eine, die — wie man sich bei uns ausdrückt — nicht ‚in Funktion‘ ist. Eine zum Ikonenmuseum oder ‚Planetarium‘ umgewandelte. Man steht

vor den uralten sakralen Darstellungen, hört — oder hört auch nicht — das auswendig gelernte ideologische Geplärr der ‚Museumsführerin' und fragt sich, was an dieser ‚mittelalterlichen Malerei' so fesselt, woher die Faszination kommt. Das sind zwei Wege von tausend."

„Und sie führen zur Kirche?"

„Ich wage nicht zu sagen ‚meist', weil ich das nicht belegen kann. Wer aus solchen Erkenntnissen oder Fragen Konsequenzen zieht, wird früher oder später ein Gotteshaus aufsuchen. Das innere Vakuum wird ihn dazu bringen, vielleicht auch treiben."

„Und dann?"

„Dann ist er eben in der Kirche. Nach und nach erfährt er, daß die christliche Heils- und Glaubenslehre (die er mit dem Herzen sucht) sich aus zwei Faktoren zusammensetzt: Der göttlichen Wahrheit, von der unsere Weltanschauung geprägt wird, und aus den Forderungen, die sich aus dieser Wahrheit ergeben. Sie stellen hohe Anforderungen an den Willen, denn sie laufen oft den natürlichen Neigungen des Menschen zuwider."

„Die dem Fassungsvermögen noch gerade zugängliche göttliche Wahrheit, die der Katechumene sucht, öffnet sich ihm in den ewigen Dogmen; er erfährt, daß sie den großen Kirchenvätern bei ihrem gemeinsamen — Jahrhunderte währenden — Ringen (um jedes Wort!) von Gott anvertraut worden sind. Wenn er sie bejaht hat, kommt ihm die Kirche mit den Sakramenten entgegen — zuallererst natürlich mit dem Sakrament der Taufe. Aber er wird den Inhalt auch in den anderen Formen suchen und finden. Aus diesen Formen, Riten, aus diesen *Gefäßen* wird ihm das zufließen, um dessentwillen er aufgebrochen ist. Und er wird erkennen, daß der Inhalt ohne Form nicht denkbar ist, daß Form und Inhalt eine Einheit bilden. Zertrümmert man die edlen alten Gefäße, wird ihr köstlicher Inhalt zu einem großen Teil verschüttet. Man kann keinen Wein kredenzen, ohne ihn im Gefäß darzubieten. Und es gibt überhaupt keinen Grund, ihn aus den tausendjährigen Gefäßen umzugießen und dabei freventlich zu verschütten."

„In der Orthodoxie gibt es kaum Stimmen, die solche Forderungen anmelden. Es gibt sie nicht. Doch den Intellektuellen, die unsere Gotteshäuser besuchen, sollte von den Kanzeln festere Nahrung angeboten werden — nicht nur die Milch der frommen Gesinnung, die sich stets gleichenden Predigten zu den kirchlichen Festen."

„Aber . . . sagten Sie nicht, daß gerade die ‚Neuankömmlinge' am ärmlichen, vielleicht abgetragenen und sogar zerschlissenen *Gewand* der Kirche keinen Anstoß nehmen?"
„Ja, das ist richtig."
„Und sie *füllen* die Kirchen . . . Und das nennen Sie nicht eine religiöse Renaissance?"
„Nein. Noch nicht. Ich werde mich hüten, Prognosen aufzustellen, aber es könnte — mit der Zeit — eine Renaissance werden. Ob ganz Rußland von ihr ergriffen werden wird, oder ob sie auf die ‚kleine Herde' beschränkt bleibt, steht nicht in unserem Ermessen."
„Aber die Szene wandelt sich doch?"
„Ja; es glauben heute schon so viele, daß sie den Beobachtungen und Kontrollen jener Kräfte, die an der Vernichtung der Kirche interessiert sind, nicht mehr zugänglich sind. Einzelne können immer noch verhaftet und verbannt werden, doch zählt man jene, die bereits den *verborgenen* Weg zu Christus gefunden haben, schon zu vielen Tausenden."
„Bruder! Und diese Frohe Botschaft haben Sie mir bis jetzt vorenthalten?"
„Seien wir vorsichtig. Warten wir ab. Im Weinberg gibt es viel Arbeit und wenig Arbeiter. Sie sagten vorhin: Zur Selbsthilfe greifen. Das tun wir. Bevor wir jedoch unser erstes Gespräch abschließen, möchte ich doch wissen, ob Sie *alle* Änderungen am ‚Gewand' unserer Kirche verwerfen, oder . . .?"
„Nicht alle. Und das, obwohl ein angesehener Hierarch unserer exilrussischen Kirche noch vor kurzem gesagt hat: Reformen wird es bei uns — angesichts der Früchte des Zweiten Vatikanischen Konzils — erst *nach* dem Jüngsten Gericht geben."
„Gut gesagt und nicht ohne Humor! Aber akzeptieren kann ich diese Einstellung nicht. Mehr als das tägliche Brot und die Luft zum Atmen brauchen wir Orthodoxe eine durchgehende Neuübersetzung fast sämtlicher gottesdienstlichen Texte."
„Also ins moderne Russisch?"
„Nein, bewahre. Wer wollte schon die erhabenen Gebetstexte in einer Sprache hören, in der wir unsere Lebensmittel und Bedarfsartikel einkaufen? Selbstverständlich muß das Kirchenslawische ein fundamentaler Bestandteil unseres Gottesdienstes bleiben. Aber es muß dem Ver-

ständnis des modernen Menschen nähergebracht und vor allem von der fürchterlichen griechischen Syntax befreit werden, die aus Sätzen unentwirrbare Wortknäuel macht. Aber niemand bemüht sich, diesem Mißstand abzuhelfen; wir haben Jahrhunderte geschludert, tun das auch jetzt, nach allen Katastrophen."

„Ich gebe Ihnen recht. Der hochgelehrte, heiligmäßige Bischof Theophanos der Klausner fand für diese Zustände bittere Worte des Zorns und der Anklage und führte auf sie den Massenzulauf zu den Sekten zurück."

„Eine Erneuerung vieler Dinge täte uns gut. So bleiben die wundervollen Gebete des Eucharistischen Kanons, die der Priester hinter geschlossenen Altartüren spricht, für die Gemeinde unverständlich. Wenn es nach mir ginge, würde ich sogar die Verbannung der großen Konzertkultur aus dem Gottesdienst vorschlagen. Der Chor sollte schlicht und verinnerlicht singen, ohne von dem sich vollziehenden Mysterium abzulenken."

„Und wohin mit dem großen Schatz unserer A-cappella-Kirchenmusik?"

„In den Konzertsaal."

„In den sowjetischen?"

„Die Zeit steht nicht still."

„Ihre Worte in Gottes Ohr. Was darüber hinausgeht, könnte nur ein Allgemeines Kirchenkonzil entscheiden, aber das steht der russischen Kirche noch lange nicht ins Haus."

„Als einem Orthodoxen wird mir hier oft die Frage gestellt, wieso die Kirche Polens unter dem Kommunismus an Kraft und Widerstandsfähigkeit zunimmt, während man so etwas von der russischen nicht vernimmt. Daß sich in dieser Frage die erschütternde westliche Ignoranz spiegelt, unterliegt keinem Zweifel. Beantworten Sie, lieber Bruder — wo Sie doch aus dem leidgeprüften Land kommen —, diese Frage."

„Als die Bolschewisten 1917 die Macht ergriffen, begann sofort die blutige Verfolgung der Christen. Als erster fiel Benjamin, der junge Metropolit von St. Petersburg, ihr zum Opfer. Es folgte der Metropolit von Kiew, Wladimir. Die Kirche, die dann mit ihren Abertausenden von Märtyrern die zwanziger Jahre überlebte — achtzig Prozent der Priester wurden erschossen oder kamen beim Bau des Weißmeer-Kanals um —, sah sich in den dreißiger Jahren und dann nach 1945 zu einem beträchtlichen Teil gezwungen, nach dem Vorbild der ersten Christen in die ‚Katakomben' zu fliehen. Aber es waren ja bei uns beileibe nicht nur Hierarchie und Klerus ausgerottet; dasselbe Schicksal hatten Millionen gläubiger Menschen aus allen Bevölkerungsschichten erlitten."

„Und für die Sowjets kam die Zeit, das ‚Restrisiko' zu beseitigen."

„Jawohl! Die Jahrzehnte totaler atheistischer Feldzüge, des ‚Weltbundes der militanten Gottlosen', der in Millionenauflagen gedruckten atheistischen Propagandaliteratur, der Gründung der zwölf Akademien für Atheismus, der zahllosen Lehrgänge, die jeder absolvieren mußte. Schon gegen Mitte der dreißiger Jahre gab es unzählige junge Menschen, die den Namen Jesus Christus nie gehört hatten. Von einer religiösen Beeinflussung der Kinder konnte überhaupt keine Rede sein; es wurden Maßnahmen getroffen, damit solch eine Erziehung in den Familien undurchführbar werde. Eltern, die den Verdacht der ‚Unbotmäßigkeit' erweckten, wurden schwersten Repressalien unterworfen, ihrer Kinder beraubt und nach Sibirien verbannt. Kann man das mit dem Schicksal der Polen oder der polnischen Kirche vergleichen?"

„Man müßte annehmen, daß die russische Kirche, nachdem die Verfolgungen durch Chruschtschow aufgehört hatten, vom Nullpunkt anfangen mußte?"

„Nein, das kann man nicht sagen. Aber sie war innerlich ausgeblutet, bis auf die Grundfesten erschüttert und äußerlich verwüstet. Das ganze Land war von den Trümmern gesprengter Gotteshäuser bedeckt. Das ist gar nicht so lange her — nur 25 Jahre sind nach Chruschtschows Absetzung vergangen. Und die Kirche lebt!"

„Der Abfall begann bei uns ja schon in der Mitte des vorigen Jahrhunderts. Die Intelligenz, die in den ersten Reihen der kämpfenden Ekklesia hätte stehen sollen, lagerte bei den ‚Trögen', von denen das Gleichnis vom Verlorenen Sohn spricht . . . Viele der Besten kamen dann zurück, brachten die Anthologie ‚Wechi' heraus, nahmen ihren Platz in der Phalanx ein. Es waren Philosophen, spätere Theologen. Starke Führernaturen. Aber sie kamen zu spät, sie waren für Rußland verloren."

„Die Geschichte Rußlands war immer Tragödie. Unsere eigene Schuld, unsere russische Unzulänglichkeit, die niemand bestreiten

Alexandra Fjodorowna (1872—1918), letzte Kaiserin von Rußland, Prinzessin von Hessen-Darmstadt, seit 1894 mit Zar Nikolaus II. vermählt, am 16. Juli 1918 zusammen mit ihrer ganzen Familie in Jekaterinburg von den Bolschewisten ermordet; sie und ihre Familienmitglieder wurden von der Russisch-Orthodoxen Kirche im Ausland als Märtyrer seliggesprochen.

Johannes Schachowskoy (1902—1989). Russisch-orthodoxer Erzbischof von San Franzisko. Verfasser des Kapitels „Die Stadt im Feuer“.

darf, verwickelten sich mit tragischen, unheilvollen Schicksalswenden, die von außen auf uns zukamen. Direkt oder indirekt richteten sie sich auch gegen unsere Kirche. Während der zweihundertfünfzigjährigen Zwingherrschaft der Mongolen ging uns Russen die Möglichkeit verloren, in unserer Entwicklung — auch der religiösen — den mittleren, den ‚königlichen' Weg zu gehen. Andere widrige Umstände kamen dazu. Denken wir z. B. an Katharina, die Prinzessin von Anhalt-Zerbst, die unsere geblendeten Geschichtsschreiber ‚die Große' genannt haben: ‚Sie verfolgt den Klerus, opfert ihn dem Zeitgeist und der eigenen unersättlichen Machtgier, entreißt ihm seine Unabhängigkeit, entzieht siebenhundert Klöstern ihre Existenzmöglichkeit und versetzt damit der Erziehung unseres Volkes einen vernichtenden Schlag.'"
„Aber Sie zitieren doch wortwörtlich Alexander Puschkin!"
„So ist es. Hören Sie weiter: ‚Die geistlichen Schulen liegen am Boden, viele Kirchdörfer haben keinen Priester. Das materielle Elend und die Unwissenheit der Geistlichkeit, die für den Staat völlig unentbehrlich ist, demütigt sie in den Augen des Volkes und der Gesellschaft, nimmt ihr die Möglichkeit, ihr hohes Amt auszuüben. Und das Resultat? Im Volk macht sich Verachtung gegenüber den Seelsorgern breit und ein Indifferentismus gegenüber Religion und Kirche. Schade! Unser griechischer Glaube, der sich so stark von den anderen unterscheidet, ist ja gerade das, was uns prägt und uns den unverwechselbaren Charakter gibt.'[36]) Soweit Puschkin, der geniale Dichter, ein glänzender Vertreter unserer Kultur und ein wahrhaft an der russischen Geschichte Interessierter. Glauben Sie nicht, daß sich aus dem achtzehnten Jahrhundert ein Faden nach 1917 zieht?"
„Gewiß. Es gab aber auch schon früher Ansätze zu unserem heutigen Unglück."
„Was wirft uns der Westen vor?"
„In erster Linie natürlich das System, das er im Ersten Weltkrieg selbst etabliert und in der Folge mit allen Mitteln gefördert hat. Dann einen ‚Kadavergehorsam' und das Fehlen an Freiheitsstreben. Im Grunde interessiert sich der Westen für die Strömungen in Rußland herzlich wenig. Oder genauer: Es interessieren sich dafür nur wenige. Nicht nur die ‚Masse', die dem Konsum lebt, sondern auch diejenigen, die sich für gebildet halten, bezeigen eine geradezu erschütternde Unkenntnis der russischen Geschichte, Kultur und Kirchengeschichte, ja, sogar der

Literatur. Die Geschichte des Rock'n'Roll ist bei weitem bekannter."
„Wie steht man, Ihrer Meinung nach, der Orthodoxie gegenüber?"
„Mit Achtung, sogar mit Bewunderung. Aber das betrifft nur diejenigen, die sich die Mühe gemacht haben, sie kennenzulernen. Im übrigen wird sie übergangen, mitunter auch geflissentlich verschwiegen. Den meisten bleibt sie ‚fremd'. Auch wird ihr vorgeworfen, daß sie alles auf das Jenseits setzt und es versäumt, die Menschen für das Diesseits zu erziehen."
„Ich will versuchen, auf die ‚Vorwürfe' einzugehen. Die Freiheit — ein unbestritten kostbares und hohes Gut — kann für den Christen dennoch nie den höchsten aller Werte darstellen, es sei denn, man verstehe unter diesem Begriff die Freiheit von Sünde und Schuld. Freiheit ist ein ebenso neutraler Begriff, wie Reichtum, Glück, Musik. Aus christlicher Sicht hängt alles davon ab, was man aus seinem Reichtum macht, wie man sein Glück genießt, welch eine Art Musik man auf sich einwirken läßt. Freiheit ist nur dort ein schöpferisches Prinzip, wo Zucht herrscht. Hat der Westen noch nie etwas von einem ‚totalen Terror' gehört? Wir hatten ihn bis vor kurzem in Rußland, und er kann jederzeit wiederkehren. Was für den Menschen aber in *jeder* Situation das wichtigste bleibt, ist die Freisetzung des eigenen Willens für die Nachfolge Christi."
„Sie aber wird das *Kreuz* bringen."
„Und das Kreuz birgt in sich keine Garantien für das, was die ‚Welt' unter Freiheit versteht. Zur zweiten Frage: Daß für die Christen der Ostkirche eine gewisse Gefahr bestehen kann, sich ausschließlich auf das Jenseits auszurichten, scheint in der Geschichte oft, wenn auch nicht immer, bestätigt worden zu sein. Heute droht bei uns allerdings so manchem die Perspektive des ‚orthodoxen Nihilismus', d. h. einer Haltung, bei der die Tendenz zur ‚Abkapselung' von der ‚Welt' groß ist. Auch kann sie mit Kulturfeindlichkeit und einer einseitigen Beurteilung der Dinge verbunden sein."
„Ähnliches hat man wahrscheinlich auch den ersten Christen ‚vorgeworfen'. Es bestand ein zu großer Gegensatz zur ‚Welt', die im argen liegt. Dieser Gegensatz besteht ja heute erst recht."
„Nein, das ist einfach falsch verstandene Orthodoxie. Wozu das Rad der Geschichte zurückdrehen? Wir leben nicht im zweiten Jahrhundert! Die Ahnung der himmlischen Realität dämmert in unseren un-

gläubigen Brüdern und Schwestern nicht durch unsere ‚Abkapselung' auf, sondern indem ein Mensch für den anderen zu *Christus* wird. Heute müssen Alltag *und* Ewigkeit zusammen das Gewebe des christlichen Daseins bilden. Was den Trend zur Kulturfeindlichkeit betrifft, so sollten wir nie vergessen, daß unsere großen Kirchenväter nicht nur ‚umfassend' gebildet waren, sondern zu den *höchst* gebildeten Männern des ganzen hellenistischen Kulturkreises gehörten. Und das will schon etwas besagen!"

„Als überzeugte Christen studierten sie — an der heidnischen Akademie von Athen — heidnische Philosophie. Das Pauluswort von der üblen ‚Kindschaft' des Verstandes nahmen sie ernst."

„Also muß hier ein Denkfehler vorliegen. Es ist mehr als wahrscheinlich, daß auch er auf den Eisernen Vorhang der Mongolenherrschaft zurückgeht. Vielleicht fehlte es auch an Interpreten, die deutlich genug gesagt hätten, daß das Setzen auf das Jenseits uns eine besonders große Verantwortung für das Diesseits auferlegt."

„Teurer Freund, die Zeit, die uns für unser zweites Gespräch bemessen wurde, geht — Gott sei es geklagt — zu Ende. Und noch haben Sie nichts von der ‚Selbsthilfe' der Christen in der Sowjetunion erzählt."

„Von unserer Selbsthilfe ließe sich viel berichten, man kann sie aber auch mit wenigen Worten umreißen. Die Kirche bleibt ins Kirchengebäude hineingezwängt. Außerhalb ihrer Mauern darf sie ihre Stimme nicht erheben. Dabei ist sie ja so groß, so weit! Sie ist überall. Und die Christen sind berufen, *Zeugen* zu sein. In frühchristlicher Zeit, die der unseren immer ähnlicher wird, war die Praxis der geheimen Zusammenkünfte, des gemeinsamen Gebets, des gemeinsamen Forschens in der Schrift und eines intensiven Austausches der Erfahrungen untereinander so selbstverständlich wie das Atemholen. Sie bildete das Fundament des christlichen Lebens. Die Sakramente, die man bei der Eucharistiefeier empfing — die älteste Liturgie geht bekanntlich auf den Apostel Jakobus zurück —, halfen, *Zeugnis* für Christus abzulegen. Die Gnade gab Mut zur Verkündigung. So eroberte das winzige Häuflein der Christen die Welt. Rußland braucht heute keine Sonntagschristen, wie brav sie in ihrer persönlichen Lebensführung auch immer sein mögen: Religion ist mit Ethik nicht identisch. Das erste und ganz wesentliche ist die innere Erfahrung von der Wirksamkeit persönlicher, transzendenter Mächte. Nur solche Christen können Verkünder der Wahrheit, d. h. der *Realität* sein. Die russische Kirche in der Sowjetunion kann keine unwissenden Halbheiden gebrauchen. Aber auch keine hausbackenen ‚Mystiker', die den zweiten Schritt vor den ersten setzen. Um diesen Gefahren zu entgehen, müssen wir Gemeinschaft pflegen, Zirkel bilden, und wir bilden sie bereits. Es gibt jetzt genug Menschen, die sie leiten können. Die Zirkel bestehen aus allerhöchstens sieben Personen. Wenn sich ein Priester hinzugesellen will, ist er hochwillkommen: Er gibt dem Kreis Rückgrat und Weihe. Die Neugetauften müssen in die Welt unseres zweitausendjährigen Gebetsschatzes eingeführt werden, in den *Sinn* und *Geist* der uralten Gebetstexte, in denen sich eine immense spirituelle Energie verbirgt. Sie ist es, die unsere Gebetskraft entfachen kann. Der Glaube aber steht und fällt mit dem Gebet.

Die ‚Vorbeter' — ‚Verfasser' wäre hier das falsche Wort — waren ja nicht beliebige fromme Leute, sondern die großen Gestalten unseres Glaubens: Die Kirchenväter, die heiligen Asketen, die in ihre Gespräche mit Gott nicht nur ihre gewaltige Glaubenskraft, sondern auch ihre unvergleichliche Erfahrung, Erleuchtung und ihre tiefe *Kenntnis der Menschenseele* hineinbrachten. Das darf nicht unter dem Scheffel bleiben, muß entdeckt werden. Dasselbe gilt für die Heilige Schrift. An dieses, für unser Leben so entscheidende ‚Material' kommt man nur unter unsäglichen Mühen heran und bekommt es — selbstverständlich — nur leihweise. Alles muß abgeschrieben und vervielfältigt werden und dann — vermittelt und *ausgelegt!* Wir haben keine entsprechende Ausbildung. Wird die Ausstrahlung unseres persönlichen Glaubens genügen, um den Docht zum Glimmen zu bringen? Wir müssen ja der Ekklesia auch außerhalb der Kirchenmauern eine Heimstatt schaffen! Diesmal muß Rußland nicht nur getauft, sondern in seiner ganzen Breite auch *evangelisiert* werden."

„Evangelisiert — das klingt in erzkonservativen Ohren sehr ‚protestantisch'."

„Sehr, sehr zu unrecht! Wir sind und bleiben die Ekklesia Basilius' des Großen, des Johannes Chrysostomus, Gregors des Theologen. Des großen Athanasius. Des heiligen Ambrosius. Des heiligen Sergius. Des heiligen Seraphim. Des heiligen Tichon. Dieser hat ja schon vor zweihundert Jahren gesagt, daß jeder orthodoxe Christ ein Theologe sein müsse. Das Licht Christi rettet uns und wandelt unser Leben nur in dem Maße, in dem wir ihm unser Inneres öffnen. Nicht mehr und nicht weniger. Vergessen wir das nicht! Damaskus-Stunden werden wohl immer die Ausnahme bleiben."

„Die russische Kirche verließ sich in der Vergangenheit — besonders was die Volksmasse betrifft — viel zu sehr auf Fastenzeiten, Kirchenfeste und fromme Bräuche. Die Oktoberrevolution hat gezeigt, daß so etwas bei weitem nicht ausreicht. Horribili dictu, aber ich kenne Augenzeugen dafür, daß Leute, die in normalen Zeiten brav gefastet und kirchliche Feste gefeiert hatten, schon 1923 die von den Bolschewisten geschändeten und verwüsteten Kirchen als Toilette benutzten. Es gibt Dokumentationen darüber."

„Also sind wir ein Volk ohne Tradition."

„Die von der jahrhundertelangen Sklaverei verursachten, tiefsitzenden Übel der Volksseele hätten von der Wurzel her bekämpft werden müssen. Die hohe Hierarchie übte eine unbegreifliche Taktik der Verzögerung, und zwar in Dingen, die überhaupt keinen Aufschub duldeten. Bischof Theophanos der Klausner beobachtete das kirchliche Leben Rußlands im ausgehenden 19. Jahrhundert mit tiefer Sorge. Seine authentischen Worte lauteten: ‚Ich bin von der Tatenlosigkeit unserer Hierarchie betroffen. Der Glaube ist nahe daran, sich wie Dampf zu verflüchtigen. Die *Pfaffen* (!) schlafen. Noch eine Generation oder zwei, und unsere Orthodoxie ist versiegt. Man müßte Stoßtrupps von Apologeten aussenden . . . Und schreiben, schreiben . . . Und ins Volk gehen, wie es die Apostel taten. Kontakte muß man aufnehmen, mit den Menschen reden. Aber um Brände zu entfachen, muß man selbst lichterloh brennen. Wir aber schlafen.‘ "

„Dennoch hat die russische Kirche Heilige von ungewöhnlichem Format hervorgebracht. Ich wüßte nicht, wo ein zweiter Seraphim von Saróv aufzufinden wäre."

„Das waren eben *Heilige.* Es fehlte an der starken, tragenden Mittelschicht nicht nur getaufter, sondern bewußter, wissender Christen. Der Apostel Paulus sagt uns klipp und klar, daß es ohne Wissen keinen Glauben gibt. Hätten wir erleuchtete Christen in allen Schichten der Gesellschaft gehabt, wäre die Leibeigenschaft, die unser Volk innerlich verkrüppelt und verstümmelt hat, nicht erst im Jahre 1861 aufgehoben worden. Die tonnenschwere Hypothek der von Büren und der Anhalt-Zerbst, aber auch das tief unchristliche Verhalten der

Großgrundbesitzer, die sich allen Reformbestrebungen widersetzten, haben Rußland in die Katastrophe geführt."

„Die Leibeigenschaft hätte spätestens nach dem Sieg über Napoleon aufgehoben werden müssen."

„So etwas bezeichnet Florowski als ein fluchbeladenes Zögern vor den Forderungen der Geschichte."

„Lassen wir jetzt das Suchen nach *Ursachen!* Es ist allerhöchste Zeit, *Ziele* zu setzen! Unsere Zeit braucht Beter und zugleich Menschen, die — wie es der Apostel fordert — von ihrem Glauben jederzeit und vor jedermann Zeugnis ablegen können."

„Die Zahl solcher Menschen ist auch hier im Westen, wo es keine Christenverfolgung gibt, verschwindend klein!"

„Wir sind überall eine Insel im tobenden Meer."

„Vielleicht aber auch ein Klümpchen Sauerteig in einem Faß tumber Teigmasse?"

„Die Gültigkeit des Gleichnisses bleibt auch in unserem auf der Schwelle zur Apokalypse stehenden Zeitalter unangetastet. Und dennoch müssen wir bedenken, daß die Geschichte schon sehr, sehr weit fortgeschritten ist."

„Die Parusie übersteigt jedoch nach wie vor unseren innerweltlichen Horizont. Vergessen wir nicht, daß das Volk Israel sich zu Christus bekehren muß. Davon spricht Paulus, und wir haben keinen Grund, seine Worte zu bezweifeln."

„Kann die Zeit des Weltendes berechnet werden?"

„Das Ende könnte dann eintreten, wenn sich keine Seele mehr zu Christus bekennt, wenn die Zahl der Geretteten abgeschlossen ist. ‚Schadet der Erde nicht', rief der Engel, der das Siegel hielt, ‚bis wir die Knechte Gottes an ihren Stirnen versiegelt haben.' Die Termine gibt uns Gott nicht bekannt, aber Er befiehlt uns, in ständiger Bereitschaft zu leben: Wachet und betet."

„Paulus schreibt: ‚Wenn sie sagen werden Friede, Friede, die Gefahr ist gebannt, wird das Verderben kommen.'"

„Das Warten auf die Wiederkunft Christi wiederholte sich in der Geschichte oft. Die Sache ist aber meiner Meinung nach einfacher als man glaubt: Die Termine sind uns keineswegs als etwas Unvermeidliches aufgezwungen. *Vorausbestimmt* ist alles, aber nur, weil der Herr allwissend ist, weil Er die Zukunft — menschlich gesprochen — so sieht, wie wir die Vergangenheit sehen. Die Menschen und die Engel (auch die gefallenen) sind es nicht."

„Das dürfte klar sein. Wir können nur das voraussehen, was aus dem Sachverhalt eine Schlußfolgerung zuläßt. Hier liegt auch die Erklärung dafür, daß Satan nie wissen kann, ob es ihm gelingen wird, den Menschen zu Fall zu bringen."

„So ist es. Er weiß nur, daß dieser Mensch, seiner augenblicklichen seelischen und körperlichen Verfassung nach, fallen kann und sogar fallen muß. So tritt er mit der Versuchung heran. Aber der Angefochtene behält bis zuletzt seinen freien Willen . . ."

„Und dieser Faktor ist für Satan undurchschaubar."

„Das ist das Entscheidende. Darum spielt im Kampf von Gut und Böse der Wille des Menschen die ausschlaggebende Rolle. Von ihm allein hängt letztlich die Dauer der apokalyptischen Phasen ab."

„Hier zwingt sich der Gedanke auf: Ist vielleicht gerade der Mensch selbst das ‚Aufhaltende'[37]), das dem Antichrist den Eintritt in die Welt verwehrt?"

„Das apokalyptische Tier, d. h. der mit großer Machtfülle ausgestattete Widersacher Christi, ist, sobald ihm Einlaß gewährt wird, *bereit* zu kommen. Er wartet darauf, die Weltherrschaft anzutreten. Gottes Langmut ist bereit, uns davor zu bewahren. Die Entscheidung aber trifft der Mensch. Er ist es, der die Termine bestimmt und sie herbeiführt, darum werden sie ihm ‚vorenthalten'."

„Abgesehen davon, daß das Wissen um sie für uns Menschen unerträglich wäre, würde es auf eine verhängnisvolle Weise unseren Willen lähmen."

„Uns Christen tut lediglich die Fähigkeit not, das *Ausreifen* der Zeit zu beobachten und da, wo wir stehen, der Sache Gottes zu dienen. Auch dort — und gerade dort —, wo ‚Satans Thron' ist. In diesem Sinn ist uns die Geheime Offenbarung gegeben."

„Nun treffen wir uns zum letzten Mal. Da ich beim Zusammentreffen mit Christen oft darauf angesprochen werde, *was* angesichts der vielen Berührungspunkte zwischen Katholizismus und Orthodoxie — der Wiedervereinigung der beiden ältesten Kirchen der Christenheit — im Wege steht, möchte ich diese Frage heute an Sie weitergeben, lieber Bruder. Zumal die kirchlichen Kontakte, wenn es sie gibt, fast immer in Richtung Kirche in der UdSSR, und *nie* in Richtung der freien exilrussischen Kirchen gehen. Dabei müßte man im Westen doch wissen, wie es um die in Rußland gefangene Kirche und deren zwielichtige Hierarchie steht."

„Eben darum lehne auch ich es kategorisch ab, im Namen unserer gefangenen Kirche zu sprechen. Ich kann nur als Privatmensch meine Meinung zum Thema Wiedervereinigung äußern."

„Dann tun Sie das, bitte."

„So, wie wir uns dem Päpstlichen Stuhl nicht unterwerfen *können,* so *kann* auch die römische Kirche die Dogmen der Orthodoxie nicht annehmen, ohne sich aufzugeben. Die Idee Roms, die letzte Instanz in Glaubensfragen zu sein, stieß ja schon sehr früh auf energischen Widerspruch. Auf dem 2. und 3. Allgemeinen Konzil (im 4. und 5. Jahrhundert) einigte man sich auf Roms Primat der *Ehre* aus historisch bedingten, praktischen Gründen: Jedem war klar, daß dieses Primat allein dem Bischof von Jerusalem zustehen dürfte. Das Grundprinzip der Ostkirche blieb auch weiter die Lehre, daß die höchste Instanz in Glaubensfragen nur das *Plenum* eines Ökumenischen Konzils sein könne. Daß diese beiden, scharf voneinander divergierenden Prinzipien zum Bruch führen mußten, zählt zu den großen Tragödien der Menschheit und zweifellos zu den größten Sünden der Christenheit."

„Was mich betrifft, so glaube ich fest daran, daß die vielzitierten und immer wieder ins Treffen geführten ‚politischen Hintergründe' des großen Schismas nur eine sekundäre Rolle spielten. Der verhängnisvolle Zusammenstoß war ganz sicher rein religiöser Art und keineswegs politisch gefärbt. Beide Parteien hielten ihren Grundsatz für die einzig gültige, unbestrittene *Wahrheit.* Und dieser Wahrheit hielten sie die Treue. Daß jedeSeite der anderen Hybris und Machtgier vorwarf, war eine allzumenschliche und angesichts der sich schon bedrohlich abzeichnenden Katastrophe des Bruchs *verzweifelte* Reaktion. Denn jede Seite mußte ja wissen, *was* hier im Gange war, daß sich hier Irreversibles vollzog."

„Wir dürfen nie aufhören, für die Wiedervereinigung zu beten. Was die Zusammenarbeit der Kirchen betrifft, so dürfte sie — menschlich gesehen — wesentlich realistischer sein als die Diskussionen über die Wiedervereinigung. Aber auch das nur, wenn die Zusammenarbeit von Liebe in Christo getragen sein würde, was nur im ständigen Flehen zu Ihm geschehen könnte. – In diesen Wochen wurden übrigens auch an mich Fragen gerichtet, bzw. mir gegenüber Meinungen geäußert, die ich meinerseits an Sie weitergeben will. Es ist die bei den westlichen Christen schier unausrottbare Vorstellung von der Ostkirche als einer in der Überlieferung (d. h. in der Tradition) *erstarrten*. Diese ihre ‚Eigenschaft' wurde mir mehr als einmal vorgeworfen."

„Es fragt sich nur, wie der gepriesene Gegensatz dazu aussieht. Besteht er etwa in jenen ‚freien' Improvisationen, die neuerdings die römische Messe immer erbarmungsloser in Stücke zerlegen und damit offensichtlich das Ziel verfolgen, das heilige Geschehen ad absurdum zu führen? Ein wirklich prominenter tiefgläubiger katholischer Laie (seines Zeichens Philosoph) schreibt in seinem sehr bemerkens- und lesenswerten Buch: ‚Während der Eucharistiefeier werden mehr oder weniger treffende Privatgebete gesprochen oder auch persönliche Ausführungen geboten – bis tief in den Kanon hinein. Nicht einmal im Säkularen ist dergleichen üblich. Bei einem Staatsakt wäre das Publikum fassungslos, wenn der Präsident, Kanzler oder Minister es mit bürgerlichen Grüßen umkränzten und während der Feier noch ständig dazwischenredeten. Dabei feiern, ja, *wiederholen* wir doch in der Eucharistiefeier das Mysterium des Universums schlechthin.'[38]) Ist das vielleicht das ersehnte liberale Gegenstück zur ‚erstarrten Überlieferung der Ostkirche'?"

„Es ist lediglich ein plumper Versuch, die Liturgie zum Gefallen der Leute ‚attraktiver' zu machen. Doch wir müssen noch zu einer Antwort kommen ..."

„Ich will es versuchen. Was ist überhaupt ‚Überlieferung'? Es heißt doch, wir seien die ‚Kirche der Überlieferung' – und das soll ein Synonym der Erstarrung sein. In erster Linie zählen zur kirchlichen Überlieferung die Bestimmungen und Definitionen der großen Ökumenischen Konzile der Frühzeit, die Dogmen. Die Göttliche Liturgie des hl. Johannes Chrysostomus und die des hl. Basilius. Die liturgischen Texte, die die Gottesdienstordnung für das ganze liturgische Jahr enthalten und den Rhythmus des kirchlichen Lebens bestimmen. Zur Überlieferung gehören die Lehre von den sieben Sakramenten, die Werke der großen Kirchenlehrer und -väter; wohl auch Bestimmungen über das Fasten, das zeitweise der physisch-psychischen Erleichterung des Menschen und seiner Transparenz für das Göttliche dienen

soll. Zur Überlieferung gehört der ‚gemalte Geist' der Ikonen und ‚die klangliche Ikone' der Hymnen. Und vieles andere, was die Tiefe und Schönheit des vom Heiligen Geist getragenen *Lebens* der Kirche bildet. ‚Überlieferung' heißt das Weitergeben dieses in seiner Fülle überströmenden Lebens von Generation zu Generation, von Jahrhundert zu Jahrhundert und von Jahrtausend zu Jahrtausend. Wer die Tradition nicht annimmt, schließt sich vom Gnadenleben der Kirche aus. Selbstverständlich gab es in der Geschichte ‚Regeln', die nur zeitbedingt waren, bzw. sich als zeitbedingt erwiesen. Sie verschwanden. So etwas kann aber nie mit den Dogmen oder mit der Liturgie geschehen. Wer die Dogmen und den Sinn der Liturgie leugnet, der leugnet das Bekenntnis des Petrus: ‚Du bist Christus, der Sohn des lebendigen Gottes.'
Außerhalb jener Teile der Überlieferung, die die Kirche für *alle Zeiten* als lex credendi, lex canonica, lex ecclesiastica erkannt hat, bleibt für das Glied der Kirche — die Rebe am Weinstock — ein weiteres Gebiet ‚reserviert', das dem mystischen Leben, d. h. der theologischen Wissenschaft, und den Künsten vorbehalten ist. Dieses nie versiegende Leben besteht aus dem Zusammenwirken des Heiligen Geistes und des pneumatisch kreativen Menschen. In der menschlichen, im Dienst der Kirche Christi stehenden Kreativität offenbart sich die göttliche Wahrheit. Denken wir nur an die ‚Heilige Dreifaltigkeit' von Andrej Rubljov, um nur ein augenfälliges Beispiel zu nennen. Das ist die gottmenschliche Seite der Kirche. Doch kann man das auch ruhig von der gesamten Überlieferung sagen."
„Das Wundervolle dabei ist: Der Sauerteig des Reiches Gottes, der in das schöpferische Leben der Kirche versenkt wird, arbeitet nach eigenen Gesetzen, die sich jedoch den Gesetzen der Ekklesia als adäquat erweisen. — Man wirft uns vor, daß wir keine Entwicklung der Dogmen kennen."
„Doch, wir kennen sie. Der der Kirche innewohnende Heilige Geist kennt keine defizitären Zustände. Die Entwicklung der Dogmen besteht bei uns in der Realisierung ihres übergeschichtlichen, ewigen Inhalts. In der Über-Setzung aus der Sprache der Ewigkeit in die Sprache der Menschen. Diese Sprache ist stets die Sprache der betreffenden Epoche, doch muß die Frucht der Wahrheit von Epoche zu Epoche *wachsen* und an Reife und Süße zunehmen. Wir sprechen von einer

Ent-Wicklung der Dogmen in diesem Sinne, nicht im Sinne ihrer Vermehrung."

„Also öffnet sich der übergeschichtliche Inhalt der Dinge in dem Maße, in dem wir selbst die Fähigkeit entwickeln, uns diesem Inhalt zu öffnen."

„Aber das ist doch mit *allem* so! Darum bleiben die Worte Außenstehender von der ‚Erstarrung' im Prinzip leere Worthülsen. Die Überlieferung muß man sich, genauso wie den Glauben, wie das Gebet, von *innen* aneignen, um darüber urteilen zu können; man muß in der Überlieferung *leben* und in ihr die eigenen schöpferischen Kräfte entfalten. Darum heißt es ja: Kostet und sehet. Nicht: Sehet euch die Dinge an. Wer in der kirchlichen Überlieferung *lebt*, wird auch gewahr werden, daß wir eine ‚Unfehlbarkeit' kennen: Das Leben in der Kirche wird uns unfehlbare *Kriterien* für unser Verhalten geben. Um auf die ‚Erstarrung' zurückzukommen: Selbstverständlich kann es sie geben, und es *gibt* sie auch, und zwar bei allen, die am Leben der Kirche nur *formal*, nur äußerlich teilnehmen. Aber sie betrifft Menschen, und nicht die Überlieferung."

„Ich freue mich, daß ich meinen westlichen Gesprächspartnern vom Geist und Sinn her dasselbe sagen durfte."

„Lieber Bruder, unsere Zeit geht unwiderruflich zu Ende . . . Welche Eindrücke nehmen Sie vorwiegend nach Rußland mit? Was hat Sie hier am meisten beeindruckt?"

„Beeindruckt . . . Vielleicht der gelassene Umgangston der Menschen miteinander. Möglich, daß es eine Äußerlichkeit ist, aber eine angenehme. Erschüttert hat mich dagegen vieles. Die große sittliche Verwahrlosung. Die zahllosen wilden Ehen, an denen man überhaupt keinen Anstoß nimmt. Die ‚flächendeckende' Verbreitung seichtester Musik mit sinnlosen Texten. Die erstaunlich schlechte Allgemeinbildung der meisten Menschen . . ."

„Man verbringt ja die Abende vor dem Fernseher."

„O, Europa, Land heiliger Mirakel, wie haben dich unsere Väter bewundert, wie sehr für dich geschwärmt!"

„Wir haben übrigens auch noch eine andere Art von Musik, hinter der sich mehr verbirgt, als seichte Sinnlosigkeit."

„Die Rock-Musik? Ein real-infernalisches Phänomen von gewaltiger Wirkung! Eine real-luziferische Ausstrahlung. Obsession!"

„Was gibt es Neues in Rußland?“
„Der Wille zur Erneuerung ist vorhanden. Auch gibt es bei uns heute so viele hochgebildete junge Menschen wie nie zuvor. Daraus erklärt sich das absolute Desinteresse am Marxismus. Diejenigen, die sich auf Marx als ihren philosophischen Ahnherrn berufen, sind zu einem Häuflein zusammengeschmolzen. Natürlich gibt es auch heute noch Kommunisten, Leninisten und sogar Stalinisten, doch fast nur in den Altersstufen zwischen 50 und 70 Jahren. Es sind die unter Stalin Verstümmelten, die ein alternatives Denken nie gelernt hatten. Was deutlich unter 50 und über 70 liegt, will von Marx und Lenin nichts wissen.“
„War Lenin jemals das Idol des russischen Volkes?“
„Vielleicht doch. In jenen Jahren, als wir die ‚Krebsstation‘ hinter undurchlässigen chinesischen Mauern waren. Die heutigen Menschenschlangen vor dem Mausoleum bestehen aber beileibe nicht aus Anbetern, sondern aus simplen Neugierigen, die aus der Provinz angereist sind und die berüchtigte Kunststoffattrappe noch nicht gesehen haben.“
„Die russische Literatur kommt wieder in ihre Rechte?“
„Zur Zeit ist die Zensur fast völlig aufgehoben. Darum erleben wir eine Flut hochbegabter Autoren, die nicht mehr ‚für die Schublade‘ schreiben müssen. Übrigens: Kurz vor meiner Abreise stieß ich in der Prawda auf folgenden Leserbrief: ‚Ein Mensch, der nicht an Gott glaubt, verdient es nicht, als Mensch bezeichnet zu werden.‘ Und das bei uns abgedruckt. Bei *uns!*“
„Und Sie behaupten immer noch: Keine religiöse Renaissance?“
„Keine. Noch nicht. Ich sage das aus voller Überzeugung.“
„Was würden Sie den Christen im Westen ausrichten lassen? Was ihnen wünschen?“
„Solch ein Mandat steht mir nicht zu. Ich bin ein höchst mittelmäßiger Christ — wie sollte ich die Welt belehren wollen?“
„Ich sagte nicht: belehren. Nur wünschen. So wie man seine Wünsche guten Freunden gegenüber auf einer Neujahrskarte ausspricht.“
„Dann sollen diese Wünsche in Demut ausgesprochen werden. Den katholischen Brüdern wünsche ich, unter den Schutzmantel der Mutter Gottes zurückzukehren. Vieles würde sich dann von selbst einrenken. Auch im Privaten.“

„Ich sehe, daß Sie über die Situation in unserem Land gut informiert sind.“
„Ich hatte gute Gastgeber, bin ihnen zu tiefem Dank verpflichtet. Sie waren bemüht, mir in den verflossenen Wochen ein vielseitiges Bild von der hiesigen Wirklichkeit zu vermitteln. Natürlich konnten es dennoch nur Ausschnitte sein. Eines steht fest: Wir müssen viel mehr füreinander beten.“
„Ich glaube nicht, daß bei uns viel gebetet wird. Und doch kann nur der Glaube, jenseits aller Verzagtheit, eine neue *Dimension* des Lebens erschließen.“
„Man sollte weniger vom Glauben und mehr vom Beten sprechen. Mit dem Wort ‚glauben‘ können viele nichts anfangen. Der Glaube, selbst dann, wenn er vorhanden ist, steht und fällt mit dem Gebet. Das Beten ist das einzige, was zählt. Und wie ich schon andeutete: Christus erleuchtet und errettet uns nur in dem Maße, in dem wir uns Ihm öffnen. Und das kann ja eigentlich nur im Gebet geschehen.“
„Was wünschen Sie den evangelischen Brüdern?“
„Ein’ feste Burg ist unser Gott! Und was darf ich meinen kleinen Bibel- und Gebetskreisen überbringen?“
„Daß sie in allen Glaubenssachen den mittleren, den ‚königlichen‘ Weg gehen. Daß sie den zweiten Schritt nicht vor dem ersten tun. Daß sie die spiritualistische Verengung meiden. Daß sie sich nicht versucht fühlen, in ‚mystische Tiefen‘ einzudringen, bevor sie . . . Genug, genug, ich sage nichts mehr.“
„Wir werden Ihre Gedanken zu Ende denken. Sein endgültiges Urteil wird jeder von uns im Weltgericht erfahren. Entscheidend wird wahrscheinlich das Maß der Nähe zu Gott oder der Ferne von Ihm sein.“
„Und die Kirche? Die Kirche?“
„Die ewige Apologetik der Kirche ist ihre unversiegbare Lebenskraft. Und ihre Heiligen. Aber wir selbst sind ja die Kirche, und unser ist die Verantwortung.“
„Geliebter, teurer Bruder, mögen die Engel Gottes Sie auf Ihrem Heimweg nach Rußland geleiten.“

*

Dieses Gespräch ist in meiner Wohnung im November 1988 geführt worden. L. Sch.

Der Onkel

Ein junger Rechtsgelehrter bekam einen Ruf an unsere Universität, und mit ihm kam seine Familie. Nikolaus von Arseniew, der gerade Gastvorlesungen über die „Zwei Gesichter Rußlands" hielt, vermittelte die Bekanntschaft, und wir beschlossen, alle zusammen eine kleine orthodoxe Kirche zu gründen, ein Provisorium, eine sogenannte Notkirche. Denn die Stadt war im Kriege stark zerstört und noch nicht wiederaufgebaut worden. Es fehlte überall an Häusern, Räumen, Wohnungen. Uns, die wir allesamt Flüchtlinge waren, mangelte es auch an Mitteln. Wie es sich herausstellte, entsprach unser Plan dem Wunsch von etwa dreißig Orthodoxen, die bis dahin zu den Gottesdiensten — zumindest an hohen Feiertagen — nach Frankreich fuhren. Wir arbeiteten mit großem Elan an der Verwirklichung unseres Vorhabens und freuten uns, überall selbst Hand anlegen zu dürfen. Unser erstes Kirchlein entstand nicht weit vom Stadtzentrum, an der Uferpromenade, in einer Dreizimmerwohnung, die sich im Parterre eines langsam verfallenden und von den Stadtplanern über kurz oder lang zum Abbruch bestimmten Hauses befand. Das Kirchlein wurde sehr anheimelnd. In Ermangelung einer Ikonostase stand der von der Universität gestiftete und von uns in ein silberhelles Gewand gekleidete Altar offen, und zwar im zweiten, nach hinten stoßenden Raum, der vom ersten, größeren, nur durch einen halbrunden Bogen getrennt war. Die Ikonen — zuerst von unterschiedlicher künstlerischer Qualität, später ließen wir die prachtvollen Drucke des UNICEF-Ikonenalbums auf Holz ziehen — schmückten die Wände der beiden Räume. Auch wurden ein kleiner, hellstrahlender Kronleuchter und mehrere Teppiche und Brücken gestiftet. Rubinrote Öllämpchen vor den Ikonen und zwei Standleuchter, auf denen die Gläubigen schlanke gelbliche Kerzen aufzustellen pflegen, vollendeten die warme, für ein orthodoxes Gotteshaus typische Atmosphäre. Mit dem Chor, der in einer Ecke des Altarzimmers untergebracht wurde, stand es leidlich; der Vater des Professors war ein zwar schon betagter, dafür aber „echter" Kirchenchorleiter, und dazu gab es ein paar gute Stimmen. Zum Eröffnungsgottesdienst — es war die Vigil von Lichtmeß nach julianischem Kalender — kamen Menschen aus der ganzen Umgebung und selbst

aus Frankreich und Luxemburg, unter ihnen ein hochgewachsener, hagerer, adrett gekleideter älterer Herr, der sich in eine Ecke des Vorderraumes zurückzog und dort still und anscheinend niemandem bekannt dastand.
Der orthodoxe Gottesdienst ist recht lang und stellt Ansprüche; besonders gilt das für Vesper und Matutin. Es wird fast ununterbrochen gesungen und viel psalmodiert. Beides — singen *und* lesen, ist für eine Frau sehr anstrengend und kann auf die Dauer zu einer Belastung werden. Darum ging ich vor Beginn einer der folgenden Samstagsvigilien in den vorderen Raum und ließ meine Augen über die Versammelten schweifen, in der Hoffnung, einen von mir dringend benötigten Helfer zu finden. Mein Blick fiel auf den älteren Herrn.
„Entschuldigen Sie, können Sie vielleicht kirchenslawisch lesen und sogar psalmodieren?"
„Nein, verehrtes Fräulein. Aber ich könnte es vielleicht lernen, um Ihnen zu helfen."
Das war der „Onkel". Unser aller geliebter und hochverehrter Onkel Sergius, die erste Begegnung mit ihm. Schon an einem der darauffolgenden Abende meldete er sich beim Chorleiter und begann, obwohl er schon auf die Mitte der Sechziger zuging, kirchenslawisch zu lernen und die Psalmen im Sprechgesang zu lesen. Er war sehr musikalisch und dennoch auf eine besondere Weise für Sprachen unbegabt, ein Ausgleich vielleicht für seine zahllosen anderen Fähigkeiten. Deutsch radebrechte er bis zum Tode, obwohl auf seinem Tisch stets eine deutsche Grammatik, ein Wörterbuch und rührende Schreibübungen lagen. Hier aber war es sicherlich seine immense Liebe zur Kirche, die ihn beflügelte.
Er ließ es bei dieser einen, sehr wirksamen Hilfe nicht bewenden, bat sich die Schlüssel zur Kirche aus, kam wochentags, nach der Schichtarbeit im Werk, schaffte Kohlen und Briketts herbei, lüftete, heizte, putzte die Räume auf das sorgfältigste und schönste, schmückte die Kirche bei anfallenden Feiertagen mit Blumen, Tannenzweigen oder Frühlingslaub und wußte alles zweckmäßig und geschmackvoll zu arrangieren. Bei dem Priester, der aus Frankreich kam, erlernte er das Ministrieren, was für den Geistlichen eine große Entlastung bedeutete. Unter uns Chorsängern verteilte er vor oder nach der Vigil kleine Schokoladetafeln. Zur Stärkung, wie er sagte. Er wurde schon sehr

bald einstimmig zum stellvertretenden Gemeindevorsteher gewählt, was seine Pflichten noch beträchtlich vermehrte. Dann aber kam der Herzinfarkt. Onkel Sergej — wir hatten uns daran gewöhnt, ihn so zu nennen — arbeitete in einem großen Hüttenwerk an der Peripherie der Stadt als Elektroschweißer, hatte eine Schlafstelle im Arbeiterschlafhaus und verpflegte sich in der Kantine. Jahre später erfuhren wir durch einen Zufall, daß er sein Gehalt in jenen Jahren nur zu einem kleinen Teil für sich verwendete; zum größten Teil ließ er es den kinderreichen Familien seiner Arbeiterkollegen zukommen. Er liebte Kinder über alles. Drei- oder viermal übernahm er Beerdigungskosten, so daß die Hinterbliebenen auch die entsprechenden Zuschüsse für sich behalten konnten. Auch hatte er, wie wir erfuhren, mehrere Male fremde, nicht unbeträchtliche Schulden bezahlt und für ein ins Unglück geratenes junges Mädchen sein letztes Geld vom Sparbuch abgehoben. Sich selbst leistete er den Luxus, eine exilrussische, in Paris erscheinende Zeitung und eine ebenfalls in Paris erscheinende anspruchsvolle exilrussische Zeitschrift zu abonnieren. Für Feiertage und offizielle Anlässe besaß er einen maßgeschneiderten dunkelgrauen Anzug, den er fast bis zu seinem Tode trug und der immer noch wie neu aussah.

Er hatte viel durchgemacht und seine ganze Familie im Kriege verloren. Nun war der Faden gerissen. Wir — ein kleiner Kreis von Akademikern, der sich wie von selbst aus der Gemeinde herausbildete und auch privat zusammenhielt (der Onkel gehörte ohne Wenn und Aber dazu) — besuchten ihn im Krankenhaus, wo er in einem großen Saal mit vielen anderen zusammen lag. Danach wurde er in ein hoch über Heidelberg gelegenes Sanatorium eingewiesen. Von dort bekam ich einen Brief, in dem er mich inständig bat, für ihn gottesdienstliche Weihnachtstexte abzuschreiben: in Ermangelung einer orthodoxen Kirche wollte er sie am Christfest lesen und beten. Ich nahm mir Zeit und stellte ein ganzes Heft solcher Texte zusammen. Außerdem bestellte ich in Paris ein schöngebundenes kirchenslawisches Stundenbuch: es sollte das Weihnachtsgeschenk unserer Gemeinde sein. Damit wurde zwischen mir und dem „Onkel" der erste, enge geistig-geistliche Kontakt geknüpft.

Als er wieder daheim war — man hatte ihn plötzlich und völlig kopflos am Rosenmontag mitten in den Trubel entlassen, was zu großen

Strapazen auf dem Heimweg führte —, stellte es sich heraus, daß er der Arbeit im Hüttenwerk nicht mehr gewachsen war: Schon am ersten Tag verlor er an seinem Gerät das Bewußtsein und kam wieder in Behandlung. Nach aufreibendem behördlichen Hin und Her — der Onkel war staatenlos — wurde er Sozialhilfeempfänger und bald danach Rentner mit einer außergewöhnlich kleinen Rente. Seine langen Arbeitsjahre in der Sowjetunion konnte er nicht nachweisen. Er mietete sich bei einer Arbeiterfamilie ein Dachzimmer, eine miserable Behausung, ohne Wasser, kaum beheizbar und mit einem verschlissenen, vorsintflutlichen Mobiliar. Auch dieses Häuschen sollte im Zuge der städtischen Neuplanung abgerissen werden. Aber Onkels Ikonenecke mit dem schimmernden Flämmchen im rubinroten Glas und die dichte Gebetsatmosphäre, die einen beim Betreten des Zimmers umfing, waren warm und trostreich, ja — ich spreche das scheinbar unpassende Wort mit Überlegung aus —, beneidenswert. Man fühlte sich plötzlich heiter und geborgen, und es kam einem der sicherlich sehr naive Gedanke, daß es dem Bewohner dieses angenehmen Raumes stets auch sehr gut gehen müsse . . . Wenn wir Onkel besuchten, bewirtete er uns mit gutem Obst, mit Trauben. Als ich mit ihm ein mich schwer bedrückendes Problem besprechen wollte und mich zu diesem Zweck mit einer Postkarte angemeldet hatte, stand auf dem wackligen Tischchen am kleinen Fenster eine mit einer schneeweißen Serviette bedeckte Schüssel mit heißen Piroggen, die er in der Küche der Wirtsleute selbst gebacken hatte. Dazu brachte er von unten eine Tasse heiße Bouillon.

„Onkelchen, Sie können so fein backen? Und kochen?"

„Kind, wie sollte ein Soldat, der zwei Weltkriege hinter sich hat, nicht kochen können?"

Selbstverständlich luden wir ihn ein. Sein zurückhaltender, aber ungemein freundlicher Umgangston, seine Gelassenheit, Zuverlässigkeit, unaufdringliche Hilfsbereitschaft, seine guten Manieren und nicht zuletzt sein Humor, der besonders zur Geltung kam, wenn er von kleinen Kindern und Tieren sprach, hatten es allen angetan. Wenn ihn das dreijährige vaterlose Söhnchen einer von ihrem Ehemann verlassenen Kollegin sah, ließ es sich auf den Fußboden fallen und umklammerte Onkels Hosenbeine, in dieser Stellung so lange verharrend, bis der Onkel es heraufzog und in seine Arme nahm.

Er bat uns, ihm das Putzen unserer Wohnungen zu überlassen. Als Grund nannte er den Wunsch, etwas dazuzuverdienen, vor allem aber sich zu bewegen. In Wirklichkeit wollte er nur helfen, nur dienen. Wir taten uns mit dieser Bitte schwer, denn wir sahen in ihm einen Herrn. Das Putzen der Kirche stand ja doch auf einem anderen Blatt. Aber er bestand darauf und verlangte, da er es „mit einer versierten Putzfrau nicht aufnehmen" könne, die Hälfte von dem damals üblichen Stundenlohn. Bei einigen, die nicht üppig lebten, putzte er für eine Mahlzeit.

Vier Jahre gingen ins Land. Viele von uns zogen um, hatten jetzt komfortablere Wohnungen, manche auch schon Eigenheime. Die Umzüge wären ohne Onkels tatkräftige und umsichtige Hilfe nicht in solch einer Perfektion verlaufen. Seine Gesundheit war stabil geworden, alle Spuren des Infarkts waren verschwunden. Ich zog in jenen Jahren auch dreimal um, mit Bitterkeit und Tränen der Verzweiflung; denn die Wohnungen taugten nichts, was sich aber immer erst in der Folge herauszustellen pflegte. Onkel tröstete und half. Die Häuser am Quai wurden der Reihe nach abgerissen, unserem Kirchlein drohte das Ende. Da überließ uns die Rundfunkanstalt einen ihrer gepolsterten Räume. Der Onkel beschloß, eine Ikonostase zu verfertigen. Er bestellte Vorlagen, kaufte Material ein und ging an die Arbeit — für alles Handwerkliche war er hervorragend begabt. Mit einem unübertreffbar linkischen Gehilfen sägte und schnitzte er die einzelnen Teile der Ikonenwand zurecht, auch das krönende Kreuz mit seinen acht Enden. Er feilte, leimte, klebte, stellte die sauber gearbeitete Wand mit den Engelstüren und der königlichen Pforte auf und befestigte die Ikonen an den ihnen gebührenden Stellen. Er bohnerte, putzte und polierte den ganzen Raum und fühlte sich in seinem ureigensten Element: Der Kirche dienen.

Einmal fuhr ich nachts aus dem Schlaf, als wenn mich jemand unsanft geweckt hätte. Es war zwei Uhr. Von einer seltsamen Unruhe getrieben, rief ich den Nachtportier der Rundfunkanstalt an. Ja, der alte Herr hätte bis vor wenigen Minuten oben gearbeitet und das Haus soeben verlassen. Busse und Straßenbahnen fuhren längst nicht mehr, und bis zum Häuschen am Stadtrand waren es nicht weniger als zehn Kilometer. Ich warf mich im Morgenrock und Mantel in eine Taxe und fuhr dem Onkel nach, bis ich ihn einholte. Und das war sehr nötig gewesen, denn er fühlte sich matt.

„Ja, warum denn, warum haben Sie, um Himmels willen, so lange gearbeitet ohne zu essen?"

„Ich vergaß, nach der Uhr zu schauen. Außerdem war es notwendig, Kind."

So war der Onkel.

Für mich begannen die nahezu schwersten Jahre meines Lebens, Jahre des fast permanenten Krankseins. Unser Bischof schrieb mir:

„Sie brauchen einen Engel, der Ihnen hilft, wann immer Sie im Krankenhaus sind. Onkel Sergejs Häuschen wird abgerissen. Sie aber haben ein zentralbeheiztes leerstehendes Mansardenzimmer. Nehmen Sie ihn auf, Sie werden es nie bereuen. Wenn kleine Leute große Augen machen sollten, sagen Sie einfach: Es ist der Onkel! Meinen Segen haben Sie dazu."

Und so kam ein Engel namens Onkel in mein Haus und blieb in ihm bis ins einundneunzigste seiner Erdenjahre.

*

„Onkelchen, bist du wirklich ein Bauernsohn? Du siehst doch gar nicht so aus!"

„Ja, Kind, was denn sonst? Ein Bauer aus dem Gouvernement Orjol, wo die Mutter Erde am schwärzesten und fruchtbarsten ist."

„Wie sahst du als Vier- oder Fünfjähriger aus? Und wie sahen deine besten Freunde und Spielgefährten aus?"

„Ich zeige es Ihnen." Und der Onkel blätterte in der großformatigen Vita seines Patrons, des heiligen Sergius von Radónesch, einer bibliophilen Rarität aus dem Jahre 1885, die ihm meine Freundin zum Namenstag geschickt hatte. Da stand der künftige Heilige — etwa fünfjährig, in einer Waldlichtung, das Zaumzeug geschultert, auf der Suche nach den verlorengegangenen Pferden. Ein Blondkopf im langen Leinenhemd, das mit einem schmalen Gürtel zusammengehalten war und mit dem typischen Haarschnitt, der dadurch erzielt wurde, daß man aufs Köpfchen einen irdenen Topf stülpte und die aus ihm hervorschauenden Haare wegschnitt (übrigens ein der heutigen Mode nicht unähnliches Modell).

„Genau so sahen seit Jahrhunderten kleine russische Bauernjungen aus. Wir hatten es auch sehr oft mit Pferden zu tun.“
„Unter dem langen Hemd eine Hose?“
„Wozu? Unabdingbar war nur der Gürtel. Ein Menschenwesen, das sein Haus ohne Gürtel verließ, hätte bei uns als ein dem Irrenhaus Entsprungener gegolten.“
„Barfuß?“
„Kind, wie hätte ich die Strapazen meines Lebens durchstehen können, wenn ich in der Kindheit nicht barfuß durch Wiesen gerannt wäre, die morgens grau von Tau gewesen sind! Und die Gürtel: Die für den Werktag bestimmten wurden auf dem Markt gekauft, die Sonntagsgürtel aber im Frauenkloster. Diese waren mit winzigen blauen Glasperlen bestickt, die ein Gebet an den Schutzengel bildeten.“
„Und ihr wart reich, Onkel? Reiche russische Bauern sind aber für die heutige westliche Welt etwas Unglaubwürdiges.“
„Sehr, sehr zu unrecht! Das macht die unermüdliche sowjetische Propaganda. In unserem Stall standen dreiunddreißig Milchkühe; die Zahl der Pferde wechselte, doch weniger als ein Dutzend waren es nie. Vaters Reitpferd war ein Araber. Jedes von uns zehn Geschwistern hatte ‚sein‘ Pferd und ‚seine‘ Kuh. Ich durfte ein schneeweißes Kuhchen mein nennen, das wirklich reinen Herzens war. Es mochte Kinder und freute sich über unsere Besuche. Bei den Pferden mußte man sich eher vorsehen, doch gab es unter ihnen kaum welche von der unberechenbaren Art. In den schwülen Sommernächten weideten sie nachts in den Wiesen, und wir Kinder durften bei ihnen ab und zu Nachtwache halten. Welch ein Fest, welch ein Gaudium für kleine Jungen! Man gab uns Planen und Zelttuchleinen (für einen eventuellen Platzregen) und Körbe voll Backwerk und Obst mit. Die Nacht ... Welch eine Stille! Welch ein Sternenglanz! Welche Düfte, die tags gar nicht wahrgenommen wurden, wahrscheinlich auch gar nicht vorhanden waren ... Das Schnauben der grasenden Pferde. Ihr leiser Tritt. Und über uns der unermeßliche blauschwarze Ozean mit den funkelnden Gestirnen ... Manchmal kamen von oben furchtbare Gewitter herunter; in unserer Gegend sind fast alle Gewitter furchtbar. Die Blitze verwandeln die Nacht in einen hellichten Tag, und im ohrenbetäubenden Krachen des Donners kann man sein eigenes Wort nicht hören ... Die Pferde bildeten einen Kreis, steckten die Köpfe zusammen und

standen regungslos. Wir Kinder krochen unter ihre Bäuche. Die Tiere spürten, wie vorsichtig und behutsam sie sich verhalten mußten, solange wir bei ihnen Schutz suchten ...
Ein- oder zweimal kamen die Eltern gelaufen, um uns heimzuholen. Sonst aber fürchtete man die Gewitter nicht übermäßig, man wiederholte ja immerzu das Dreimalheilige mit der anschließenden Anrufung der Mutter Gottes. Dieses Gebet flüsterten natürlich auch wir Kinder, solange es donnerte und blitzte. Da konnte nicht viel passieren."
„Man war wohl sehr fromm bei euch?"
„Sehr. Der Urgroßmutter Agathe, die, als ich ein kleiner Junge war, schon hoch in den Neunzigern stand, konnte allerdings in dieser Beziehung niemand das Wasser reichen. Ich sehe sie vor mir — die immer noch angenehm und adrett aussehende, mittelgroße, wohlproportionierte Frau mit schwarzem, in der Mitte gescheiteltem Haar und klaren blauen Augen, die einen Stich ins Veilchenblau hatten ... Nein, sie waren mehr von der Farbe der Kornblumen ..."
„Also deine Augen, Onkel."
„Unsinn. Obwohl sie des Lesens und Schreibens unkundig war — sie wurde zur napoleonischen Zeit geboren —, kannte sie ganze Kapitel des Evangeliums, zahllose Psalmen und alle Morgen-, Abend-, Fasten- und Kommuniongebete auswendig. Wenn es aufs Frühjahr zuging, konnte sie bei der Betrachtung der Mondphasen genau sagen, wann wir Ostern haben würden ... Wir Kinder liefen ihr nach, wann immer sie sich draußen zeigte. Sie war eine große Kennerin und Sammlerin von Heilkräutern und hielt auch uns an, sie zu unterscheiden und zu sammeln, wofür es ein großes Stück Honigwabe gab. Mit ihren Kräutern behandelte sie — natürlich für Gotteslohn — das ganze Dorf und auch Leute aus anderen Dörfern. Selbst war sie nie krank gewesen und hatte noch nie einen Arzt zu Gesicht bekommen."
„Und wie starb sie?"
„Friedlich, im Schlaf. Als man sie beim Frühstück vermißte, war sie schon kalt. Sie wurde hundertsieben Jahre alt."
„Und der Urgroßvater?"
„Ich habe ihn nicht gekannt. Als Agathe starb, hatte sie vierundsechzig Jahre Witwenschaft hinter sich. Das Besondere an Urgroßvater war zweifellos sein Tod. Eines Morgens — er war zur üblichen Stunde auf-

gestanden — sagte er zu seiner Frau: ‚Agathe, richte mir kein Frühstück und lege das Sterbehemd zurecht. Sorge für Kerzen. Ich gehe zur Badstube hinüber, mittlerweilen kann der Knecht anspannen und den Priester holen: Ich werde heute sterben.' Und es stimmte. Als Urgroßvater die Beichte abgelegt und die heilige Kommunion empfangen hatte, legte er sich auf sein Bett und schlief friedlich ein. Für immer. Einfach und ohne jeden erkennbaren Grund."
„Das klingt wie eine Legende."
„Sicherlich, aber es ist dennoch wahr. In früheren Zeiten gab es halt solche Dinge. Wahrscheinlich waren die Menschen, die sie erlebten, aus einem anderen Holz geschnitzt."
„Und die Großeltern? Ihr wohntet doch alle unter einem Dach?"
„Ja, Gott sei es gedankt. Daß Großvater sehr fromm war, unterliegt keinem Zweifel, er war nicht umsonst Agathes Sohn. Auch konnte er lesen und machte von dieser Fähigkeit, zumal im Winter, ausgiebig Gebrauch. Im Sommer betätigte er sich in meiner Erinnerung nur noch als Imker; er betreute über hundert Bienenstöcke, die auf einer Wiese hinter dem Obstgarten standen. Obwohl er ohne Schutz arbeitete, stachen ihn die Bienen nicht, sie hatten ihn ein für allemal akzeptiert. Als ich aber, ein siebenjähriger Lümmel, es dem Großpapa gleichtun wollte und eines Tages vor den Stöcken ohne Netz erschien, verpaßten mir die klugen Tierchen einen gehörigen Denkzettel: Mein Gesicht wurde innerhalb von Sekunden flach wie ein Brett, alle Höhen und Tiefen waren zugeschwollen. Als der größte Jammer durch Urgroßmutter gelindert war, lachte man viel über mein ungewöhnliches Aussehen. Es ging aber glimpflich ab, wie so vieles andere auch, wie unsere Orgien in den Kirsch- und Pflaumenbäumen."
Onkel hatte seine Kindheit in einem versunkenen Paradies verlebt. Das geräumige neue Bauernhaus — im alten blieb, ihrem Wunsch gemäß, Agathe wohnen — stand hoch über dem bis auf den Grund durchsichtigen, fischreichen Fluß Soßná. Wie berauschend waren in diesem begnadeten Klima die glutvollen Sommertage, wie leuchtend der blaue Himmel, in dessen Tiefen die Lerchen ihre Lebensfreude austobten, über dem Grün der Wiesen und Obstgärten! Wie viele Freuden für die Kinder — das Baden, Plantschen, Angeln, Fischen, Krebsefangen! Das hohe, mehrfach von Quellen unterteilte Ufer war durch sein ungewöhnliches Echo berühmt: Wenn die schweren Kir-

chenglocken der benachbarten Kreisstadt läuteten, liefen die Kinder zum Fluß, um den Klängen des unsichtbaren Orchesters zu lauschen. „In dieses Ufer hatten ich und meine Freunde Tischka, Mischka, Senka und Grischka Höhlen gebaut und sie mit Moos und Heu ausgepolstert. Dort hielten wir Mundvorräte, vor allem Obst aus unseren Gärten. Die Decken waren nicht abgestützt, so weit reichte unsere Baukunst nicht. An einem wolkenverhangenen Nachmittag spielte ich am Ufer allein, kroch dann in meine Höhle und schlief ein, während draußen ein Wolkenbruch, ein wahrhaft sintflutartiger Platzregen, niederging und im Verein mit dem benachbarten Bach meine Höhle unter Wasser setzte. Es dunkelte schon, als ich erwachte und begriff, was geschehen war. Mich packte das Entsetzen, und ich begann, laut nach Vater, Mutter und meinem Schutzengel zu rufen. Und in der Tat, der rettende Engel kniete bereits im Wasser und zog mich mit seinen starken Armen aus der brüchig gewordenen Höhle heraus. Es war meine Mutter, Anastassia, die mich, den Pudelnassen, dann das Ufer hinaufzerrte. In solchen extremen Fällen gab es bei uns keine Rüge — man hatte ja genug Strafe durch den Schreck erlebt. Die einzige Sorge war, die Erscheinung der lebenden Wasserleiche vor den Augen der Großmutter Paraskéva zu verbergen. In die Stube ging es durch die Hintertür und nach tüchtigen Abreibungen ins Bett, wo ich ausnahmsweise nicht nur den heißen Tee schlürfen, sondern auch mein Abendgebet im Liegen verrichten durfte."
„Die Großmutter . . .?"
„Die war aus einem anderen Holz geschnitzt. Hochgewachsen, hager, streng war sie, eine mustergültige Hausfrau und perfekte Köchin; bei ihr lief alles wie am Schnürchen — schließlich hatte sie ja siebzehn Personen zu versorgen, ja, wir saßen zu siebzehn am Tisch! Und das geschah aufs beste, egal, ob es sich um Fasten- oder Festtagsspeisen handelte. Ihre große Spezialität waren Piroggen der verschiedensten Art — mir läuft, wenn ich daran denke, noch heute das Wasser im Munde zusammen. Zu den hohen Feiertagen, vor allem aber zu unserem Kirchweihfest — dem hl. Demetrius von Thessaloniki — kamen Verwandte zu Besuch. Ich hatte zweiundsiebzig Vettern und Kusinen, die von ihren Eltern abwechselnd, etwa zu einem Drittel, mitgenommen wurden. Sie kamen für drei Tage und brachten selbstverständlich auch die Pferde mit. Dann bogen sich die Tische unter Großmutters Er-

zeugnissen, den Fleisch- und Fischspeisen, dem Geflügel, den Piroggen und den vielerlei süßen Grützen. Und ich glaube, es waren allein die kräftig zupackenden Gäste, die mit einem mächtigen Appetit gesegnete Jugend, die der Großmutter ein wohlwollendes, ja, beinahe glückliches Lächeln entlocken konnten. Aber sie jagte die Katzen, schimpfte über die Tiere und war die einzige in unserer Familie, die zwischen ‚würdigen' und ‚unwürdigen' Bettlern, ‚frommen' und ‚heuchlerischen' Pilgern zu unterscheiden gewohnt war. Die einen wie die anderen kamen auf dem Wege zu den großen Wallfahrtsorten oft durch unser Dorf und wollten versorgt werden. Uns Kinder erzog sie mit dem strengen Blick ihrer dunklen Augen, steckte uns aber dennoch gelegentlich etwas von ihren gebackenen Köstlichkeiten zu. Ohne ihre Erlaubnis durfte dem Keller und der Speisekammer nichts entnommen werden, am allerwenigsten die Piroggen, die auf den Regalen ihren betörenden Duft ausströmten. Mich stellte das vor zusätzliche Probleme, denn meine verschworene Bande, Tischka, Mischka usw., wartete draußen und hätte für meine leeren Hände wenig Verständnis gehabt. So zwang mich dieses Dilemma nicht allzu selten, gegen das siebente Gebot zu sündigen. Die Großmutter starb im Schreckens- und Hungerwinter 1919/20, beidseitig gelähmt, aber von ihren sechs Töchtern und drei Schwiegertöchtern, zu denen auch meine Mutter zählte, geduldig und liebevoll gepflegt. Ich habe das nicht miterlebt, ich war zu der Zeit in Sofia."

„Agathe muß ja noch Leibeigene gewesen sein?"

„Nein, wir und unsere ganze Dorfgemeinde — 17 Höfe — sind überhaupt nie Leibeigene gewesen. Es gab ja solche Inseln, die vom Zugriff der Kaiserin Katharina verschont geblieben waren. Natürlich prägen Freiheit und Sklaverei den Menschen, jedes auf seine Art. Da wir seit Jahrhunderten freie Bauern waren und auf der eigenen Scholle saßen, hatten wir auch ein ganz anderes Verhältnis zum Boden, zum Eigentum, zur Arbeit. Solch ein Verhältnis hatten die Leibeigenen nicht, und die heutigen Kolchosbauern haben es schon gar nicht. Die Liebe zum eigenen Hof, zum eigenen Land brachte nicht nur Wohlstand, sondern auch Charaktereigenschaften hervor, die den Leibeigenen abgingen. Das ist natürlich. Die revolutionäre Propaganda hatte z. B. bei uns keinerlei Chancen."

„Kamen diese Leute zu euch?"

„Selbstverständlich. Aber man lieh ihnen kein Ohr, ließ ihnen keine Zeit, unsere Gesinnung auszuhöhlen. Es gab Bauern, die bei ihrem Erscheinen einfach zur Mistgabel griffen."
„Ein Freund Puschkins, Küchelbecker, rief einmal unter Tränen aus: ‚Wann wird die Leibeigenschaft aufgehoben? Sie verkrüppelt und verstümmelt den Charakter unseres guten russischen Volkes.' Ja, warum nur wurde sie nicht gleich nach dem Sieg über Napoleon aufgehoben? ‚Nichts rächt sich so wie eine zögernde Haltung gegenüber den Forderungen der Geschichte', schreibt Florowski."
„Hier wird wieder einmal eine große Wahrheit bestätigt: Der Fluch der bösen Tat. An dieser Wahrheit sollte keiner rütteln."
„Deine Eltern, Onkel? Eine heile Welt?"
„Nicht sofort. In den ersten drei Jahren ihrer Ehe hatte Mutter nichts zu lachen. Vater war in schlechte Gesellschaft geraten und trank. Eines späten Abends kam er, wie immer, ziemlich betrunken heim. Mutter lag im Wochenbett, sie hielt den Säugling im Arm — es war mein Bruder Gregor. Die arme Frau war weinend eingeschlafen, und das Köpfchen des Neugeborenen war naß von ihren Tränen. Der Vater weckte sie recht unsanft und fragte: ‚Was ist los? Warum heulst du?'
‚Weil du trinkst.'
Schweigen. Dann:
‚Und was, wenn ich aufhören würde zu trinken? Was wäre dann?'
‚Ich glaube dir nicht. Ich glaube dir nichts mehr.'
Am nächsten Tag, als nach dem Abendessen das bekannte dreimalige Klopfen an die Tür erfolgte, schickte der Vater meine junge Tante hinaus: Er sei nicht daheim. Sie kam mit dem Bescheid zurück, man wisse sehr wohl, daß er daheim sei: Er solle gefälligst herauskommen.
‚Geh' noch einmal hin, Matrjona, und bestell: Ich bin heute nicht da und werde morgen, übermorgen und in einem halben Jahr nicht da sein. Auch nicht zu Weihnachten, Ostern und Pfingsten. Und in alle Ewigkeit nicht. Amen.'
Dabei blieb es. Ich habe Vater nie Alkohol trinken sehen, auch dann nicht, wenn das Haus voller Gäste war und die Flaschen und Karaffen reihenweise auf den Tischen standen. Vater führte den Hof und unsere ganze Wirtschaft vorbildlich. Als der Krieg ausbrach, waren wir nicht nur wohlhabend — wir konnten uns getrost zu den reichsten Bauern

zählen. Was mich betrifft, wollte ich stets nur Bauer, nur Landwirt werden; ich ging schon mit sieben Jahren mit aufs Feld und durchaus nicht ‚pro forma'; ich schaffte wirklich etwas und mit zunehmender Begeisterung! Kind, haben Sie jemals ein neugeborenes, soeben erst trocken gewordenes Lämmchen in Ihren Armen gehalten?"
„Nein, leider nie."
„Dann wissen Sie nicht, was Glückseligkeit ist."

*

Die Jahre flogen dahin. Aus dem flachsköpfigen kleinen Bauern und Pferdehüter wurde ein hochgewachsener, sehr schlanker junger Mann. Der Erste Weltkrieg brach aus. Anfang 1916 wurde Onkel eingezogen. Anastassia segnete den Sohn mit einer kleinen Ikone ihrer Patronin. Es steht nicht fest, ob diese Ikone die „Römerin" oder die „Löserin der Bande" darstellte: Beide waren vornehme und anmutige junge Frauen, beide starben den Märtyrertod für Christus. Die Mutter bat den Sohn, sich von der kleinen Ikone nie zu trennen. Das geschah auf dem Bahnhof, der Zug stand zur Abfahrt bereit. Der Abschied war schwer. Für die Mutter, die wohl ahnte, daß es der letzte war, herzzerreißend.
Onkel kam nach St. Petersburg, ins berühmte Preobraschénski-Garderegiment. Ende 1916 wurden Teile dieses Regiments in das große Expeditionskorps integriert, das zur Entlastung Frankreichs abkommandiert wurde. Es ging zunächst nach Archangelsk; dort begab man sich mit dem Ziel Brest auf die Kriegsschiffe. Es ging nur langsam vorwärts, und das auch nur am Tage: Die Gewässer wimmelten von deutschen U-Booten. In Rußland brach die Februarrevolution aus; die Kriegsschiffe legten in Saint-Raphaël eine Pause ein. Später sieht man sie vor Tunis. Die Zusammenhänge und die exakten Daten sind aus meinem Gedächtnis entschwunden. Nach dem Separatfrieden von Brest-Litowsk am 22. Dezember 1917 wird das Expeditionskorps aufgelöst. Die Revolution ist in der Heimat im vollen Gange, und die Nachrichten, die in den fernen Süden vordringen, bedrohlich. Dennoch entschließt sich ein großer Teil der Männer zurückzukehren. Die anderen wollen zunächst im Ausland bleiben; so auch der Onkel. In den Jahren 1918/19 befindet er sich in Saloniki, trägt die englische Uniform und steht — halb Ordonnanz, halb Hausfaktotum, im

Dienst eines hohen englischen Offiziers. Bevor er dann den Engländern nach Sofia folgt, betet er am Grabmal des hl. Demetrius von Thessaloniki um Schutz für seine Familie. In Sofia läuft zunächst alles gut; Onkel kann sich, im Gegensatz zu vielen russischen Soldaten und Offizieren, die in der schönen bulgarischen Hauptstadt arbeitslos sind, zu jenen Privilegierten zählen, die ein Dach über dem Kopf, Essen und ein Gehalt haben. Sein Brotgeber, der englische Oberst, führt — obwohl er unverheiratet ist — ein großes Haus; es verkehren bei ihm viele angesehene Leute, fast nur Männer. Dort mausert sich Onkel zu einem perfekten herrschaftlichen Diener und wird vom Oberst gern an die französische Gesandtschaft ausgeliehen: Bei großen Empfängen und offiziellen Diners, an denen gelegentlich auch König Boris teilnimmt, fehlt es dort an geschultem Personal. Doch fallen dem Onkel im Hause des Oberst allmählich seltsame Einzelheiten auf, Dinge, auf die er sich zunächst keinen Reim machen kann. Einmal ist es aber soweit: Eine an ihn selbst gerichtete, unmißverständliche Frage klärt ihn auf und läßt ihn noch am selben Abend seinen Koffer packen. Die Nacht — es ist eine warme Juninacht — verbringt er auf einer Bank in den Parkanlagen und fährt mit der ersten Trambahn an die Peripherie der Stadt, wo, wie er weiß, schon die Bauernhöfe beginnen. Er verdingt sich als Knecht, allerdings für einen Lohn, der mehr einem kleinen Taschengeld gleicht; doch hat er zunächst ein Dach über dem Kopf und — wenn auch ein recht karges — Essen auf dem Tisch: Bulgarien zählt zu den Verlierern des Krieges. Auf dem Bauernhof ist er ein ebenso perfekter, mit der Landwirtschaft bestens vertrauter Knecht, wie er bis dahin ein perfekter herrschaftlicher Diener gewesen war. Nach einem Sonntagsgottesdienst in der Kathedrale von Sofia stößt er auf einen Kameraden aus dem Expeditionskorps, der ihm — vorausgesetzt, daß er Ersparnisse hat — vorschlägt, zusammen eine kleine Imbißstube mit russischen Spezialitäten zu eröffnen. Onkel *hat* Ersparnisse aus der englischen Zeit und ist einverstanden. Da aber keiner von ihnen auf dem betreffenden Gebiet Erfahrung hat und sie vom Koch und der Bedienung nach Strich und Faden bestohlen und betrogen werden, platzt das Unternehmen schon nach wenigen Monaten. Onkels Ersparnisse sind dahin. Um sich über Wasser zu halten, trägt er Zeitungen aus und tritt gelegentlich als Statist in einem Theater auf.

Eines Tages wird er auf der Straße von einem Herrn angesprochen, der sich als der Erste Sekretär der französischen Gesandtschaft, Graf de F., zu erkennen gibt. Ob der junge Mann noch in den Diensten des Colonel stehe? Er habe ihn bei den Empfängen in der Gesandtschaft beobachtet und würde ihm gern eine Stelle als Hausdiener, später vielleicht auch als Butler, anbieten: Die Gräfin stelle ihr weibliches Personal nur ungern für andere Aufgaben zur Verfügung. In einem fürchterlichen englisch-französischen Kauderwelsch beteuert Onkel, daß er glücklich wäre, dem Grafen und der Gräfin zu dienen. Die Sache ist perfekt, der Onkel verbringt im vornehmen Hause der F. volle vier Jahre, macht sich dem Ehepaar unentbehrlich, wird zu dessen Vertrauensperson. Er bewohnt ein eigenes Zimmer, die französische Köchin ist eine Meisterin ihres Fachs, die Garderobe kommt auf ihn — kaum getragen — vom Grafen, der nicht nur denselben Vornamen trägt, sondern auch die gleiche Statur hat. Das Gehalt bringt Onkel fast vollzählig auf die Bank. Arbeit gibt es im gräflichen Hause, zumal wenn man seine Pflichten so ernst nimmt wie es Onkel tut, mehr als genug (auch wenn zwei kräftige Männer allwöchentlich zum Bohnern der Parkettböden kommen); denn der Erste Sekretär führt ein großes Haus, seine Frau, eine gebürtige Italienerin, stammt aus einer sehr reichen Familie. Wenn das Ehepaar im Sommer für zwei Monate verreist, hat Onkel Ferien; allerdings mit der Auflage, das Haus nicht für länger als eine kleine Stunde zu verlassen: Einbrecher dürften hier eine reiche Beute vorfinden. Eine halbe Stunde genügt Serge II vollkommen, um in der nahegelegenen Königlichen Bibliothek die ausgeliehenen Bücher umzutauschen. Onkel liest in seiner Freizeit gern und viel, um die klaffenden Lücken seiner Dorfschulbildung ein klein wenig aufzufüllen. Aber weder die Arbeit noch das Lesen können den bohrenden Wurm in seinem Inneren zur Ruhe bringen: Die große Sorge um seine Familie und das ebenso große Heimweh. Obwohl er oft nach Hause schreibt, hat er in all den Jahren noch keine Antwort bekommen.
Dann kommt der Tag, an dem ihn am Eingang zur Bibliothek ein Mann erwartet: Er sei doch Russe, nicht wahr? Hätte er denn nicht den Wunsch, in die Heimat zurückzukehren? Die Verhältnisse hätten sich stabilisiert, es gebe keinen Hunger mehr und auch keine Exzesse, die ja bei so großen Umwälzungen immer aufzutreten pflegten. Die

Neue Ökonomische Politik der Regierung, kurz NÖP genannt, habe das Land bereits dem Standard von 1913 angeglichen. Warteten denn die Eltern und Geschwister nicht sehnsüchtig auf ihn? Könne er sie denn noch länger warten lassen?

Der Schuß trifft mitten ins Herz, er trifft das Trauma und wühlt darin. Man verabredet sich für den nächsten Tag und auch für den übernächsten: Es gibt ja so viel zu erzählen und zu besprechen! Jetzt sind es schon zwei Männer, die die Überredungskunst aus dem „Effeff" beherrschen. Onkel beschließt heimzukehren. Er unterschreibt ein Papier. Als der Graf es erfährt, schlägt er die Hände über dem Kopf zusammen, schleppt Stöße von französischen und englischen Zeitungen und Zeitschriften herbei, zeigt dem Onkel Bilder des Hungers, des Terrors, des Elends . . . Er unterläßt nichts, um seinen Serge vor dem Verhängnis zu bewahren.

„Waren die F. immer gut zu dir, Onkel?"
„Immer. Und nicht nur sie, auch ihre Gäste. Ein älterer Herr namens Borghese reichte mir stets freundlich die Hand — mir, einem Diener! Und die Fürstin Lieven umarmte mich einmal mütterlich und sagte, indem sie mit den Tränen kämpfte: ‚Sergej, was haben die mit unserem Rußland gemacht?' "
Die Bemühungen und Einwände des Grafen kommen zu spät, zerschlagen sich an Onkels Heimweh und seiner Überzeugung, daß die schlimmsten Zeiten, die Zeiten des Kriegskommunismus, vorbei seien und Rußland besseren Tagen entgegensehe. Er tauscht — wie es ihm die Berater empfohlen hatten — seine nicht unbeträchtlichen Ersparnisse gegen Dollarnoten ein und kauft zusätzlich Goldmünzen und eine goldene Herrenuhr mit Kette. Der Abschied von dem gräflichen Paar fällt kühl aus. Im August 1923 schifft sich der Onkel in Warna ein; es ist ein kleiner, schmutziger Dampfer mit dem Kurs auf Noworossijsk, der den Stürmen im Schwarzen Meer gar nicht gewachsen zu sein scheint. Beim Betreten seiner wankenden Planken packt den Onkel eine Art Platzangst; etwas schnürt ihm die Kehle zu, er kriegt keine Luft und will herunter vom Dampfer. Doch der Weg zum Laufsteg wird ihm versperrt: Ein Zurück gibt es nicht.

In Noworossijsk werden die Dollarnoten requiriert und auch das Gold. Dafür gibt es eine Gratisfahrkarte nach Hause. Die zwei Koffer mit der Garderobe — den feinen Hemden und Anzügen — werden mit Hohn gemustert, aber er darf sie behalten.

Kein Hund schlägt auf dem dunklen Hof an. Dem Onkel klopft das Herz bis zum Halse. Ist das wirklich der Vater? Am Küchentisch sitzt bei blakendem Petroleumlämpchen ein tief gebeugter weißhaariger Greis. Aber es sind doch nur sieben, nur sieben Jahre vergangen! O, Gott!

Der Greis schlägt die Hände zusammen: „Sergej! Um Himmels willen! Warum bist du gekommen? Hast du meine Briefe nicht bekommen?"
„Nein, Vater. Wo ist die Mutter?"
„Sie ist schon drei Jahre tot. Alle sind tot — Urgroßmutter Agathe, die Großeltern, dein Bruder Gregor. Den haben sie erschossen, gleich damals, als sie den Hof verwüsteten und das Vieh wegführten. Georg ist nach Tadschikistan geflohen, Iwan im Kriege verschollen. Die Schwestern sind verheiratet und zum Teil schon verwitwet. Einige Schwiegersöhne sind rot."
„Wie starb Mutter?"
„Sie hatte sich auf der Suche nach dem Kraut, aus dem wir unser Brot buken, erkältet, war mit zerschlissenem Schuhwerk durch das Schneewasser gewatet. Halbverhungert, wie sie war, hatte sie keine Kraft, dem Fieber zu widerstehen — es versengte sie innerhalb von drei Tagen."

„Vater, ich bleibe bei dir, komme was da wolle."
„Nein, Sergej, wenn du mich liebst, gehst du nach Tadschikistan. Georg hat ja sein Auskommen. Er wird dir helfen, dort Fuß zu fassen. *Deren* Macht reicht noch nicht ganz bis dahin. Noch nicht."
Im Stall brüllt eine magere Kuh. Die Hunde sind erschossen oder vergiftet worden. Es hat keinen Sinn, neue anzuschaffen. So soll es den Kulaken gehen, den reichen Bauern, den verdammten Stützen des Zarismus!

„Was ist mit Tischka, Mischka, Senka . . .! Sind sie hier, im Dorf?"
„Senka ist erschossen worden, die anderen sind in alle Winde zerstreut. Zum Teil gefallen, zum Teil verschollen. Grischka ist ein Roter geworden. Er war es, der den revolutionären Mob durch alle Höfe führte. Er hat sich verdient gemacht, nimmt irgendwo einen hohen Posten ein."

„Aber er war doch der Letzte in der Dorfschule, konnte mit dreizehn noch nicht schreiben."
„Das spielt heute keine Rolle. Dazu ist die neue Orthographie erfunden worden."
Am Morgen gehen Onkel und der Vater durch den weitläufigen Obstgarten, der einst des Vaters liebstes Steckenpferd und seiner Kinder wahres Paradies war. Es ist August, die Zeit der goldgelben Reineclauden, der vor Saft überfließenden Birnen; auch manche Apfelsorten sind um diese Zeit genießbar. Doch hängen an den vielfach gebrochenen Ästen kaum noch Früchte. „Alles wird lange bevor es reif ist geplündert", sagt der Vater, „sie kommen nachts, und man tut besser, wenn man sich zurückhält. Es gibt ja sowieso keine Hunde, keinen Schutz, keine Autorität mehr."
Hier, an diesem weitverzweigten alten Birnbaum, stand damals in der heißen Mittagsstunde der Sechsjährige, als hinter der niedrigen, aus Steinen zusammengesetzten Einfriedung Grischkas Kopf auftauchte: „Serjoschka, wir holen uns heute das Obst anderswo. Bei B. sind die Pflaumen und Birnen viel saftiger und die Äpfel viel reifer! Komm, wir gehen alle dahin."
Alle? Ja, sie sind wirklich alle da — Tischka, Mischka, Senka, Wasjka und noch ein paar andere.
„Komm, wir gehen! Schnell! Die schlafen jetzt."
Wir stehlen uns durch ein Loch im Zaun des kleinen Obstgartens des letzten Hofes, der am Ende des Dorfes steht. Ich — der schmale und wendige — muß auf den Baum und die Äste schütteln. Aber kaum sind die ersten Birnen — bum! bum! — auf der Erde, hört man Rufe und schwere Laufschritte: Wir sind schon entdeckt. Man kommt! Die Kumpane stieben innerhalb einer Sekunde auseinander, lösen sich in Luft auf; ich lasse mich vom Baum ins Gras fallen und renne dann um mein Leben. Doch man hat mich erkannt: Der Flachskopf! Haltet ihn, den Frechen! Na, warte nur, Dieb, wir werden es dir beibringen, wie man in fremde Gärten einbricht!
Ich bin — völlig atemlos — bereits außerhalb des Dorfes, im Gestrüpp, das aus einem stachligen Durcheinander und hohen alten Nesselstauden besteht. Ihre behaarten Blätter brennen auf der Haut, wie Feuer. Mein Herz schlägt bis in den Hals hinauf. Ungeachtet der kratzenden, brennenden Pein krieche ich noch tiefer ins Gesträuch und in die

Brennesseln und höre doch noch die Rufe: „Der Flachskopf, der diebische!" Ich beginne zu zittern und zu weinen, weine und zittere vor Schmerz und vor Schmach. Dann sitze ich still. Die Stunden schleichen unendlich mühsam und unendlich traurig dahin. Es dunkelt schon. Dann schimmert durch das Gestrüpp die Schürze meiner Mutter. Sie fragt leise: Bist du hier?

O, diese Mutter! Sie sagt kein Wort, reicht mir die Hand und holt mich aus den Dornen und Nesseln heraus. Sie legt ihren Arm um mich und zieht mir ihre Schürze über Kopf und Gesicht: Wir beide müssen ja durch das ganze Dorf. Wir gehen schnell. Obwohl ich nichts sehe, fühle ich, daß an manchen Haustüren Leute stehen und glaube ihr Geflüster und leises Lachen zu vernehmen . . . Doch unter Mutters Schürze habe ich nichts zu befürchten. Wir erreichen das Haus, wir benützen den Nebeneingang. *Sie* ist es, die mich an diesem Abend zu Bett bringt und mein fleckiges, zerkratztes und brennendes Gesicht mit kühler Sahne bestreicht. Auch die Hände und Füße. Sie drückt mir einen Kuß auf die Stirn: „Jetzt schlaf einmal. Morgen wirst du überlegen, was du getan hast."

Das war vor einundzwanzig Jahren. Und jetzt?
„Vater, was ist aus den Bienen geworden?"
„Die wurden requiriert. Wer weiß, wie sie den Transport überstanden haben. Der Rest ist in jenem Winter 1919/20 erfroren. Ich hatte die Stube voll Sterbender, Sergej, ich konnte mich nicht viel um die Bienen da draußen kümmern."

Am Abend, in der Dunkelheit, besucht Onkel in der nahegelegenen Kreisstadt den Priester. Es ist jener, der sie alle getauft hat und bei dem sie — die zehn Geschwister — ihre erste Beichte abgelegt hatten. Die Pfarrkirche des heiligen Demetrius von Thessaloniki ist, ebenso wie die Kathedrale hoch über der Stadt, geschändet und verwüstet. Der alte Priester wohnt jetzt in einem Nebenraum der Friedhofskapelle, in der auch die Gottesdienste stattfinden. *„Die"* — sagt er — „schleichen in die Gotteshäuser durch die Hintertür und benützen den entweihten Raum als Toilette." Und dann sagt er noch: „Deine Mutter, Sergej, war eine Heilige. Ein Engel des Trostes für alle Verzweifelten, Beraubten und Entrechteten. Ihr wahres Wesen haben wir erst in den Revolutionsjahren erkannt. Bete nicht nur für sie, sprich zu ihr, wie zu einer Lebenden. Sie ist eine Märtyrerin, die vor dem Thron Gottes steht."

Die Reise nach Mittelasien ist mehr als beschwerlich. Als der Zug nach vielen Tagen endlich an der kleinen Station östlich von Duschanbé hält, erweist es sich, daß es bis zum Flecken, in dem Georg in einer moslemischen Wurstmacherei arbeitet, noch zwanzig Kilometer sind. Ein Fuhrwerk ist nicht aufzutreiben, der Weg muß bei sengender Hitze und durch tiefen Sand zu Fuß zurückgelegt werden. Erst beim letzten Drittel wird Onkel von einem Gespann eingeholt: Steig zu.

Georg ist glücklich, den Bruder wiederzusehen, verschafft ihm sogleich Arbeit in der Wurstmacherei. Hunger ist in Tadschikistan eine unbekannte Größe, und so mancher Tadschike ist noch immer Herr über tausend und mehr Schafe. Auch wird Georg im Ort sehr geschätzt, und beide Brüder werden oft zum Essen eingeladen: Zum fetten Hammelpilaw, zum knusprigen Schaschlyk, die, auf dem Teppich sitzend, mit den Händen verzehrt werden. Das Leben im asiatischen Flecken hat viel Positives aufzuweisen, entbehrt aber auf die Dauer dennoch der tragfähigen Grundlage. Die Malariagefahr ist groß und das heiße Klima kaum zu ertragen. Onkel leidet besonders darunter. Nach vielen Überlegungen entschließen sich die Brüder, nach Zentralrußland zurückzukehren. Das asiatische Abenteuer ist überstanden, doch gebietet ihnen die Klugheit, nicht zusammenzubleiben.

Onkel bekommt eine Stelle bei der Bahn. Es folgen Jahre schwerster körperlicher Arbeit — das Beladen und Entladen von Güterzügen auf der Strecke Moskau-Kiew. Irgendwann bietet sich die Gelegenheit, Abendkurse für Elektroschweißer zu besuchen. Das Jahr 1929 sieht Onkel im Donezbecken und unmittelbar darauf in jenem riesigen Stahl-Kombinat am Asowschen Meer, das zur Zarenzeit von den Franzosen errichtet worden war. Hier findet er auch seine Frau, die neunzehnjährige Maria. Sie ist die erste Frau in seinem Leben und wird die letzte sein. Die Ehe ist außerordentlich glücklich und wird mit fünf gesunden und schönen Kindern gesegnet. Aber das Leben wird von Tag zu Tag schwerer, und alles, was sich ringsherum abspielt, kaum zu ertragen.

„Auch für einen Privilegierten? Für einen Stachanov-Arbeiter?"

„Für einen Parteilosen gab es keine Privilegien. Mehr Lohn, jawohl, den gab es, aber was konnte man denn für das Geld kaufen? Die Zeiten des NÖP waren ja längst vorbei. Das Privileg, das ein parteiloser Stachanov-Arbeiter genoß, bestand darin, daß man sein mit Blumen oder Laub umkränztes Porträt bei den Maiumzügen herumtrug. Das war — für lange Jahre — alles! Erst kurz vor dem Krieg wurde — fast unmittelbar am Meer — eine Arbeitersiedlung gebaut, in der auch wir ein Häuschen mit Garten und kleinem Melonenfeld auf Abzahlung bekamen. Bis dahin aber ... Unsere Wohnverhältnisse ... Ersparen Sie mir diese Kapitel, Kind! Mir blutet noch heute das Herz für Maria, denn sie allein war es ja, die ständig mit allen Vorzügen des Bauern- und Arbeiterparadieses konfrontiert wurde. Mein Platz am Schweißgerät war dagegen ein Ort der Geborgenheit."

„Auf Maria lag wohl die Aufgabe, Lebensmittel zu beschaffen?"

„Die Ehefrau eines Parteilosen mußte tagtäglich und bei jedem Wetter stundenlang vor den kooperativen Läden anstehen, und es fragte niemand danach, ob ihr Mann ein Stachanov-Arbeiter war und ob sie selbst hochschwanger oder mit einem Säugling im Arm dastand. Oft war es so, daß, wenn Maria an der Reihe war, die Ladentür zugeschlagen wurde: Schluß! Alles ausverkauft. — Denn die Angehörigen von Parteimitgliedern und der Funktionäre brauchten nicht anzustehen, sie wurden an allen anderen vorbei bedient. Nach drei, vier oder mehr Stunden des Anstehens in der Schlange — im Schneetreiben, im strömenden Regen oder bei sengender Hitze — warf sich Maria, mit dem leeren Einkaufsnetz heimgekommen, auf ihr Bett und weinte Tränen der Verzweiflung und der hilflosen Wut ... Fürchterlich wurde es im Jahre 1933, als die Zwangskollektivierung ihren tödlichen Höhepunkt erreichte und die unbotmäßige Ukraine ausgehungert wurde. In ihr allein fielen sechs Millionen Bauern dem Hunger und den Repressalien zum Opfer, wurden verschleppt, kamen in der Tundra oder Taiga um. Auch unsere kleinen Zwillinge Boris und Gleb starben damals. Es gab ja keinen Tropfen Milch, es gab nichts, außer dem sogenannten Brot, das schwer wie Blei und naß und voller Stacheln war. Als ein ewiges Trauma bleibt mir das Bewußtsein, daß meine kleinen Jungen ungetauft starben. Es gab weit und breit keinen Priester, und wir beide ahnten nicht, daß man in solchen extremen Fällen auch selbst taufen darf."

„Wir schreiben nach Athos. Ich bin überzeugt, daß wir eine tröstliche Antwort bekommen werden. Wie überstand der Vater die Kollektivierung? Er war doch schon ein alter Mann? Wurde er nicht in Ruhe gelassen? Oder lebte er nicht mehr?"

„Er lebte noch, wenn man das als Leben bezeichnen will. Nein, er wurde nicht in Ruhe gelassen. Er wurde nach Sibirien verschickt und starb dort in geistiger Umnachtung. Georg hatte es noch geschafft, ihn kurz zuvor zu besuchen, doch war ein Gespräch nicht mehr möglich gewesen, Vater war nicht ansprechbar."

„Spieltest du nie mit dem Gedanken, in die Partei einzutreten?"

„Doch. Schon allein aus Mitleid mit Maria, die Jahr für Jahr die Hauptlast dieses elenden Hundelebens trug. Sie war ein gläubiger Mensch, sie betete vor ihren Ikonen, die sie vor fremden Blicken sorgfältig verbarg. Unter ihnen stand auch meine Anastassia. Ich selbst hatte in jenen Jahren das Beten verlernt; dennoch wußte ich, daß ich die Worte, die bei der Aufnahme in die Partei gesprochen werden mußten, nie über meine Lippen bringen würde. Und Maria unterstützte mich darin — Gott lohne es ihr in Zeit und Ewigkeit."

„Im mörderischen Jahr 1937" — fuhr der Onkel fort —, „in dem Stalin die Bevölkerung Rußlands systematisch ausrottete und auch seinen ganzen Führungsstab hinrichten ließ, blieben wir verschont. Dann aber kam das Jahr 1940 mit seinen drakonischen Verordnungen. Eine von ihnen, die uns Arbeiter unmittelbar betraf, lautete: ‚Wer zur Arbeit mit zwanzig Minuten Verspätung eintrifft, wird mit fünf Jahren Zuchthaus und anschließend mit fünf Jahren Verbannung bestraft.' Ich kannte einen Mann, dem während der Fahrt zum Werk der Reifen seines alten Fahrrades platzte. Er mußte daran glauben, denn Ausnahmen waren in der Verordnung nicht vorgesehen. Und das ist so wahr, wie daß ich Sergej heiße. Ich übertreibe nicht."

„Und das alles bei dem fatalen Mangel an Uhren? Die Rotarmisten schrien, sobald sie 1945 ein deutsches Haus betraten ‚Uhri! Uhri! Uhri!' und sprachen das so aus, daß ich von allen Seiten gefragt wurde, was dieses russische Wort ‚Uri' bedeute."

„Das war ja das Teuflische an der Sache: Es gab keine Uhren zu kaufen. Glückspilze besaßen welche aus Großvaters Zeiten, einen vernickelten Wecker oder eine Wanduhr, die nach dem Mond ging. Maria und ich hatten jedenfalls keine Uhr. Da ich nach den erfüllten Stachanov-Normen wie ein Bär schlief, fiel auch das Wachen meiner kleinen geplagten Frau zu, die nachts mehrere Male aufstand und klopfenden Herzens an die Tür ging, von wo aus die Turmuhr zu sehen war. Dennoch verschliefen wir eines unseligen Morgens die schicksalsträchtige Stunde, und als ich halb angezogen, ungewaschen und ohne Frühstück zum Bahnhof raste, von dem der Arbeiterzug aus der Siedlung zum Kombinat abfuhr, sah ich diesen Zug gerade um die Ecke biegen. Es waren nicht ganz sieben Kilometer, die ich dem Zug nachrannte ... Ich schaffte es fast gleichzeitig mit ihm und kam gerade noch durch die Kontrolle. Ich hatte ja eine Frau daheim und meinen neunjährigen Viktor. Und die kleinen Mädchen Lydia und Larissa ... Was wäre aus ihnen in einem Land wie das unsere und bei Verhältnissen wie den unsrigen geworden?"

„Onkel, dein Infarkt ...?"

„Das weiß ich nicht. Doch einen leisen Sprung hatte mein Inneres an jenem Tag erfahren. Dieser Sprung machte sich nicht immer bemerkbar, nur ab und zu."

Onkel verstand wundervoll und plastisch zu erzählen. Seine Naturschilderungen aus den Tagen der Kindheit wiederzugeben — dazu fehlt mir jedes Talent. Auch wenn er die fast permanente Passion seines Lebensweges schilderte, stiegen Bilder von außerordentlicher Einprägsamkeit auf, obwohl seine Sprache einfach war und nicht das geringste Pathos aufwies. Er sprach ein ausgezeichnetes klassisches Russisch, ohne Anflug jenes typisch „sowjetischen" heiseren Untertons, den wir in den Reden der Machthaber zu hören bekommen. Doch tauchten aus dieser völlig normalen Hochsprache mitunter Lautverschiebungen auf, die uns nur aus der historischen Grammatik bekannt waren, und auch das nur zum Teil. Ein Wort konnte auch sein Geschlecht ändern, ein Femininum zu einem Maskulinum oder Neutrum werden, was nicht nur ungewöhnlich und reizvoll war, sondern mitunter auch unwiderstehlich zum Lachen zwang. Auch kannte Onkel Redewendungen und Sprichwörter, die keiner von uns kannte. Als ich das der hochgelehrten Inhaberin unseres Lehrstuhls für Slawische Philologie erzählte, bat sie mich, sie mit Onkel bekannt zu machen. „Das ist", sagte sie, „als wenn man an der Kasse eines Supermarktes mit dem Wechselgeld eine sumerische Münze bekäme."

„So sprach man bei uns zu Hause bisweilen", sagte der Onkel verlegen.

*

„Am 22. Juni 1941 begann der Krieg auch für uns. Am selben Sonntag — wir hatten ein strahlendes Wetter — schütteten die Deutschen über unserem Land Millionen von Flugblättern aus. Sie lauteten:

‚Russen! Angehörige der Roten Armee! Unser Kreuzzug hat begonnen. Helft uns, euer Vaterland wieder zu einem Nationalstaat zu machen! Helft uns das verbrecherische bolschewistische System zu vernichten! Ergebt euch und kämpft gegen den Henker eures Volkes auf unserer Seite! Wir helfen euch, Rußland wieder zu Rußland zu machen.‘

Das war Millionen von Russen aus dem Herzen gesprochen. Aber ... Wer von uns hatte schon ‚Mein Kampf‘ gelesen? Wer konnte hinter das unfaßbare, das teuflische Lügengespinst kommen?

‚Ich glaube den Deutschen‘, sagte Maria, die auch solch einen Zettel nach Hause gebracht hatte, ‚ich glaube, daß sie gegen unser mörderisches System aus Idealismus kämpfen. Sergej, wir müssen mitmachen, wir müssen helfen, unser Vaterland zu retten. Es ist die einzige und wahrscheinlich die letzte Chance, die sich unserem Volk bietet.‘

‚Und wie stellst du dir das vor, Kleines? Ergeben kann sich doch nur jemand, der an der Front steht. Ich bin nicht eingezogen, und mein Jahrgang wird noch lange nicht eingezogen werden. Sollen wir über die Felder rennen und nach den Deutschen rufen? Alles was wir tun können, ist, die Dinge in Ruhe abzuwarten.‘

Was geschah weiter? Der Krieg begann am frühen Morgen des 22. Juni 1941. Am 28. war Minsk erobert. Am 3. Juli tönte aus den Lautsprechern die uns allen wohlbekannte Stimme mit dem georgischen Akzent. Diese Stimme war heiser und spröde geworden, sie klang wie eingetrocknet. Alle Augenblicke hörte man Mineralwasser ins Glas glucksen.

‚Genossen! Bürger! Brüder und Schwestern! Krieger und Kämpfer! An euch wende ich mich, teure Freunde!‘

‚Sieh mal an‘, sagten wir, ‚wenn das Wasser bis zum Halse steht, werden auch Henker zärtlich.‘

‚Die Hitlerarmeen‘, fuhr die Stimme fort, ‚haben Litauen, Lettland, Weißrußland und einen Teil der Ukraine erobert. Die faschistische Luftwaffe bombardiert bereits ...‘“

„Einen Augenblick, Onkel. Wir haben das gleich bei der Hand. Da steht es: Bombardiert bereits Murmansk, Mohilew, Smolensk, Kiew, Odessa, Sewastopol ..."

„Ja, so war es! Und die Rede endete mit dem heiseren Aufschrei: Unser Vaterland ist in höchster Gefahr! Dann streikte der Lautsprecher. Am 14. Juli waren die Deutschen in Luga, die Bahnverbindung nach Leningrad war blockiert. Als Schlüsselburg fiel, schloß sich der Ring um Leningrad, es begann die Blockade."

„Und hier geht es weiter: Am 17. September wurde Kiew erobert, am 2. Oktober Orjol, am 12. Kaluga, am 13. Twer, am 16. Odessa, am 24. Charkov, am 3. November Kursk und am 19. Rostov am Don."

„Jawohl, Brüder und Schwestern und geliebte Freunde! Als aber die Rote Armee dem Bolschewismus den Rücken kehrte und dem angeblich neuen Befreier und Gesinnungsgenossen ins Gesicht blickte, erkannte sie, daß derjenige, der die Flugblätter abgeworfen hatte, ein grimmer und furchtbarer Feind war. Ein Feind, der es nie auf die Befreiung Rußlands, sondern allein auf dessen Vernichtung abgesehen hatte. Man überzeugte sich, daß alles noch unvergleichbar schlimmer werden würde als unter der Herrschaft Stalins. Sie, Kind, mußten davon schon viel früher erfahren haben, als wir in Rußland."

„Gewiß. Die Litfaßsäulen in Deutschland waren schon seit Juli mit Plakaten bedeckt, von denen unheimliche, gorillaähnliche Gesichter blickten. Manche lachten und zeigten dabei raubtierhafte Gebisse. Die Überschriften lauteten: Wir kämpfen gegen Untermenschen."

„Dann werden Sie auch wissen, wie einer Million russischer Soldaten ihre Vertrauensseligkeit gelohnt wurde. Sprechen wir nicht darüber. Es dauerte eine Weile, bis sich die unfaßbare Kunde über Rußland verbreitet hatte. Zuletzt glich sie einem Lauffeuer. Da erst begriffen die Menschen, was geschehen war und warum sich die Hauptstraßen der von den Deutschen eroberten Städte und Dörfer sofort in eine Adolf-Hitler-Straße verwandelten. Zur Zeit jener für unser Volk atemberaubenden Entdeckungen, die eine totale Wende in dessen Psyche und in Kriegführung und Kampfgeist herbeiführte, gehörte ich als Freiwilliger längst der deutschen Wehrmacht an. Selbstverständlich war ich nicht der einzige, der sich bei ihr meldete: Männer, mit denen ich im Kombinat dreizehn Jahre Seite an Seite zusammengearbeitet hatte, entpuppten sich beim Einmarsch der Deutschen als Offiziere der Weißen oder der kaiserlichen Armee, die hier unter falschem Namen als

Hilfsarbeiter untergeschlüpft waren. Beim Eintritt in die Wehrmacht legitimierten sie sich durch Dokumente, die sie ein Vierteljahrhundert in unauffindbaren Verstecken aufgehoben hatten. Auch ich konnte beweisen, daß ich Unteroffizier im Expeditionskorps gewesen war. Mit diesem Rang wurde ich — obwohl ich damals kaum ein Wort Deutsch sprach — jener Einheit zugewiesen, mit der ich von da an bis zum Ende des Krieges zusammenblieb, den ganzen Rückzug mitmachte und in die sowjetische Gefangenschaft geriet. Es war eine deutsche Einheit — mit der Wlássov-Armee oder anderen russischen oder gemischten Einheiten hatte sie nichts zu tun.

Der Abschied . . . Mein Sohn — er war damals elf Jahre alt — durfte die letzte Nacht bei mir in der Kaserne bleiben. Wir schliefen auf meiner Pritsche zusammen, eng umschlungen. Am frühen Morgen ging er. Und mir blieb von meiner Vergangenheit nur noch die heilige Anastassia, die Löserin der Bande. Ich kam zum Troß, was wahrscheinlich mit meinem Alter zusammenhing: Ich ging auf die fünfzig zu. Gott war mir gnädig, im Verlauf des ganzen Krieges brauchte ich keinen einzigen Schuß abzugeben — das war auch im Expeditionskorps so gewesen. Daß meine Einheit mehrere Male in großer Gefahr und sogar eingekesselt war, änderte an dieser Tatsache nichts.

Wir standen lange im Kaukasus. Von meiner Familie bekam ich regelmäßig Post. Man hatte mir in die Hand versprochen, sie bei Gefahr rechtzeitig zu evakuieren, und hielt das Versprechen: Im Herbst 1943 wurden Maria und die Kinder nach Lodz und später nach Oberschlesien gebracht. Mein Sohn schrieb mir, daß er seinen kleinen Hund nicht mitnehmen durfte; er riß sich bei den Nachbarn los und lief hinter dem Zug so lange her, bis er umfiel und liegenblieb. Auch dieses Erlebnis wurde meinen Kindern nicht erspart.

Den letzten Brief, den ich im Dezember 1944 bekam, hatte mein Sohn geschrieben. Seien Sie barmherzig, Kind, fragen Sie nicht nach Einzelheiten. Viktor schrieb, Mama habe sich die Pulsadern aufgeschnitten, sei aber gerettet worden. Die NSV-Schwester hätte sie betreut. Jetzt schlafe sie. Das war alles.

Weiter kam es so, wie es kommen mußte. Wir standen in der Tschechoslowakei. Die alarmierenden Nachrichten überstürzten sich. ‚Spätestens morgen', sagte mir ein Kamerad, der aus L. stammte, ‚sind wir in sowjetischer Gefangenschaft. Und du, Sergej, wirst, sobald man hinter deine Herkunft kommt, erschossen werden. Darum müssen wir vorsorgen. Ich bin in L. geboren. Du auch. Ich bin Volksdeutscher. Du auch. Du heißt von nun an Paul K. So hieß mein gefallener Freund. Du sprichst ein Kauderwelsch, aber das fällt bei Leuten, die aus L. kommen, überhaupt nicht auf. Es ist nämlich eine Stadt, die im Laufe der letzten Jahrzehnte von Hand zu Hand ging und wo man polnisch, russisch, ukrainisch, jiddisch und ein österreichisches Deutsch durcheinander spricht. Du bist unter Österreich geboren, kamst 1918 als Volksdeutscher zu Polen und warst 1939 zu den Deutschen geflohen. Sagen wir, nach P. Ich kenne die Stadt, meine Frau stammt von dort. Behalte die Straßen und die Hausnummern dieser zwei Städte im Kopf. Die Hauptsache ist, du bist Volksdeutscher', wiederholte er immer wieder, ‚das ist deine einzige Chance — eine andere gibt es nicht.' Er sprach noch lange, informierte mich über alle Einzelheiten und Besonderheiten der beiden Städte ... An diesem 8. Mai vernichtete ich — wie die meisten anderen auch — alle meine Papiere. Auch die Photos meiner Frau und meiner Kinder. Viele behielten ihre Erkennungsmarke — ich nicht. Mir blieb nur meine kleine Ikone mit dem russischen Aufdruck auf der Rückseite. Konnte sie mir gefährlich werden? Sollte ich sie lieber vernichten? Vielleicht vergraben? Nach kurzer Überlegung versteckte ich sie bis auf weiteres im Werg einer Fuge zwischen zwei Balken. Hatte mich dabei jemand beobachtet? Ein paar Kameraden schliefen. Ich bat die Heilige, mir meine Feigheit zu verzeihen und mich — um meiner Mutter willen — dennoch nicht zu verlassen.

Am 9. Mai wurden wir — zweitausend Mann — in eine riesige Halle getrieben. Auf der Bildfläche erschienen die grünen Mützen der NKWD und begannen durch die Reihen zu gehen. Dabei fragten sie jeden einzelnen: Ist ein Russe dabei? Ich betone es noch einmal: Wir waren zweitausend. Unter so vielen Menschen *müßte* es einen Verräter gegeben haben. Aber es gab ihn nicht. Wie oft die grünen Mützen ihre tödliche Frage auch immer wiederholten, wie oft sie auch betonten, daß es für einen Hinweis *Vergünstigungen* geben werde — es rührte sich niemand. Man stand wie versteinert da. Ein Wunder vollzog sich vor meinen Augen. —

Die Einzelbefragungen gingen schnell und routinemäßig vor sich. Man schien an uns nicht mehr interessiert zu sein, man betrachtete

uns nur noch als künftiges Arbeitsvieh. In Erwartung des Abtransports nach Sibirien blieben wir bis Anfang September im Lager. Das Schlimmste war der Hunger: Unsere Verpflegung bestand aus 200 Gramm Brot und einer Wassersuppe. Einmal hatte ich Erbarmen mit einem Neunzehnjährigen, der mir beim Verzehren meiner Brotration buchstäblich in den Mund springen wollte: Ich brach ein Stück ab und gab es ihm. Das wurde zum Signal für die anderen. Kaum hatte ich meine Ration in der Hand, umlagerten mich die ausgehungerten jungen Kerle und bettelten um Brot. Allmählich wurde mir alles egal. Die würgende, qualvolle Angst um Maria und die Kinder zerriß mir das Herz, zehrte an den letzten Kräften, raubte den Schlaf und nahm mir jeden Willen zum Überleben. Der Tod verlor in meinen Augen alle seine Schrecken. Zuletzt aß ich auch das Brot nicht mehr, ich trank nur noch. Als im September die Musterung vorgenommen wurde, kam ich zu einer Gruppe, von der es hieß, das seien TBC-Kranke. ‚Was ist das für ein Gerippe?‘ fragte der Lagerkommandant im Vorbeigehen —, das steht ja nicht mehr auf den Beinen. Mach, Kerl, daß du in dein Vaterland kommst.‘
‚Hast du jemanden, zu dem du gehen kannst?‘ fragte ein älterer Kamerad, der aus Gründen, die mir unbekannt blieben, entlassen wurde. ‚Wenn nicht, komm mit. Ich habe eine Dorfschmiede bei Frankfurt an der Oder. Wenn meine Alte uns aufgepäppelt hat, kannst du mir bei der Arbeit helfen.‘
Ich hielt mich nur mühsam aufrecht. Die kleine Ikone vergaß ich in der Fuge.“
„Aber wieso denn, Onkel? Die hängt doch über deinem Bett? Oder ist das eine andere?“
„Haben Sie Geduld, Kind. Ich erzähle der Reihe nach. Die Bahnfahrt und die Aufenthalte auf den Bahnhöfen, die vor Rotarmisten wimmelten, wollten kein Ende nehmen. Zu essen gab es nichts. Wir bettelten uns bei der Bevölkerung durch, bekamen hier eine Kartoffel, dort einen Becher Tee. Die letzte Strecke mußten wir zu Fuß gehen. Zwei Rotarmisten, die am Straßengraben saßen und frühstückten, zwangen uns, unsere Stiefel auszuziehen. Mein Kamerad bat sie, uns dafür wenigstens ein Stück Brot und ein bißchen Speck zu geben. Sie taten es widerwillig. Weiter ging es barfuß. Wir setzten uns alle Augenblicke an den Straßenrand. Aber alles hat einmal ein Ende . . . Wir erreichten

das Dorf, wir waren zu Hause. Als mich die Ehefrau und die Schwägerin meines Kameraden sahen, fragten sie ‚Wo hast du denn so etwas aufgegabelt? Ist das überhaupt ein Mensch? Oder kommt er aus dem Jenseits?‘
Wir sahen uns gezwungen, unsere Arbeit früher aufzunehmen, als es uns lieb war: Die Dorfbewohner umlagerten die Schmiede und bezahlten mit Lebensmitteln, mit Kartoffeln, gelben Rüben, Milch. Ab und zu mit einem Stückchen Speck. Manchmal schauten bei uns Rotarmisten herein, wollten dieses und jenes repariert haben. Wenn wir sie durch die niedrigen Fenster der Schmiede kommen sahen, stieß mich mein Brotgeber blitzschnell in den Nebenraum, der als Rumpelkammer diente; er befürchtete ständig, daß mich die Sprache verraten würde. Dieser Gefahr war auch ich mir stets bewußt. Konkrete Konturen nahm sie an, als uns eines Tages — ich wohnte schon elf Monate beim Schmied — ein Vetter aus Frankfurt besuchte. Er schlug die Hände über dem Kopf zusammen: ‚Ja, seid ihr denn wahnsinnig, Leute? Diesen hier wollt ihr in der sowjetisch besetzten Zone behalten? Du mußt fort, Kamerad, und zwar noch in dieser Nacht. Sobald es dunkel wird, bringen dich die Frauen zur Bahn!‘
Gesagt — getan. Um Mitternacht wurde das Pferd angespannt, die Wirtin brachte uns nach Frankfurt und fuhr wieder heim. Die Schwägerin begleitete mich bis Berlin, sogar bis zum Lager der IRO in Zehlendorf. So hatte es der Vetter angeordnet. Am Eingang, der von amerikanischen Posten bewacht wurde, verabschiedeten wir uns.
War ich jetzt in Sicherheit? Keineswegs. Es lauerte noch eine immense Gefahr auf mich. Im Vorraum standen eine Menge Leute und warteten, bis sich im Hintergrund bald die eine, bald die andere Tür öffnete und eine Nummer aufgerufen wurde. Auch ich bekam eine Nummer. Hinter der ersten Tür sah man eine nicht mehr junge Dame am Tisch sitzen, hinter der anderen einen amerikanischen Offizier. Nach einer Stunde wurde der Offizier weggerufen, und die Abfertigung verzögerte sich, wurde schleppend. Man vertröstete uns zwar damit, daß der Offizier sehr bald zurück sein werde, doch es verstrich eine Stunde und noch eine, und er war noch immer nicht da.
Ich beschloß, meine Karten offen auf den Tisch zu legen.
‚Ich bin Russe‘, sagte ich zu der Dame, ‚und kämpfte als Freiwilliger in der deutschen Wehrmacht. Ich heiße in Wirklichkeit . . .‘

Entsetzen malte sich ins Gesicht meiner Gesprächspartnerin. Sie sagte in reinstem Russisch:

‚Mensch, schweigen Sie doch um Himmels willen! Wissen Sie überhaupt, was Sie da sagen? Ich müßte Sie jetzt sofort der russischen Kommandatur melden, Sie sofort abholen lassen. So sind die Vereinbarungen, so lauten unsere Vorschriften. Haben Sie denn nichts von der Zusammenarbeit zwischen den Alliierten und der Sowjetunion gehört? Von Lienz?‘

Nein. Bis zu unserer Schmiede waren diese Nachrichten nicht durchgedrungen. Im Dorf gab es nur Anschläge mit den verschiedenen neuen Verordnungen und dem Aufruf der Lebensmittel.

‚Ich bin überzeugt‘, fuhr die Dame fort, ‚daß es nicht immer so bleiben wird. Aber im Moment ist es so und nicht anders. Unter welch einem Namen wurden sie in der Gefangenschaft geführt?‘

Ich sagte es.

‚Diesen Namen werden Sie bis ans Ende Ihres Lebens behalten. Mit allen dazugehörenden Daten. Ihr Alter werden wir allerdings heruntersetzen müssen, sonst kommen Sie von hier in alle Ewigkeit nicht heraus . . . Und danken Sie Gott, daß Sie nicht ins Nebenzimmer geraten sind! Sie haben einen tüchtigen, sehr tüchtigen Schutzengel, Herr . . . K.!‘

Sie war freundlich. Sie drückte mir zum Abschied die Hand. Sie sagte, sie sei Lettin. Sie säße hier bei der IRO, weil sie außer der deutschen und englischen auch die russische, lettische und litauische Sprache beherrsche. ‚Wir haben hier eine Menge Flüchtlinge aus den baltischen Staaten. Was mich persönlich anbetrifft, hege ich keine feindseligen Gefühle gegenüber dem Alten Rußland.‘

Ich hob meinen Rucksack auf, nahm mir ein Herz und sagte: ‚Geben Sie mir meinen Taufnamen zurück, haben Sie Erbarmen! Und seien Sie versichert, daß ich für Sie bis ans Ende meines Lebens beten werde.‘

‚Danke. Aber mit dem Vornamen wird es schwierig sein, und ich kann nichts versprechen.‘“

*

„Mein Kind, es wird Zeit, daß ich die Berichte über meine Odyssee beende. Ich weiß wohl, was dieser Ausdruck bedeutet, ich habe Ho-

mer in Sofia gelesen. Noch ein paar Worte. Bis ich als Elektroschweißer angefordert wurde und in den Westen kam, vergingen wieder elf Monate. Im Lager lernte ich viele kennen. Alle waren freundlich zu mir. Diejenigen, die aus den USA Pakete bekamen, teilten sie mit ihren Zimmergenossen brüderlich. Ich wurde auch in andere Zimmer eingeladen, z. B. zum Makkaroniessen. Unsere Lagerverpflegung war dürftig und sehr eintönig. Ich wagte es zweimal, das Lager zu verlassen, es zog mich mächtig zur Kirche. Aber das war gefährlich, da sie im sowjetischen Sektor liegt, und so ließ ich es sein. Zu jener Zeit verschwanden die Menschen oft von der Straße, sie wurden in ein Auto gezerrt, und niemand von den Passanten wagte es, sich einzumischen. Gleichzeitig mit mir wurde einer meiner Zimmergenossen angefordert; aber er reiste weiter, nach den USA, und ist dort zu einem reichen Mann geworden. Wir schreiben uns noch immer zu Weihnachten. Was mich betrifft, stand ich schon zwei Tage nach der Ankunft an meinem Schweißgerät. Laut Ausweis, den ich von der IRO bekam, war ich vier Jahre jünger, hieß aber, Gottlob, wieder Sergius, genauer gesagt: Serge, was mich an meinen guten Grafen erinnerte, den ich einst so schnöde verlassen hatte. Ich mietete mir kein Zimmer, sondern wohnte im Schlafhaus des Hüttenwerks, fast umsonst . . . Aber es lohnt sich nicht, darüber Worte zu verlieren. Natürlich waren das sehr einsame und alles andere als leichte Jahre. Ich war wohl der einzige, der keine Briefe, von niemandem Post bekam. Doch ein einziges Mal hatte der Briefträger auch für mich etwas dabei. Es war ein kleines Päckchen aus Berlin. Ohne Absender und mit zweimal durchstrichener Anschrift: Nach der des Schmiedes folgten die der IRO und dann die richtige — unser Schlafhaus. Ich öffnete das Päckchen mit klopfendem Herzen und fand darin meine kleine Ikone.
Zehn Jahre später las ich in der Zeitung, daß es in unserer Stadt bald eine provisorische orthodoxe Kirche geben werde. Der Eröffnungsgottesdienst war zu Lichtmeß angesagt. Bis dahin hatte ich an allen Sonn- und Feiertagen katholische Kirchen besucht."
„Weißt du, was die kirchenslawische Bezeichnung dieses Tages bedeutet? Die Begegnung. Die Begegnung zwischen Gott und Mensch. Für mich war es auch noch die Begegnung mit einem Engel."
Onkels achtzigsten Geburtstag feierten wir fröhlich. Sein Tisch war mit Rosen, Kerzen und Geschenken beladen, Glückwünsche kamen

aus aller Herren Länder. In den Zimmern stand Rosenduft. Sogar Onkels geliebte Katze — ein Ausbund an Intelligenz — trug an jenem Tage eine Rose im Halsband. Der neunzigste Geburtstag wurde dagegen in aller Stille begangen: Unser Engel war müde und gebrechlich geworden. Zwar war er geistig noch ganz auf der Höhe, las viel und legte stets Beweise eines klaren Denkvermögens und eines phänomenalen Gedächtnisses ab, doch konnte er jetzt nur noch mühsam am Stock gehen. Kirchenbesuche waren nicht mehr möglich, der Priester kam alle vier Wochen zu uns ins Haus.

Auch da blieb aber Onkels ständiges Anliegen das Helfen, das Trösten, das Erleichtern. „Geben Sie, Kind ...“; „Bitte, schicken Sie, Kind ...“ Es gab Augenblicke, wo ich auf solche Bitten mit Ärger reagierte; ich sagte, ich wäre doch nicht im Besitz einer Gelddruckerei. In der Erinnerung brennen solche unnützen und überflüssigen Worte wie Feuer. Auch schaffte er es — in meiner Abwesenheit oder wenn ich schlief —, irgend ein Zimmer in der Wohnung aufzuräumen, und sagte dann zur Entschuldigung: „Die Frau Z. hat doch schwere familiäre Verhältnisse, sie wird sich freuen, weniger Arbeit vorzufinden.“ Auch das machte mich im Hinblick auf die junge, kräftige Frau zornig, und auch das brennt jetzt wie eine Wunde. Wahrscheinlich gehören solche Dinge zu den ewigen und ewig zu spät kommenden Erfahrungen und Erkenntnissen des Menschen ...

Onkel betete viel. Er las das Stundenbuch und die Psalmen, er schloß in seine tägliche Gebetsregel den großen Bittkanon zur Mutter Gottes ein und vergaß nie, mit der Perlenkette in der Hand das uralte Gebet „Herr Jesus Christus, Sohn Gottes, erbarme Dich meiner, des Sünders“ zu wiederholen. In seine Fürbitte schloß er — morgens und abends — mehr als hundert Personen ein.

Sobald er zu beten begann, kam seine Katze und legte sich zu seinen Füßen. Dann sagte der Onkel: Bitte nicht stören, wir beten.

„Aber Onkel! Onkel! Onkel!“

„Ja, was ist denn? Es heißt doch: Alles, was Odem hat, lobe den Herrn. Und an einer anderen Stelle: Die ganze Kreatur seufzt und sehnt sich nach dem Reich Gottes. Warum sollte dieses unschuldige Tier die Ausnahme sein?“

In der letzten Phase seines Lebens hatte er das Bedürfnis, jeden Tag einen Abschnitt jenes gewaltigen Bußkanons des heiligen Andreas, Bi-

schof von Kreta (5. Jahrhundert), zu lesen, den man sonst nur an bestimmten Tagen der vorösterlichen Großen Fastenzeit zu lesen und zu beten pflegt. Es ist wie ein gewaltiges Oratorium der Buße und Reue, ein erschütterndes Gespräch der sündenbeladenen Seele mit ihrem Schöpfer. Allein durch seine Worte berührt und ergreift dieses Werk so tief und so stark, wie es — so glaube ich — sonst nur die Matthäuspassion mit Hilfe des Wortes *und* der Musik zu tun vermag.
Wir hatten längst eine eigene, sehr geräumige, im 18. Jahrhundert von F. J. Stengel erbaute Kirche, und in ihr eine Ikonostase, die wohl zu den bemerkenswertesten Westeuropas gehört. Sie wurde vom russisch-bulgarischen Isographen Nikolai Schélechov geschaffen. Als der Künstler von unserer Stadt (die die Ikonostase stiftete) eingeladen wurde, sich mit dem Kirchenraum vertraut zu machen und bei dieser Gelegenheit mit Onkel zusammentraf, beschloß er spontan, auf einer der ihm zur Verfügung stehenden acht Flächen die Ikone des heiligen Sergius von Rádonesch zu malen.
In der allerletzten Phase seines Lebens überwältigten den Onkel Kindheitserinnerungen.
„Meine Freunde Mischka und Senka — sie waren Brüder — sollten von ihren Eltern zu einer Hochzeit mitgenommen werden, als es sich im letzten Augenblick herausstellte, daß man es versäumt oder vergessen hatte, dem Senka neue Schuhe zu kaufen. Unter dem Schrank wurden die alten hervorgezogen, doch wie verzweifelt man sie auch immer hin und her drehte und von allen Seiten begutachtete — für den festlichen Anlaß kamen sie nicht in Betracht. Senka bestand darauf, barfuß zu fahren, doch eine solche Blöße konnte man sich nicht geben. — Ich hatte von meinem Vater kurz zuvor ein Paar nagelneue Lackstiefel zum Geschenk bekommen, die ich mehrere Male am Tage polierte, auf einen unwahrscheinlichen Hochglanz brachte und dann wieder im Schrank verschloß. Als ich von des Busenfreundes Pech und Unglück hörte, gab ich meinem Herzen einen gewaltigen Stoß und brachte das Juwel hinüber. Senka und ich waren beide sieben und hatten die gleiche Schuhgröße. Ich übergab die Kostbarkeit — natürlich leihweise — der Obhut und Verantwortung der ganzen Familie. Man dankte mir überschwenglich.
Auf dem Nachhauseweg überfielen mich Skrupel und Zweifel. Im Herzen kratzte, zwickte und stach es. Die Stimmung wurde von Au-

genblick zu Augenblick trüber. Ich bedauerte es bitter, mir nichts, dir nichts einen so sträflich-leichtsinnigen Schritt getan zu haben. Wußte man denn, in welch einem Zustand die herrlichen Stiefel zurückkommen würden? Vielleicht bekleckert? Vielleicht schiefgetreten? Ich kehrte spontan um und gab der schon reisefertigen Gesellschaft zu verstehen, daß der linke Stiefel noch nicht genügend aufpoliert sei und daß ich es unbedingt aufholen müsse. In drei Minuten würde ich zurück sein. Aber ich lief mit dem Stiefel weit weg und verkroch mich im Gestrüpp, wo es am dichtesten war. Die Minuten verstrichen. Dann vernahm ich Senkas entsetzliche Schreie und sein langgezogenes herzzerreißendes Heulen. Es hörte sich an, als wenn ein mittelgroßes Schweinchen abgestochen würde. Dazwischen konnte ich zunehmendes Stimmengewirr und Ausrufe unterscheiden. Schließlich wurde alles still. Ich verließ mein Versteck, als es schon zu dunkeln begann. Der arme Junge schien sich beruhigt zu haben. Wie man später erfuhr, wurden um ihn herum — ein armseliger Trost! — eine Anzahl Teller mit Honigwaben und Piroggen aufgebaut. Er war nicht nachtragend, der Gute, spielte mit mir am nächsten Morgen, als wäre nichts geschehen. Die Roten erschossen ihn an seinem 21. Geburtstag. Gott gebe seiner Seele die ewige Ruhe. Kind, finden Sie nicht, daß ich von dieser Begebenheit in der Beichte erzählen müßte? Bis jetzt versäumte ich das zu tun, ich vergaß es einfach."
„Tu das, Onkel, schaden kann das nicht."
„Es stellte sich aber nachträglich heraus, daß es bei jener Hochzeit wild zugegangen war; die Leute hatten sich bis zur Besinnungslosigkeit betrunken, und es gab da Szenen, die für die Augen eines Siebenjährigen in höchstem Maße ungeeignet gewesen wären."
„Ja, wenn das so ist, warst du ja Senkas Schutzengel, Onkel! Zumindest aber dessen Stellvertreter."

*

Nach dem schweren Schlaganfall, der Onkel stumm und unbeweglich gemacht hatte — die linke Seite war vollständig gelähmt —, lebte er noch drei Wochen. Es waren schwere Wochen. Er war bei Bewußtsein, verstand alles und konnte dennoch nicht reagieren.
Er schien auch jetzt viel zu beten; von Zeit zu Zeit vollzog er mit der rechten Hand, die ihm ja geblieben war, in breiter Bewegung das Zei-

chen des Kreuzes. Ich war vom ersten Tag an bemüht, einen Priester an sein Lager zu rufen, doch schien dieses Vorhaben aussichtslos zu sein. Von den zwei Geistlichen, die für unsere Region in Frage kamen, leitete einer gerade ein Ferienlager in der Schweiz, der andere wartete — schwer krank — auf seinen Abtransport ins Krankenhaus.

„Das hat Onkel nicht verdient", dachte ich mit Bitterkeit. An jenem Sonntag drängte es mich dennoch den kranken Priester noch einmal anzurufen. Nicht um zu „insistieren", was ebenso grausam wie sinnlos gewesen wäre, sondern um ein Wort des Trostes zu hören.

„Gut, daß Sie da sind", tönte es aus der Muschel, „soeben hat mich auf der Durchreise ein junger Priester aus Jugoslawien aufgesucht. Er wäre bereit zu kommen, zumal es auch einen passenden Zug gibt — nur vergaßen Sie in der Aufregung zu sagen, wo sich Onkelchen befindet."

Kurz vor seinem Tod durfte Onkel die hl. Sakramente noch einmal empfangen.

Dann klopfte es an unserer Tür, und der katholische Geistliche der Krankenanstalt schaute herein. Ich ging ihm entgegen, dankte und sagte, wir seien orthodox. Er war es zufrieden. Nachdem er Onkel eine Weile still und aufmerksam betrachtet hatte, sagte er:

„Dieser alte Mann leidet für die Sünden derer, für die er gebetet hat."

In der julianischen Weihnachtswoche schlief Onkel still und ohne Agonie ein.

Sein langer, schmaler Sarg, in dem auch die kleine Ikone der hl. Anastassia ihren Platz gefunden hatte, wurde vor dem Altarraum unserer Kirche aufgebahrt. Als die ergreifenden Gesänge des Seelenamtes verklungen waren, hielt der Priester eine kurze Ansprache: Gott lasse jene, die es stets nach der eucharistischen Vereinigung mit Christus verlangte, auch in ihrer letzten Stunde nicht im Stich; Er lasse sie nicht ohne die errettende Kraft Seines Leibes und Blutes ins ewige Leben eingehen. Auch dann nicht, wenn es dazu gar keine Möglichkeit zu geben scheint . . .

Gemäß seinem Wunsch wurde Onkel nach W. überführt. Er ruht im Schatten der schlanken Kirche hoch über der Stadt. Er hat seinen Namen, seine Daten, seinen Geburtsort wieder.

Das war die Geschichte unseres Zeitgenossen, die Geschichte vom guten Onkel. Mit ihr sollen die Schicksale und Porträts russischer Menschen aus fünf Jahrhunderten abgeschlossen sein.

Nachwort

Die Kultur Rußlands schien jahrzehntelang bis auf die Wurzel ausgerottet zu sein, ihren Platz der „Soz-kultura“ abgetreten zu haben. Aber es hat sich erwiesen, daß es im Leben des Sowjetmenschen Augenblicke gegeben hat, in denen er instinktiv nach anderen, nach verschütteten Quellen suchte. Die würgende Enge der offiziellen Doktrin und die nie aufhörende Propaganda bereiteten ihm Atemnot. Es entstand das immer stärkere Bedürfnis, alle Dinge von sich zu stoßen, ihnen einen Tritt zu versetzen, sich endlich Luft zu verschaffen. Man begann zu suchen und entdeckte unter Trümmern und Schutthalden die verlorenen Schätze der geistigen russischen Kultur, Philosophen, die in unzugänglichen Gewölben vergraben, dem Vergessen preisgegeben waren. Man stieß auf die Gedankenwelt eines Wladimir Solowjov, eines Sergej Bulgakov, eines Berdjajev, eines Florenski, eines Frank. Man entdeckte die verschollene Anthologie „Wechi“. So bedeckte sich die verbrannte Erde mit winzigen grünen Schößlingen. Wird sich darüber wieder eine Planierraupe wälzen?

Die Kirche in Rußland lebt aus der Eucharistie, an der immer mehr junge Menschen teilnehmen. Die zögernd beginnende religiöse Renaissance manifestiert sich vor allem in der Erneuerung des liturgischen Lebens. Die Integration des Menschen in die Kirche kann sich nur durch die Eucharistie, das Sakrament der Sakramente, vollziehen. Die das Wagnis eingegangen sind, ihre Lebenswurzeln tief in das Erdreich der Kirche versenkt haben und gewillt sind, aus ihrer Fülle zu leben — sind die Träger der sich in Rußland anbahnenden Erneuerung. Die Wahrheit wird auch am Anspruch erkannt, den sie an uns richtet: Christliches Leben bedeutet Herausforderung, ein unverbindliches Dahinplätschern kann es nicht sein. Die Jugend, die glauben will, steht dort vor der Aufgabe, ihre „Vergangenheit zu bewältigen“, jene Gifte, die ihr von früher Kindheit an injiziert wurden, von innen auszustoßen. Für diese jungen Menschen gilt das Wort des Evangeliums, daß nur diejenigen das Reich Gottes erobern, die (sich) Gewalt antun, in besonderem Maße. Sie sehen diese Kirche in Erniedrigung und Knechtschaft. Blaise Pascal hat gesagt, daß Christus und seine Kirche sich bis ans Ende der Zeit im Todeskampf befinden und seine

Jünger in dieser Zeit „nicht schlafen“ sollten. Die neuen Christen Rußlands haben das begriffen. Die russische Kirche hat wieder Töchter und Söhne, die ihren Glauben leben und ihn weder als ein mittelalterliches Relikt, noch als Tyrannei empfinden, sondern in ihm den Sinn des Lebens entdecken.

Anmerkungen

EINLEITUNG:

1) Der hervorragende, in sehr klaren Linien denkende russische Philosoph S. L. Frank schreibt in seinem Buch „Jenseits von Links und Rechts“ zu einem ähnlichen Thema: „In der russischen Revolution ist die fünfhundertjährige Entwicklung des Westens wie in einem Brennpunkt zusammengefaßt. Diese Zusammenfassung ist so katastrophal und wird uns in der Sowjetunion mit solch einer Vehemenz vor Augen geführt, daß sie ihre Wirkung auf den Westen, wenn er bestehen will, nicht verfehlen darf.“

DER ANFANG:

2) A. Chomjakóv (1804—1850), führender Slawophile der frühen Bewegung (s. Beitrag „Die Synthese“).

3) Siehe auch unseren Beitrag „Eine Wallfahrt nach Saróv“.

4) G. Florowski (1893—1979), Patrologe und Kulturhistoriker, Professor an den Universitäten Harvard und Princeton, USA.

DAS HEILIGE RUSSLAND:

5) Charakterfestigung und Überformung: Der Russe, ein von Natur aus leidenschaftlicher und vom Einbruch chaotischer Kräfte auf „natürliche“ Weise nicht immer geschützter Mensch, ließ sich in vollkommene Zucht nehmen, wenn diese auf das Höchste und Letzte ausgerichtet war. Ein verbürgerlichtes „Christentum des Mittelmaßes“ schaffte das selten — es mußte zum wesenhaften Beziehungspunkt aller Lebensverrichtungen werden. Heute ist das die Haltung junger Christen in der Sowjetunion.

„Aufrichtige Erzählungen eines russischen Pilgers“: Diese vom Geist des Urchristentums umstrahlte „Wanderschaft“ ist kein „Protest gegen das satte Spießertum“, wie man das bei uns gelegentlich zu hören bekam. Dagegen spricht, unter vielem anderen, auch die Einstellung des Pilgers zur Familie des reichen Landedelmannes.

Hellenistisches Erbe: Auch dann, als die „Synthese“ zwischen Rußland und Westeuropa vollzogen war, gewann die griechische Philosophie keinen großen Einfluß auf die russischen Denkformen, was besonders für Aristoteles gilt. Plato bedeutete mehr; von den Kirchenvätern „getauft“ (wie das Jahrhunderte später unter Albertus Magnus und Thomas v. Aquin mit Aristoteles geschah), erwies er sich für die russische Philosophie ergiebiger.

Erwartung des Weltendes: An der Tatsache, daß der russische Mensch primär eschatologisch stark engagiert war, kann man nicht rütteln. Leiden für den Glauben nahm er, wenn das notwendig erschien, als Selbstverständlichkeit auf sich. Ein martyrologisch gepräger Ausspruch besagt: Die erste Taufe vollzieht sich in Wasser, die zweite in Blut, die dritte im Feuer (des Heiligen Geistes).

DIE GROSSE WENDE:

6) Rußland wurde von den entscheidenden geistigen Einschnitten, die im Westen die Neuzeit einläuteten, nicht betroffen. Die Renaissance, der Humanismus, die Reformation machten dicht vor seinen Grenzen halt. Abgesehen von anderen Faktoren, spielte dabei sein jahrhundertelanger erbitterter Kampf mit der asiatischen Steppe die größte Rolle; er machte es Westeuropa erst möglich, hinter diesem Schutzwall seine „Entwicklungsmarken“ zu durchlaufen. Rußland empfing die Denkformen des Rationalismus, zu denen Europa inzwischen gelangt war, ohne die mildernden und den Stoß abfangenden „Puffer“. Mit schlechtem Erfolg, wie wir sehen. Wir müssen zugeben, daß dieser pragmatische und durchaus realistische Standpunkt nicht zu den erschöpfenden Sinndeutungen der russischen Entwicklung gehört, und zwar, weil Rußland auf seinem „anderen“ Weg eine solche negative Entwicklung hätte vermeiden können. Es hat das nicht getan, weil es von diesem Weg bereits abgewichen war.

DIE SYNTHESE:

[7]) Das frühe Slawophilentum war keineswegs von einer nationalistischen Ideologie beherrscht. Sein lange gehegtes Ziel war der Aufbau einer *allgemeinen* christlichen Kultur, die man jener primitiven Utopie der Aufklärung entgegenstellte, die in Rußland von den „Westlern" (A. Herzen) propagiert wurde, auf dem Linkshegelianismus und den Ideen der Französischen Revolution aufgebaut war und ihre Unzulänglichkeit spätestens im Februar 1917 unter Beweis gestellt hat.

[8]) Historische Bezeichnung für die sozialistische Intelligenzia 1840—1917.

[9]) Duma = Russ. Parlament.

FRAGEN:

[10]) Der Volkskommissar für das Gesundheitswesen, Semáschko (dessen Namen heute das wissenschaftliche Institut trägt, das Experimente in Richtung sowjetische „Psychiatrie" durchführt), verriet im Jahre 1924 — vielleicht nach einer durchzechten Nacht —, daß während der Obduktion der Leiche Lenins eine Hemisphäre seines Großhirns eine grünliche Flüssigkeit darstellte, die andere bis zum Umfang einer Walnuß geschrumpft war und sich „an etwas Fadendünnem hielt". — Die Leichen der Exekutierten wurden Raubtieren in den Zoologischen Gärten verfüttert. Chinesen, von denen die Städte wimmelten, boten der ausgehungerten Bevölkerung Fleisch an, das als Kalbfleisch bezeichnet wurde. — Es gibt heute Bücher und Schriften, die einmal gelesen zu haben, nicht genügt: Unsere schnellebige Zeit mit ihren im rasenden Tempo wechselnden Eindrücken läßt alles zu schnell und gründlich vergessen. Zu solchen Schriften, die eigentlich immer „in Reichweite" sein sollten, gehören zweifellos zwei Reden von Solschenizyn: Die Harvard-Rede vom 8. 6. 1978 und in einem noch höheren Maße die Templeton-Rede in der Guildhall von London am 10. 5. 1983.

MEMORANDUM:

[11]) Politisches Archiv des Auswärtigen Amtes in Bonn, RU. 61, Bd. 164. Es ist der sogenannte „Peterhofer Brief", der vom deutschen Generalkonsul Breiter am 21. 9. 1918 an den Reichskanzler Hertling geschickt wurde. — Uritzki: Bolschewistischer Funktionär aus dem engsten Kreis um Lenin, wurde im Sommer 1918 von einem Unbekannten ermordet.

[12]) 1 D = 109,25 a.

BAUERNFANG:

[13]) Die „progressive" Linke bemüht sich anhaltend, die Welt von der absoluten Notwendigkeit der „sozialistischen Revolution" im Jahre 1917 zu überzeugen, wobei das „Elend" und die „Rückständigkeit" Rußlands eine ebenso große Rolle spielen wie der „Mangel an Freiheit". Letzteres könnte man mit einem einzigen Satz in Frage stellen: Unter Nikolaus II. war Karl Marx' „Kapital" in jeder Buchhandlung zu haben oder zu bestellen, während die Bibel in der ganzen Sowjetunion nicht zu finden ist.

[14]) Der russische Bauer besaß im Jahre 1913 nicht weniger als 80% des gesamten Ackerlandes. In jenem Jahr hatte Rußland mehr Getreide produziert als die USA, Kanada und Argentinien zusammen. Die Industrieproduktion wuchs von 1890 bis 1913 jährlich um 17% an, eine Rate, mit der kein Land schritthalten konnte. Die Flugzeugproduktion hatte das gleiche Volumen wie das der USA, obwohl die Sowjetpropaganda behauptet, Rußland habe überhaupt keine Flugzeugproduktion gehabt. — Die Gesetzgebung unter dem von den Terroristen ermordeten Reformzaren Alexander II. gewährte dem Arbeiter Rechte, die es im Westen noch nicht gab: Ab 1866 wurde der Arbeitgeber dazu verpflichtet, sowohl die ambulante als auch die Krankenhausbehandlung des Arbeitnehmers zu bezahlen. Ab 1912 übernahm dessen Kranken- und Unfallversicherung der Staat. — Der Besuch der Volksschule war selbstverständlich unentgeltlich, seit 1908 Pflicht, wobei von 1908 bis 1914 jährlich 10.000 Schulen eröffnet wurden. Die von den Sowjets sofort nach Ende des Bürgerkriegs durchgeführte statistische Ermittlung ergab, daß 93% aller jungen Männer des Lesens

und Schreibens kundig waren. Frankreich hatte 1937 noch 7,5% Analphabeten, in den USA waren es 1943 unter den Rekruten 13,9%. — Im Jahre 1913 gab es in Rußland ganze 32.750 Strafgefangene, was 0,02% der Bevölkerung ausmachte; in England waren es 1967 0,19%. Wollte man den russischen Lebensstandard von 1913 mit „100%" bezeichnen, so kämen im selben Jahr auf England 80% und im Jahre 1967 216%, während es in der UdSSR 47% waren. (Alle Daten nach Prof. Fedossejev: „Der sowjetische Lebensstandard nach einem halben Jahrhundert des Sozialismus", Possev No. 1, 1977, Frankfurt a. M.)

15) Dora Shturman ist Leiterin des Sowjetologischen Zentrums der Universität Jerusalem; die erwähnten Beiträge stammen aus ihrem Buch „Das Land hinter dem Hügel" (russisch) im Verlag Hermitage, Michigan, USA, 1983.

PROZESSE, PROZESSIONEN:

16) Moosbeerbaum — scherzhafter Gattungsname für unkompetente Aussagen über das alte Rußland, der auf Darstellungen früherer UFA-Filme zurückgeht.

17) R. M. Rilke, der Rußland zweimal bereiste, fühlte sich vom Land unwiderstehlich angezogen und nannte es seine zweite Heimat. Er erfaßte intuitiv den Geist der Ostkirche, erahnte die mystische Tiefe des orthodoxen Gottesdienstes, blieb jedoch dabei im Ästhetischen stekken, mußte gestehen, daß der moderne Mensch „vom Sein getrennt" lebt. Seine Abneigung gegen jede Art von Dogma hinderte ihn daran, seinen Frieden in der Kirche zu finden.

18) *Fasten:* Matthäus 4,2; Mt 6,16—18; Mt 9,15; Mt 9,29; Mt 17,21; Markus 2,20; Lukas 2,37; Lk 5,35; Apg 13,2; Apg 14,23.

DIE STADT IM FEUER:

19) „Praw. Ruß" No. 7, 1947, Jordanville, N. Y.

EINE WALLFAHRT NACH SARÓV:

19a) Verfasser: Dr. med. I. Andrejev, Jordanville, N.-Y. Aus dem Russischen.

NEUROSEN:

20) V. E. Frankl (geb. 1905), österreichischer Psychiater, Begründer der Logotherapie.

21) Die Frühsexualisierung der Kinder und Jugendlichen, die bei uns durchaus nicht nur in den roten „Kinderläden" von Berlin, sondern auch in einer Reihe scheinbar „normaler" Kindergärten der Bundesrepublik praktiziert wird, ist nach unserer tiefsten Überzeugung politisch bedingt und soll — über die von Kindesbeinen an gesteuerte Bewußtseinsänderung — die Systemveränderung möglich machen. Das ganze Ausmaß unserer Verwilderung und der schreienden Ignoranz wurde in München 1984 aus jenen „Glaubensgesprächen" ersichtlich, bei denen sich halbe Kinder über „moralische Abstufungen" von Intimbeziehungen informierten. Die gezielten Fragen wurden von den dazu Beauftragten diffus und konturlos beantwortet. Man wagte es nicht, auf eindeutige Stellen des Neuen Testaments hinzuweisen, die — falls es nicht „moderne", d. h. alles nivellierende Übersetzungen sind — die Dinge und deren Konsequenzen bei ihren Namen nennen.

22) Pawel Florenski (1882—1943), Universalgenie, Mathematiker, Physiker, Theologe, Philosoph. Lehrstuhl für Mathematik an der Universität Moskau; ab 1911 Priester. Philosophisches Hauptwerk: „Säule und Grundfeste der Wahrheit". Im GULAG hat ihm, wie man vermutet, ein niederstürzender Baum oder Balken den Kopf zerschmettert.

BERICHT ZUR SITUATION:

23) Im zunehmend von neomarxistischen Lehren beherrschten Schulunterricht wird an der Nahtstelle von zwei Welten die Einsicht in die Notwendigkeit der Wehrpflicht systematisch abgebaut. Bei der Zunahme von Gewalt- und Sexualverbrechen unter den Jugendlichen, bei ihrem steigenden Alkohol- und Drogenkonsum spielt — wie uns erfahrene Psychagogen immer wieder sagen — die „metaphysische Langeweile" eine große Rolle. Ein Phänomen,

das je länger desto mehr einer pneumatologischen Sinndeutung bedarf. Die Anstrengungen, die zur Bekämpfung dieser Erscheinungen von Staat und Kirche unternommen werden, sind minimal.

GEZINKTE KARTEN:

[24]) W. I. Lenin, Werke, Band XXIII.

[25]) Das Zitat stammt aus Schafarewitschs Untersuchung über den Sozialismus (deutsch bei Ullstein, in der Anthologie „Stimmen aus dem Untergrund"). Der prominente sowjetische Wissenschaftler, Akademiemitglied, Inhaber zahlreicher internationaler Auszeichnungen, ist engagierter Christ und einer der führenden Köpfe der Dissidentenbewegung in der UdSSR. Der (bzw. das) Aufhaltende geht auf Thess 2,7 zurück.

[26]) A. Balabánowa, „Lenin und der Aufbau der Komintern". Paris 1964 (Russisch).

[26a]) Lenin hatte russisches, jüdisches, deutsches und tatarisches Blut.

[27]) „Einleitung zur Kritik der Hegelschen Rechtsphilosophie". Marx-Engels-Archiv-Verlagsgesellschaft, Frankfurt/M.

EINE RUSSISCHE VITA:

[28]) G. Fedótov (1886—1951), namhafter Kirchenhistoriker und Kulturphilosoph. — Das *„Vermächtnis":* Die Lehre des hl. Seraphim vom Heiligen Geist (s. „Das Gespräch"). — *Theotokos:* Gottesgebärerin, endgültige Definition für Maria auf dem Ökumenischen Konzil von Ephesus (431). — Die frühmittelalterliche Ikone des „Zeichens" ist im Besitz der Russisch-Orthodoxen Kirche im Ausland, N. Y. — *Stylit:* Säulenheiliger, frühchristliches Vorbild des hl. Simeon. — *Metanie:* Liturgische Geste, das Berühren des Bodens mit der Stirn.

DER ANRUF:

[29]) Uralte morgenländische Gebetspraxis. Der Verfasser der Betrachtung ist Vater Leo Gillet († 1980), Franzose, Psychologe, vielseitiger Gelehrter.

[30]) In diesem Sinne ist das von der russischen Kirche im Jahre 1901 über Leo Tolstoi ausgesprochene ANATHEMA zu verstehen, das die ganze religiös-ignorante Welt in Aufruhr und Entrüstung versetzte und einen Hagel von Protestbriefen hervorrief. Man lese aber in Tolstois Roman „Die Auferstehung" (um nur ein Beispiel zu nennen) jene Kapitel, die das Herzstück der Ostkirche — die Göttliche Liturgie — betreffen. Das Anathema war — wie immer — nur die Bestätigung des schon vollzogenen Abfalls. Und es war — wie immer — in der Hoffnung ausgesprochen worden, daß der Abgefallene in den Schoß der Mutterkirche zurückkehren werde.

[31]) Vielgelesenes Erbauungsbuch der orthodoxen Kirche.

[32]) Nicht mit der Gemahlin Alexanders III. zu verwechseln.

[33]) Es wäre längst an der Zeit, die unsinnige, sich aber zäh wie eine Klette haltende Legende von den „Potjemkinschen Dörfern" zu widerlegen.

DER GRATWANDERER:

[34]) Alexander Newskij, heiliggesprochener russischer Großfürst (1220—1263), besiegte 1240 an der Newa mit kleinem Heer die einfallende schwedische Übermacht und 1242 auf dem Peipussee die deutschen Schwertbrüder.

[35]) Siehe den Beitrag „Ein Gespräch im Jahre 1831".

[36]) Alexander Puschkin, „Aufzeichnungen zur Geschichte des 18. Jahrhunderts", Band 6, Seite 10. Moskau 1950.

[37]) 2 Thess 2,7.

[38]) Nikolaus Lobkowicz: Was brachte uns das Konzil? (Naumann 1986).

Quellen

Eine jahrzehntelange Beschäftigung mit der Ostkirche, der russischen Geschichte und den russischen Religionsphilosophen gab Anlaß, diese Texte niederzuschreiben. Aus der Fülle des Stoffes sollen hier nur folgende Autoren und Werke hervorgehoben werden: Die griechischen Kirchenväter des 4. Jahrhunderts; Werke und Schriften aus dem 19. und 20. Jahrhundert, darunter die von A. Chomjakov, I. Kirejewski, Sergej Bulgakov, S. L. Frank, N. Berdjajev, G. Florowski, E. Trubetzkoi, G. Fedótov, A. Schmeman; von den Geschichtswerken W. O. Kljutschewski in 8 Bänden (Moskauer Ausgabe 1956), die Anthologie „Wechi" (1909—1967), die Zeitschrift „Westnik RCHD" (Le Messager, Paris—Moskau—New York), Bücher und Schriften prominenter Dissidenten, Berichte deutsch-baltischer Militärdolmetscher aus dem Zweiten Weltkrieg. Bis auf die Kirchenväter lag alles in der Originalsprache vor.

ІС
ХС
Приидите ко
мнѣ вси
труждаю-
щiися и
обремен
нiи и азъ
упокою
вы возми
те иго мое
на себе